Rupert Neudeck

Die Menschenretter von
Cap Anamur

Rupert Neudeck

Die Menschenretter von Cap Anamur

Verlag C. H. Beck

Mit 29 Abbildungen

Die Deutsche Bibliothek – CIP-Einheitsaufnahme

Neudeck, Rupert:
Die Menschenretter von Cap Anamur:
mein Leben für Cap Anamur
Rupert Neudeck. – München : Beck, 2002
ISBN 3-406-48879-x

© Verlag C.H. Beck oHG, München 2002
Satz: Fotosatz Janß, Pfungstadt
Druck und Bindung: Ebner, Ulm
Gedruckt auf säurefreiem, alterungsbeständigem Papier
(hergestellt aus chlorfrei gebleichtem Zellstoff)
Printed in Germany
ISBN 3 406 48879 x

www.beck.de

Für

CHRISTEL, YVONNE, MARCEL, MILENA,

die 21 Jahre immer an Bord von
CAP ANAMUR geblieben sind –
obwohl es immer gute Gründe gab,
von Bord zu gehen

Inhalt

7

I

Prolog
Risiko – das Salz der menschlichen
Existenz

Danzig, Auslöser eines Lebensplans – Gotenhafen: 30. Januar 1945 – Der Treck: Juni/Juli 1945 – Neues Leben in Hagen in Westfalen – Studium der Rechte, Katholischen Theologie und Philosophie – Politik und soziales Gewissen – Die «illegalen» Reporterreisen in die Tschechoslowakei und nach Polen für die Fernsehsendung REPORT 1977/78: Prag (Jiri Nemec, Petr Uhl, Pavel Kohout), Warschau (Wladyslaw Bartoszewski, Adam Michnik, Jaček Kuron, Andrzej Szczypiorski)

«Mourir pour Dantzig?» Sollte man – so fragten sich wohl im Spätsommer 1939 nicht nur die Franzosen – für die Freie Stadt Danzig, diese Konstruktion des Völkerbunds, einen Krieg führen und das Leben lassen?

Am 14. Mai 1939 in Danzig geboren, bin ich noch heute stolz auf meine Heimatstadt, genauso wie Günter Grass oder Lech Wałesa, der Begründer der von der kommunistischen Partei unabhängigen Gewerkschaft «Solidarność».

Gdansk, wie Danzig nach dem Zweiten Weltkrieg genannt wurde, ist heute eine Stadt auf polnischem Staatsgebiet. Deutschland hat im Sommer 1945 auf der Potsdamer Konferenz auf die Gebiete östlich der Oder und Neiße verzichtet. Besiegelt wurde dieser Gebietsverzicht mit der Stuttgarter Erklärung von 1947. Frieden ist wichtiger als Landbesitz, denn es kommt mehr darauf an, daß Menschen verschiedener Herkunft und Sprache produktiv und friedvoll neben- und miteinander leben, als daß sie über Generationen hinweg nationalistische Rechts- und Besitzansprüche geltend machen.

Wie bedeutend dieser Entschluß war, wurde mir erst viel später klar. Man verzichtet nicht und läßt keine Gnade walten, lautet heute die Botschaft der Gesellschaft in weiten Teilen der Welt. In Verkehrung der Aussage der Sophokleischen Antigone heißt es

9

vielerorts: «Mit-zu-hassen, nicht mit-zu-lieben sind wir da.» Das ist die Losung der jüngsten Balkan-, Afrika-und Kaukasuskriege. Am 1. September 1989, am fünfzigsten Jahrestag des Ausbruchs des Zweiten Weltkriegs, war ich zum ersten Mal nach 1945 wieder in Danzig und hatte den Auftrag, von der Westerplatte für den Deutschlandfunk zu berichten. Die Beschießung der Westerplatte am 1. September 1939 und die Eroberung der Polnischen Post in Danzig hatten eine der schwärzesten Perioden der Geschichte eingeläutet. Schon vor der Eingliederung Danzigs in das NS-Reich waren antisemitische Maßnahmen getroffen worden, wie beispielsweise östlich von Danzig die Errichtung des Konzentrationslagers Stutthof. Der Krieg, der keine Familie verschonte, hatte dann furchtbare Greuel mit sich gebracht.

Am 30. Januar 1945 hatte meine Mutter bei eisiger Kälte uns vier Kinder an die Hand genommen und war nach Gotenhafen (so der Naziname für Gdynia) gefahren, wo ein prächtiges großes weißes Schiff sich mit langsamer Fahrt aus den Hafenmolen manövrierte. Um 12.20 Uhr hatten vier Schlepper an der «Wilhelm Gustloff» festgemacht, auf der Back klarierten die Männer von der Zivilbesatzung unter dem Kommando des Bootsmannes Brandt das Ankergeschirr. Plötzlich kam ein Bekannter auf meine Mutter zu und rief aus: «Warum seid ihr nicht zwei Stunden früher gekommen, ich hatte noch Karten für das Schiff!» Doch meine Mutter hätte ohnehin das Luxusschiff für die Nazi-Bonzen nicht bestiegen.

Nachdem wir in der klirrend klaren Winterluft die «Gustloff» hatten entschwinden sehen, brachte unsere Mutter uns auf einen Kohledampfer. Dies war unsere Rettung. Da das Schiff keine Heizung hatte, gingen wir in der Nacht wieder von Bord und kamen in einer kleinen Holzbaracke mit einem Bullerofen unter. Während wir glücklich in der Wärme saßen, war bei tiefster Dunkelheit – die «Gustloff» mußte wegen der Jagdflieger abgedunkelt fahren – um 21.16 Uhr etwas Entsetzliches geschehen. Während Hitlers Rede zum zwölften Jahrestag der «Machtergreifung» übertragen wurde, ertönte die Detonation von drei Torpedos. Die «Wilhelm Gustloff» brach innerhalb weniger Minuten auseinander.

Fast ein halbes Jahrhundert später, in den 1980er Jahren, wurde ich oft gefragt, was uns bewogen habe, die Bootsflüchtlinge aus

Vietnam auf dem Südchinesischen Meer zu retten. Gewiß hat es damit zu tun, daß auch wir Deutsche aus Danzig, Pillau, Elbing, Nemmersdorf oder Gumbinnen so etwas wie Bootsflüchtlinge waren. Viele meiner ostpreußischen Landsleute ertranken damals in der eisigen Ostsee. Uns blieb das erspart.

Für die letzten Kriegswochen kehrten wir von Gotenhafen zurück nach Danzig. Die Sowjets marschierten ein, und nun begann eine grauenvolle Zeit für die Deutschen in Danzig. Die Frauen mußten auf der Hut vor Vergewaltigungen sein. Einigen jungen Mädchen wurden die Haare kurz geschnitten, damit sie als Jungen durchgingen. Auch polnische Banden stromerten herum, plünderten und wandten Gewalt an.

Wir waren rechtlos, der Willkür und Gewalt preisgegeben. Die Aussicht auf eine von Brutalität, Schmutz und Kälte bestimmte Zukunft ließ alle Lebensgeister in uns erstarren. Ich sehe das verängstigte Gesicht meiner Mutter noch vor mir, und ich kann ihr den Dank nicht mehr abtragen: Sie hat unsere Familie, hat uns vier jammernde und hungrige Kinder mit unserer Großmutter und Tante durch die Treckzeit gebracht.

Bevor wir uns auf den Treck machten, verbrachten wir mehrere Wochen in Ludolfine, einer Siedlung am Rande von Oliva. Wir Kinder hatten so großen Hunger, daß wir uns immer an die Kaserne der russischen Soldaten heranschlichen in der Hoffnung, in einem unbewachten Moment einen Klops aus der Küche entwenden zu können.

Aus dieser Zeit haben sich zwei Bilder meinem Gedächtnis tief eingeprägt: Einmal zog eine große Schar Frauen und Kinder aus Pillau oder von der Halbinsel Hela erschöpft und wortlos mit ihren Schlitten an uns vorbei. Plötzlich fiel ein kleines, in einen dicken Pelz eingemummtes Kind vom Schlitten und blieb erstarrt liegen. Alle schrieen auf, aber die Mutter, die vor Erschöpfung nichts mehr hörte, stapfte ungerührt weiter. Das zweite Bild in meiner Erinnerung kam einer himmlischen Vision gleich: Kurz bevor wir aufbrachen, tauchte im Hof der Notunterkunft ein großer, kräftiger Franziskanermönch auf. Beim Abschied griff er unter seine Kutte und holte einen Brotlaib hervor – für uns damals ein Geschenk des Himmels, so daß ich meine Mutter fragte, ob der Franziskaner der heilige Antonius sei, der ein Wunder vollbracht habe.

Im Juni/Juli 1945 machten wir uns dann vorwiegend zu Fuß, in seltenen Fällen mit der Bahn, auf den Weg nach Westen, von der Sorge um das Überleben, die Nahrung, die Nacht und von der Angst begleitet, daß unsere Mutter zur Zwangsarbeit nach Sibirien verschleppt werden könnte. Tod, Hunger, Zerstörung und Angst waren die Bilder, die unsere frühe Kindheit prägten.

Eigentlich war Dessau in Sachsen-Anhalt unser Ziel, aber unsere Verwandten dort hatten sich schon längst nach Westen aufgemacht. Wir zogen weiter bis nach Wohlsdorf, wo wir ein knappes Jahr lebten. Wir waren völlig verlaust, unsere Mutter mußte uns die Haare scheren. Als wir einmal einer Familie begegneten, die unsere Verwandten kannte und die sogar gehört hatte, daß unser Vater noch lebte und in britischer Kriegsgefangenschaft war, stand unser Entschluß fest, weiter nach Westen zu ziehen. Uns gelang es, noch regulär mit dem Zug und amtlichen Papieren (Familienzusammenführung) bis nach Hagen in Westfalen zu fahren, wo wir unseren Vater wiedersahen.

Grauenhaft war das Bild der ausgebombten Stadt. Nach einigen Wochen in der Sammelunterkunft wurden uns im Zug der Wohnungs-Zwangsbewirtschaftung anderthalb Zimmer in einem Privathaus zugewiesen. In Schwerte ging ich zur Grundschule und dann aufs neusprachliche Gymnasium, wo ich Latein, Englisch und Französisch lernte und mich wider Willen mit Physik und Mathematik abplagen mußte, obwohl ich das Bedürfnis hatte, mich politisch zu betätigen. Als im Oktober 1956 der Volksaufstand in Ungarn ausbrach, blieb ich jeden Morgen auf dem Weg zum Gymnasium vor dem Zeitungsaushang stehen. Eines Tages las ich dort von einer Demonstration in Bonn, ging schnurstracks zum Bahnhof, löste eine Fahrkarte nach Bonn, ohne jemandem Bescheid zu geben, und nahm an der Demonstration teil.

Nach dem Abitur im Sommer 1958 wußte ich zunächst nur, daß ich unbedingt in die Politik gehen wollte. Die Politik als Fortsetzung dessen, was wir in Geschichte und Zeitgeschichte auf der Schule durchgenommen hatten, faszinierte mich – auch als Mittel, um aus unserer unmittelbaren Vergangenheit zu lernen. Auf dem Weg in die Politik wollte ich Jura studieren. Doch schon im ersten Semester in Bonn musste ich feststellen, daß das Aktenstudium mir nicht lag: Ich wollte mit Menschen, nicht mit Akten zu tun haben.

Die Tätigkeit einer kleinen Gruppe der Katholischen Studentengemeinde, die zu den Obdachlosenquartieren in Dransdorf, den Slums der Bundeshauptstadt, ging, sagte mir mehr zu. Einmal in der Woche nahmen wir Studenten die Kinder von asozialen Familien aus Elendsbaracken auf eine Rheinfahrt, ein Fußballspiel mit und brachten sie spätabends wieder zurück. In der Sozialarbeit fand ich Erfüllung.

Im zweiten Semester studierte ich Katholische Theologie in Paderborn, dem Bischofssitz der Diözese, zu der auch Hagen gehörte. Ich wollte Priester werden. Das Priesterseminar mit seinen rührseligen und versponnenen Gebets- und Gottesdienstübungen wirkte auf mich abschreckend, die Vorlesungen fand ich schlecht. Nach drei Monaten war mir klar, daß auch dies nicht mein Weg war. Ein Leben in der «Nachfolge Christi» mußte meiner Überzeugung nach ohne Schonung und Kompromisse sein.

Um meinen Lebensbedürfnissen zu entsprechen, wählte ich eine radikale Gruppe, die Jesuiten, die «Sturmtruppe des Papstes». Das Noviziat absolvierte ich in Jakobsberg bei Bingen am Rhein. In den ersten vierzehn Monaten wurde aber nur «aszetische Theologie» gelehrt, von schaurigen Bußen, Fasten- und Askeseübungen begleitet. Ich aß kaum noch etwas, nahm ab, steckte meine Radikalität, die ich ja nun an irgend etwas abarbeiten mußte, in immer härtere Körperstrafen, Folter und Bußübungen.

Der Tagesablauf im Noviziat war unerbittlich streng eingeteilt: vom Aufstehen um 5 Uhr morgens bis zum Abendgebet um 21 Uhr. Briefzensur, Folterübungen, seelische und körperliche Verletzungen, die ein ganzes Leben lang ihre Spuren hinterlassen konnten. Nach dem Ermessen der eigenen Sündigkeit züchtigte man sich mehr oder weniger oft und hart mit einem Rutenbündel oder einer Geißel mit Eisenklöppeln oder legte man sich schmerzhafte Fesseln um die Beine.

Eine fast übermenschliche Prüfung waren die 24 Tage dauernden Exerzitien bzw. «geistlichen Übungen», die während des Noviziats und vor der Ablegung der Klostergelübde unter Einhaltung des Schweigens abgehalten werden mußten. Sie dauerten viermal sechs Tage, am sechsten Tag war es gestattet, sich in der Rekreation auszutauschen. Zwei geschlossene Zeiteinheiten hielt ich durch, ein Sieg über mich selbst, noch verstrickt in den aszetischen Wettlauf, wer alles am besten durchhielt, am längsten kniete, am wenigsten aß und trank, die meisten Geißelungen und Strafen an sich selbst erprobte.

Die weltpolitischen Ereignisse – die Kubakrise und der drohende Atomkrieg – und der beginnende Studentenprotest gingen lautlos in dieser Weltraumkapsel Jakobsberg bei Bingen an uns vorüber. Auch den Anfang des Vietnam-Kriegs und das wachsende Unbehagen gegenüber Amerika habe ich verschlafen.

Aber das Noviziat ermöglichte mir doch nicht, mich meiner inneren Bestimmung gemäß zu entfalten. Ich kehrte ihm den Rücken. Durch den Tageslauf des Klosterlebens war ich aber so tief geprägt, daß ich lange Zeit brauchte, um mich in das Leben außerhalb der Klostermauern wieder einzufinden. Ich war schmal geworden, hatte aufgrund des asketischen Lebenswandels Magen- und Darmbeschwerden, konnte wochenlang nur noch flüssige Nahrung zu mir nehmen. Drei Jahre nach dem Verlassen des Noviziats ging ich noch jeden Morgen zur Messe.

Es waren die Jahre, als Ernesto Che Guevara sich in Afrika aufhielt, um dort die Fackel der Weltrevolution anzuzünden. Erst später wurde mir klar, daß ich einiges nachzuholen hatte. Da las ich in Guevaras Afrika-Tagebuch: «Zwei Tage auf dem Landweg zu Fuß. Mit einer Nacht Aufenthalt in Makungo, wo eine feindliche Kaserne auf Wachtposten lag. Eigentlich konnten wir sie nur von weitem sehen. Die Kongolesen blieben hinter uns zurück, schon während des Aufstieges überfiel sie die Angst. Als sie den Posten sahen, liefen sie davon und riefen: ‹Askari Tschombe›, ‹Die Garde von Tschombe›. Fünf, zehn Minuten. Wir konnten nicht mehr herausbekommen, weil die Lumumbisten nicht näher herangehen wollten. Das war keine richtige Guerilla. Sie rannten einfach davon. ‹Eine Organisation von Rehen›, habe ich danach gedacht. Hier gab es überhaupt keine Organisation. Niemand kämpfte. Sie waren gut bewaffnet, mit chinesischen AK's, aber sie besaßen keine Organisation.»

Von diesen großen Weltbewegungen hatte ich damals keine Ahnung. Erst sehr viel später erfuhr ich, daß im Januar 1961 der gewählte Präsident des unabhängigen Kongo, Patrice Lumumba, ermordet und ein Verbrecher an die Macht gekommen war, Mobutu Sese Seko, der dreißig Jahre die Welt in Afrika anhielt. Im nachhinein erfuhr ich auch, daß am 2. November 1963 der südvietnamesische Präsident Ngo Dinh Diem, der nach der Absetzung des korrupten Kaisers Bao Dai 1955 die Republik Vietnam ausgerufen hatte, umgebracht worden war.

Ich nahm das Studium wieder auf und begann, im Philosophischen Seminar eine Doktorarbeit über «Die politische Ethik bei Jean-Paul Sartre und Albert Camus» zu schreiben. In der Nähe des Seminars befand sich das Haus, aus dessen Fenstern die Transparente hingen, die das Ende des «imperialistischen Überfalls» auf Vietnam forderten. Dort wurde Geld für Waffen für den Vietcong und für die Farabundo-Bewegung in El Salvador gesammelt.

Es gab bedeutende Christen, die für mich Vorbildcharakter hatten und die auch CAP ANAMUR mitbegründeten, so etwa Heinrich Böll, der sich von der institutionellen Kirche entfernt hatte. Und nicht selten habe ich mich gefragt, ob ich die oft unerbittliche Energie, die ich für die Durchsetzung meiner Pläne aufbieten musste, nicht auch den Jahren im Noviziat zu verdanken habe.

In den späten siebziger Jahren hatte ich eine Anstellung beim «Katholischen Institut für Medieninformation», war Redakteur bei der hektographierten FUNK-Korrespondenz und beim «Fernseh-Dienst». Diese Dienste, die in einer Auflage von 1000 Exemplaren herauskamen, waren bei den öffentlich-rechtlichen Sendern regelrecht gefürchtet, weil man mit den darin behandelten Themen die Redaktionsetagen der Sender beeinflussen konnte.

Ich hatte aber andere Pläne. Ich wollte ausbrechen. Mich interessierte schon seit langer Zeit die Welt Ostmitteleuropas. Als geborener Danziger war ich von der Entwicklung in Polen und von der Revolution des «Sozialismus mit menschlichem Antlitz» fasziniert, die 1968 in der Tschechoslowakei im «Prager Frühling» kulminierte und von den Armeen des Warschauer Pakts niedergewalzt wurde, ohne daß der Westen etwas dagegen unternommen hätte.

Damals gab es noch kein Privatfernsehen, und das Bedürfnis nach politischer Information, Kultur und Kunst wurde nur in den Hauptprogrammen der öffentlich-rechtlichen Fernsehanstalten gestillt. Zeitkritische Aufklärung war an der Tagesordnung. Franz Alt moderierte das politische Magazin «REPORT Baden-Baden», das die Gesellschaft zum eigenständigen Nachdenken aufforderte.

Alt, den ich damals näher kennenlernte, interessierte sich vor allem für die sich formierenden Bürgerbewegungen: In Prag waren es die Initiatoren der «Charta 77», die eine Verwirklichung der verbrieften Menschenrechte in der CSSR forderten; in Polen war es die Bewegung KOR (Komitee zur Verteidigung der Arbeiter), mit dem späteren Arbeitsminister Jaček Kuron an der Spitze, die dann in der «Solidarność» aufging. Es reichte Franz Alt nicht, die Berichte der akkreditierten Korrespondenten für sein Magazin zu bekommen, er wollte mehr.

So planten wir 1977 eine erste «illegale» Reporterreise nach Prag. Der Prager Aufstand von 1968 war mir sehr nahe gegangen, als Dubček und Smirkowski zu den Helden des neuen Sozialismus mit menschlichem Gesicht wurden. Schon mehrmals hatte ich die CSSR besucht, zum ersten Mal als Reiseleiter eines studentischen Tourismus-Unternehmens. Ich war einigen Initiatoren der späteren «Charta 77» begegnet, Intellektuellen aus dem katholischen Milieu und aus dem Umfeld des christlich-marxistischen Dialogs, auch dem kauzigen Philosophen Milan Machowec, der das aufsehenerregende Buch *Jesus für Atheisten* geschrieben hatte. Es fanden Gespräche in der Paulus-Gesellschaft statt, bei denen sich Philosophen und Theologen, Kommunisten und Idealisten, Ontologen und Metaphysiker, Empiriokritizisten und Materialisten trafen – zeitweilig waren Einreisen aus dem Westen gestattet, und gelegentlich durften auch Ostintellektuelle in den Westen. In der Tschechoslowakei tat sich einiges.

Zwar hatte das Regime Gustáv Husáks einen Kommunismus eingeführt, in dem sich die Mehrheit der Tschechen und Slowaken in einem relativen Wohlstand einrichten konnte, doch eine Minderheit junger Künstler und Intellektueller war nicht bereit, den Widerstand gegen das System aufzugeben, und forderte mit der «Charta 77» die auf der Helsinki-Konferenz von 1975 vereinbarte Einhaltung der Menschenrechte.

In Baden-Baden begann ich, unsere Berichterstattungsreise vorzubereiten. Dabei half uns Hans Peter Riese, der langjährige Korrespondent in Prag, der später für das ARD-Radio in Moskau und in Washington arbeitete. Er hatte über verdeckte Kanäle ermittelt, wen ich besuchen könnte, und veranlaßt, daß ein Kameramann vor Ort sein würde, dem ich nur das Filmmaterial zu übergeben hätte.

Es war meine erste Berührung mit der Illegalität. Ich reiste als Tourist ein, hatte für einige Tage ein Zimmer im Prager Hotel Interconti – und mußte am ersten Tag einige komplizierte Telefonate führen, die gewiß abgehört werden würden. Ich rief sofort den Kinderarzt und -psychologen Jiri Nemec, den ich seit 1968 kannte, und den berühmten Prager Anarchisten Petr Uhl an. Am selben Tag noch traf ich mich mit Nemec, der übrigens später die kritische Gesamtausgabe der Werke Jan Patockas, des wichtigsten Sprechers der Bürgerrechtsbewegung, herausgab. Ich traf Jiri Nemec an einer Straßenbahnhaltestelle, dann gingen wir zur Wohnung von Petr Uhl am «Namesti Miru» (Friedensplatz). Dort stieg Nemec zunächst bis in den 3. Stock hinauf, um sich zu vergewissern, daß die Geheimpolizei nicht wieder vor seiner Tür stand. In Uhls Wohnung trafen wir seine Frau Dana Sabatova und erfuhren alles über den gegenwärtigen Stand der «Charta 77» und der Widerstandsbewegung. Václav Havel, der wichtigste Sprecher der «Charta», saß damals im Gefängnis. Wir besprachen meinen Arbeitsplan: Ziel meines Aufenthalts war ein Interview mit Petr Uhl und mit Pavel Kohout, dem Schriftsteller, der sich in den letzten Wochen immer wieder öffentlich geäußert hatte.

Unsere Zusammenkunft hatte fast konspirativen Charakter. Anwesend war auch Uhls Schwiegervater, Professor Jaroslav Sabatov, der kurz zuvor verhaftet worden war, weil er sich als Delegierter der «Charta 77» an der polnischen Grenze im Teschener Ländchen mit Vertretern der polnischen Bürgerrechtsbewegung KOR, mit den Dissidenten Adam Michnik und Jaček Kuron, getroffen hatte. Heute sind das berühmte Namen: Jaček Kuron wurde der erste Arbeitsminister im Kabinett von Tadeusz Mazowiecki, und Adam Michnik wurde Chefredakteur einer der besten Zeitungen Polens.

Wir besprachen meinen Auftrag. Laut Anweisung der Prager Freunde sollte ich am übernächsten Tag zu Pavel Kohout fahren und versuchen, meine Spuren zu verwischen, denn die Polizei sei bestimmt schon auf meiner Fährte. Ich sollte erst mit dem Bus und dann mit der Straßenbahn bis zur Endstation fahren, an dem kleinen Landhaus von Pavel Kohout vorbeischlendern – wie ein Tourist, der ich legal auch war. Wenn ich vor dem Haus ein Polizeiaufgebot sähe, sollte ich ungerührt weitergehen. Wäre die Luft aber rein, sollte ich sofort hineingehen. Kohout sei über mein Kommen informiert.

An diesem Vormittag stand niemand vor Kohouts Haus, also klingelte ich. Es war ein kalter, strahlender Morgen, wir hatten uns um 11 Uhr verabredet. Kohout, seine Frau Eva und der Kameramann waren da. Letzterem übergab ich die Super-acht-Filme. Es war die erste konspirative journalistische Unternehmung meines Lebens. Bisher hatte ich Pavel Kohout nur auf Fotos gesehen. Er sah kräftig aus, wirkte gesund, war ein Mann in den besten Jahren, nicht unbedingt ein Intellektuellen-Typ. Er hatte die klassische Intelligenzija-Karriere in der Partei gemacht und war dann mit ihr wegen Kollaboration in Konflikt geraten. Seitdem genoß er die Sympathie der Dissidenten. 1957 kam sein Stück *Solche Liebe* heraus, 1968 erhielt er Publikationsverbot. 1978 reiste er mit Ausreisevisum nach Österreich, durfte aber nicht mehr in die Tschechoslowakei zurückkehren.

Bei dem Interview ging es um die Situation der unterdrückten Menschen in der CSSR, wo die «Charta 77», die nur von einer Minderheit unterzeichnet worden war, allein Opposition machte. Es war ein sehr melancholisch gestimmtes Gespräch. Ich befand mich in einer glücklichen Lage, mein Rückflugticket lag bestätigt im Hotel Interconti. In drei Tagen konnte ich wieder im «goldenen Westen» sein, während die Menschen dort das System der Unterdrückung mit seinen subalternen Parteiobristen aushalten mußten.

Mit einem Diplomaten der Deutschen Botschaft war zuvor vereinbart worden, daß ich ihm den Film abliefern und er ihn per Diplomatenkurier weiterleiten würde. So ging ich ins Palais Lobkovic, fragte nach dem Kulturattaché, wurde zu ihm vorgelassen und sprach eine halbe Stunde mit dem Diplomaten, der entsetzliche Angst davor hatte, abgehört zu werden.

Jiri Nemec, den ich anschließend wieder in seiner Wohnung aufsuchte, nahm sich noch einmal viel Zeit, mir die Lage in Prag und der CSSR verständlich zu machen, sagte mir aber auch, daß ich damit rechnen müsse, als westlicher konspirativer Agent am Flughafen festgenommen zu werden.

Als ich am Flughafen ankam, ging ich hinter einer Spanischen Wand forsch auf einen Zöllner zu, und während ich im Begriff war, meine Tasche zu öffnen, erklärte ich, daß ich nichts zu verzollen hätte. Darauf antwortete der Beamte auf Österreichisch: «Da kann man nichts moachen!» und ließ mich passieren. Ich war verblüfft, aber erst dann erleichtert, als ich meinen Pass und den Ausreisestempel bekam. Im Warteraum fühlte ich mich schon wieder als freier Bürger Europas.

Die Sendung wurde dann am 26. September 1977 ausgestrahlt, aber Franz Alt hatte vorher alle Hände voll zu tun, den bürokratischen Widerstand abzuwehren. Der Chefredakteur des Hessischen Rundfunks versuchte, meinen Beitrag zu kippen, denn er hatte Angst, die Sendung könnte dem in der CSSR akkreditierten HR-Korrespondenten Clement künftig das Leben schwer machen.

Wenige Monate später planten wir etwas Ähnliches für Polen. Reinhold Lehmann – der Bruder des jetzigen Kardinals Karl Lehmann – hatte die Rolle des Vermittlers übernommen. Er organisierte jemanden, der die Kamera bereitstellte, mit der ich dann selbst hätte drehen müssen. Auch für Polen galten die gleichen Spielregeln wie für die CSSR.

Über Hamburg flog ich nach Danzig; als Tourist hatte ich ein Zimmer im Hotel Europejski mitten in Warschau gebucht. Dort beschloß ich, einfach zu ignorieren, daß ohne Zweifel alle Gespräche abgehört werden würden.

Zunächst rief ich Winfried Lipscher an, den Kulturattaché der Deutschen Botschaft, der sich in der Dissidentenszene sehr gut auskannte; dann Wladyslaw Bartoszewski, damals prominenter Bürgerrechtler und Mitglied des ZNAK des katholischen Intellektuellen-Clubs; anschließend Ludwig Zimmerer, den Doyen der deutschen Korrespondenten in Warschau, jetzt für den ARD-Rundfunk in Polen; schließlich den Schriftsteller Andrzej Szczypiorski und den polnischen Filmregisseur Krzysztof Zanussi. Bartoszewski erreichte ich sofort, und wir verabredeten uns zu einem Gespräch im Café im Souterrain des Hotels Europejski.

Das Gespräch mit Bartoszewski, einem hochgewachsenen, markanten, fast hyperaktiv wirkenden Mann, wird mir immer unvergeßlich bleiben. Von ihm bekam ich drei wichtige Lektionen im Hinblick auf subversive Tätigkeit: 1. Wenn man etwas Geheimes übermitteln will, trifft man sich am besten im Gewühl eines lauten Großstadtcafés, auf gar keinen Fall an einem abgeschiedenen Ort. 2. Man soll immer alles so beherzt tun, als ob niemand zuhört.

3. Vorsichtsmaßnahmen sind richtig; wenn sie aber dazu führen, daß ich meine Vorhaben aufgebe, sind sie falsch. Im Hotelzimmer sind nicht nur im Telefon, sondern auch in den Gardinen Wanzen angebracht, und jedes Wort des verdächtigen Westbesuchers wird aufgezeichnet.

Bartoszewski versprach, die Termine mit Jaček Kuron, Adam Michnik und Andrzej Szczypiorski für mich zu vereinbaren. Ich sollte im Hotel warten, bis er mich am nächsten Morgen benachrichtigen würde. So kam es zu diesen nicht genehmigten Interviews eines nicht akkreditierten Tourismus-Journalisten. Ich fuhr mit Szczypiorski hinaus aufs Land und interviewte ihn in tief verschneiter Landschaft. Die Kamera nahm auch den Ton auf, der Interviewer hielt das Mikrophon.

Am Nachmittag desselben Tages kam ich in die Wohnung von Adam Michnik, die mir Bartoszewski beschrieben hatte. Michnik drückte mir zunächst ein subversives Schriftstück in einem Umschlag für seinen Freund Heinrich Böll in die Hand. Als ich ihn fragte, wo das Interview stattfinden sollte, antwortete er ohne Bedenken: «Auf der Jerozolimskaja natürlich, am besten macht man so etwas mitten im Verkehrsgewühl.» Ich hatte große Angst, als wir uns aufmachten und die Kamera auf Adam Michnik gerichtet war. Wir standen auf dem Bürgersteig der Warschauer Prachtstraße; die Menschen, die an uns vorbeiliefen, spürten sicherlich, daß hier etwas Verbotenes geschah. Aber das war bekanntlich schon immer ein Reiz für die Polen. Ich war unendlich erleichtert, als wir langsam vom Ort des Geschehens fortschlenderten und ich die Kamera in der Aktentasche verstaute. Auch dieses Mal klappte die Übergabe der Filmkassetten in der Deutschen Botschaft.

Besonders spannend wurde das Interview mit dem späteren Minister Jaček Kuron über die politische Zukunft der KOR-Bewegung. Von meinen Warschauer Freunden hatte ich gehört, daß Kuron als ehemaliger Berufsboxer auch schon mal den einen oder anderen Geheimdienstpolizisten zu Boden gestreckt hatte. Eine junge Studentin, die fast akzentfrei Deutsch sprach, dolmetschte für Kuron. Sie gab mir gleich einige Briefe für Bekannte in der Bundesrepublik mit. Ich setzte mich unter das Fenstersims, damit man die Dreharbeiten in der Wohnung von Kuron nicht von draußen beobachten konnte.

Am vorletzten Abend meines Warschauer Aufenthalts hatte ich mich mit Wilfried Lipscher verabredet und ihm die Filmkassetten für den Diplomatenkurier mitgegeben. In Polen fühlte ich mich sicherer als in Prag, und ich hatte nicht einmal in Erwägung gezogen, auch die Briefe von Michnik für Böll und die Tonkassetten dem Diplomatenkurier anzuvertrauen. Am letzten Tag hatte ich mich noch mit Andrzej Szczypiorski getroffen, der mir versprochen hatte, mich zum Flughafen zu fahren und mich in gehörigem Abstand zu den Kameras des Geheimdienstes abzusetzen. Szczypiorskis Buch *Die Gespräche mit dem Henker*, das die Gespräche mit dem Kommandanten von Warschau vor und nach der Niederschlagung des Warschauer Aufstands enthielt, hatte ich in deutscher Übersetzung gelesen. Szczypiorski fuhr mich zum Flughafen, ich stieg aus und verschwand mit meiner großen Tasche im Flughafengebäude. Ich dachte nicht im entferntesten daran, daß mir hier etwas zustoßen würde.

Doch als mein Paß überprüft wurde, winkte man mich aus der Reihe. Ich sollte meine Tasche ausleeren. Man wühlte alles durch. Zunächst fand man die Kassette mit den Kuron- und Michnik-Interviews, dann die Briefe an Heinrich Böll und andere Unterlagen, die Szczypiorski mir mitgegeben hatte. Ich hatte auch noch etwas in meinem Mantel versteckt und legte es, während ich schon auf der Liste der Regimegegner stand, in einen neben mir stehenden Blumenkübel ab. Aber das wurde rasch entdeckt. Man schickte mich in eine Kabine und spielte das Tonband ab. Obwohl Leugnen sinnlos war, bestritt ich hartnäckig, daß ich die Interviews gemacht hatte. Auf die Frage, wen ich in Warschau besucht und getroffen hätte, nannte ich nur den unverdächtigen Filmregisseur Krzystof Zanussi. Ich hatte ihn einige Male in Köln beim WDR-Fernsehspiel getroffen. Über acht Stunden wurde ich festgehalten, immer wieder wurde mir der Paß abgenommen und zurückgegeben – ein nervenaufreibendes Spiel.

Gegen 17 Uhr ließ man mich gehen. Es gab nur noch ein einziges Flugzeug Richtung Westen, eine Maschine der Austrian Airlines, die nach Wien flog. Ich buchte sofort meinen Flug um. Doch der Geheimdienstmann tauchte noch einmal auf, um mir wieder den Paß abzunehmen – und ihn mir fünf Minuten später zurückzugeben. Als ich bereits in der Maschine saß, stieg noch einmal ein Uniformierter die Gangway hinauf. Ich war mir ganz sicher, daß er meinetwegen kam. Aber er verschwand wieder, und die Gangway wurde vom Flugzeug weggerollt. Die Triebwerke heulten auf, die Stewardess hieß alle Passagiere auf dem Flug von Warschau nach Wien willkommen: «Über den Wolken muß die Freiheit grenzenlos sein», summte ich mich in den Schlaf. Nie wieder habe ich einen deutschen Schlager mit größerer Inbrunst gesungen als nach acht Stunden Verhör auf dem Warschauer Flughafen.

2

Ein Schiff für Vietnam
Die Verdammten der Meere

Sendung REPORT mit Spendenaufruf: 24. Juli 1979 – Chartern des Schiffs CAP ANAMUR in Hamburg: 28. Juli 1979 – Auslaufen des Schiffs aus dem Hafen Kobe/Japan: 9. August 1979 – Anlaufen der Anambas Inseln/Indonesien: 17. August 1979 – Erste Übernahmeaktion: 30. September 1979 – Erste direkte Rettungsaktion: 12. Februar 1980 – Besprechung mit dem Ministerpräsidenten von Niedersachsen: 23. Oktober 1980 – Erzwungene Rückfahrt aus dem südchinesischen Meer nach Hamburg: 30. Juli 1982

«Kurz vor sieben schrecke ich aus dem Schlaf. Die Maschinen stoppen. Hundert Meter an Steuerbord liegt ein Fischkutter, dahinter ein winziges Boot voller Menschen. Kaum angezogen laufe ich von Kabine zu Kabine. Es steuert inzwischen auf uns zu: Ein winziges, kaum acht Meter langes brüchiges Boot, auf dem ölverschmierte Gestalten in graubrauner Militärkleidung hocken. Ihre Gesichter sind angespannt, ängstlich, erschöpft. Sie wissen nicht, ob wir ihretwegen stoppen, ob wir warten und ob wir sie wirklich aufnehmen werden. Wir winken und versuchen, sie auf englisch und französisch zu beruhigen. Wenn jetzt Panik ausbricht, kann das Boot kentern, können die Schwächeren und die Kinder zwischen Boot und Schiff fallen, ertrinken oder zermalmt werden.

Das Boot geht längsseits, die Kräftigsten springen auf die Enternetze, klettern mit verzerrten Gesichtern daran herauf, werden über die Reling gezogen und brechen nach wenigen Schritten auf dem Deck zusammen. Die Schwächeren rufen beschwörend, werden an Bord gezogen. Unten im Boot rufen zwei Frauen und sechs Kinder in panischer Verzweiflung. Sie haben nicht genug Kraft, heraufzuklettern. Ich steige an der Bordwand hinunter, klammere mich mit einer Hand fest und halte plötzlich einen Achtjährigen am ausgestreckten Arm. John, unser Zweiter Offizier, kommt mir

23

zu Hilfe. Wir fassen jeder eine Hand und schleudern die Kinder hinauf. 39 Menschen, darunter acht Frauen und zehn Kinder, waren in dem Boot.» So habe ich meine Erinnerung in meinem Buch *Radikale Humanität*, das 1986 erschienen ist, festgehalten.

Wie brach das Elend der Bootsflüchtlinge in unser Leben ein? Wie kamen wir zu einem Rettungsschiff? War das alles geplant? 1978 hatten weder meine Frau noch ich mit all dem gerechnet. Im Gegenteil, wir führten ein bürgerliches Leben in Rösrath am Rande von Köln. Die erste Tochter war geboren, dann ein Sohn. Wenn wir uns die Flucht- und Rettungsberichte vor Augen halten, fragen wir uns immer: Haben wir das wirklich erlebt?

Am 1. Februar 1979 war ich nach Paris gefahren. Ich hatte diese Reise unternommen, weil ich tatsächlich das unverschämte Glück hatte, Jean-Paul Sartre in seiner Wohnung am Boulevard Edgar Quinet interviewen zu dürfen. Vermittelt hatte das Gespräch Alice Schwarzer, die Sartre und Simone de Beauvoir sehr gut kannte. Ich hatte hundertundeine Fragen an «mon cher maître», an den großen Meister der europäischen Existenzialphilosophie. «Mon cher maître»: 1972 hatte ich meine Dissertation abgeschlossen und trug seit dieser Zeit den Doktortitel. Darum hält man mich oft in Deutschland und im Ausland in meiner Position als Vorsitzender des Komitees der Hilfsorganisation CAP ANAMUR irrtümlich für einen Arzt.

Zur Vorbereitung des Gesprächs, das mir noch die letzten Materialien für ein Buch über Jean-Paul Sartre vermitteln sollte, hatte ich mich mit dem Philosophen André Glucksmann verabredet, dem ich bereits zweimal in Paris begegnet war. Glucksmann hatte ein Treffen um 15 Uhr im Café Boule d'Or vorgeschlagen. Ich war da, er strahlte, trat mit seiner langen schwarzen Mähne auf mich zu, fing an, auf deutsch und französisch von den vietnamesischen Bootsflüchtlingen zu erzählen, die auf der Ratteninsel Pulau Bidong auf einem Quadratkilometer herumsaßen. Er hatte beobachtet, daß viele Bootsinsassen vor Erschöpfung zusammengebrochen und von der Sonne und dem Mangel an Trinkwasser ausgetrocknet waren, vor allem die Kinder, und daß sie, selbst wenn sie eine rettende Küste erreichten, oft nicht mehr gerettet werden konnten.

Er erzählte von der Malaysischen Task Force, von den Kriegsbooten, die dort herumkreuzten und die ungeliebten Vietnamesen abfingen und wieder auf das hohe Meer zurückbrachten. Er berichtete von der völligen Lähmung des UNHCR (Flüchtlingskommissariat der Vereinten Nationen), das nur darauf wartete, daß die Flüchtlinge ein Asylland erreichten. Er sagte mir auch, daß es schon ein Schiff gäbe, das die Freunde der humanitären Organisationen gechartert hätten; es läge vor Noumea in Neukaledonien und warte nur darauf, daß die französische Regierung Aufnahmeplätze zur Verfügung stellte.

Offenbar lernt man die Politik nur tropfenweise. Daß man für ein Schiff, das man mit den Geldern der Bürger erwirbt und das dann hinausfährt, um Menschen, Bootsflüchtlinge, Vietnamesen aus Todesgefahr zu retten, noch eigens Aufnahmeplätze brauchen würde, hätte ich mir nicht träumen lassen. Schon während des Gesprächs, mitten im Stimmengewirr eines Pariser Cafés, begann ich zu ahnen: Menschenrettung versteht sich nicht von selbst. Auch wenn man sich alle Instrumente beschafft, immer in der edelsten Absicht, diese Menschen zu retten – sitzt man gefangen in Gesetzen der Verwaltung und der Kompetenz, der Zuständigkeit und der Legalität.

Am 2. Februar 1979 traf ich Jean-Paul Sartre. Es wurde ein wunderbares Gespräch mit dem fast erblindeten Philosophen. Als wir anfangs noch in der Nähe des Fensters standen, fragte ich ihn, ob Paris für ihn die schönste Stadt der Welt sei: «Das habe ich früher gedacht», sagte er leise, fast melancholisch. Seit man aber solche irrwitzig hohen Bürogebäude selbst in die schönen Wohnviertel von Montparnasse hineingepflanzt habe, sei er nicht mehr davon überzeugt. Als ich ihn gebeugt und schlicht in seinem Pullover da stehen sah, überkam mich Rührung: Wieviel verdankte ich diesem Mann und wie sehr fühlte ich mich von seinem katholischen Impuls angespornt, den anderen Menschen, den Verdammten der Erde, zu helfen!

Nach zwei Stunden kam Simone de Beauvoir und war sichtlich verärgert, daß ich die mir zugemessene Zeit, eine Stunde, nicht eingehalten hatte. Wir hatten über fast alles gesprochen, über seine Zeit am Collège de France in Berlin, als die Nazis ihre Herrschaft nach 1933 festigten; er hatte mir über sein Verhältnis zu den Juden etwas gesagt, wir hatten lange über modernen Stil, auch den modernen literarischen Stil gesprochen. Wir hatten über die Frauen gesprochen, über den Aufstand in Ungarn 1956, die Studentenrevolte von 1968, seinen Besuch bei Andreas Baader in

Stuttgart-Stammheim, über sein großes dreibändiges Werk, die Flaubert-Biographie *Der Idiot der Familie*.

Dann die letzte Frage: «Was tun? Was würden Sie jungen Leuten raten?» fragte ich den alten Sartre. Er legte eine Pause ein und sagte: «Wir sind alle entfremdet von den Institutionen, entfremdet vom Staat, entfremdet von den Menschen, die wiederum sich selbst entfremdet sind. Diese Entfremdungsverhältnisse muß man brechen. Man muß versuchen, für sich selbst und für die anderen zu leben. Man muß sich selbst verwirklichen, indem man sich den anderen gibt!» Das klang mir ganz nach Evangelium. Dann formulierte er es schärfer: «Man muß versuchen, für die zu handeln, die in der gegenwärtigen Situation am meisten bedroht und an den Rand gedrängt sind, man muß eine permanente Anstrengung machen, damit die wahre Demokratie existiert.» Er lehnte den Staat mit einer Rigorosität ab, die ich erst sehr viel später erkennen und schätzen gelernt habe. «Wir müssen eine wertvolle Gesellschaft wiederfinden, in der man für die anderen und für sich selbst leben kann. Aber man kann innerhalb der Institutionen nicht zu dieser wertvollen, menschlichen Gesellschaft kommen, nur in der Aktion, in der Aktion eines jeden. Einer moralischen Aktion übrigens, denn die Aktivität für den anderen ist immer eine moralische Tat.»

An diesem Tag sprach ich auch noch mit dem Arzt und Intellektuellen Dr. Bernard Kouchner, dem ich in den nächsten zwei Jahrzehnten immer wieder begegnen sollte. Damals wohnte Kouchner in einer großen, bestimmt teuren Wohnung am Jardin de Luxembourg. Neben Alain Geismar und Jacques und Sylvie Broyelles war er der Hauptmotor der Bewegung «Comité un Bateau pour le Vietnam». Das alles imponierte mir, aber ich ahnte noch nicht, wie stark mich diese Aufgabe in ihren Bann ziehen würde. Jedenfalls fuhr ich am 4. Februar 1979 nach Köln-Troisdorf zurück. Ich wußte nur, daß wir uns unbedingt an diesem Unternehmen beteiligen mußten. Mir war klar, daß es nicht ausreichte, eine große Idee zu haben: Man brauchte ein Forum, einen Resonanzraum, eine Öffentlichkeit, am besten noch einen bedeutenden Mann, der in der Öffentlichkeit eine führende Rolle spielte.

So schrieb ich noch auf dem Rückweg einen Brief an Heinrich Böll, den ich zweimal für das «Kritische Tagebuch» des Westdeutschen Rundfunks besucht und interviewt hatte. Wie für viele andere war auch für mich dieser Mann so vertrauenerweckend und bedeutend, daß mich nichts hindern konnte, ihm zu schreiben: «Lieber Heinrich Böll, die französischen Freunde haben schon ein Schiff gechartert, um Menschen aus dem Wasser zu ziehen, sie haben Geldprobleme, können wir nicht etwas Ähnliches in Deutschland gründen, mit dem Titel *Deutsches Komitee ‹Ein Schiff für Vietnam›* und an dieser großen lebensrettenden Aufgabe mitbeteiligt sein?»

Ich warf den Brief am Hauptbahnhof ein, ging am nächsten Tag in den Deutschlandfunk an meinen Arbeitsplatz, und am übernächsten Tag kam ganz aufgeregt die Redaktionssekretärin ins Zimmer: «Böll ist am Telefon!» Da war er und sagte: «Neudeck, das müssen wir tun, aber machen Sie es ganz breit. Nicht nur mit einer Kirche oder einer Partei.»

Wir suchten Kollegen, mit denen wir unser Vorhaben realisieren konnten. Kollegen waren für mich damals: Journalisten. Wir setzten einen ersten Aufruf auf, der ein ganzes Blatt für Unterschriften freiließ. Ich hatte Heinrich Böll gefragt, ob er auch an einer Pressekonferenz teilnehmen würde. Er sagte zu. Wir einigten uns auf den 18. April 1979, mieteten einen Raum im Restaurant Tulpenfeld im Bonner Regierungsviertel. Für das humanitäre Thema der Lebensrettung aus dem südchinesischen Meer war es uns gelungen, einen großen Saal mit Presse und Medienvertretern zu füllen.

Im April 1979 erreichten uns die ersten Berichte von Überlebenden: «Unser Trawler war 18 Meter lang und drei Meter breit. Wir waren 218 Personen an Bord. Man kann sich vorstellen, wie es unter Deck aussah: Wir mußten uns zusammenkauern und als menschlicher Ballast dienen. Unser Schiff hatte die ganze Fahrt über Schlagseite. Alle waren seekrank; wir hatten das allerdings vorausgesehen und uns Plastiktüten mitgebracht. Unsere Tagesration bestand aus wenigen Löffeln Wasser (das wir aus dem Fluß genommen hatten) und Reissuppe. Unsere Notdurft verrichteten wir in Eimer, die wir in die See entleerten. In die Ausdünstung der Körper mischte sich der Qualm der Maschine; dies und die aufs Deck brennende Sonne ließ manchem übel und elend werden. Früh am nächsten Morgen wurden wir zweimal gerammt von einem thailändischen Fischkutter, der uns gefährlich herumstieß. Es gab fürchterlichen Krach, als das Holz splitterte. Wasser drang in den Frachtraum ein.»

Wir brauchten Geld, wir brauchten Unterstützung von der Politik. Wir hatten weder eine Ahnung vom Vereinsrecht noch von den Gemeinnützigkeitsbestimmungen. Im Sinne Sartres waren wir dem Staat gegenüber skeptisch. Am liebsten wollten wir nicht einmal ein eingetragener Verein werden. Dem Staat wollten wir wenig Eingriffsrechte und –möglichkeiten einräumen. Wir wollten vor allem unabhängig sein. Zu unserem großen Kummer mußten wir aber dann erkennen: selbst wenn man dem Staat nicht auf der Tasche liegt, muß man sich doch die Kontrolle gefallen lassen, bis hin zu den Bedingungen für die Gemeinnützigkeit und zu den Spendenquittungen.

Die deutsche Gesellschaft hat ihre Wohltätigkeit fein dosiert geordnet. Zum einen ist sie zum integralen Teil der Fernsehunterhaltung geworden, in der kein Jux zu dämlich ist, um nicht noch vom guten Zweck geadelt zu werden, zum anderen ist die Spendenfreudigkeit der Deutschen steuerabzugsfähig. Nach kurzem, aber heftigem Zögern waren wir gezwungen, ein «Verein» mit einer vom Finanzamt zugelassenen Satzung zu werden. Ein befreundeter Anwalt schrieb uns die erforderliche Juristenprosa, um überhaupt die Amtshürde zu nehmen.

Wir «verfolgen» also «ausschließlich und unmittelbar gemeinnützige Zwecke im Sinne des Abschnitts ‹Steuerbegünstigte Zwecke› der Abgabenordnung (§ 1 der Vereinssatzung)», «wir verfolgen keine eigenwirtschaftlichen Zwecke» («verfolgen»?!), plötzlich bin ich zum ersten Male in meinem Leben ein «1. Vorsitzender», nicht weil ich oder wir es wollen, sondern weil ich es muß. Als ich unseren Freunden in Paris von den steuerbegünstigten Zwecken und Zwängen erzähle, ernte ich Gelächter.

Unsere erste Pressekonferenz war auch die wichtigste. Sie entschied über das Komitee CAP ANAMUR, sie war die Voraussetzung für all das, was in den nächsten 22 Jahren unter diesem Namen geschah. Sie wurde durch Heinrich Böll erfolgreich. Am Tag vorher bekamen wir einen Anruf aus dem Büro von Friedrich Nowottny, der damals das Studio des Westdeutschen Rundfunks in Bonn leitete: «Wir haben da diese Einladung bekommen. Da steht Böll drauf. Kommt der auch?» – «Ja, der kommt!» – «Macht der auch den Mund auf?» – «Ja, der macht auch den Mund auf.» – «Dann kommen wir morgen.»

Am Morgen des 18. April fuhr ich früh zum Kölner Hauptbahnhof, um André Glucksmann abzuholen. Dann ging es zum Restaurant Tulpenfeld nach Bonn, viele Journalisten waren schon da, Böll kam mit einem anderen Auto. Als weiterer Ehrengast war Luise Drüke erschienen, die Vertreterin des UN-Flüchtlingskommissars in Singapur. Sie sollte in den kommenden 24 Monaten zu einer starken Verbündeten werden, manchmal gegen die Interessen ihres behäbigen Mutterhauses in Genf.

Am Abend kamen Berichte in der Tagesschau und in der heute-Sendung des ZDF. Es war aber noch nicht das, was man einen Durchbruch hätte nennen können. Die Nachrichten deuteten auf eine Tragödie hin, die sich auf dem Meer abspielte: Am 2. April 1979 meldete die Presseagentur Reuters aus Kuala Lumpur: «Mehr als hundert vietnamesische Flüchtlinge sind vor der Ostküste Malaysias ertrunken, als ihr Boot kenterte. Der Vertreter des Hochkommissars der UN für Flüchtlinge in Asien teilte am Montag mit, das Unglück habe sich bereits am Samstag ereignet, als das Schiff der Flüchtlinge von einem Patrouillenboot der Polizei auf die See geschleppt wurde. Insgesamt seien 104 der 227 Vietnamesen ertrunken. Die 113 Überlebenden würden in der Hafenstadt Mersing von UN-Angehörigen versorgt.»

Diese Reihenfolge wollten wir unterbinden. Wir wollten nicht zulassen, daß nur noch diejenigen betreut wurden, die es aus eigener Kraft schafften. Wir wollten denen, die da in Seenot waren, entgegenfahren, denn die Aktivitäten des UNHCR beschränkten sich auf Flüchtlinge zu Lande. Zuerst – so die Arbeitshypothese des Flüchtlingskommissars – muß ein Flüchtling durchnäßt am Ufer des Meeres irgendwo an Land gekommen sein, dann kann und darf man ihm helfen.

Wir schrieben Aufrufe, denn wir brauchten Geld für das französische Schiff «Ile de Lumière»: «Für Miete und Versorgung des Schiffes, der Besatzung und der Flüchtlinge sowie für Medikamente, Nahrungsmittel und Wasser müssen monatlich 300 000 DM aufgebracht werden. Das Geld des französischen Komitees reicht nur bis Mitte Mai. Dann müssen das italienische und das deutsche Komitee die weitere Finanzierung übernehmen. Denn das Schiff kann nur sinnvoll helfen, wenn es mehrere Monate im Chinesischen Meer bleiben kann.»

Das Geld strömte nicht auf unser Konto, die Aktion lief nicht richtig – und wir wußten damals nicht, warum das so war. Wir hatten allenfalls 20 000 DM. Meine Frau und ich übertrugen einen Bausparvertrag auf das Konto des Deutschen Komitees – als unsere Spende, nur um für unsere damaligen Vereinsmitglieder eine bessere Bilanz zu haben. Das französische Schiff «Ile de Lumière» war damals unser Schiff. Am 18. April legte es vor Pulau Bidong an und begann mit der Arbeit. Aber mir war schon klar, daß es nicht unsere eigentliche Arbeit sein konnte, ein Schiffskrankenhaus auf eine Insel zu bringen. Das konnte der UNHCR auch. Wir mußten mit diesem Schiff aufs Meer, um die Schiffbrüchigen auf hoher See zu retten. Noch wußte ich nicht, wie wir das anstellen sollten. Am Bootssteg warteten am ersten Tag schon die ersten dreißig Patienten: Mütter mit halbverhungerten Kindern und Hautkrankheiten, Gelbsucht, Tuberkulose, akuter Blinddarmentzündung. Für drei dieser Patienten kam die Überfahrt zur Insel des Lichts zu spät. Sie starben in den nächsten 48 Stunden, zwei Kinder und eine junge Frau, der die Tuberkulose drei Viertel ihrer Lunge weggefressen hatte. Sie starb auf dem Röntgentisch. Ein Mädchen von 3575 Gramm wurde an Bord geboren: Dao Anh Sang, auf deutsch: Insel des Lichts. Sowohl Frankreich als auch Malaysia lehnten es ab, dem Mädchen ihre Staatsangehörigkeit zu geben.

Eigentlich hätten wir uns rasch darüber klar werden müssen, daß unser Schiff als Hospitalschiff einsetzbar sein mußte. Aber so weit waren wir noch nicht. Wir hatten es immer noch mit einer merkwürdigen Stimmungslage in Deutschland zu tun. Die Linke war mit *ihrem* Vietnam so liiert, daß sie nicht gern etwas für die Flüchtlinge tat. Für sie flohen diese Menschen offenbar in die falsche Richtung, nach Kalifornien, während sie sich eigentlich im Lande Ho Chi Minhs wohlfühlen sollten.

Doch es waren bewegende Augenblicke in diesem Frühjahr, als wir unser Rettungsunternehmen starteten. Am 11. Juni 1979 gab die malaysische Regierung durch ihren Innenminister Sri Ghazali den Schießbefehl auf die Flüchtlingsboote – meist winzige Fluß- und Fischerboote ohne Motor und Kompaß. Eine eigens dafür geschaffene malaysische Marine Task Force sollte auf die Boote schießen. Malaysia gab gleichzeitig bekannt, daß es in dieser angespannten Lage keine weiteren Flüchtlingsboote aufnehmen, sondern alle sich der Küste Malaysias nähernden Boote auf die hohe südchinesische See zurückwerfen werde. Die deutsche

Öffentlichkeit wachte endlich auf. Dieser Schießbefehl hatte so etwas wie eine reinigende Wirkung: Er konfrontierte die Menschen mit einem Problem, das man in Europa kaum recht wahrgenommen hatte. Jetzt wurden in unserem Fernsehen immer mehr Bilder miserabel ausgerüsteter, überdies völlig überladener Boote ausgestrahlt.

Europa hatte zwar noch nichts getan, war aber moralisch entrüstet. Zugleich berief die UNO eine Internationale Flüchtlingskonferenz in Genf ein. Malaysia zog kleinlaut den Schießbefehl am 13. Juni zurück. Aber die Maßgabe und der Befehl, alle Fluchtboote an der Küste und von der Küste abzuweisen, galt dennoch weiter.

Mit Bernard Kouchner machte ich mich auf den Weg nach Pulau Bidong. Die Menschen sind auf einem Quadratkilometer zusammengepfercht. Die Insel liegt 28 km von der ostmalaysischen Küste entfernt, die nächstgrößere Stadt ist Kuala Trengganu, ein Geschäftszentrum der Malai-Chinesen. Vor einem Jahr wohnte auf diesem öden Eiland – Gesamtumfang knapp 6 km – noch kein Mensch, nur Ratten und Schlangen bevölkerten es.

Die ersten Flüchtlinge strandeten hier im Juli 1978, 294 Menschen. Inzwischen waren auf dem bewohnbaren Teil der Insel 42 505 *Boat people* angelangt. Überall stolperte man über Menschen, die in einem Tal der Insel, das von einem Bergmassiv und einem Hügel flankiert wird, zusammengeballt waren. Ihre Hütten waren aus Baumstämmen gefügt, die man sich aus dem Bergwald holte, und aus den Plastiksäcken, in denen das UN-Flüchtlingskommissariat die Nahrungsrationen verpackte und verteilte. «Betten» wurden aus Reisig geflochten, die Küche bestand aus einem Stein mit einer Einbuchtung. Als Teller und Tassen fungierten die Cola- und Erbsendosen aus den Säcken des Hochkommissariats. Wenn gegen Mittag auf der Insel gekocht wurde, zog der Rauch tief in das Hüttengewirr des Camps, vermischten sich die Nahrungsgerüche auf eine kaum zu definierende oder unterscheidende Art mit dem Gestank von Abfällen und Exkrementen. Die Flüchtlinge mußten ihre Notdurft an den wenigen hüttenfreien (aber hüttennahen) Plätzen der Insel verrichten. Schon hundert Meter vor der Insel empfing dieser süßliche Fäulnisgeruch jeden Besucher. Olivier Stirn, Staatssekretär im französischen Außenministerium, landete in den Tagen, als ich auf der Insel war, mit dem Hubschrauber auf dem Hügel der Inselzone C. Als ihm beim Aussteigen dieser scharfe Gestank entgegenschlug, unter dem die 42 000 Menschen Tag für Tag zu leiden hatten, und er mit Krawatte, sauberem Anzug und blitzend gewienerten Schuhen regelrecht durch die Scheiße stolzierte, dachte ich bei mir, daß es gut ist, wenn Politiker einen sinnlich-praktischen Kontakt zur Wirklichkeit bekommen.

Schätzungsweise 18 000 Kinder hatten unter den unerträglichen Bedingungen der Insel zu leiden. Die Lebensmittelpakete des Flüchtlingskommissariats und des Roten Kreuzes von Malaysia enthielten nur Trockennahrung (Reis, Erbsen, Hühnchen in Dosen, Sardinen in Dosen, Salz, Zucker, Tee) – diese Pakete deckten nur einen bestimmten Bedarf ab. Der ganze Vitaminbereich fiel aus, frisches Obst und Gemüse fehlten. Die einzige Möglichkeit, an Obst zu kommen, bot der kleine «Schwarzmarkt», der über Fischerboote trotz strengen Verbots von Kuala Trengganu aus gewinnträchtig organisiert wurde: 24 peinlich genau abgezählte Traubenbeeren konnte eine Mutter für ihre Kinder erstehen, wenn sie einen Malaysia-Dollar besaß. Manchmal gab es zwei schrumplige Äpfel für den gleichen Preis.

Die Hilfsorganisationen sorgten jedenfalls noch nicht für jene Nahrungsmenge, die zum Überleben nötig gewesen wäre. Ich sah dauernd Kinder, bei denen mich ihr altes Aussehen erschreckte. Kranke Kinder wurden von ihren Eltern oft so lange versteckt, bis jede ärztliche Hilfe zu spät kam. Die ausländischen Delegationen wählten je nach Brauchbarkeit Flüchtlinge für den eigenen Arbeitsmarkt aus, Kranke fielen dabei durch den Rost. Die australische Delegation etwa war so brutal und ließ den etwas geistig behinderten 13-jährigen Phan Tran Dong auf der Insel zurück, akzeptierte aber dessen Familie für Australien. Tragödien waren hier an der Tagesordnung – oft von unserer Einwanderungspolitik provoziert.

Mit Bernard Kouchner bin ich gleich nach der Ankunft auf unser Schiff gegangen, wir haben uns in zwei Wohncontainern einquartiert, die zur Unterkunft für die Helfer an Bord des Schiffes angeschlossen und befestigt sind. Schon bei diesem ersten Projekt habe ich erkannt, daß es für die Hilfsarbeit entscheidend ist, bei und mit den in Not geratenen Menschen zu leben, nicht nur als

Außenstehende mit ihnen zu tun zu haben, sondern auch physisch ihre Lebenswirklichkeit zu teilen.

Das Schiff «Ile de Lumière» war 92 Meter lang, hatte 1400 BRT und war auf Noumea/Neukaledonien zu einem Hospitalschiff umgerüstet worden. Seit dem 20. April 1979 lag es vor der Insel Pulau Bidong, auch als Symbol des Schutzes und der Präsenz Europas. Die Flüchtlinge sagten uns, daß allein die Anwesenheit des Schiffes viel bewirkt hatte, denn seit die «Ile de Lumière» festgemacht hatte, hatte sich die malaysische Polizei nicht mehr getraut, so brutal gegen die Flüchtlinge vorzugehen. Auch die Nahrungsrationen des Flüchtlingskommissariats wurden seitdem regulär verteilt, d. h. die Flüchtlinge konnten damit rechnen, alle drei Tage ein Päckchen zu bekommen, das sie zum Überleben bitter nötig hatten. Schon fünf Minuten nach dem Einlaufen des Hospitalschiffes stauten sich die Patienten am Bootssteg: Mütter mit halbverhungerten Kindern, TB-Kranke, Notfälle, die einen sofortigen chirurgischen Eingriff nötig machten.

Die Ärzteequipe setzte sich aus französischen Medizinern der Organisation «Ärzte ohne Grenzen» zusammen, unserer Schwestervereinigung in Frankreich, die seit dem Biafra-Krieg existiert und möglichst überall dort tätig ist, wo eine normale (d. h. staatlich genehmigte) Krankenversorgung unmöglich scheint. Sie leisteten bei vierwöchentlicher Ablösung ihren Dienst und opferten dafür meist ihren Urlaub.

In den ersten zwölf Stunden nach der Ankunft des Schiffes wurden drei Patienten operiert (das französische Schiff enthielt wie unser deutsches einen Entbindungs-, einen Operations- und einen Röntgenraum). Mit der Infusions- und Sauerstofflasche begann oft ein aussichtslos erscheinender Kampf gegen den Tod. So starb nach acht Stunden künstlicher Ernährung und Beatmung im Morgengrauen ein zwanzig Monate altes Kind, das zuletzt nur noch fünf Kilo gewogen hatte. Dann starben ein zweites Kind und eine 29 Jahre alte Frau.

Die erste eigene Hilfsmaßnahme des kleinen «Deutschen Komitees ‹Ein Schiff für Vietnam›»: drei Fässer von Bayer Leverkusen mit Rattengift. Unter großem bürokratischen Aufwand hatten wir diese Chemikalienfässer auf die Air-France-Maschine nach Kuala Lumpur bringen und nach drei Tagen und Nächten Kampf mit dem malaysischen Zoll auch auslösen können. Dann hatten wir drei Taxis bestiegen und uns das Rattengift durch eine guerilla-schwangere Urwaldgegend nach Kuala Trengganu fahren lassen.

Kouchner und die französischen Kollegen lernte ich damals sehr schätzen. Seit dieser Aktion weiß ich, daß die Zusammenarbeit Deutschlands mit Frankreich in der Politik wie in der Wirtschaft, in der humanitären wie sozialen Arbeit in Europa kaum zu überbieten ist. Die Franzosen sind mutiger, risikobereiter als wir, lieben das Abenteuer, wickeln ein Unternehmen rasch ab und wenden sich dem nächsten zu. Die Deutschen haben den längeren Atem.

Die Genfer Konferenz schloß im Juni 1979 eigentlich mit einem jämmerlichen Ergebnis, gäbe es da nicht die auch im Protokoll festgehaltene Äußerung des deutschen Staatssekretärs Günter van Well: Man sprach von einer Aufnahmequote von 10 000 Flüchtlingen, erklärte aber zugleich: «Jeder Vietnam-Flüchtling, der von dem Bohrschiff oder von Versorgungsschiffen, die unter deutscher Flagge fahren, gerettet und aufgenommen wird, kommt in die deutsche Bundesrepublik!» Damals ahnten wir noch nicht, daß dies unsere Bestandsgarantie für die Seenotrettung durch die CAP ANAMUR werden sollte. Durch diese Garantie hatten wir später einen enormen Vorteil für unser Schiff. Denn immer dann, wenn unser Schiff auf den zwei Zwischendecks mit Flüchtlingen voll-beladen war, konnte ich unter Berufung auf die bei der Genfer Flüchtlingskonferenz ausgesprochene Garantie der deutschen Regierung um den Garantiebrief bitten, den meist Außenminister Hans-Dietrich Genscher persönlich abgeben mußte.

Beim Auslaufen hatten wir diesen Mechanismus noch nicht ganz erfaßt. Ich wollte mir trotz der Garantie aus Genf doch noch einen Zugang zum Auswärtigen Amt erzwingen. Der Termin kam zustande. Es war eine denkwürdige Begegnung mit Staatssekretär Peter Hermes, der mir sehr wohlwollend gegenübersaß. Als ich ihm allerdings erzählte, was diese Unternehmung zu bedeuten hatte, wurde er doch etwas nervös. Er beugte sich vor, legte seine Ellbogen auf den Tisch und meinte: «Herr Neudeck, dann retten Sie nicht so viele Flüchtlinge!» Das meinte er in der Tat ernst. Er hatte allein die Probleme mit den deutschen Bundesländern vor Augen, die die Aufnahme über einen Quotenschlüssel genehmigen und zu immer neuen Vereinbarungen kommen mußten: «Sie ersparen sich Ärger, wenn Sie nicht zu viele Menschen retten!»

In den nächsten Tagen kam es auch zu einer Sitzung im Auswärtigen Amt, an der alle zuständigen Referate des AA, des Innenministeriums, des Verkehrsministeriums und des Bundeskanzleramts beteiligt waren. Als ich den Raum betrat, war ich verblüfft über den Sachverstand und die Kompetenz, die eine Ministerialbürokratie aufbieten kann. Noch stärker beeindruckte mich ein Beamter, der an der Tür stand und mir gleichsam auflauerte. Er stellte mir die verblüffende Frage: «Sagen Sie mal Herr Neudeck, wer ist eigentlich Ihr Seerechtsreferent?» Die Frage war klar genug. Hätten wir einen «Seerechtsreferenten» gehabt, wären 9507 Menschen und weitere zweitausend wohl zugrunde gegangen.

Am 24. Juli 1979 wurde die Schlüsselsendung ausgestrahlt, die über die Existenz des Schiffes und die Lebensrettungsaktion für die kommenden 21 Jahre entschied. «Report Baden Baden» wurde von Franz Alt moderiert. Er darf als der Mitgründer des Komitees gelten. Ich war zum ersten Mal live in einer Fernsehsendung – gemeinsam mit dem Generalsekretär des Deutschen Roten Kreuzes, Walter Bargatzky. Ich redete zwei Minuten lang wie um mein Leben; die Kontonummern des großen Deutschen Roten Kreuzes und des Kleinen Vereins «Ein Schiff für Vietnam» wurden eingeblendet. Am 27. Juli 1979 fanden wir in der kleinen Stadtsparkasse Köln, gegenüber dem Dom, drei große Säcke mit Spendenbelegen. Es seien, so sagte man uns, 1,2 Millionen DM zusammengekommen. Wir verstanden das als den Auftrag, ein Schiff unter deutscher Flagge fahren zu lassen.

Ich rief den mir damals völlig unbekannten Reeder Hans Voss an, der uns schon einmal über das Auswärtige Amt hatte erreichen wollen. Er hatte in Kobe ein Schiff ersteigert, das einen Namen trägt, an den sich einstweilen niemand gewöhnen kann: CAP ANAMUR. Ich fuhr nach Hamburg, am Abend des 28. Juli hatten wir das Schiff gechartert, jetzt suchten wir noch eine Medizinermannschaft, die wir auch bald zusammenbrachten. Am 4. August 1979 flogen wir von Hamburg nach Japan. Das Unternehmen war nicht mehr zu stoppen.

In Osaka wurden wir abgeholt. Wir hatten eine große Crew zusammen. Prof. Dr. Lunkenheimer, Dr. Michael Scharsich, Krankenschwester Marlies Nussbaum, noch drei weitere Ärzte. Für die Begleitung von Journalisten gab es keine Einschränkung. Also kamen das Erste Deutsche Fernsehen mit dem Hongkong-Korrespondenten Volker Zielke und ein Team des ZDF mit dem Mainzer Reporter Bruno Funk an Bord. Nach sechs Tagen Fahrt waren wir im südchinesischen Meer, nicht zuletzt auch angetrieben durch die Ungeduld der Journalisten an Bord, die Ergebnisse sehen wollten. Diese für Nicht-Reporter unbegreifliche Ungeduld habe ich besänftigen müssen, als der zweite Kapitän des Schiffs und Chartervertreter nach fünf Tagen das neue Ziel in den Computer eingeben ließ: «Anambas-Inseln». Am Morgen darauf hatten wir längsseits der Kaimauer der größten indonesischen Anambas-Insel festgemacht. Die Journalisten gingen von Bord und hatten ihre Story. So jedenfalls meinten wir von der CAP ANAMUR-Crew. Aber einen halben Tag später wurde unser Schiff konfisziert und stillgestellt. Wir wären ohne Erlaubnis der indonesischen Marine in die indonesischen Hoheitsgewässer eingedrungen. Mit Hilfe des Auswärtigen Amtes klärte sich die Sache schnell auf. Aber erst jetzt hatten die Journalisten wirklich ihre Story.

Nachdem wir mit dem Schiff zum Treibstoffbunkern in Singapur eingelaufen waren, gingen die beiden Fernsehteams und die übrigen Journalisten von Bord. Uns schwante nichts Gutes. Immerhin standen diese Journalisten vor ihren Fernsehchefs wie begossene Pudel da: Sie hatten Bilder von geretteten *Boat people* versprochen – die aber konnten sie nicht bringen.

Am 22. August 1979 ging ein Gewitter der Kritik und der Verdächtigung auf CAP ANAMUR und das immer noch so genannte Komitee «Ein Schiff für Vietnam» nieder. Die Nachrichtensendungen enthielten zwei massive Vorwürfe, die das Unternehmen eigentlich hätten zerstören müssen. Man warf uns zum einen chaotischen und leichtfertigen Umgang mit Spendengeldern vor, zum andern, daß wir eine Rettungsaktion mit Leuten durchführen wollten, die nicht wußten, wie das vonstatten ging. Wir konterten und wiesen die Vorwürfe zurück. Auf den Vorwurf, es hätten Zehntausende von Mark eingespart werden können, erwiderte ich: «Es hat selten einmal eine Hilfsorganisation gegeben, die mit einer geringeren Verwaltungsausgabe – weit weniger als 1 Prozent – statt der sonst üblich 7 Prozent und mehr – auskommt. Zudem hat das Komitee, dem es weiter um schnelle unbürokratische Hilfe geht, bisher genau seinen vorgegebenen Zeitplan eingehalten. Die Fahrt von Kobe/Japan nach Singapur mußte das Schiff unternehmen, um in sein eigentliches Aktionsgebiet zu kommen.»

In der Erklärung verwiesen wir auf etwas, was den Medien aber schon nicht mehr interessant erschien. Am 20. August, also zwei Tage vor den Sendungen, hatte sich der Oberbefehlshaber der indonesischen Marine für die Kasernierung der CAP ANAMUR entschuldigt. Zwei Tage später stellte die indonesische Botschaft rasch und unbürokratisch sämtliche Visa für die zweite Ärztecrew des Komitees aus, die das Anambas-Projekt begleiten sollte – der indonesische Botschafter Sfarei begrüßte ausdrücklich diese Hilfe für die auf den indonesischen Inseln geretteten und gestrandeten Flüchtlinge aus Vietnam.

In der Zeit vom 20. auf den 27. August wurde das Schiff zu einem Hospitalschiff umgerüstet. Das zweite Zwischendeck bekam einen Operationssaal mit zwei OP-Tischen, und in diesem Zwischendeck wurden noch hundert Klinikbetten untergebracht. Für die Flüchtlinge hatte die CAP ANAMUR 50 Tonnen Reis, 5 Tonnen Erbsen, 3000 Kilo getrockneten Fisch, 500 Kilo grünen Tee sowie Obst im Wert von insgesamt 84 000 DM an Bord genommen. Das Schiff entsprach auch der Bitte der Bundesregierung sowie der Organisation «Terre des Hommes» und übernahm die von der Bundesregierung akzeptierten Transporte von Flüchtlingen und Flüchtlingskindern von den Anambas und der Insel Tansung Pinang. Das Komitee hatte – so hieß es in unserer Pressemeldung – daran nur die Bedingung geknüpft, selbst den Termin dieser Transferfahrten zu bestimmen, damit das eigene Programm auf den Anambas nicht gestört werde.

Da zu diesem Zeitpunkt niemand mehr aus Vietnam herauskam, beschränkten wir die Operation zunächst einmal auf die Inselversorgung. Mitte Januar 1980 hörten wir viele Berichte über eine zunehmende Fluchtwelle aus Vietnam. So erhielt Kapitän Urban den Befehl, mit voller Kraft voraus ins südchinesische Meer auszulaufen und die indonesischen Gewässer zu verlassen. Dann passierte es: Wir sichteten 28 Flüchtlinge auf einem Boot an der Seeposition. Wir empfanden es als den Beginn der Rettungsaktionen. Denn dafür war das Schiff in Dienst gestellt und von den Spendern beauftragt worden: Wir sollten die «Verdammten der Meere» – wie Freimut Duve sagte – retten.

«Über die Überlebenschance und was mit uns passieren würde, wenn wir draußen auf dem Meer sein würden, durfte ich mir keine Gedanken machen. Mir fiel der Abschied sehr schwer, ein Abschied vielleicht ohne Wiedersehen. Dann dachte ich wieder an meine Eltern und meine Geschwister, was sie alles für mich getan hatten, damit ich heute in diesem Saal sitzen dürfte. Ich war so müde, daß ich später nicht mehr wußte, wann ich eingeschlafen war. Mein Bruder rüttelte an meiner Schulter. Steh auf, wir müssen gehen. Ich stand auf, nahm die Tasche und folgte ihm, ohne etwas zu sagen. Ich hätte meine Heimat gern zuletzt lebendig und am hellichten Tag gesehen, aber die Stadt war totenstill und dunkel. Allein hätte ich Angst gehabt, das Schiff zu besteigen, weil man inzwischen von vielen Todesfällen auf See vom BBC Sender gehört hatte. Für meinen Bruder war es klar, er hatte nicht gezögert.»

Das ist einer von vielen tausend Berichten, die es mittlerweile gibt und die uns die nachträgliche Gewißheit geben, wie wichtig und notwendig es war, wenigstens die Anstrengung zu machen, die Menschen auf dem Weg zu einem rettenden Ufer zu erreichen. Als wir am 9. August 1979 ausgelaufen waren, wußten wir, daß Tausende im Mekong-Delta auf die Chance zur Flucht warteten. Wir wußten aber auch, so zynisch das klingen mag, daß es wichtig für das Unternehmen CAP ANAMUR war, bald eine erste direkte Rettungsaktion durchzuführen.

Das Unternehmen war zwar in alle Stärken, aber auch in alle Unarten und Schwächen unserer modernen Gesellschaft eingebettet: Es war auch Gegenstand unserer Fernsehwelt. Wenn die ersten Flüchtlinge nicht in den ersten sechs Tagen kamen, dann war es das Opfer und die Anstrengung auch nicht wert. Es war keine Nachricht mehr.

Ich sehe noch den Arzt Dr. Reinhold Jäger vor mir in der Kajüte, als wir zur dritten Fahrt der CAP ANAMUR auslaufen wollten. Er gehörte zum dritten Team, das an Bord kam. Als ich ihm eröffnete, daß wir unter Umständen eine ganze Woche unterwegs sein könnten, ohne ein Fluchtboot zu finden, zögerte er – wie wir alle. Ist unsere Arbeitskraft das denn wert? Sollte man die Menschen nicht doch erst an die Küste kommen lassen?

Die große Zeit der Seenotrettung begann für uns erst 1980. Vorher waren wir vorsichtig an den Küsten der Inseln Galang und Anambas entlanggeschlichen, weil dort eine Inselversorgung möglich war. Am 1. März 1980 war es wieder soweit: Wir erfuhren an Bord, daß ein großes Boot etwa 127 Seemeilen von uns geortet wurde. Wir liefen sofort aus, um dieses Boot zu finden. Dr. Franz König, unser Komitee-Arzt, Kapitän Urban und John Morco, der philippinische Offizier, suchten die ganze Nacht. Über Funk forderte der Kapitän alle Schiffe in der Nähe auf, nach dem georteten Boot Ausschau zu halten. Morgens erhielt CAP ANAMUR von einer in einem Sperrgebiet liegenden Bohrinsel die Nachricht, man habe ein Fluchtboot gesichtet. Gegen Mittag stand fest: Es handelte sich um zwei Boote. Das von uns gesuchte war eines davon. Die Flüchtlinge sollten, da sie dringend medizinischer Hilfe bedurften, zu uns geschleppt werden. Gegen 16.15 Uhr ging der Bohrinselversorger «Marientor» mit 116 Flüchtlingen längsseits. 27 davon waren Frauen, 43 Kinder. Die Übernahme dauerte lange, der Allgemeinzustand der Flüchtlinge war schlecht, unter ihnen gab es viele Kranke und Verletzte. Die Kinder waren von der Sonne, gegen die ein Fischerboot auf offenem Meer keinen Schutz bot, verbrannt und ausgetrocknet. Sie brauchten Infusionen; die Frauen kollabierten und hatten Angstzustände. Wir übernahmen mehrere Schwerkranke und neun Schußverletzte. Ein Bootsführer hatte einen Lungensteckschuß, die anderen hatten Kugeln und Geschoßsplitter im Rücken, in der Brust, in gebrochenen Fingern und Armen. Erst spät in der Nacht waren alle Neuankömmlinge versorgt.

An der Küste, in den vielen Vororten von Saigon, dem Millionenmoloch, machten sich die Menschen auf. In Genf aber, in dem Riesengebäude des Flüchtlingskommissariats, wie auch in Singapur, Bangkok und Hongkong, schaute man nur besorgt zu. Die UN-Leute gaben uns Proben ihrer Feigheit. Wir sollten nicht jeden aus dem Wasser gezogenen Flüchtling aufnehmen. Diese Aufforderung wurde auch bei einem Abendessen in der Deutschen Botschaft in Manila an uns herangetragen. Darauf fragte ich: «Wie sollen wir das machen? Sollen wir also erst unten in das schon lecke Boot gehen, den verzweifelten Menschen, die ausgehungert, ausgetrocknet, verzweifelt sind, sagen: erst müßt ihr einen Fragebogen des UNHCR ausfüllen, wir geben euch auch einen Kugelschreiber, dann würde der Vertreter an Bord kommen, rasch die Fragebogen durchsehen und diejenigen, die taugliche und zureichende Gründe haben für das Asyl, aufnehmen, die anderen wieder aus dem lecken Boot ins südchinesische Meer hinauswerfen?»

Die Piraten machten uns größere Sorgen. Viele Piratenbanden, vor allem an der Küste Thailands, machten ihr Geschäft mit den Flüchtlingen. Sie raubten sie aus, entführten die jungen Frauen auf die Insel Kro-Kra vor der thailändischen Küste, von der es dann weiter nach Bangkok ging. In Bangkok gab es immer mehr Bordelle, in denen vietnamesische Frauen und Mädchen anzutreffen waren. Wie konnten wir uns gegen die bewaffneten Piraten schützen? Kapitän Urban, der später durch Kapitän Wangnick abgelöst wurde, hatte von vornherein dafür plädiert, daß das Schiff und der Kapitän bewaffnet werden müßten. Seit dem Sommer 1980 hatten wir immer mehr Flüchtlinge an Bord, die von Piraten überfallen worden waren.

Im Frühjahr 1980 kamen insgesamt 39 Flüchtlinge an Bord. Sie waren eine ganze Woche auf einem Boot der Witterung ausgesetzt gewesen – eine extrem lange Zeitspanne für ein unsicheres Gefährt und ungünstige Wetterbedingungen. Nach dem Verlassen der vietnamesischen Hoheitsgewässer war das Boot mit diesen 39 Flüchtlingen von vier Piratenbooten gerammt und die *Boat people* überfallen und ausgeraubt worden. Fünf Tage und vier Nächte hatten die Flüchtlinge aus dem mit Kleidungsstücken notdürftig abgedichteten Boot das Wasser schöpfen müssen. Matrosen eines thailändischen Marinebootes hatten zwei Frauen vor aller Augen vergewaltigt. Die Männer waren mit Messern bedroht und geschlagen worden. Zwei Tage vorher waren die Flüchtlinge, deren Nahrungs-, Wasser- und Treibstoffvorräte erschöpft waren, von einem Schiffkutter in Schlepp genommen worden, der dann einen Maschinenschaden vorgetäuscht hatte und vor Anker gegangen war.

Notgedrungen waren wir ein unordentliches Unternehmen. Wir konnten nie vorhersehen, wie viele Menschen – oder wie wenige – wir von einem Boot retten würden. In einem Monat konnten es einmal 46 sein, im nächsten Monat schon 568. Die Beamten in den Staatskanzleien mußten dauernd neue Quoten und Verteilerschlüssel aufstellen.

Für die Ministerpräsidenten begann die Zeit, in der sie sich ausrechnen konnten, daß die Popularität des Schiffes und der Rettungsaktion abnehmen würde. Also wurden sie etwas aggressiver. Der hessische Ministerpräsident ließ durch seinen Sprecher erklären: das Schiff würde in erster Linie die neuen Flüchtlingsströme «induzieren», also im Klartext: bewirken. Der Ministerpräsident von Baden-Württemberg, Lothar Späth, kam auf die tolldreiste Idee zu fragen, ob das etwa eine neue Idee der Christlichkeit sei – man könne doch nur 10 Prozent der Flüchtlinge retten, es müßten aber doch 100 Prozent sein. Meinte er damit, es lohne sich nicht, «nur» 10 Prozent zu retten?

Aus dem Auswärtigen Amt hörten wir im Sommer 1981, man strebe eine «leise Lösung» an. Da ein abruptes Ende der Unternehmung nicht gut hingenommen worden wäre, solle man ihre Beendigung gleichsam schluckweise vorbereiten. Im Juni/Juli war es soweit. Wir hatten 378 Flüchtlinge an Bord, wollten wie üblich – zum x-ten Mal – in den Hafen Puerto Princesa der traumhaft schönen Insel Palawan einlaufen. Dazu aber brauchten wir die Einfahrterlaubnis für den Hafen. Die aber bekamen wir nur, wenn wir den Garantiebrief des deutschen Außenministers in der Hand hatten. Denn das «Mercy Vessel» CAP ANAMUR hatte das Gefährlichste an Bord, das ein Schiff auf den Weltmeeren überhaupt befördern kann: Menschen, Asylbewerber, deren Antrag noch nicht abschlägig beschieden worden war.

Am 1. August 1981 besuchte die Staatsministerin im Auswärtigen Amt, Hildegard Hamm-Brücher, Singapur. Wir hatten immer wieder die Verantwortlichen in Bonn und in den Bundesländern gebeten, sich selbst ein Bild von der Lage der Schiffbrüchigen an Bord unseres Schiffes zu machen. Die Enttäuschung war riesengroß. Frau Hamm-Brücher besuchte nicht etwa unser Rettungsschiff, das mit 474 Flüchtlingen an Bord im Hafen von Singapur lag, sondern gab Erklärungen ab, die den Interessen des Staates Singapur entsprachen. Das Schiff, so erklärte die Staatsministerin, solle überhaupt nicht mehr mit Flüchtlingen in den Hafen von Singapur einlaufen. Das war barer Unfug, denn zum Aufladen von Proviant und Treibstoff waren wir in Singapur immer willkommen.

Die 474 Flüchtlinge konnten wir auch diesmal nach Puerto Princesa in das philippinische Transitcamp auf der Insel Palawan bringen. Ende September hatten wir wieder 330 Menschen retten können. Wir hatten uns schon vorsorglich um die Aufnahmegarantie bemüht, ohne die wir ja nicht wieder in Puerto Princesa auftauchen durften. Die Garantie wurde uns aber erst für die nächsten Wochen in Aussicht gestellt. So beschlossen wir, das Schiff im Hafen von Singapur randvoll mit Treibstoff vollzupumpen. Mit den 330 Flüchtlingen an Bord liefen wir zur nächsten Rettungsfahrt aus. Das Hauptverdienst dieser Aktion gebührte Kapitän Rolf Wangnick und unserem Ärzteteam. Schon am nächsten Tag erreichte CAP ANAMUR ein schon leckgeschlagenes, neun Meter langes Fluchtboot, in dem 68 Menschen saßen, die dem Tod ins Auge gesehen hatten. Darunter befanden sich auch Kinder, die aufgrund des Mangels an Trinkwasser fast ausgetrocknet waren. An Bord mußten sie gleich an den Infusionstropf angeschlossen werden. Nun waren schon 398 Menschen an Bord.

Am folgenden Morgen gab es erneut Alarm. Offizier John Morco hatte am Horizont wieder ein Fluchtboot ausgemacht, das bereits eine SOS-Flagge gesetzt hatte. Nguyen Huu Huan schulterte das Megaphon und rief den Flüchtlingen auf vietnamesisch zu, daß sie keine Angst zu haben bräuchten, weil dies ein deutsches Schiff sei, ausschließlich für die Flüchtlinge bestimmt. Das leckgeschlagene und völlig überladene Boot kam dann näher. Die Besatzung mußte vorsichtig manövrieren. CAP ANAMUR durfte – bei Windstärke 4 – nicht mit dem Fluchtboot zusammenprallen. Alle schauten hinunter; als sich die kleine Luke des winzigen Bootes öffnete, blickte man in einen Sarg lebender Leichname. Neben- und ineinander verknäult lagen nicht weniger als achtzig Menschen, die sich keinen Zentimeter bewegen konnten. Noch tagelang würden sie sich kaum rühren können.

Mit Hilfe des Ladebaums und der ausschwenkbaren Plattform wurden auch die Kinder und die Alten sicher an Bord genommen. Besorgt, daß bei dem Gedränge den völlig erschöpften Menschen etwas zustoßen könnte, brüllte Kapitän Wangnick unentwegt «One by one», weil sich unten immer wieder Panik breitmachte. Inzwischen hatten wir also 478 Bootsflüchtlinge an Bord.

Am 24. Oktober waren es 605 Menschen, die das Schiff beköstigen und unterbringen mußte. Wangnick funkte an die Zentrale des Komitees nach Troisdorf, daß er wegen Überfüllung die Such- und Rettungsaktion abbrechen und auf Puerto Princesa Kurs halten müsse. Niemand hätte damals geglaubt, daß es noch zwei Monate dauern würde, bis alle Flüchtlinge an Land gehen durften. Unterwegs zu den Philippinen kam noch einmal ein Flucht-

boot vor den Bug der CAP ANAMUR. 98 Schiffbrüchige in «jäm-
merlichem Zustand», wie unsere Ärzte Udo Radlow und Jörg
Merholz meldeten. An Bord befand sich eine junge Frau, die un-
terwegs eine Frühgeburt gehabt hatte. Bei der Aufnahme mußten
Radlow und Merholz gleich den OP bereit machen. Die CAP
ANAMUR lief mit 703 Flüchtlingen auf Puerto Princesa zu.

Am 28. und 29. Oktober 1981 trafen die Ministerpräsidenten
der Bundesländer zu ihrer gemeinsamen Konferenz in Bad Kreuz-
nach zusammen. Sie berieten auch über die Rettungsaktion. Vier
von elf Ländern waren auf unserer Seite: Niedersachsen, Bremen,
Berlin und Nordrhein-Westfalen. Damals schrieb ich in einer Erklärung: «Der Skandal ist da, die Flüchtlinge, 703, siebenhundert-
drei an der Zahl, liegen weiter im chinesischen Meer vor Anker,
weil sich die Ministerpräsidenten der Bundesländer nicht für sie
verantwortlich fühlen.» Ein Ministerpräsident schlug vor, die
Flüchtlinge aus der Luft mit Nahrung zu versorgen, damit sie
nicht verhungerten.

Es kam dann zu einer Zwischenlösung. Vier Aufnahmeländer
nannten eine Quote: 328 Menschen. 328 Flüchtlinge gingen in
Puerto Princesa an Land, alle anderen mußten an Bord bleiben.
Die Bundesländer brachten es fertig, die 377 Flüchtlinge, die an
Bord geblieben waren, noch 21 Tage und Nächte auf dem Meer
und im Schiffsbauch zu lassen. Meine Frau und ich waren damals der Verzweiflung nahe. Wir erwogen einen Hungerstreik,
da er uns das einzige Mittel zu sein schien, dem unwürdigen
Spiel ein Ende zu bereiten. Man ließ tatsächlich am 24. November 1981 die 377 Flüchtlinge wieder in das südchinesische Meer
zurückfahren.

In der Öffentlichkeit hatten wir weiterhin viel Unterstützung.
«Für die Ministerpräsidenten der Länder, die sich bisher geweigert haben, weitere Vietnam-Flüchtlinge aufzunehmen, scheint
unterdessen keine Nachricht bereits eine gute Nachricht zu sein –
eine gute Nachricht jedenfalls für alle jene, denen das Unternehmen CAP ANAMUR ob der Fremden, die es den Bürgern aufhalst,
von jeher obskur war. Und obendrein, solange dieses Schiff die
Menschen nicht los wird, die es an Bord hat, kann es keine neuen
aus dem Meer fischen. Die Rettungsaktion, die oft genug wegen
Geldmangels in Gefahr war, wird ohne direkten behördlichen Eingriff beendet, obwohl noch Mittel für fünf Monate oder etwa 2000

vor dem Ertrinken gerettete Flüchtlinge da wären.» Das war in der Münchener Zeitung zu lesen, die dem Ministerpräsidenten Franz Josef Strauß sehr nahe stand. «Bitteres Fazit: Auf diese Weise ersparen wir den ungeliebten Wesen aus einer anderen Welt ein Leben in einem fremden Kulturkreis, in einem unbekannten Sprachraum und in einer Leistungsgesellschaft, deren Prinzipien sie ohnehin nicht verstehen würden und deren grausigste Leistung in der jüngsten Vergangenheit es war, sechs Millionen Andersgläubiger und Andersgesichtiger zu erschlagen, erwürgen, erschießen, vergasen und ertränken.»

Der *Stern* rechnete der deutschen Öffentlichkeit vor: Das Schiff habe in 22 Monaten insgesamt 8572 Menschen vor dem Tod durch Ertrinken gerettet. Monatlich koste das Schiff ca. 400 000 DM, jeder gerettete Mensch also 1057 DM! Was wollten, fragten wir uns, die Ministerpräsidenten? Dem Komitee und den Deutschen die Genehmigung für die 377 Flüchtlinge unter den Weihnachtsbaum legen? Zum Jahresende bekamen wir noch einmal eine Quote von 600 Plätzen, das Geld reichte noch für vier Monate. Wir waren zermürbt, aber nicht müde. Die 200 Plätze von Niedersachsen waren ohne Bedingung, die 200 von Nordrhein-Westfalen hingegen an die Bedingung geknüpft, daß es eine Abschlußquote sei. Man hatte uns die Pistole auf die Brust gesetzt. Danach hätten wir keine *Boat people* mehr retten dürfen.

Darum wurden wir vorsichtig. Wir durften nur noch 600 Flüchtlinge retten. Ab Mai 1982 waren wir ratlos. Ich bat den Ministerpräsidenten von Niedersachsen um ein Gespräch. Wir trafen uns an einem frühen Maimorgen in der Niedersachsen-Vertretung in Bonn. Ernst Albrecht willigte in unseren Vorschlag ein: Wir wollten noch einmal hinausfahren und dann entscheiden, ob wir gleich nach Hamburg zurückkehrten. Zum Zeitpunkt unseres Gesprächs hatten wir 200 Flüchtlinge an Bord. Albrecht wollte uns 350 Aufnahmeplätze garantieren, mit denen wir dann nach Puerto Princesa gehen durften. Aber diese 350 Plätze Niedersachsens wurden damals von der Regierung in Bonn nicht mehr akzeptiert unter dem Vorwand, es handle sich um eine «Privatvereinbarung zwischen Niedersachsen und dem Komitee Not-Ärzte». Am 11. November 1981 wurde uns deutlich: Die Millionen DM und die große Unterstützung unserer Bevölkerung sind keine Divisionen, mit denen inhumanen Regierungsbeamten Paroli geboten werden konnte. Und exakt an diesem Tag begann in Köln der Karneval – und für uns die Ernüchterung. Ich erlebte es hautnah in der Bundespressekonferenz. Der Regierungssprecher erklärte, daß die Sache die Bundesregierung eigentlich nichts anging: «Die Bundesregierung hat schließlich kein Territorium, das ist Sache der Länder.» Dabei gab es – so beharrte ich in mehreren Gesprächen mit dem Auswärtigen Amt und anderen Regierungsämtern auf dem Text, den ich immer in der Hand hielt – seit dem 24. Juli 1979 die feierliche Verpflichtung der Bundesregierung: «Die Bundesrepublik Deutschland kann Flüchtlingen, die von Schiffen Deutscher Flagge aus Seenot gerettet werden, die Aufnahme in das Bundesgebiet nicht verweigern!» Und es heißt weiter: «Das Gegenteil würde bedeuten, daß Flüchtlinge, die weder in ihre Heimat zurückkehren noch in einem anderen Staat Zuflucht finden, auf hoher See wieder ausgesetzt werden müßten.»

Die Rettung zur Weihnachtszeit – ein gelungener Mediencoup! Meine Erbitterung habe ich damals Böll gegenüber nicht verheimlicht: Ich wüßte nun, «wie Situationen aussehen, die Terroristen produzieren. Oder die Verzweifelte produzieren, die anfangen, etwas ganz Irrsinniges zu tun. Wenn nämlich der Wille zur Tätigkeit zur Tat an allen Ecken und Enden beschädigt wird, wenn man wieder und wieder die Behörden um Entschuldigung bitten muß, daß man immer noch tätig ist außerhalb der bürokratisch vorgeschriebenen Bahnen. Wenn man dann noch von einem Moment an systematisch ausgehungert wird und nur noch gegen Wände läuft, – dann, so kann ich mir jetzt vorstellen, wird es auch mal in jedem von uns einen Kurzschluß geben, können die Wut und der bislang gebändigte Zorn umkippen.»

Zwei vietnamesische Frauen befanden sich an Bord der CAP ANAMUR. Sie wurden auf ihrem Boot mit vierzig anderen Flüchtlingen überfallen, und da sie die schönsten und jüngsten Frauen waren, wurden sie von den Thai-Piraten verschleppt und über zwei Wochen lang von immer neuen Piratenbooten übernommen und reihum mißbraucht. Im Unterschied zu den Hunderten anderen Flüchtlingen auf der CAP ANAMUR konnten diese Frauen nicht mehr lachen. Ich sah sie vor mir und dachte an das, was auf höchster Ebene in der Bundesrepublik über die Flüchtlinge gesagt wurde: Sie seien nur auf der Suche nach einem besseren Lebensstandard, nach Kühlschrank und Kassettenrecorder; sie seien nur geflohen, weil es Schiffe wie die CAP ANAMUR gebe, sie seien ja nur Auswanderer, wir würden nur «Einwanderungshilfe» betreiben. Kein Bundeskanzler und kein Ministerpräsident hätten diesen Zynismus an den Tag zu legen gewagt, hätten sie auch nur einen einzigen Tag an Bord verbracht und mit den Flüchtlingen gesprochen. Aber es kam keiner von denen, die politische Entscheidungen zu treffen hatten. Nur Heinrich Böll war bereit, im Rundfunk Interviews zu geben, damit wenigstens die Zustimmung und Bereitschaft der Bevölkerung nicht nachließ, das Schiff mit dem notwendigen Kleingeld zu unterstützen.

Im Mai 1982 lag die CAP ANAMUR vor der Insel Palawan, und schon seit sechs Tagen konnte das Schiff nicht auslaufen. Sechs Tage mit 287 Flüchtlingen und vielen Kindern und Kleinkindern bei unerträglicher Schwüle in den Luken, praller Sonne tagsüber an Deck, zur Neige gehenden Nahrungsmitteln – das sind mehr als sechs Tage.

Nach einer Woche bekamen wir die Auskunft von Staatssekretär Fröhlich im Bundesinnenministerium, daß wir selbstverständlich die Aufnahmezusage bekommen würden, allerdings diesmal in Hamburg. Wir müßten mit dem Schiff nicht nach Puerto Princesa und in die Philippinen, sondern nach Hamburg, fünf bis sechs Wochen durch alle Weltmeere schippern. In der Erklärung hieß es: «Die Aufnahme weiterer Kontingentflüchtlinge [ist] nur nach Maßgabe der von den Regierungschefs des Bundes und der Länder am 5. Februar 1982 vereinbarten Verfahrensgrundsätze möglich. Die Voraussetzungen hierfür liegen jedoch bei den an Bord der CAP ANAMUR befindlichen Flüchtlingen nicht vor.» Da aber das Bundesland Niedersachsen wieder eine Aufnahmezusage gegeben hatte, wolle man sich bei den anderen Ressorts noch einmal um eine Garantieerklärung bemühen – und dann kam der entscheidende Nachsatz: «wenn Sie zusagen können, daß das Schiff nach der gegenwärtigen Fahrt keine weiteren Flüchtlinge mehr aufnehmen wird».

Das war die «leise Lösung». Die Verfahrensgrundsätze zwischen Bund und Ländern nannten wir «Lex CAP ANAMUR». Darin war die völkerrechtliche Grundverpflichtung eindeutig außer Kraft gesetzt – mit den Mitteln des kodifizierten Rechts. Denn auch weiterhin war es dem Kapitän eines Schiffs unter deutscher Flagge «geboten, Schiffbrüchige im südchinesischen Meer aufzunehmen und sie zu retten». Die Bundesregierung würde diese Menschen auch weiter aufnehmen, wenn diese Geretteten *zufällig* gefunden und aufgetaucht wären. Diese Deckung gab es nicht, wenn die *Boat people* systematisch gesucht wurden.

Am 25. Juni 1982 war alles entschieden. Die CAP ANAMUR nahm Kurs auf Europa. Sie war zum erstenmal seit dem 9. August 1979 auf einem Kurs, für den sie nicht gechartert war. Wir hatten wieder eine neue Crew des Komitees Not-Ärzte an Bord – diesmal drei Frauen: aus Bremen die Ärztin Renate Lüdemann und die Krankengymnastin Carina Rasch, aus Hamburg Renate Henatsch. Carina Rasch hatte vor dem Hospital eine Landkarte aufgehängt, worin sie jeden Tag die Route einzeichnete. Die Fahrt war auf vier Wochen angesetzt. Die beiden Fluchtboote, die wir mitgenommen hatten, wurden unter Deck gebracht, in Luke I, und dort festgelascht. Mit dem Trinkwasser und den Vorräten mußte sparsam umgegangen werden. Bis zum Suezkanal gab es für vier Leute täglich eine Dose Gemüse (800 g), für je drei Leute eine Dose Fleisch (44 g) zusätzlich zum Reis.

Am 26. Juni fuhr das Schiff an Pulo We, dem nördlichsten Zipfel Sumatras, vorbei. Dann durchquerte es den stürmischen Indischen Ozean, wobei alle seekrank wurden. Am 29. Juni passierte die CAP ANAMUR Sri Lanka. Am 6. Juli lief sie nördlich von Sokotra in den Golf von Aden ein. Wir fuhren an Somalia und am Weihrauchland Punt vorbei, am 13. Juli mit einem Konvoi durch den Suezkanal. Während die CAP ANAMUR sich durch den Golf von Biskaya pflügte, realisierte die Bürokratie offenbar, daß sie diesmal beim Einlaufen des Schiffs im Hamburger Hafen spuren mußte – von der Hafenpolizei über den Seebereitschaftsarzt und den Hafenkapitän bis zur Sozialbehörde der Stadt Hamburg und der Innenbehörde. Wir erfuhren, daß es noch eine Auseinandersetzung zwischen der Innen- und der Sozialbehörde gegeben hatte. Die Sozialbehörde wollte das Schiff mit den 285 Flüchtlingen an Bord einstweilen liegen lassen, bis alle in einem ordentlichen Verfahren als Asylbewerber anerkannt worden waren. Die Innenbehörde hielt aber dieses Verfahren für politisch und taktisch ungeschickt. Man war also bereit, den Prozeß zu beschleunigen, und man einigte sich darauf, daß die Flüchtlinge bei ihrem Eintreffen im Hafen sofort von Bord gehen müßten.

Am 19. Juli wurde wieder auf unserem Schiff ein Kind geboren.

Hans Voss, der Reeder, brachte die Nachricht in die Bürokraten-runde. Mai Trung Son Martin – 2000 Gramm. Also mußten die Behörden die Listen noch einmal korrigieren. Statt 285 würden es 286 Flüchtlinge sein, die nach Hamburg kamen. Zur Vorbereitung der Aktion waren bereits am 24. Juli Mitarbeiter des Einwohner-meldeamtes in Dover an Bord gekommen. Bis zum letzten Mo-ment gab es das Gefeilsche der Behörden. Von den 286 Flüchtlin-gen kamen 92 nach Nordrhein-Westfalen, 48 nach Baden-Würt-temberg, 39 nach Bayern, je 25 nach Niedersachsen und Hessen, 15 nach Rheinland-Pfalz, 13 nach Berlin, 10 nach Hamburg, je 7 ins Saarland und nach Schleswig Holstein, 4 nach Bremen. Die Journalisten brachten in Erfahrung, daß ab 1. August 1982 ein neues Verteilverfahren zwischen den Bundesländern gelten sollte. Darum versuchte Hamburg, das Aufnahme- und Abschiebungs-verfahren noch bis zum 31. Juli zum Abschluß zu bringen.

Ich hatte die Nacht zum 26. Juli 1982 mit unserem siebenjähri-gen Sohn Marcel im Haus unseres Reeders Hans Voss in Pinne-berg zugebracht. Um 4 Uhr mußten wir aufstehen, spätestens um 6 Uhr mußten wir an der Schleuse in Brunsbüttel stehen, um an Bord der CAP ANAMUR zu gehen. Ein Lotsenboot sollte das Schiff in den Hafen leiten.

Der Anblick des Schiffes, das da nach vier Wochen wie ein Sym-bol der Menschlichkeit in der Nordsee auftauchte, trieb uns die Tränen in die Augen. 9507 Menschen hatte das Schiff gerettet. Carina Rasch flüsterte mir zu, daß die Flüchtlinge ihrer Beobach-tung nach hochgradig verängstigt seien. Für uns alle war es ein unvergeßliches Erlebnis, wie sich diese Spannung allmählich lö-ste. Die ersten Passanten und die Seeleute von den Schleppern und Lastkähnen winkten uns freundlich zu. Die Willkommensbe-kundungen steigerten sich von Stunde zu Stunde. Hupkonzerte hoben an. Ein Lehrer hatte ein kleines Boot gechartert und war mit seinen Schülern dem Schiff entgegengefahren. Die Schüler winkten, schrieen, riefen den Flüchtlingen Willkommensgrüße zu. An Bord gab es noch eine Rangelei zwischen dem Offizier der Hafenpolizei und mir: Die Flüchtlinge sollten nach der Ankunft gleich von Bord, weil die Innensenatorin Helga Elstner sie noch während der Dienstzeit in Empfang nehmen wollte.

Auch heute, nach zwanzig Jahren, weiß ich noch, daß wir da-mals unendlich glücklich waren! Und dieses Glück hielt an. Mit der CAP ANAMUR hatten wir 9507 Menschen, die bereits dem Tod verschrieben waren, gerettet. Keiner, der an der Hilfsaktion teilgenommen hat, wird es je vergessen.

Zu den 9507 Geretteten mit dem ersten Schiff sollten mit drei anderen Schiffen noch knapp 2000 hinzukommen. In der Vereinbarung zwischen Bundes- und Länderregierungen hieß es sinngemäß: Es könne erst dann wieder eine Rettungsaktion und ein Rettungsschiff geben, wenn das Unternehmen international sei. Drei Jahre später waren wir wieder unterwegs. Wir hatten dank der Energie und Findigkeit der französischen Freunde um Bernard Kouchner Zusagen der französischen Regierung sowie einiger Bundesländer, mit denen wir 1982 bilateral verhandelten. Am 3. März 1986 – immerhin fast vier Jahre nach dem ersten Schiff – charterten wir wieder ein Schiff unter deutscher Flagge: die dänische Motor Vessel (M/V) «Regine», der wir den Operationsnamen CAP ANAMUR II gaben. Von März bis Juli 1986 wurden 888 vietnamesische Bootsflüchtlinge aus 18 Fluchtbooten gerettet. Auch dieses Schiff kehrte nach Hamburg zurück. Wieder gab es für die 357 Bootsflüchtlinge nach fünfwöchiger Fahrt durch den Suezkanal und das Mittelmeer, an Gibraltar und Dover vorbei einen begeisterten Empfang.

Das Elend der Bootsflüchtlinge ging auch 1987 weiter. Wir charterten ein drittes Schiff in Kooperation mit der französischen Organisation «Ärzte der Welt». Anfang April 1987 lief das Schiff, an dem das Komitee CAP ANAMUR zur Hälfte an den Kosten für die Charter, den Treibstoff und das medizinische Equipment beteiligt war, unter französischer Flagge von Singapur aus ins südchinesische Meer. Zwischen April und Juni 1987 gelang es diesem Schiff, der «Rose Schiaffino» (alias CAP ANAMUR III), 905 vietnamesische Bootsflüchtlinge aus 14 Booten zu retten. Am 22. Juli 1987 legte es im französischen Hafen Rouen an – mit 229 Bootsflüchtlingen an Bord, 22 von ihnen wurden am nächsten Tag nach Deutschland weitergeleitet.

Um den bewaffneten Piratenbooten das Handwerk zu legen, charterten wir noch zwei Schiffe und schickten sie in den Golf von Thailand. CAP ANAMUR IV lief mit dem registrierten Namen «Mary Kingstown» unter der Flagge des Fürstentums von Monaco. Unsere Hilfsorganisation versuchte dann noch einmal mit dem dänischen Schiff M/V«Inger Riis», Bootsflüchtlinge durch Versorgung und Begleitung der Boote in Sicherheit zu bringen. All diese Unternehmen wurden zwischen 1979 und 1989 durchgeführt. 35 000 Flüchtlinge wurden am Rande der Rettungsaktionen medizinisch an Bord versorgt. Insgesamt wurden 1322 direkt gerettet, weitere 1000 erhielten Schutzbegleitung vor den Piraten.

CAP ANAMUR war der gelungene Versuch, abseits der begrenzten Souveränitäten und Zuständigkeiten der aufgeteilten Welt Menschen in Seenot, die unter Lebensgefahr einem Terrorregime entflohen waren, praktisch und greifbar zu helfen. Es war auch die Erfahrung, wie human eine Gesellschaft sein kann, die sich auf ihre eigene Kraft – des Mitleids, der Barmherzigkeit und Menschlichkeit – besinnt und die diese Kraft nicht an den nationalen Grenzen enden läßt. Gleichzeitig haben wir aber auch die Erfahrung gemacht, daß wir immer in Kompetenz- und Macht-Netzwerke verstrickt sind. Ganz frei ist weder der Einzelne noch die große Menge. Wir waren losgefahren, ohne zu fragen. Aber wir waren abhängig von der Garantie der deutschen Bundesregierung. Diese Garantie fiel am Ende großzügiger aus, als wir vermutet hatten, denn die Regierung hatte vorher nicht ahnen können, daß solch ein tollkühnes Unternehmen überhaupt möglich war: ein Schiff, einzig dazu da, im Ozean buchstäblich Menschenfischer zu sein. Der Kabarettist Dieter Hildebrandt sagte nach unserem ersten Aufruf: «Die Idee dieser Aktion ist verrückt, aber ich unterstütze sie!» – und legte 1000 DM in den Briefumschlag.

3
Somali-Flüchtlinge aus dem Ogaden

Erster Flug mit einem Cargo-Flugzeug nach Djibuti: 9. Mai 1980 – Auf-
bau des Dam Camps für somalische Flüchtlinge: 15. Mai 1980 – Übernah-
me des Hospitals von Hargeisa – Die Cholera im März 1985 – Abdul-
karim Guleid im äthiopischen Gefängnis: Juli 1990 – Landung an der
Küste zwischen Hiis und Maijt: Anfang 1991 – Helmien Hendrikse ver-
krüppelt durch eine Mine: 21. Juni 1991

Der 23. Februar 1980 war ein schöner Frühlingssonntag. Im kleinen Troisdorf-Spich beherbergte unser Reihenhaus, in dem es
zwar genügend Platz für drei Kinder gab, kaum aber für ein
regelrechtes Büro, seit vierzehn Monaten das Büro der Hilfsorganisation «Komitee CAP ANAMUR». Dennoch nannten wir dieses
Reihenhaus unser Hauptquartier. An diesem Morgen klingelte es
an der Tür, und vor mir stand ein baumlanger, athletischer
Schwarzer. Der Mann begrüßte mich auf deutsch und fragte mich,
ob ich Zeit für ihn hätte. Neben ihm stand ein jüngerer, wesentlich
kleinerer Schwarzer mit den gleichen schönen großen schwarzen
Augen wie sein Begleiter. Ich bat sie herein. Unsere Kinder saßen
noch am Frühstückstisch. Die beiden setzten sich, und mir fiel auf,
wie vornehm sich der Ältere bewegte. Wir boten ihnen kräftig
gezuckerten Tee an, dann kam das Gespräch langsam in Gang.
Unsere Adresse hatten sie von Wolfgang und Irmela Seraphim
bekommen. Die Seraphims waren ein Ärzteehepaar, das in der
Nähe von Aalen lebte und eine gemeinsame Praxis hatte. Wolfgang war auf unserem Schiff gewesen, und seine Frau hatte sich
auch für unsere Arbeit interessiert.
   Sie seien Somalis, erklärte unser Gast. Somalia war uns Deutschen 1977 durch die GSG 9-Befreiung der Lufthansa-Maschine
«Landshut» aus den Händen von Terroristen in Mogadischu, der
somalischen Hauptstadt, bekannt geworden. Nun saßen drei Jah-

re später diese beiden Somalis in unserem Wohnzimmer. In gutem Deutsch, aber in schleppender Redeweise erzählten sie von einer Flüchtlingstragödie, die als Folge einer Dürrekatastrophe das Land heimgesucht habe. Hunderttausende von Somalis seien aus dem benachbarten Äthiopien, aus dem Ogaden, dem Hochland in Südost-Äthiopien, nach Somalia geflohen. Dort würden sie aber unter den unbeschreiblich schlechten Bedingungen kaum überleben können.

Unser Gast hieß Abdulkarim Ahmed Guleid und hatte gerade in München bei Siemens eine Anstellung erhalten. Abdul, wie wir ihn dann die nächsten zwanzig Jahre nannten, hatte in Deutschland Betriebswirtschaft studiert. Er stammte aus einer Nomadenfamilie in Nord-Somalia, das früher eine selbständige Region namens Somaliland war. Bis 1960 war es britische Kronkolonie gewesen mit der Hauptstadt Hargeisa und dem großen Hafen Berbera. Der andere Landesteil hieß Italienisch-Somalia und war bis 1960 unter italienischer Verwaltung gewesen.

Abdul erzählte uns, er habe dies alles bei «Brot für die Welt», beim Deutschen Roten Kreuz und bei der Caritas vorgetragen. Niemand habe ihm aber geglaubt, geschweige denn helfen wollen. Dr. Seraphim habe ihm dann von unserer Hilfsorganisation erzählt und geraten, mit uns Kontakt aufzunehmen. Das, was der Somali erzählte, interessierte uns. Somalia war offenbar in die Wirren des Kalten Krieges hineingeschlittert. Der Herrscher der Somalis, Siyad Barre, hatte zwischen Moskau und Washington zu manövrieren versucht und dabei am Ende überreizt. Bis 1978 war er ein gelehriger Schüler des «Wissenschaftlichen Sozialismus» gewesen, 1978 hatte er dann kurz vor Jahresende innerhalb von 48 Stunden die sowjetischen und anderen Berater sozialistischer Bruderländer aus dem Land gejagt. Hatte Siyad Barre zunächst noch gehofft, daß die Sowjetunion ihn in dem Krieg, den er 1977 gegen den ungeliebten Erbfeind Äthiopien vom Zaun gebrochen hatte, unterstützen würde, so war in Äthiopien nach dem Sturz und der Ermordung des Kaisers (Negus Negesti) Haile Selassi ein Oberst der alten kaiserlichen Armee mit Namen Mengistu Haile Mariam ebenfalls auf die Idee gekommen, sein Leben und das seiner Landsleute dem «Wissenschaftlichen Sozialismus» zu weihen. Die Rechnung, welche der beiden Parteien künftig mächtiger und produktiver für den Kommunismus werden könnte, erschien Moskau nicht schwierig. Die Entscheidung fiel für Addis Abeba. Washington und Europa hatten wieder freie Bahn in Somalia.

Der Krieg, der für Somalia mit einem Debakel endete, trieb Hunderttausende von Somalis aus Äthiopien über eine eher imaginäre Grenze nach Somalia in die Wüste. Bis heute ist nicht klar, wie es dazu kam, daß diese Menschen sich zu Hunderttausenden auf den Weg machten. War es nur die Angst vor Verfolgung oder auch eine Dürrekatastrophe? Waren es also Hunger und Not? Oder wollte Siyad Barre jetzt seinen Plan eines Groß-Somalia verwirklichen, indem er die drei anderen Regionen eroberte, in denen Somalis lebten?

Die Flagge Somalias, so erfuhren wir von Abdulkarim, hatte fünf Sterne. Zwei symbolisierten die Teile, die schon zum Territorium der Republik Somalia gehörten: im Norden das ehemals Britisch- Somaliland, im Süden die ehemals italienische Kolonie Somalia. Der dritte Stern bedeutete Djibuti, die alte und neue französische Garnisonsstadt mit dem Stützpunkt der französischen Fremdenlegionäre. Der Norden Kenias war ebenfalls von Somalis bewohntes Land, das sie als das ihre beanspruchten. Der fünfte und letzte Stern verwies auf das riesengroße Wüstengebiet des Ogaden oder Westsomalia, vorwiegend ebenfalls von Somalis bewohnt, ein Gebiet, das wie eine Nase ins Territorium von Somalia hineinragte.

Abdulkarim und sein – wie sich im Gespräch herausstellte – Neffe Mohammed saßen da und erzählten vom Leid ihrer Landsleute. Es schien uns wichtig, jemanden nach Somalia zu schicken, um zu prüfen, ob unser Komitee dort helfen könnte. Drei Mitarbeiter, davon einer ein Somali, sollten möglichst in den nächsten Tagen nach Mogadischu fliegen. Es gab, wie uns Abdulkarim gesagt hatte, eine regelmäßige Verbindung mit der Somali Airlines, die über Rom nach Mogadischu ging.

Beim Abschied erwähnte Abdulkarim auch, daß gerade ein Minister der Regierung Siyad Barres in Bonn zu Gesprächen sei, im Hotel Dreesen wohne und daß, wenn ich damit einverstanden sei, wir ihn am nächsten Tag abends besuchen könnten. Das Gespräch mit einem einheimischen Minister konnte nicht schaden, wenn wir vorhatten, nach Somalia zu gehen, um dort zu arbeiten. Wir trafen uns also mit dem Minister.

Wir erfuhren, daß die Hungersnot in Somalia und bei den Flüchtlingen genauso schlimm war wie die Wassernot. Erste Reporter gingen nach Somalia, um über die Lage zu berichten. Franz Alts Redaktion hatte Wolfgang Moser dorthin geschickt, der mit einem eindringlichen Film aus dem Süden Somalias zurückkehrte. Moser sagte uns am Telefon: «Überall in Somalia leiden Flüchtlinge, die dringend Hilfe brauchen, auch von euch!»

Drei Tage später fuhr unser Team los, kam nach einer Woche zurück und berichtete, daß die Flüchtlinge sich nicht auf ihre Regierung verlassen könnten, die nicht nur schlecht, sondern auch überfordert sei. Das Team hatte schon zugesagt: Das Komitee «Ein Schiff für Vietnam Not-Ärzte für Somalia» würde im Lager Dam Camp und andernorts sofort anfangen zu arbeiten. Zum erstenmal stellten wir einen Hilfsgütertransport für ein afrikanisches Land zusammen. Aufgrund der Erzählungen unseres Vorausteams wußten wir, daß in Somalia weder mit Medikamenten noch mit technischer Ausrüstung zu rechnen war. Darum mußte dieser Transport sehr sorgfältig vorbereitet werden.

So saßen wir ganze Abende und Nächte – auch mit Dr. Gisela Sperling, der Leiterin der Universitäts-Kinderklinik in Bochum, und Irmela Seraphim – bei uns im Wohnzimmer und bastelten an den Listen herum, bis sie vollständig waren. Dann wurde bestellt und in Paris zugeladen, denn wir hatten den Frachtraum eines Jumbos der Air France gechartert.

Abdulkarim Ahmed Guleid hatte sich bei Siemens drei Monate frei genommen und flog mit nach Djibuti. Der Abflug von Paris war für den 11. Mai um 14.20 Uhr festgesetzt – mit 22 Tonnen Hilfsgüter an Bord. Auch ich nahm an diesem Flug teil. Der Flug in unser erstes afrikanisches Land war für mich außerordentlich spannend. Bei diesem ersten Projekt zu Lande habe ich sehr viel dazugelernt. Die erste Lektion war: Meistens kommt es anders und – besser. So wurde uns die Fahrt von Djibuti nach Hargeisa in den düstersten Farben geschildert. Wenn wir in die Regenzeit gerieten, dann würden wir mit den drei LKWs in Wasserfluten versinken, und die Fahrt würde statt drei Tagen drei, vier oder sogar fünf Wochen dauern. Deshalb hatten wir auch soviel Tempo gemacht, denn spätestens Mitte oder Ende Mai käme der große Regen. Regen ist in Afrika etwas anderes als in Europa; es ist ein Tage und Wochen anhaltender unaufhörlicher Wolkenbruch. Die

Expertise derer, die uns für die Fahrt nach Hargeisa in Nordsomalia Eile empfohlen hatten, mussten wir ernstnehmen.

Wir wählten die Flugstrecke nach Djibuti und dann weiter nach Nordsomalia. Nach Abdulkarims Meinung war es nicht günstig, zunächst mit den Hilfsgütern die Begehrlichkeit seiner Landsleute im südlich gelegenen Mogadischu zu befriedigen, um dann erst alles auf dem Luft- oder Landweg über eine viel längere Strecke bis in das über 1500 km entfernte Hargeisa zu schaffen. Wie stark die alten Stammesbindungen in Somalia sind, ahnten wir damals noch nicht. Abdulkarim wollte um nichts in der Welt, daß die Hilfsgüter für seine Stammesbrüder und Schwestern einen anderen Weg gingen als den direkten von Djibuti nach Hargeisa.

Am 11. Mai 1980 abends landeten wir in Djibuti. Ich saß mit im Cockpit des dickbäuchigen Jumbo der Air France. Es war gegen 20 Uhr – in Afrika ist um diese Zeit schon tiefste Nacht. Der Pilot hatte zu spät aufgesetzt und mußte die riesige Maschine sehr hart am Ende der Piste stoppen, aber es ging alles gut. Ausladen konnten wir erst in den nächsten Stunden. Abdulkarim hatte mit dem Botschafter Somalias in Djibuti verabredet, daß uns jemand an der Grenze in Empfang nehmen würde, um Verzögerungen bei der Einreise zu vermeiden. Am späten Abend waren die drei von uns vorbestellten LKWs am Flughafen. Wir hatten etwa 22 Tonnen Hilfsgüter, Medikamente, medizinische Ausrüstung, Zelte, Decken, dazu den Landrover, den uns die Vertretung von Leyland in Düsseldorf ausgeliehen hatte. Alles war für uns Premiere, die Aktion zu Lande und die Aktion in Afrika – zwei neue Herausforderungen, bei denen sich das Komitee bewähren mußte.

Abdulkarim hatte die Pässe eingesammelt und redete heftig, jedoch freundlich auf die Zollbeamten ein. Wir begannen mit dem Entladen: 2 Tonnen Proteinfood, Gravisorb, das Stärkungsmittel für Kinder, ein Antibiotikum in großer Menge; drei Zelte, zwei Kühlschränke, ein Generator, zwei Wasseraufbereitungsanlagen, Matratzen, Feldbetten, Decken, 200 Kilo Tee, 2 Tonnen Reis, Milchpulver, Taschenlampen, Hocker, Stühle, Benzinkanister, Wasserkanister und eine große Menge an Ambulanz-Medikamenten – der Bedarf für das erste halbe Jahr. Abdulkarim, sonst stets korrekt angezogen, verwandelte sich in einen Halbnomaden.

Am 12. Mai machten wir uns bei strahlendem Sonnenschein und tropischer Hitze auf den Weg über die Grenzstation am Roten

Meer entlang nach Hargeisa. Am späteren Nachmittag, nach der großen Mittagshitze, zog die Karawane los, begleitet von einem Vertreter der Somalischen Botschaft in Djibuti. Für mich begann in diesem Land eine neue soziale Erfahrung: Alle Somalis schienen irgendwie miteinander verwandt und befreundet zu sein, aber Differenzen zwischen den Clans konnten sie auch zu Todfeinden machen. Der somalische Botschaftsvertreter stammte aus Hargeisa und war mit Abdulkarims Vater verwandt. Vor der Abfahrt von der Grenze Djibutis wurden noch Fotos gemacht, Wasser wurde in die Autos geladen und der neue Aufkleber auf den Landrover geklebt: «Dhakhaatiirta Gargarka Qaxotiga Somaliya» – «Deutsches Komitee Not-Ärzte für Somalia».

Es war eine wunderbare Fahrt die ganze Nacht hindurch, bei angenehmen Temperaturen. Erst eine Stunde später erreichten wir die zweite Grenzkontrolle und fuhren dann bis zur Hauptstadt Nordsomalias, Hargeisa, nur noch durch die Wüste. Schneller als 30 Stundenkilometer konnte man freilich nicht fahren. Allerdings hatten wir auch Angst, denn es war uns bekannt, daß Banden dort herumstreiften – und unsere drei LKWs waren fast eine halbe Million Mark wert. Wir erreichten abends ein ärmliches Dorf in der Nähe von Zeila und ließen uns dort auf einer Decke in einem Schlafsack nieder. Die Dorfbewohner kochten uns einen wohlschmeckenden, stark gewürzten und gezuckerten Tee. Das angebotene Essen lehnten wir dankend ab. Die LKWs hatte Abdulkarim, der mit einer großen Taschenlampe herumging, in einem Kral, einem Runddorf, untergestellt. Die Fahrer sollten in den Fahrzeugen schlafen. Ich war schon sehr müde, und mir fiel es schwer, die Augen aufzuhalten.

Plötzlich geschah etwas Aufregendes. Jemand kam vom nahegelegenen Ufer des Roten Meeres und brachte eine Flasche mit. Wir konnten sie im ausflackernden Licht des Feuers kaum noch erkennen. Doch dann sahen wir, daß es eine Flaschenpost mit einem Zettel war: Wer ihn fände, möge bitte «Herrn Erich Schmidt in Hamburg» benachrichtigen. Das ganze Dorf war wegen dieser angeschwemmten Flasche in hellster Aufregung.

Wir wachten früh auf, wuschen uns am Meeresufer, bekamen duftenden Tee und fuhren wieder los. Das Wetter schien sich zu halten. Ich saß mit Abdulkarim im zweiten LKW; im Landrover fuhr der Fotograf Gerard Klijn. Die LKW-Fahrer trugen alle ein

Bündel mit sich, das wie Petersilie oder Sauerampfer aussah, und kauten immer an einem solchen grünen Zweig. Es war Kath, eine Art Aphrodisiakum, eine Droge, die nicht müde macht, aber das Hungergefühl unterdrückt. Alle Männer in Somalia, jedenfalls im Norden, nehmen Kath zu sich.

Am dritten Tag kamen wir in die Nähe von Hargeisa. Mit dem Toyota hatten wir eine Panne, die LKWs fuhren weiter. Wir brauchten über eine Stunde, um den Wagen wieder in Gang zu bringen. Als wir nach Hargeisa kamen, fanden wir unsere Lastwagen nicht mehr. Ich befürchtete schon das Ende der Unternehmung. Wenn uns fast eine halbe Million DM einfach abhanden geraten wäre, hätten wir uns vor keinem Spender in Deutschland mehr blicken lassen dürfen.

Am nächsten Morgen klärte sich alles auf. Die Fahrer kamen seelenruhig in den Hargeisa-Club, das Gästehaus der Regierung. Sie seien, weil es spät geworden war, zu einer bekannten Familie auf den Hof gefahren. Wir hatten uns am Abend noch mit Abu Sitte, einem der Honoratioren der Stadt, getroffen und den Aufbau der Ambulanz und der Versorgungszelte für den nächsten Tag besprochen. Wir trafen auch den Flüchtlingskommissar der Vereinten Nationen mit seinen Leuten, die uns ihre Hilfe beim Aufbau der Zelte anboten. Dam Camp lag fünf Kilometer östlich von Hargeisa – in der Nähe eines Staudamms, der aber kein Wasser gespeichert hatte. Unsere drei anderen Mitarbeiter, das Ehepaar Seraphim und eine weitere Ärztin, hatten wir am Abend in Hargeisa getroffen. Wir bauten das Camp auf – die Infrastruktur fehlte natürlich. In den nächsten 48 Stunden wurden in der Mitte des Lagers ein Vorratszelt mit den Nahrungsmitteln und eine Ambulanz eingerichtet. Dazu kamen ein Zelt für die stationäre Krankenbehandlung und ein zweites Ambulanzzelt am äußersten Ende des Lagers.

Da Abdulkarim und ich im Lager wohnen und schlafen wollten, hatten wir unsere persönlichen Habseligkeiten mitgenommen. Für uns war es wichtig, auch in der Nacht bei denen zu sein, denen wir helfen wollten. Darüber hinaus ist die Anwesenheit von uns Helfern in den Zeltlagern von Flüchtlingen immer auch ein Schutz vor Gefahren. Dies wurde mir erst in Hargeisa und Somalia klar. Menschen, die vertrieben wurden und auf der

Flucht sind, brauchen eine sichere Umgebung. Sie müssen wissen, zu wem sie auch in der Nacht gehen können, wenn ihnen etwas zustößt. Eine humanitäre Aktion ist mehr als ein Job, darum ist das Zusammenleben der Mitarbeiter der Hilfsorganisationen mit den Menschen, die Hilfe brauchen, von ausschlaggebender Bedeutung.

Das Projekt lief über zehn Jahre, eigentlich bis 1994, wenn auch mit Unterbrechungen. 1989 kam es zu schweren Angriffen der somalischen Armee und Luftwaffe – mit südafrikanischen weißen Piloten, wie wir erfuhren – auf die größeren Städte wie Hargeisa, Berbera, Burao. Siyad Barre führte einen Krieg mit seinem Volk, und es stellte sich immer mehr heraus, daß er nur für seinen Clan arbeitete. Das war im ganzen Land so, es gab kaum etwas, was alle Somalis verband, auch wenn die Staatspropaganda von nichts anderem sprach.

Kurz nach dem Dam Camp hatten wir drei weitere Camps übernommen: Adey Caddheys (mit etwa 30 000 Menschen), Sabbath (ebenfalls mit 30 000 Menschen) und das Transitlager Tug Wajale. Wir waren also für die Versorgung von 150 000 bis 170 000 Menschen verantwortlich. Am dritten Tag verbrühte sich ein kleiner Junge mit kochendem Wasser, und Dr. Seraphim und ich brachten ihn ins Group Area Hospital, das Referenzhospital von Hargeisa. Als wir zwei Tage später nach ihm sahen, trauten wir unseren Augen nicht. Niemand hatte die schrecklichen Wunden des kleinen Sayeed in der Zwischenzeit versorgt, er wand sich vor Schmerzen und trug immer noch den Verband, den Irmela Seraphim ihm angelegt hatte. Unser Entschluß stand fest – auch wenn er gegen die Kriterien und Richtlinien der Bundeshaushaltsordnung verstieß. Das Hospital mußte erneuert und durchgehend neu eingerichtet werden. Das galt als Entwicklungshilfe, während wir nur für die Nothilfe zuständig waren. So gewöhnte ich mir an, nicht die Realität an unseren bürokratischen Bewilligungskriterien auszurichten, sondern mich nur an der Realität vor Ort zu orientieren.

GED – «German Emergency Doctors» hießen wir in Somalia, wo wir uns ja nicht mehr «Deutsches Komitee Ein Schiff für Vietnam» nennen konnten. Abdulkarim versuchte, für den Norden des Landes und seine Stammesangehörigen so viel wie möglich herauszuholen. Es gelang ihm auch, uns vom Zentrum und vom Süden des Landes fernzuhalten. 1983 hatte er mit dem Geheimdienstchef und wirklichen Ministerpräsidenten des Landes gesprochen und ihn gebeten, im Kabinett und mit Präsident Siyad Barre darüber zu beraten, ob unser Komitee nicht eine Auszeichnung bekommen könnte. Der Minister antwortete schon in den nächsten Tagen: Den deutschen Not-Ärzten sollte der Cavaliere-Orden der Republik Somalia verliehen werden. Ich sollte mich doch frühzeitig melden, wenn ich wieder nach Somalia käme.

Das war wenige Monate später der Fall. Ich kam von Hargeisa zurück. Der deutsche Botschafter Cornet Metternich und viele andere Würdenträger waren im Raum von Abi Abdel Juseef, dem Innenminister und Geheimdienstchef, anwesend. Zu diesem Anlaß hatte ich extra ein weißes Hemd und eine schwarze Hose angezogen. Juseefs Staatssekretär trat ein – und erklärte mit großem Bedauern, daß er seit zwei Tagen nach dem Beamten im Ministerium fahnden würde, der den einzigen Schlüssel zu dem Safe besitze, in dem die Orden unter Verschluß gehalten wurden. Ich wurde gefragt, ob ich meinen Aufenthalt in Mogadischu um drei Tage verlängern könnte. Das ging nicht. Daraufhin beschloß der Staatssekretär, daß die Republik Somalia mich auf ihre Kosten mit der Somali Airlines noch einmal einfliegen würde, um die Ordensverleihung und die Ehrung des deutschen Hilfskomitees vorzunehmen. Drei Monate später war es soweit. Es war eine schöne, feierliche Zeremonie im Ministerium, das gegenüber dem Strandhotel Al Uruuba lag. Lag – weil in Mogadischu nach den Bürgerkriegswirren von 1991–1996 alles zerstört worden ist. Abdulkarim hatte mir für meine Rede nach der Ordensverleihung einen Satz in somalischer Sprache aufgeschrieben, den ich auswendig lernen mußte. «Hanoolatoo Sahibdinimaday Somaliya Gjermanka!» – «Es lebe die deutsch-somalische Freundschaft!»

Mit unseren Ärzten und Krankenschwestern hatten wir damals ein gewisses Problem. Unsere ersten Einsätze verliefen deshalb so reibungslos, weil wir die Ärztinnen und Ärzte für eine Urlaubszeit von vier bis sechs Wochen verpflichteten. Das mochte nach außen hin so wirken, als sei das ein reiner Abenteuerurlaub, obwohl es für die betreffenden Not-Ärzte und -Ärztinnen bestimmt eine lebensprägende Zeit war, denn in Somalia hatten sie erlebt, was es bedeutet, in die Bedingungen eines Landes der Dritten Welt hineingeboren zu werden. Doch zwei Jahre später trafen wir eine neue Regelung: Ab 1982 – und das gilt bis heute – mußten sich Ärzte, Krankenschwestern und Techniker für das Komitee CAP ANAMUR mindestens sechs Monate verpflichten.

Damals hatten wir noch die Vorstellung, daß alles möglichst auf Vertrauensbasis gegründet sein sollte. So gaben wir uns «Handschlag-Verpflichtungen»; jeder bekam 1000 DM netto, und wir waren's zufrieden. Drei Jahre später erklärte uns die Finanzbehörde in Köln, daß wir Steuern nachzahlen müßten, denn diese Gehaltssummen seien nicht versteuert worden. Offenbar war ein Honorar auf dieser Basis für den Fiskus auch dann ein Gehalt, wenn keiner der Beteiligten darunter auch nur annähernd etwas Ähnliches verstand. Es gelang uns zwar, diese Rückzahlung abzuwenden, wichtiger war aber die Erkenntnis, daß auch eine Unabhängigkeit, die auf eigenen Mitteln, den Spenden der Bürger der Bundesrepublik beruht, uns nicht aus der Welt und der Sozialisation unserer Versicherungen, Tarifordnungen und Versteuerungssysteme entläßt, auch eine Organisation nicht, die ausschließlich von privaten Spendern und nicht von Regierungsgeldern lebt.

Anfang 1985 hatten wir einen jungen Arzt nach Somalia geschickt, auf den nicht alle von uns geforderten Kriterien zutrafen. Er war erst anderthalb Jahre im Beruf und hatte wenig Erfahrung (üblicherweise verlangten wir drei Jahre Berufspraxis). Aber er gefiel uns so sehr durch seine beherzte und fröhliche Art, daß wir uns trotzdem für ihn entschieden.

Benno Ure kam nach Hargeisa und ahnte noch nicht, daß das für ihn und für das Komitee CAP ANAMUR prägend sein sollte, denn er wurde 1998–2001 Vorsitzender des Komitees und ist nach einer steilen medizinischen Karriere heute Leiter der Universitäts-Kinderklinik in Hannover.

Nach wolkenbruchartigen Regenfällen in Nordsomalia war es seit dem 26. März 1985 immer häufiger zu Brechdurchfall gekommen, wobei der Tod oft innerhalb von vier bis sechs Stunden durch Dehydration eintrat. Zunächst strömten die Kranken zu den in der Mitte unseres Lagers aufgestellten Militärzelten. Das gesamte zu dieser Zeit verfügbare Personal führte als einzige Therapie die orale und parentale Rehydrierung (mit ORS, einer Salzlösung) durch. Eine Behandlung mit Magensonden war wegen des massiven Erbrechens der Patienten nicht möglich. Die Kranken kamen oft erst in einem sehr späten Stadium zu uns und drohten in vielen Fällen zu kollabieren. Da Trinkgefäße knapp waren, gingen überdies viele Patienten leer aus. Der Tod raste durch das Lager, und am zweiten Tag war die Zahl der Patienten bereits auf 150 angestiegen; eine Isolierung der Kranken wurde notwendig. Einen Kilometer entfernt vom Dam Camp, auf der anderen Seite der Straße Hargeisa–Berbera gelegen, fanden wir ein Areal und konnten dort Militärzelte aufbauen. Viele Patienten überlebten nicht einmal den Transport vom Lager in das so entstandene Isolierhospital. Dann bekamen wir von Benno Ure eine präzise Eilbestellung für Medikamente.

Innerhalb von drei Tagen hatte Benno Ure ein Nothospital eingerichtet. Unser Medikamentenbeschaffer in Deutschland, Dr. Reinhard Bunjes, arbeitete mit einem solchen Elan, daß CAP ANAMUR nach nur drei Tagen ein Flugzeug der Egyptian Airline gechartert, beladen und auf den Weg nach Berbera gebracht hatte. Benno Ure berichtete später: «Nach meinem Notruf und Telex in Troisdorf am 1. April erreichte eine Flugzeugladung von 27 Tonnen am 7. April Berbera. Enthalten waren Materialien und Medikamente für die Errichtung eines Choleraspitals mit 200 Betten. Zu meiner Unterstützung kam der Arzt Jörg Runge mit diesem Transport noch einmal für zwei Wochen nach Somalia.»

Unterdessen breitete sich die Epidemie auch im Stadtgebiet aus. Zehn Kilometer außerhalb von Hargeisa wurde ein ehemaliges Erholungscamp für die somalischen Militärs benutzt, das sich als ideal erwies. Mit 7 Hospital- und 4 kleineren Zelten sowie 7 Steinhäusern für Genesende konnten wir 200 Cholerapatienten aufnehmen. Diese Plätze waren immer völlig ausgelastet, weil es täglich zahlreiche Neuzugänge gab. Die Behandlung bestand in Flüssigkeits- und Elektrolytersatz sowie in der Verabreichung von Tetracyclin oder Cotrimoxal, wobei die Pfleger und Ärzte wegen klinisch auftretender Resistenzentwicklung gegen diese Antibiotika später auch Chloramphenicol verabreichten. Viel Mühe kostete die Verwaltung der Arzneimittel. Der Schwund an Medikamenten und Material in die Taschen des Personals war in unbeobachteten Momenten ungeheuer. Wurde jemand beim Stehlen ertappt, so wurde er zwar vom Komitee-Team des Krankenhauses verwiesen, aber nicht bei der Polizei angezeigt. Durch die schnelle Lieferung der wichtigsten Medikamente konnte die Epidemie erheblich eingedämmt werden.

In solchen Situationen reicht es nicht, wenn der europäische Arzt alles richtig macht, er muß auch ausbilden. Benno Ure erteilte täglich einen kurzen Unterricht über Cholera, deren Therapie und die notwendigsten hygienischen Maßnahmen. Der Erfolg stellte sich schnell ein: Nachdem die Rehydrierung anfangs völlig unzureichend war, konnte bald eine adäquate Therapie gesichert werden. Im April starben von 338 aufgenommenen Patienten nur noch 6 – d. h. 1,8 Prozent, während vorher die Todesrate fast bei 50 Prozent lag.

In den folgenden Jahren verschlechterte sich die allgemeine Lage in Somalia. Siyad Barre, der mit harter Hand und seinem korrupten Clan das Land regierte, konnte sich auf die Dauer nicht halten. Die Stämme im Norden waren nicht mehr bereit, die Knute der von ihnen als Fremdherrschaft empfundenen Machthaber im fernen Mogadischu hinzunehmen. 1988 brach der Bürgerkrieg aus. Die Somali National Liberation Front kämpfte von eigenen Militärbasen im äthiopischen Ogaden aus gegen die Regierungsarmee im Norden Somalias. Die Gefängnisse waren überfüllt. Siyad Barre griff zum äußersten Mittel. Er ließ das eigene Land im Norden, vor allem die Städte Hargeisa und Burao Borama, von seiner Luftwaffe bombardieren.

Im Juli 1990 erfuhren wir, daß unser ehemaliger Mitarbeiter Abdulkarim Ahmed Guleid in Äthiopien verhaftet worden war. Abdul war für uns längst ein Freund geworden, über die humanitäre Arbeit hinaus, die uns verband. Uns war zwar bekannt, daß er sich zur Befreiung seines Landes über London nach Addis Abeba begeben hatte, wir wußten aber nicht, was dann geschehen war. In unserer Not kamen wir auf die Idee, dem Bundespräsidenten zu schreiben, der schon einmal, zwei Jahre zuvor, mit einem hochdiplomatisch abgesicherten Schreiben an den Schlächter von Kabul, den Präsidenten Najibullah in Afghanistan, dafür gesorgt hatte, daß unsere beiden Mitarbeiter Benno Splieht und Lea Hackstedt aus dem Kabuler Gefängnis entlassen wurden. Damals erlebten wir den Bundespräsidenten Richard von Weizsäcker anders als das Image, das er in der Öffentlichkeit hatte. Er galt als aristokratisch und fast unnahbar. Für uns war er nahbar und bereit, Dinge zu bewegen, wenn sich das in seinem Amt ermöglichen ließ.

In dem Brief an Richard von Weizsäcker schrieb ich: «Ungewöhnliche Fragen darf man als Deutscher nur Ihnen stellen, so schreibe ich Ihnen in höchster Not. Wir haben über sichere Quellen erfahren, daß unser Komiteemitglied und langjähriger Leiter unseres Somalia-Not-Ärzte-Teams, Herr Abdulkarim Ahmed Guleid, sich seit einigen Wochen in Addis Abeba im Gefängnis aufhalten muß.» In wenigen Sätzen beschrieb ich dann dem Bundespräsidenten Abdulkarim und das Dilemma, in dem er sich befand. «Er hat einen somalischen Paß und die somalische Staatsbürgerschaft. Er hat sich lange Jahre – 1974 bis 1980 – in der Bundesrepublik aufgehalten, hat nach abgeschlossenem Betriebswirtschaftsstudium eine Stelle bei Siemens in München für Computertechnologie bekommen. Er war von Siemens mit ehrenvollen Anträgen überhäuft, die Stelle des Leiters der Vertretung in einem arabischen Land zu übernehmen.»

Aber Abdulkarim hatte sich für sein Land entschieden, war mit den deutschen Not-Ärzten nach Hargeisa gegangen, hatte die Arbeit von CAP ANAMUR in den Flüchtlingslagern aufgebaut und sich dann nach drei Jahren unentgeltlicher Komitee-Arbeit entschieden, wieder in sein Land zurückzugehen. Wegen der Unruhen und der persönlichen Gefahr, in der er sich selbst befand, war er noch einmal nach Europa zurückgegangen, wollte dann für seine Landsleute in und von Äthiopien aus kämpfen – und war in Addis Abeba im Gefängnis gelandet. «Wir bitten Sie, nur mit der Überzeugungskraft des Humanitären zu erreichen, daß sich unsere Botschaft und das Auswärtige Amt um das Schicksal dieses Wahldeutschen und Somalis kümmern.» Ich schloß mein Schreiben in der Hoffnung, «mit dieser Bitte Ihnen nicht nur Unangenehmes aufgehalst zu haben, und ich bin sicher, daß Sie die Kompliziertheit der Frage verstehen – und daß rein juristisch-formal diese Frage durch den Rost fällt.»

Am 23. Juli kam ein Brief aus der Villa Hammerschmidt in Bonn: «Sehr geehrter Herr Neudeck, Ihrem Anliegen vom 13. Juli entsprechend habe ich mich an die zuständigen Stellen der Bundesregierung mit der Bitte gewandt, sich für Herrn Abdulkarim Ahmed Guleid einzusetzen. Es ist meine feste Überzeugung, daß getan werden muß, was möglich ist. Mein Amt wird Sie über das Ergebnis unterrichten.» Und am 1. September erlangten wir Gewißheit. Die Intervention des Bundespräsidenten hatte Erfolg. Am 1. September 1990 lief über den Ticker ein Telex von Abdulkarim Ahmed Guleid mit dem Inhalt: «Ich bin frei.» Die Deutsche Botschaft hatte ihn aus dem Gefängnis geholt, und er wartete nur noch auf die Erledigung der Formalitäten, um nach Troisdorf zu kommen.

Die Somalis in Hargeisa werden nicht müde, diese Geschichte zu erzählen. Es hat sie tief beeindruckt, daß der deutsche Bundespräsident es für einen Wahldeutschen wie Abdulkarim auf sich genommen hatte, die diplomatischen Drähte zum Glühen zu bringen.

In Somalia wurde auch eine der gefährlichsten Aktionen von CAP ANAMUR durchgeführt. 1990 wurde uns klar, daß wir wieder nach Somalia zurückkehren mußten, nachdem 1989, kurz vor den Bombenangriffen auf Hargeisa und die anderen Städte, die letzten Teams unter der Leitung von Dr. Rudi Bauer evakuiert worden waren. Bauer gehört zu der Gruppe von Ärzten, die sich für die humanitäre Arbeit nach ihrer aktiven Berufszeit melden und mit 60 oder 65 Jahren noch nicht zum alten Eisen geworfen werden wollen. Er hat uns bei mehreren Projekten geholfen. In Somalia erwies es sich als sehr förderlich, ihn als Teamleiter zu haben, denn für die Somalis ist ein etwas älterer Arzt eine natürliche, nicht nur eine professionelle Autorität.

Für die Zeit nach dem absehbaren Ende des Siyad-Barre-Regimes planten wir eine Hilfsaktion mit einem Schiff. Da wir damals den Hafen von Berbera noch nicht anlaufen konnten, wurde uns eine Küstenposition zwischen den Orten Hiis und Maijt angewiesen. Nach 26 Tagen war das Schiff vor Ort. Als es sich der Küste näherte, wurde es plötzlich beschossen. Am folgenden Tag klärte sich die Lage, und mit kleinen Beibooten konnte die gesamte Ladung gelöscht werden. Es blieb ungeklärt, wer den Feuerbefehl gegeben hatte. Aber wir hatten andere Sorgen, denn nun begann eine Hilfsaktion in allerletzter Minute.

«Das Gute tritt nicht immer ein.» An diesen Ausspruch wurde ich in Somalia und in anderen afrikanischen Ländern oft erinnert. Siyad Barre konnte sich zwar trotz aller Brutalität nicht halten, aber seine Nachfolge brachte keine Wendung zum Besseren. Somalia fiel in die Anarchie der Stammeskämpfe zurück. Viele verbrecherische Warlords kontrollierten ein winziges Stück des Landes, in dem sie rücksichtslos ihre Herrschaft ausübten. Unsere Lieferungen für das Hargeisa-Hospital konnten nur unter größter Gefahr von Berbera nach Hargeisa gebracht werden. Als ich 1991 selbst nach Hargeisa fuhr, um unser neues Team vorzustellen, war die Atmosphäre des Terrors allgegenwärtig.

Es war bedrückend zu sehen, daß nach dem menschenverachtenden Regime Siyad Barres alles nur noch schlimmer wurde. Das «Produktionsmittel» der Jugend war die Kalaschnikow. Der junge Krieger Degeweyne hatte im Dreieck zwischen Burao und Berbera das Sagen. Er ließ seine jungen Soldaten plündern, die Autos stehlen und zu den Wagen umbauen, die später als Bewachungswagen von «technicals» für jede Hilfsorganisation verbindlich wurden – zu einem Mietpreis von 200 US-Dollar pro Tag. Anfang 1991 vereinbarten wir ein Gespräch mit den Ältesten. Wir wollten herausfinden, wann und wie wir einen Toyota, der uns gestohlen worden war, zurückbekommen würden. Wir gingen in die Moschee und trafen dort den Stammesältesten von Hargeisa. Es herrschte eine würdige, jedoch zugleich bedrückende Atmosphäre. Wir saßen auf dem Boden, die Männer in ihren langen weißen Gewändern mit eindrucksvollen alten Gesichtern. Das Teeritual begann, dann sagte der Sprecher der etwa zwei Dutzend Ältesten: «No – we are not able to discipline our youngsters.» Alle schwiegen und rührten verlegen im Tee. Mir wurde klar, daß dies das Ende der Somalis und das Ende der milden pastoralen Welt, der Welt der «Pastoral Democracy» war. So lautete der Titel eines Buches, das mir seinerzeit vom Kulturattaché der Botschaft von Somalia in Bonn, Dr. Abdurrahman Aden, überreicht worden war. Geschrieben hatte es der britische Ethnologe C. Lewis. Die Somalis, so seine These, kennen ihre eigene nomadische Form der Demokratie. Und unausgesprochen lautete sein Fazit: Lassen wir ihnen ihre Kultur und nomadische Lebensform, denn wenn wir sie zerstören, werden Chaos und Anarchie herrschen. Er sollte mit seiner Prophezeiung recht behalten.

Am 21. Juni 1991 geschah etwas, was für die Hilfsorganisation CAP ANAMUR von tiefgreifender Bedeutung war und unsere Arbeiten und unser Leben völlig veränderte. An diesem Tag war ich in London und wollte mich mit dem Führer der SPLA, der Südsudanesischen Befreiungsfront, treffen, als mich in meinem Hotel ein Anruf meiner Frau erreichte: «Die Helmien ist wohl beschossen und schwer verletzt worden in Somalia.» Ich wußte sofort, wen sie meinte. Bei einem Anwerbetreffen für neue Kandidaten Anfang des Jahres hatte sich eine Holländerin vorgestellt, die uns so gut gefiel, daß wir sie sofort für unser Projekt in Hargeisa engagierten.

Diese Nachricht traf uns wie ein Keulenschlag, denn es erschien uns damals noch ganz undenkbar, daß Mitarbeiter eines humanitären Vereins wie CAP ANAMUR nicht unter Schutz stünden. Ich hoffte immer noch, daß es sich nur um eine leichte Verletzung oder einen Streifschuß handelte, doch Helmien war auf eine Mine gefahren. Das Team war in der Nähe von Abdulkarims Farm unterwegs gewesen. Abdul hatte sich einen großen Obst- und Gemüsegarten zugelegt, schon fast eine Plantage, mit Papaya-, Mango-, Orangen- und Zitronenfeldern. Kurz vor der Plantage hatte es eine ohrenbetäubende Detonation gegeben, Helmien war ein Fuß weggerissen worden, ebenso Nimao vorne, und die Anti-Tank-Mine hatte den Toyota in einen kleinen Schrotthaufen verwandelt.

Wir überlegten, ob wir nach diesem furchtbaren Unfall mit unserer Arbeit aufhören sollten. Immerhin war eine unserer Mitarbeiterinnen durch ihren Einsatz verkrüppelt worden. Ich werde den Moment nie vergessen, als ich Helmien Hendrikse zum ersten Mal wiedersah, im Krankenhaus Rechts der Isar in München, kurz nach dem Unfall. Die Chirurgen hatten damals noch Hoffnung, daß wenigstens der rechte Fuß gerettet werden könnte. Doch drei Tage später mußte auch der rechte Fuß amputiert werden.

Als ich Helmien begrüßte, nahm sie meine Hand und sagte, ich sei nicht schuld an diesem Unfall und wir dürften auf keinen Fall mit der Arbeit aufhören. «Das dürft ihr nicht tun, Rupert! Das mußt du mir versprechen. Da könnten sich die Minen-Firmen ja freuen. Im Gegenteil, ihr müßt jetzt eine ganz große Arbeit beginnen. Ihr müßt die Minen wegschaffen.» Ich fühlte mich trotzdem für das Geschehene verantwortlich. An diesem Tag begann eine der ehrgeizigsten und schwierigsten humanitären Aktionen für uns, ein präventiv-medizinisches Projekt: Minenräumen!

Das erste Minenräumprojekt von CAP ANAMUR sollte in Somalia stattfinden. Ich hatte so viele Minenopfer hier gesehen, daß mir ganz elend wurde. Immer wieder hatten Ärzte gesagt: Erstens müssen die Landminen verschwinden, das ist eine politische Aktion, an der wir teilnehmen müssen. Zweitens müssen wir eine eigene Minenräumeinheit aufstellen, die diese Minen detektiert und sprengt. Drittens müssen wir die, denen die Beine abgerissen wurden, hier auf dem Operationstisch im Hargeisa Group Hospital amputieren.

Der Leiter der ersten kommerziellen Gruppe, «Rimfire», eine britische Minenräumfirma, beunruhigte uns mit seiner Aussage. Während er sich den Berg zum Flughafen von Hargeisa nur halbmeterweise mit den Magnetismus-Sensoren vorkämpfte, meinte er, man könnte nur mit großem Gerät flächendeckend und «befreiend» verhindern, daß weiterhin täglich mehr als fünfzehn Männer, Frauen und Kinder von einer Mine schwer verletzt würden. Und dieses große Gerät gäbe es: die T–55 Panzer mit der Vorschlagrolle TMK, die man auch in der DDR-Armee eingesetzt hätte.

Wir begannen den Kampf um die Überlassung von einigen dieser Minenräumpanzer der ehemaligen Nationalen Volksarmee im Jahre 1991. Nachdem uns Verteidigungs- und Außenministerium die Geräte zugestanden hatten, machte ich mich auf und fuhr nach Hargeisa: Dort sollte das erste Minenräumprojekt stattfinden. Abdulkarim holte mich ab. Wir zogen in das Haus, das unser Basislager für die fünf abgerüsteten Minenräumpanzer werden sollte. Wir suchten uns die Leute aus, die wir gerne an der Aktion beteiligen wollten, wie unseren treuen Sayeed, der uns schon seit 1983 in Hargeisa zur Seite stand. Am Abend des zweiten Tages stand fest: In Somalia – oder in Somaliland, wie das Ländchen sich wieder nannte – konnte das erste Minenräumprojekt nicht stattfinden.

Vor dem eigenen Abzug sprachen wir noch den sogenannten Präsidenten des neuerstandenen Landes, Abdurrahman Ahmed Ali Tuur, der sich vor den jugendlichen Banditen im Regierungspalast verschanzt hatte. Dieser Präsident würde uns keine Garantien geben können, er beherrschte ja nicht einmal mehr die eigene Hauptstadt. Dieses Land hatte jede Disziplin, jede Moral, ja seine ganze pastorale Tradition verloren, es gab nicht einmal mehr einen Staat.

Unter US-amerikanischer Anleitung machte die UNO 1993 noch einen Versuch, das Land zu stabilisieren. Aber die UNO-Philosophie kam in Somalia an ihr schlimmstmögliches Ende. War der UNO selbst dieses Ergebnis gleichgültig? Die Elite des Landes hatte die UNO längst geschluckt, sie war in der internationalen und höchstbezahlten UN-Klasse aufgegangen, die in der eigenen Herkunft nicht mehr verwurzelt und auch nicht mehr zu den eigenen Wurzeln zurückzukehren bereit war. Der Anfang der UNO-Mission, die Weihnachten 1993 im Rampenlicht der Weltpresse begann, stand unter dem Motto: «Flood the Country with Food!», und Flugzeuge des World Food Programme (WFP) versorgten Somalia mit allen Überschüssen, die wir subventioniert in Europa aufkaufen, lagern und entsprechend bei Katastrophen weiterschicken. Als aber die Waffenträger merkten, daß die UNO sich zu immer größeren Tributzahlungen erpressen ließ, wandelte sich der Leitspruch rasch in «Flood the Country with Cash!» um.

Am 2. Mai 1994 schrieb Abdurrahman Ali Tuur an die UNO-SOM: er könne eine Konferenz zum Frieden im Nordwesten des Landes Somalia für eine Pauschalsumme von 200 000 US-Dollar organisieren. Die UNOSOM versprach Tuur zunächst eine Rate von 75 000 US-Dollar, der Rest sollte dann in weiteren Raten bei Fortgang der Konferenz folgen – die war aber noch nicht am Horizont erkennbar. General Farah Aidid zog nach. Im Juni 1994 verlangte er 600 000 US-Dollar als Entschuldung für das, was die UNO in Somalia zerstört hatte.

Mit dieser UN-Operation zog die ganze verkehrte Welt der UN-Bürokratie dort ein. Denn diese Welt wurde von unseren Bedürfnissen überfallen. Die Somalis brauchten zwar nicht den Laptop, die Luxus-Bar, den Kühlschrank oder den Gunship-Helikopter. Aber das alles wurde nach Mogadischu hineingebracht. Die Marines der US-Armee waren gelandet, einer war bei der Ankunft an der «feindlichen» Küste gestürzt, weil er über das Kabel eines US-Fernsehteams gestolpert war. Dann war das erste Gelände geordnet, und die Bevölkerung hatte die Soldaten willkommen geheißen und ihre Bereitschaft zur Mitarbeit signalisiert. Doch dann kamen Bataillone von Bürokraten, Dutzende jeden Tag, einige kamen ganz frisch von ihren Schreibtischen in New York, andere aus Kriegsgebieten rund um die Welt, aus Kambodscha, aus Gaza und von der Westbank, aus Angola und Mosambik, später manche aus

Jugoslawien. Nach dem triumphalen Erfolg der Landeoperation sollte Somalia ein Symbol westlicher Erfolgsdiplomatie werden. Der in Afrika heimisch gewordene, gut informierte US-Botschafter in Nairobi, Smith Hempstone, hatte das alles vorausgesehen: «If you liked Beirut, you'll love Mogadischu!» Es war die Arroganz der westlichen Macht, die dort fröhlich Urständ feierte. Die deutsche Bundeswehr hatte allerdings mehr Mühe mit sich selbst, dem Wüstensand und den sonderbaren Gutachten, die ihre Mediziner ihr mitgegeben hatten. So sollten die Soldaten nicht das Wasser der besten Wasseraufbereitungsanlage der Welt trinken, die die Deutschen von den Kanadiern am Shebelle übernommen hatten, sondern sie sollten nur das täglich mit einer Transall (Kostenpunkt pro Flug 90 000 US-Dollar) aus Djibuti eingeflogene Wasser aus Plastikflaschen zu sich nehmen. Das Wasser aus der Wasseraufbereitungsanlage tranken die UNOSOM-Blauhelme aus Italien und Nigeria und natürlich die Somalis. Konnte je eine solche Operation, die uns Europäer derart unflexibel und unfähig zeigte, gelingen?

Man konnte damals den Unmut des Generalsekretärs Boutros Boutros-Ghali ahnen, denn der Rückzug der UN-Truppen war für den 31. März 1995 vorgesehen. Die geldgierigen Mafiabanden von Mogadischu hatten schon erpresserische Bedingungen für den Abzug der Truppen gestellt. Die somalischen Clanführer erklärten: das gesamte technische Material, das die Missionen UNOSOM I und UNOSOM II ins Land gebracht hatten, sollte in Somalia zurückbleiben, damit das Personal ohne Risiko im Lande bleiben könne. Dieses Material hatte einen Wert von etwa 130 Millionen US-Dollar. Die monatlichen Kosten der Operation, die dann am Ende – außer den schmachvollen Formen, unter denen die Amerikaner das Land verlassen mußten – nichts brachte, lagen bei 77 Millionen US-Dollar. Allein die deutsche Bundeswehr legte für die fatale Operation in Belet Huen 300 Millionen US-Dollar hin.

Bis heute ist in Somalia keine staatliche Struktur entstanden. Die Wirtschaft der wenigen reichen Leute boomt, eine große Volkskonferenz in Djibuti hat einen ehemaligen Vertreter von Siyad Barre gewählt. Die Stadt Mogadischu ist weiterhin zwischen zwei Clans geteilt, dem Sohn des Mohammed Farar Aidid und dem Clan der Habr Gidir, die mit ihrem eigenen Präsidenten

Ali Mahdi die andere Hälfte der Hauptstadt beanspruchen. Das Selbstbewußtsein ihres Landes ist in den letzten zehn Jahren zusammengebrochen. Man kann nur noch ahnen, daß es einmal einen somalischen Staat gegeben hat. Abdulkarim Ahmed Guleid ist längst Staatsbürger Äthiopiens geworden, lebt mit Frau und zwei Kindern in Addis Abeba und ist in seinem Wahlkreis Geschammo im Ogaden zum zweitenmal ins äthiopische Parlament gewählt worden.

Doch es gibt einen Hoffnungsschimmer. Somaliland hat sich wieder als eigene Republik konstituiert. Das ehemalige britische Protektorat im Nordwesten des großen Flächenstaates Somalia hat sich auf die Grenzen der einstigen Kolonie zurückgezogen und mit einer eigenen Staatlichkeit begonnen. Ibrahim Egal, der erste Ministerpräsident des unabhängigen Somalia, hat dem Land eine eigene Verwaltung, eine eigene Polizei und eigene wirtschaftliche Strukturen gegeben. CAP ANAMUR hat seit Anfang 2000 mit dem Aufbau von zwei größeren Kliniken an der Grenze zu Äthiopien (Alaybadry und Tug Wajale) sowie mit einer technischen Sanierung des großen Krankenhauses in Hargeisa begonnen.

4

In Uganda
Von Maracha nach Nakaseke

Erste Hilfsoperation in der Provinz West Nile: Februar 1981 – Das Massaker von Ombaci: 24. Juni 1981 – Nakaseke, Arbeit im Luwero-Dreieck: ab März 1983–1984 – Ein Schicksalsjahr für CAP ANAMUR/Deutsche Not-Ärzte – Evakuierung von fünfzig Waisenkindern – 24 Einschüsse in den Komitee-Wagen: 30. September 1984 – Befreiung Ugandas durch die National Resistance Army von Y. Museveni: 30. Januar 1986 – Ende der Arbeit von CAP ANAMUR in den Bezirken von Lwala und Soroti: Ende 1988

In unserem Landrover transportieren wir sechs Kranke durch den dichtesten Busch aus dem Lager Katooke in das Hospital Nakaseke, die einzige Krankenstation weit und breit im Umkreis von 200 Kilometern. Es sind Menschen, die handtellergroße Geschwüre haben, aus denen gelber Eiter herausquillt. Im Wagen stinkt es bestialisch. Das sind die hundert und tausendfach in dieser Gegend auftauchenden «tropical ulcers», die durch Parasiten verursacht werden, die in die Haut eindringen und das Gewebe zerfressen. Binnen drei Wochen sind diese Wunden so groß wie Banknoten. Wenn dieser Prozeß nicht gestoppt wird, frißt sich die Wunde immer tiefer ins Fleisch, das an den Wundrändern schon abgestorben ist. Gefährlich wird es, wenn das Geschwür den Knochen anfrißt, denn wenn der Bein-, Arm- oder Brustbeinknochen angegriffen ist, kann jede medizinische Hilfe zu spät sein.

Dieses Bild starrt uns immer wieder in den Laubhütten Ugandas entgegen. Ich bewundere unsere Ärzte Barbara Krumme und Hannes Koeppchen, vor deren Station sich die Kranken anstellen. Jeden Morgen schaben sie die Wunden mit einer ätzenden Flüssigkeit aus, so daß es wieder anfängt zu bluten. Indem sie ins gesunde Fleisch schneiden, können sie dann die Wunden verbinden. In dem strohgedeckten Hospital liegen im Krankensaal, der 35 Pritschen faßt, nur die Patienten, die sich wegen ihrer Geschwüre nicht mehr auf den Beinen halten können. Darüber hinaus kommen etwa 150 Kranke jeden Morgen vorbei und lassen sich verbinden.

Das alles geschah 1984 auf dem Höhepunkt des Bürgerkriegs in Uganda, eines grausamen Kriegs mit vielen aufgehetzten Kindersoldaten und Orgien von Brutalität, die wir nicht mehr für menschenmöglich hielten.

Am 10. Dezember 1980 hatte es in Uganda Wahlen gegeben. Alle Welt hatte 1979 aufgeatmet, als der blutrünstige Diktator Idi Amin Dada das Land Richtung Saudi-Arabien verlassen mußte. Doch auch diese Wahlen waren nicht frei, geheim und demokratisch. Es gab merkwürdigerweise zwei Sieger. Nach der Auszählung der Stimmen am Abend des 10. Dezember 1980 wurde zweifelsfrei die «Democratic Party» (DP) des Baganda-Führers und prominenten Katholiken Paul Semogerere als Sieger ermittelt. Das überraschte nicht, denn zum einen sind die Baganda mit 17,5 Prozent der Gesamtbevölkerung die größte und traditionsreichste Ethnie in Uganda, und zum anderen hatte sich die Partei Achtung verschafft, weil sie im Widerstand gegen Idi Amin gekämpft hatte. Doch die mit dem anderen mächtigen Kandidaten Milton Apollo Obote sympathisierende Militärkommission (ferngelenkt von Tansania, das mit seiner Armee Idi Amin aus dem Land gejagt hatte) verhängte genau an diesem Abend eine Nachrichtensperre über Kampala und ließ am nächsten Morgen die «Uganda People's Congress» (UPC) des Milton Obote mit 74 Parlamentssitzen gegenüber 51 für die DP als Sieger ausrufen. Eindeutig waren die Wahlergebnisse gefälscht.

Das Chaos, das nach der Wahl ausbrach, setzte die Regierung praktisch außer Kraft. Deshalb war es für unsere Hilfsoperation von vitaler Bedeutung, daß die Verona Fathers, die italienischen Missionare, oder die Comboniani vor Ort und im ganzen Land weiter über eine funktionierende Infrastruktur verfügten, um die Versorgung der Bevölkerung zu garantieren.

Im Januar 1981 mußte ich das Hilfsprojekt des Komitees in Uganda organisieren. Ein Team von sechs unentgeltlich arbeitenden Ärzten und Schwestern hatte im Januar 1981 im Missionskrankenhaus von Maracha in der Provinz West Nile zu arbeiten begonnen. Die Organisation des Nachschubs aus Deutschland machte uns die größten Sorgen, weil am Flughafen in Entebbe (25 km außerhalb der Hauptstadt Kampala) die ganze Fracht verschwinden konnte. Die Verona Fathers übernahmen daher die Abwicklung der Transporte. Schon bei Ankunft des Flugzeugs sorgten sie dafür, daß alles sofort auf ihre LKWs verladen wurde, die am Rande des Rollfelds bereit standen.

In Uganda lernten wir – wie auch in Somalia –, daß in Afrika Medizin völlig anders verstanden wird als in Europa. Patienten konnten nicht verlegt, nicht zu einem Kollegen geschickt werden, sie konnten sich glücklich schätzen, wenn es irgendwo in erreichbarer Umgebung eine Station gab, wo mit der vorhandenen Ausrüstung medizinisch gearbeitet werden konnte.

Wie sah das konkret aus? «Zwei sterbende Kinder mit schwerer Blutarmut heimgeschickt, da wir keine Bluttransfusion machen können. Mit Bärbel (Krumme) ein totes Kind im Mutterleib zerstückelt», schreibt Reinhard Bunjes in einem Brief an CAP ANAMUR. «Bärbel imponiert mir dabei sehr. Ich wäre am liebsten weggelaufen. Leider ist die Gebärmutter der Frau perforiert gewesen, als sie kam – hier ist das ein Todesurteil. Bis zur nächst erreichbaren Klinik in Angal (90 km westlich von Maracha) ist diese Frau nicht mehr zu bringen, auch ist das Benzin knapp, ein Arzt von der Klinik in Maracha kaum freizustellen, kaum möglich – die Frau muß ja zwei Tage begleitet werden, weil man nachts die gefährliche Strecke nicht zurückfahren kann.»

Fünf Tage später der gleiche Fall, diesmal kam das tote Baby trotz größter Anstrengungen nicht aus dem Mutterleib, die sehnlichst erwartete Chirurgin aus Deutschland war noch nicht da. Also doch die Fahrt nach Angal, das Benzin mußte ganz knapp kalkuliert werden, es waren immerhin zweimal 160 km zu bewältigen, zweimal 4 bis 6 Stunden, also zweimal 35 Liter. Der gesamte Benzinvorrat für die Verona Fathers in Ombaci wie für das Team in Maracha mußte mit LKWs aus Kampala die 530 km lange Strecke transportiert werden – und was tun, wenn einmal ein LKW ausfiel oder ausgeraubt wurde?

Wir hatten die Verona Fathers in Uganda zum ersten Mal erlebt. In der Provinz West Nile hatten sie eine große Missionsstation in Ombaci in der Nähe von Arua, der einzigen größeren Stadt dieser

Provinz. In Ombaci hatte der Ökonom der Comboniani – wie sie nach ihrem Gründer, dem italienischen Bischof Comboni, auch genannt wurden – ein großes Lager eingerichtet, in dem man Medikamente oder Dieseltreibstoff bekommen konnte. In Deutschland riefen wir Ärzte und Ärztinnen auf, sich für einen Nothilfeeinsatz zu melden. Es gelang uns, ein großartiges Team zusammenzustellen: fünf Ärzte waren bereit, die Gefahren und die Strapazen dieses Engagements auf sich zu nehmen. Der Ort in der Nähe von Ombaci, in dem sich das Hospital der Missionare befand, hieß Maracha. Die deutschen Not-Ärzte hatten sich dieses Hospital ausgesucht. Ein von uns gechartertes Privatflugzeug mit dem nötigen medizinischen Zubehör an Bord sollte nach Entebbe fliegen.

Bevor die Maschine am nächsten Morgen vom kleinen mit Elefantengras übersäten Airstrip startete, mußte Padre Torquato den betrunkenen tansanischen Soldaten auf Kisuaheli erklären, daß das Flugzeug einen Arzt nach Entebbe brachte, der dort Medikamente abholen sollte. Es bestand nämlich die Gefahr, daß die Soldaten auf das startende Flugzeug schießen würden.

Für den Start suchte der Pilot eine relativ ebene Fläche aus. Wir überflogen dieses Land mit seinen großen Seen, Flüssen und Regenwäldern, in dem es aber immer noch brodelte, weil die Truppen Tansanias und Julius Nyereres (des damaligen Präsidenten) es nicht geschafft hatten, es zur Ruhe zu bringen. Überall gab es versprengte Milizen und Befreiungsarmeen, auch in West Nile, und überall warteten Menschen auf unsere Versorgung.

In den nächsten Tagen kamen wir mit all unseren medizinischen Geräten und den Medikamenten mit mehreren LKWs nach Maracha bei Ombaci. Die Fahrt war ein Himmelfahrtskommando. Die Straße von Kampala nach Norden hörte am Pakwash auf, wo der Nil von einer Brücke überquert wird. Danach gibt es nur noch einen Lehmpfad, der bei Regen so aufgeweicht wird, daß ein LKW kaum durchkommt. Glücklicherweise erreichten wir aber Maracha und konnten mit der Wiederherstellung beginnen. Die einzelnen Abteilungen waren jeweils in einzelnen ebenerdigen Holzhäusern untergebracht. Wir waren zufrieden. Es gab wieder ein richtiges Hospital mit allen wichtigen Abteilungen, einem Labor, einem Operationssaal, Aufnahmestationen für Männer, Frauen und Kinder, und eine Hospitalküche.

Um 10 Uhr am 24. Juni 1981 stürmten Soldaten mit Kalaschnikows auf das Gelände der Missionsstation Ombaci, drangen in die Kirche ein, in der Kranke und Verwundete lagen und behandelt wurden. Als Rotkreuzhelfer ihnen ihre Rotkreuzplakette entgegenhielten, wollte einer der Soldaten das Feuer eröffnen – ein Offizier trat dazwischen und verhinderte ein Massaker unter den Europäern. Das Morden unter den Kranken und Helfern war während der anderthalb Stunden, in denen die Soldaten vom Mordrausch besessen waren, jedoch nicht zu verhindern. Nach erledigter Tötungsarbeit begannen sie zu plündern, beschlagnahmten einen Wagen der UN-Organisation UNHCR, um das Diebesgut aus der Missionsstation wegzutransportieren. Sechzig Menschen lagen nach Aussage eines Augenzeugen ermordet auf dem Kirchengelände. Eine Frau rannte schreiend mit schmerzverzerrtem Gesicht und ihrem Baby auf dem Arm herum: Dem Kind wurde die Kopfkuppe weggeschossen, die Gehirnmasse quoll heraus. Ein Soldat sah die Frau, schrie: «She is crying, she is a guerilla!» und wollte sofort auf sie schießen. Reinhard Bunjes sprang dazwischen, gab dem Soldaten 500 Uganda-Schillinge, der Mann ließ von der Frau ab und suchte sich ein anderes Mordopfer.

Während am Nachmittag dieses entsetzlichen Mordtages die Schwerverwundeten auf zwei Lastkraftwagen abtransportiert wurden, kamen immer wieder offenbar betrunkene Soldaten vorbei, die auf die Wagen kletterten, höhnisch erklärten, die Verletzten hätten lieber krepieren sollen, und im Beisein einer Ärztin und einer Krankenschwester die Infusionsbestecke bei zwei Schwerverwundeten herauszogen. Stumm, ohne noch zur Wut und zum Widerstand fähig zu sein, legten die beiden deutschen Mediziner die Nadeln wieder an, dies wiederholte sich mehrmals.

Was hatte diesen Haß ausgelöst? Unter dem Regime Idi Amins galt das Leben von Menschen nichts. Nun rächte sich diese Menschenverachtung.

Das Gefühl, von einem dieser Soldaten mit vorgehaltener Kalaschnikow in die Ecke und an die Wand gestellt zu werden – so widerfuhr es mir bei der Rückfahrt von West Nile in einem Vorort von Kampala, 14 km vom Stadtzentrum entfernt – ist schwer zu beschreiben. Es war 18 Uhr, Einbruch der Dämmerung, der Soldat hatte, man konnte es riechen, schon getrunken. Der Fahrer des Wagens, der zum Stamm der Baganda gehörte, des um Kampala herum lebenden und in Opposition zur neuen Regierung stehenden Stammes, wurde mit dem Gewehrkolben neben mich gestoßen. Schnell wurden einige Wertsachen konfisziert. Zum Glück kamen andere Soldaten aus dem Haus und hielten den Betrunkenen auf. Das Gefühl der Bedrohung verstärkte sich in der nun beginnenden Diskussion, der ich nicht folgen konnte. Der Gewehrlauf war immer noch auf mich gerichtet. Da ging einer der Soldaten auf den gefaßten Fahrer zu, der neben mir stand, und flüsterte ihm etwas zu. Die Gefahr ging vorüber, nachdem wir einiges Geld verloren hatten. Wir saßen wieder im Wagen, der besonnene Fahrer sagte, dieser eine Soldat sei ausnahmsweise kein Acholi oder Lango gewesen (die Ethnien, aus denen Präsident Obote stammte und aus denen sich fast die gesamte Regierungsarmee rekrutierte), sondern ein Baganda, wie er am Dialekt erkannt habe. Der Soldat habe ihm zugeflüstert, wir sollten um Gottes Willen in der Dunkelheit – es war bereits 19 Uhr – nicht nach Kampala hineinfahren, denn wir würden es nicht überleben. Rasch bogen wir in eine kleine Seitenstraße ab, hilfsbereite Menschen warnten uns flüsternd davor, jetzt weiterzufahren. Sie öffneten ein Tor, wir fuhren auf einen Hof und schliefen dort im Wagen, während draußen von Zeit zu Zeit ein Maschinengewehr ratterte und einzelne Schüsse zu hören waren. Am nächsten Morgen lagen wieder Tote auf den Straßen.

Da ich bei meiner Rückreise nach Deutschland Stunden am Flughafen von Entebbe warten mußte, weil keine Maschine auch nur annähernd nach einem Flugplan flog, hatte ich Gelegenheit festzustellen, daß es neben den Linien- immer wieder auch Cargomaschinen gab, die mit Munition und Waffen voll beladen waren. Ich fand nicht heraus, woher diese Waffen kamen. Man munkelte aber, es seien Waffen aus Jugoslawien und der Tschechoslowakei und daß auch über Äthiopien Munition und Waffen aus europäischen Ländern nach Uganda eingeführt würden.

In diesem Zusammenhang noch ein Wort zu Ombaci. Reinhard Bunjes hatte bei der Regierung eine Eingabe gemacht, damit die Mörder bestraft würden. Er bekam nie eine Antwort. Unser neues Krankenhaus wurde in Windeseile evakuiert. Reinhold Werlein, der Techniker des Teams, organisierte die Evakuierung in das benachbarte Zaire, nach Arivara, wo die «Weißen Väter» eine Missionsstation haben. Erst ein Dreivierteljahr später konnte das medizinische Team wieder nach Uganda zurückkehren. Wir begannen eine neue Hilfstätigkeit im Krankenhaus von Kuluva, das wir dann Ende 1983 verlassen konnten, weil es gut ausgebaut war. In Kuluva begegnete mir der einzige ugandische Krankenhausdirektor, der seine enttäuschte Erwartung auf einem kleinen Empfang, den der «Board of Directors» der protestantischen Missionskirche in Kuluva für unsere Ärzte gab, formulierte: «Though few died most survived!» Enttäuscht, weil es in Afrika oft noch so war, daß die Ankunft eines europäischen weißen Arztes bedeuten sollte: Es wird wie durch ein Wunder kein einziger Patient mehr sterben. «Though few died   » muß man dann übersetzen: «Leider sind doch einige gestorben   » Dieser Satz erschien mir wie ein Motto für den falschen Mythos der westlichen Weißkittelmedizin. Für viele Afrikaner ist das die letzte, geradezu metaphysisch begründete Garantie dafür, daß man nicht sterben muß. Und diese Medizin, so meinte jener Krankenhauschef, muß doch stärker sein als die des Naturheilers oder des Medizinmannes aus seinem Buschdorf.

«Es ist 3.30 Uhr morgens, ich sitze im Hospital in einem leeren Schwesternzimmer. Bärbel und ich schlafen heute Nacht im Krankenhaus. Letzte Nacht war ich auch schon hier. Auf der leeren Station und im übrigen Hospital sind 250 bis 300 Flüchtlinge untergebracht, die aus den Dörfern hinter der Hügelkette zu uns gekommen sind, Kinder weinen. Morgen wird, so fürchte ich, ein schlimmer Tag, ich weiß auch nicht, wann der Brief nach Kampala kommt. Mir geht es relativ gut – aber hier wird einer der schmutzigsten Kriege geführt – Bärbel sagt, so schlimm war es noch nie. Und sie kennt ja einiges. Nach Schlafen ist mir nicht zumute, sowieso summen die Moskitos; aber der Reihe nach: Seit Dienstag letzte Woche sind hier in der Umgebung Hunderte von Soldaten zusammengezogen worden. Am 16. Mai, 10 Uhr morgens ging es los: drei Kinder – ein zwölfjähriges Mädchen wurde mit einem Stock von Soldaten aufs Auge geschlagen; zwei Mädchen wurden beim Spielen im Sand mit tiefen Messerschnitten (Buschmesser) verletzt: das eine tief im Nacken, das andere an der rechten Schulter mit durchgeschlagenem Schlüsselbein.
Dann hat Mpanga, einer unserer Pfleger, berichtet, was er vor

Antritt seines Nachtdienstes in seinem Dorf, ca. eineinhalb Stunden von hier, gesehen hat. Allein fünf Tote, seine Mutter, seine Schwester mit ihrem einjährigen Kind auf dem Rücken – erschlagen, erstochen, alles ohne Schüsse. Etwa 30 bis 40 Tote soll es gegeben haben. Die Soldaten sollen ein richtiges Gemetzel unter der Zivilbevölkerung angerichtet haben. Wenn kleine Kinder erschlagen werden, gibt es keine Grenze mehr. Offenbar also eine neue Stufe im Anti-Guerilla Kampf.»

(Auszug aus einem Brief von Heike Brückner, Mitglied des Not-Ärzte-Teams 1984 in Nakaseke)

Es war richtig, an diesem Ort mitten im dichtesten Regenwald des Luwero-Dreiecks (Luwero Triangel) ausgeharrt und weitergearbeitet zu haben. Aber unser Bedürfnis, moralisch untadelig zu handeln, trieb uns manchmal dazu, die Arbeit in unüberschaubaren, nicht eindeutigen, schlicht: in schmutzigen Situationen zu verweigern. Doch schon die Tatsache, daß man uns als deutsche Organisation ausersehen hatte, dort im Luwero-Dreieck Dienst zu leisten und dort auch leben und schlafen zu dürfen, war eine politische Entscheidung. Das Regime von Milton Apollo Obote wollte ja wieder in den IWF, den Internationalen Währungsfonds, aufgenommen werden, um Kredite und Entwicklungshilfe zu bekommen. Ein wenig Wohlverhalten empfahl sich also.

Die Schreckgestalten waren die UNLA (Uganda National Liberation Army) und die sog. «Youth-Wingers» der UPC, eine Jugendorganisation, die ungehindert im Luwero-Dreieck herumziehen, morden und foltern konnte. Die UNLA war aber – entgegen ihrem Namen – ein plündernder, die Frauen vergewaltigender und mordender Haufen von jungen und älteren Soldaten, verroht und damit auch fern jeder militärischen Disziplin. Die dritte Abkürzung war das große Hoffnungszeichen: NRA, National Resistance Army, von Rebellenchef Yoweri Museveni. Diese Truppe zeichnete sich durch all das aus, was die UNLA nicht hatte: Disziplin, Menschenfreundlichkeit, Schonung der Zivilbevölkerung.

Indirekt waren wir auch ein Instrument in der Hand der Regierung. Zum einen sollte das Spezialabkommen, das man mit den Deutschen Not-Ärzten getroffen hatte, in Deutschland einen guten Eindruck machen; denn man hatte die Wiederaufnahme von Entwicklungshilfe bei strikter Einhaltung der Menschenrechte versprochen; zum anderen sollten wir auch den NRA-Soldaten als Schutz dienen, denn die Guerilla würde keinen Angriff wagen, wenn sie wußte, daß sich dort weiße Helfer aufhielten. Sie wußten immer genau, wo wir arbeiteten und wo unsere Wagen unterwegs waren, um dort jeden Angriff zu vermeiden. Man wollte in der Tat die Arbeit der deutschen Ärzte für die Bevölkerung nicht behindern, und die NRA war bestrebt, sich den Deutschen gegenüber keine Blöße zu geben. So bekamen wir die Ausnahmeregelung im April 1984. Von dieser Zeit an hatte das Komitee CAP ANAMUR als einzige Organisation die Erlaubnis, permanent in diesem Gebiet und im Regierungshospital tätig zu sein.

Gleichwohl kam es täglich zu Übergriffen, so daß unser Team nie zur Ruhe kam. An einem Abend war es zu einer wirklichen Invasion des Krankenhauses gekommen. 600–700 Bauern aus der Umgebung waren vor einer betrunkenen Bande von UNLA-Soldaten auf der Flucht und wußten keinen anderen Weg, als sich unter den relativen Schutz der deutschen Ärzte zu begeben. Im Mai 1985 hatte es einige Massaker gegeben, so etwa das von Kimuli. Mitglieder der Special Force der UNLA drangen mit Gewalt ins Krankenhaus ein und zwangen alle Flüchtlinge am nächsten Morgen zur Registrierung in die Militärabteilung von Nakaseke. Schon auf dem Weg dahin wurde einer der Dorf-Chefs ermordet. Das Team von CAP ANAMUR hatte einen Versorgungstransport vom Hospital zur Baracke organisiert; Barbara Krumme und Hannes Köppchen wichen den Flüchtlingen nicht von der Seite. Sie konnten erreichen, daß die Flüchtlinge nachts wieder ins Hospital zurückgehen durften. Doch in den folgenden Tagen wurden sie mit der Drohung der UNLA, die Nahrungsversorgung des Hospitals zu unterbinden, zur Rückkehr in die Dörfer gezwungen. Joseph, einer der 600 Bauern, blieb auf unserem Gelände. Wir hatten ihn als Angestellten angeheuert, weil er durch die UNLA sehr gefährdet war. Einmal wurde er festgenommen, es gelang uns aber, ihn aus den Händen seiner Peiniger zu befreien. Später holte ihn der UNLA-Commander persönlich mit einem Trupp vom Hospitalgelände. Unser Team hätte gern dagegen Widerstand geleistet, aber um der Patienten willen unternahm es nichts. Aus der Baracke der Militärs kam Joseph nicht mehr lebend heraus. «Go Go, do your job», soll der Commander Hannes Köppchen höhnisch zugerufen haben, als er gegen die Festnahme protestierte.

Sechsmal mußte ich 1984 zu «Feuerwehreinsätzen» nach Uganda fliegen. Immer wieder mußte ich mit den Vertretern eines mörderischen Regimes beim Whisky zusammensitzen. Anfang Juni 1984 gab es wieder eine Krise, weil die Soldaten in den Baracken von Bombo auf der großen Einfallstraße von Kampala in den Norden gebieterisch forderten, für die Sicherheit des Hospitals und der Deutschen Ärzte allein zuständig zu sein. Die Vorstellung, auf den Schutz einer völlig verlotterten, keiner Disziplin mehr unterworfenen bewaffneten Truppe angewiesen zu sein, war die entsetzlichste, die man sich für unser Team vorstellen konnte. Dennoch, um weiter bei diesen Menschen auszuharren, ihnen nicht nur Medikamente und Nahrung bringen, sondern auch um ihnen durch unsere Präsenz einen letzten Rest an Sicherheit bieten zu können, wollten wir bis zum letzten Moment im Luwero-Busch und in Nakaseke bleiben. Ich traf den Gesundheitsminister und den Staatssekretär im Amt des Premierministers Francis Ayume in einem Gebäude des Gesundheitsministeriums in Entebbe. Wir saßen drei Stunden im Flughafengebäude und feilschten um jedes Wort des Textes mit der Überschrift «Guidelines of Understanding for Assistance to Nakaseke Hospital in Luwero District Between the Government of the Republic of Uganda And the German Committee Emergency Doctors».

Die Organisation zum Schutz und zur Versorgung von als vogelfrei geltenden Menschen erfordert großes diplomatisches Geschick. Dazu gehört vor allem, daß man den Vertretern eines Mörder-Regimes nicht einmal andeuten kann, was man von ihnen hält. So hatten wir im zweiten Artikel die «Kröte» schlucken müssen, ohne die wir sofort die Arbeit in diesem Hospital hätten beenden müssen: Die Regierung Ugandas habe die Pflicht, für die Sicherheit in und um das Krankenhaus zu sorgen. Das war für uns in höchstem Maße bedenklich. Zwar beriefen wir uns auf die Grundsätze des Roten Kreuzes, nach denen ein Soldat zur Behandlung in einem Hospital nur zugelassen wird, wenn er am Eingang die Waffe abgibt, aber wir hatten natürlich dauernd diese verwahrlosten Soldaten – Kinder und erwachsene Männer – mit verglastem Blick vor uns, bei denen man nicht wagen durfte, ihnen die Waffe abzufordern.

Noch quälender war dann das Mittagessen, das sich, in künstlich aufgeräumter Stimmung, den Verhandlungen anschloß. Ayume hatte Barbara Krumme, mich und die anderen Mitunterzeichner der «Guidelines» ins vornehme Lake Victoria Hotel eingeladen, eines der schönsten Hotels am Victoriasee. Barbara sagte, sie sei Quäkerin oder Baptistin und dürfe keinen Alkohol trinken. Ich trank meinen Whisky, um den ganzen Dreck dieser verlogenen Gespräche herunterzuspülen.

Barbara Krumme erzählte von Josephine, einem vierjährigen, körperbehinderten Waisenkind, das ein durch Polio verursachtes lahmes Beinchen hatte. Josephine wurde von einer Frau ins Hospital gebracht, die das Mädchen gefunden hatte, als es mit einem Stöckchen als Gehhilfe allein durch den Busch humpelte.

An diesem Abend kam die Krankenschwester Heike Brückner zu uns und erzählte uns, daß unser Team vorhatte, die Waisenkinder nach Kampala, das relative Sicherheit bot, zu evakuieren, weil sich schon etwa vierzig Kinder in unserem Krankenhaus, dem einzigen vergleichsweise sicheren Ort in Nakaseke, eingefunden hätten. Dort werden sie versorgt, aber alle fürchten um die Sicherheit der ausgesetzten Kinder.

Am nächsten Tag kamen wir die Bombo Road hoch, es roch nach Gewalt und Massaker. Menschen waren nicht zu sehen. Die strohgedeckten Hütten waren fast alle leer. Nach Bombo Junction, der Kreuzung nördlich des Dorfes Bombo, mußten wir Richtung Westen in den dichten Dschungel, um nach Nakaseke zu kommen. «Das sind diese neuen ‹Mobile Forces›», sagte Barbara Krumme, während wir an einem Dorf vorbeizogen, wo die «Mobile Forces» die Hütten einfach besetzt und einige Frauen gezwungen hatten, für sie zu kochen. «Am Vormittag ist die Atmosphäre vergleichsweise noch entspannt», fuhr Barbara fort. «Aber am Nachmittag fangen die Soldaten an zu trinken, und dann wird es ganz schlimm.» In der Nacht fanden regelrechte Vergewaltigungsorgien statt. In der Ambulanz von Nakaseke befanden sich zu dem damaligen Zeitpunkt acht vergewaltigte Frauen, auch Mädchen und Frauen bis zum Alter von siebzig Jahren. Auch eine hochschwangere Frau im neunten Monat hatten diese verwilderten Soldaten nicht verschont.

Das Team war fest entschlossen, die fünfzig Waisenkinder aus Nakaseke nach Kampala zu evakuieren. Zwei von uns machten sich auf den Weg nach Kampala, um befreundete Organisationen in der Hauptstadt um Mithilfe bei der Unterbringung der Kinder zu bitten. Das Internationale Komitee des Roten Kreuzes (IKRK) winkte gleich ab, während die britische Organisation «Save the children» uns gleich zusagte, daß sie die Kinder aufnehmen und auch von der Bombo Road bei Wobulenzi abholen würde. Da niemand mehr tiefer in das Luwero-Waldgebiet fahren wollte, brachten wir am nächsten Morgen, mit der Gefahr im Rücken, alle Kinder bis zur Bombo Road.

Am Abend überlegten wir, ob wir bleiben konnten oder ob wir mittlerweile die Menschen hier gefährdeten. Oder sollten wir unserer Arbeit mobil, von der 50 km entfernten Station der Verona Fathers im Norden von Kasala aus, nachgehen? Wir waren uns schnell darüber einig: Wenn Menschen hier in Not waren, durften wir sie nicht in unseren bequemen Wagen um 3 Uhr nachmittags verlassen und sie in der gefährlichsten Zeit allein lassen. Wir mußten die Pläne ändern. Aus dem Dschungel, aus Mpiredde, kamen wieder einige schrecklich zugerichtete Menschen, kündigten noch weitere an, die kommen würden. Im Halbkreis unter dem Baum saßen am nächsten Morgen 300 Menschen, die untergebracht werden mußten.

Wir hatten noch eine leere Station im Krankenhaus, dort konnten wir sie unterbringen. Doch dann kamen die Special Force-Soldaten und verlangten unter Androhung von Gewalt, zu den Flüchtigen vorgelassen zu werden. Alle sollten sofort ins Trading Center zu den Soldaten, um angeblich dort registriert zu werden – von Soldaten, die meist nicht einmal schreiben konnten. Die Soldaten wollten sie aber nur ausrauben, quälen, die Frauen vergewaltigen. Sofort bildete sich ein Treck von 300 Leuten, die sich auf den Weg zum Trading Center machten. Barbara Krumme und Hannes Köppchen gingen mit den Flüchtlingen dorthin. Uschi Reuter und Mary Koenen, die beiden Krankenschwestern, bildeten eine Transportkette mit den beiden Wagen. Sie brachten Wasser, Matoke und Bananen zum Trading Center, damit die Flüchtlinge zu essen und zu trinken hatten. Einige der Kranken wurden nach Absprache mit den Soldaten ins Hospital als «Patienten» zurückgefahren. Dann brachten unsere Helfer am Abend Lampen und Decken für die Nacht. All das funktionierte gut und machte wohl auch Eindruck. Am Abend entschied der Kommandeur, nachdem sie schon auf die leerstehenden Häuser verteilt worden waren, daß alle wieder ins Hospital zurückkehren durften. Der ganze Treck ging also zurück. Wir hatten fast einen kleinen Sieg errungen.

Am 30. September 1984 brachten die beiden Team-Mitglieder David Settle und Birgit Meyer die Team-Leiterin Barbara Krumme nach Entebbe zum Flughafen, denn sie mußte wieder in Deutschland arbeiten.

Das Team war mit einem neuen Wagen unterwegs nach Nakaseke. Gegen 10.30 Uhr geschah etwas, das alle unsere Beratungen zunichte machte. Sie waren gerade bei Wobulenzi von der Bombo Road in die Buschpfadstrecke eingebogen, als kurz nach einer Straßensperre Schüsse aus einem Maschinengewehr ertönten. Die Salve ging quer durch den Geländewagen, mit dem die beiden zusammen mit dem 10-jährigen Godfrey fuhren, dem Sohn eines Angestellten, den sie aus Kampala mitgenommen hatten. Eine Kugel traf Godfrey ins Herz, er war sofort tot. David hatte sich instinktiv geduckt, die Kugel, die ihn hätte treffen sollen, ging in die Nackenstütze.

Was war passiert? Später, nach der Befreiung Ugandas durch die National Resistance Army, wurde uns berichtet, daß weiße Mercedes-Geländewagen das Markenzeichen für die Honoratioren des Regimes waren und daß niemand sonst in Uganda diese vornehmen Autos fuhr. Die Guerillabewegung NRA hatte den Wagen beschossen. Die Einheit kannte alle Wagen des Komitees CAP ANAMUR, aber unser neuer Wagen war nicht gemeldet worden – ein tragischer Irrtum.

Das war das vorläufige Ende des Projekts Nakaseke. Wir zogen uns zurück nach Mityana an der Hoima Road und organisierten unsere Versorgung mittlerweile über Kigali, die Hauptstadt von Ruanda. Es gelang auf Sparflamme, von Mityana eine mobile Versorgung der kleinen Flüchtlingscamps und Schutzdörfer entlang der Hoima Road zu organisieren.

Wir wurden Zeugen einer großen Befreiung Ugandas. Der Siegeszug der disziplinierten und strategisch hervorragend geführten NRA war nicht mehr aufzuhalten. Die Menschen lernten in Uganda plötzlich ein Leben in Sicherheit, Ruhe und ohne Angst kennen. In den nächsten Tagen gab es Begegnungen mit den neuen Leuten, die aus dem Busch kamen und für die neue Regierung des Yoweri Museveni vorgesehen waren. Sie luden uns ein, wieder nach Nakaseke zu gehen. Gesagt, getan. Barbara Krumme wurde auf den Schultern der ehemaligen Krankenhaus-Mitarbeiter in den Ort hineingetragen und begeistert gefeiert. CAP ANAMUR blieb dem Land verbunden. Noch zwei Jahre arbeiteten wir an verschiedenen Orten in Uganda weiter.

Im Norden des Landes, bei den Acholi und Karamojong, kümmerten wir uns um die Verbesserung der Gesundheitsversorgung. Das Krankenhaus Lwala war früher ein ganz gut funktionierendes 100-Betten-Krankenhaus gewesen. Im Bürgerkrieg war es verlassen und teilweise zerstört worden. Im Umkreis von 80 km war es das einzige Behandlungszentrum. Zwei Ärzte und ein Techniker haben dort gearbeitet. Anfang 1987, als das Projekt begann, war die Gegend noch sehr unsicher. Das Team wurde überfallen. Man beschloß, um der Menschen willen zu bleiben, die hier Zuwendung und Behandlung brauchten. Der Techniker Heinz Weisbrodt wurde einmal überfallen, aber er blieb und machte weiter. Einer der Arbeiter aus dem einheimischen Team von CAP ANAMUR wurde erschossen. Das Team gab dennoch nicht auf. «Ich habe einen der Angestellten, der auf einmal spurlos verschwunden war und von den Militärs als verdächtiger Rebell unter unmenschlichen Bedingungen festgehalten wurde, befreien können. Er würde heute mit großer Wahrscheinlichkeit nicht mehr leben», schrieb uns Heinz Weisbrodt.

Damals verübten die Karamojong, die als Halbnomaden im Nordosten von Uganda leben, einen Überfall. Sie sind traditionell Krieger und ziehen immer wieder als Viehdiebe durchs Land, stehlen den Nachbarstämmen, die alle bereits seßhafte Bauern sind, die Kühe, die Lebensmittel, den Schnaps und was sonst nicht niet- und nagelfest ist. Ein solcher Kriegstrupp kam auf das Hospital von Lwala zu. Plötzlich waren alle Soldaten der Region wie vom Erdboden verschluckt. Zwei deutsche Krankenschwestern und Heinz Weisbrodt mußten entscheiden, was zu tun war. Es gab damals keine Möglichkeit, das Hauptquartier in Köln zu fragen. Man hätte sich auch ins Auto setzen und wegfahren können: dann hätten nur die Einheimischen in der Gefahr ausharren müssen. Aber unsere Leute blieben. Heinz Weisbrodt sagte später: «Dieses Bleiben war alles andere als Mut. Ich hatte die Hosen gestrichen voll, doch ich hatte das klare innere Signal: ich mußte bleiben. Es war im nachhinein gut. Ich hatte damals in meiner Ohnmacht – nach langen Jahren – wieder einmal zu Gott gebetet – und es ist, Gott sei Dank, nicht viel passiert.»

Später wurde Lwala zu einem Ort des Friedens und der Gerechtigkeit. Innerhalb des Hospitalgeländes durfte niemand eine Waffe tragen. Behandelt wurde jeder, der behandlungsbedürftig war, ob er Soldat war, Rebell, Zivilist, UPC- oder DP-Anhänger.

Nachdem CAP ANAMUR zwei Jahre das Hospital geführt hatte und Strom, Wasser, Gebäude wieder instand gesetzt waren, konnten ugandische Nonnen es übernehmen. Bis heute bietet es eine verläßliche medizinische Versorgung in Uganda. Die Bevölkerung wußte, wie Heinz Weisbrodt erzählt, unsere Hilfsaktion zu schätzen: «Als das Projekt zu Ende ging, wollten die Leute von Lwala mir und Hildegard Spieß, der medizinischen Kollegin, die ugandische Staatsbürgerschaft besorgen. Sie wollten uns ein Stück Land schenken, wenn wir uns entschließen würden, dort zu bleiben. Das hat mich damals tief gerührt. Ich weiß nicht, ob man in Europa ermessen kann, welche große Ehre und Würdigung einem dabei zuteil wird.»

5

Zerreißprobe im Libanon

In den Libanon über Tel Aviv: Juni 1982 – Als Journalist mit der israeli-
schen Armee in den Südlibanon – Aufbau einer Ambulanz für die Palä-
stinenser in Tyros – Massaker in den Palästinenserlagern Sabra und Cha-
tila: September 1982 – Krankenhausarbeit in Nabatieh und Einrichtung
einer Werkstatt – Die Grenzen des Möglichen

Was hatte CAP ANAMUR mit dem Nahen Osten zu tun? Was
wollten wir in einem Land unternehmen, das besser versorgt und
zivilisatorisch verfaßt ist als alles, was uns bis dahin zu Wasser
(im südchinesischen Meer) und zu Lande (in Kambodscha, Somalia, Uganda) begegnet war? Es wurde mir damals schon klar: auch
wir haben keine Kriterien-Skala, die uns anzeigt, welches Land
und Volk für eine Hilfeleistung in Frage kommt oder nicht. Es gibt
eine Mischung von Absicht, Fügung, Zufall, in der sich uns mal
dieses, mal jenes Land anbietet.

Für uns war es eine wichtige Frage, ob wir uns an die Seite der
vom Krieg gebeutelten Palästinenser stellen durften, an die Seite
jener also, die schon einmal aus ihren Heimatgebieten vertrieben
worden waren. Das war hochriskant, denn wir wollten nie mehr
etwas tun, was den Juden auf dieser Welt politisch oder wirt-
schaftlich schaden oder ihnen Unrecht zufügen würde. Wie konnte man das also handhaben? Den Palästinensern durften wir die
Hilfe nicht verweigern, die Aktion durfte aber zugleich nicht hinter dem Rücken Israels stattfinden.

Als wir damals über Israel in den Libanon fuhren, erlebten wir
ganz elementare religiöse Gegensätze, die sich nur schwer auf
demokratische, geschweige denn friedliche Weise lösen lassen. Zu
Recht sagte Yaakov Talmon: «Es gibt kaum etwas Verachtenswer-
teres, Verabscheuungswürdigeres als die Benutzung von religiösen Sanktionen in Konflikten zwischen Nationen und Staaten!» Er

erzählte von einem jungen Mitglied der fanatischen jüdischen Sekte Gusch Emunim, der in einer Gerichtsverhandlung wie einer argumentierte, der sich selbst nicht untreu werden kann. Er legte dar, daß man dort, wo er und seine Freunde siedelten, nicht der Staatssicherheit diene, sondern daß Gott selbst dem Volk Israel das Land Kanaan zugesprochen habe. Und wenn der Allerhöchste sich dem Menschen mit dieser Zuweisung offenbart habe, dann verlange Er auch Gehorsam.

Wir mußten uns von den Fesseln religiöser Ausschließlichkeit freimachen, sonst hätten wir unserer Aufgabe nicht gerecht werden können. Doch die Entscheidung war schwierig. Wir sind immer möglichst direkt zu den Menschen gegangen, die in Not waren, nicht in das Land der Angreifer, um von dort aus den Menschen zu helfen. Hier aber, zwischen Tel Aviv, Jerusalem und Beirut, war für uns Deutsche alles anders. Es verbot sich, Israel zu umgehen. Dazu kam, daß wir dem Staat Israel auch Verständnis entgegenbrachten. Er war von allen Seiten, an all seinen Grenzen eingekreist von Haß und Verfolgungswahn. Begründet war dieser Staat vor allem von Überlebenden des Holocaust, und er mußte sich zur Wehr setzen. Andererseits war diese Staatsgründung belastet von dem Unrecht, daß man – durch einen UNO-Beschluß – die Palästinenser aus ihren angestammten Heimatdörfern und Heimatstädten vertrieben hatte.

Ich hatte die Adresse des Priors des Benediktinerklosters Dormition auf dem Zionsberg in Jerusalem, des Paters Immanuel Jacobs, bekommen. Ich sollte ihn anrufen, doch kaum war ich vom Flughafen Tel Aviv nach Jerusalem gekommen und hatte mein Zimmer in einem kleinen Hotel bezogen, rief Pater Immanuel von sich aus an. Er fragte, wo ich denn blieb und bot an, daß ich ohne weiteres auch in dem Kloster unterkommen und schlafen könnte. Er würde gleich einen Fahrer schicken. Und so geschah es. Das Kloster Dormition wurde in den nächsten sechzehn Monaten zur Schaltzentrale für unser Libanon-Projekt, das in den Orten Tyros und Nabatieh realisiert wurde. Aber die erste Sorge war: Wie kommen wir in den Libanon?

Nach zwei Tagen stand der Weg fest. Für die Reise in den Südlibanon mußte ich mich wieder in einen Journalisten verwandeln. Das fiel mir nicht schwer, dieses Doppelleben hatte seine Vorzüge. So bekam ich noch am nächsten Tag eine Akkreditierungskarte der

Israel Defense Forces (IDF) im Shin Beith Haus. Am übernächsten Tag verließ ich Jerusalem mit einem «escort officer». Es war ein Glücksfall. Die Israelis ließen Journalisten von den intelligentesten und liebenswürdigsten Offizieren begleiten, nicht selten sogar von Offizieren, die in Opposition zur Regierung stehen. Mein «escort officer» war Oberst Mordechai Bar-On, der lange Jahre Leiter der Abteilung «Erziehung» in der israelischen Armee gewesen war. Wir saßen zusammen in einem gepanzerten Militärwagen, und Bar-On erzählte mir sein ganzes Leben. Er regelte alles, auch die Fahrt über die scharf bewachte Grenze von Israel in den Libanon.

Nach meiner Rückkehr beriet ich mich mit Pater Immanuel Jacobs und nahm Kontakt mit dem zuständigen Abteilungsleiter im Auswärtigen Amt Israels, Herrn Elizur, auf. Michael Elizur war früher Botschafter des Staates Israel in Wien gewesen. Er hielt es für eine ausgezeichnete Idee, daß wir als gut organisierte deutsche Gruppe in den Libanon gehen wollten. Am Ende unseres Gesprächs gab er uns ein Papier, das uns ermächtigte, die Grenze an der Küste bei Netanju zu überqueren und auch Hilfsgüter ins Land zu bringen. Nachdem wir im Juli 1982 die Arbeitsgenehmigung erlangt hatten, zogen wir los. Sicher war es die falsche Richtung, denn die Libanesen und die Palästinenser werden uns als Israel-Freunde nicht gern empfangen haben. Wir ahnten noch nicht, daß es außer dem Graben zwischen Arabern und Israelis auch noch einen zweiten Graben gab, den zwischen Libanesen und Palästinensern. Aber pragmatisch mußten wir uns sagen, daß es keinen anderen Weg gab, denn unser Ziel war ehrgeizig: Wir wollten Menschen helfen, denen man besser nicht hilft. In der Hafenstadt Tyros wurden eine Ambulanz für Libanesen und eine Werkstatt mit Technikern für alle eingerichtet, die Anleitung und Hilfe beim Reparieren der Installationen und Geräte brauchten. Dazu kam ein Labor zur Blutuntersuchung für alle, die kein Geld für eine kostspielige Behandlung hatten. Danach konnten wir die fünf Palästinenserlager um Tyros aufsuchen – allerdings äußerst vorsichtig, weil es immer noch sehr unangebracht war, etwas für diese Gruppe zu tun.

Die offizielle Staatspropaganda der arabischen Staaten der Region verschwieg, daß die Palästinenser nicht sehr beliebt waren. Weder in Jordanien noch im Kuwait, weder im Libanon noch in

Syrien, weder im Irak noch in Ägypten waren sie gern gesehene Gäste. Aber ganz besonders gefährdet durch Neid und Mißachtung waren sie im nördlichen Nachbarstaat, im Libanon. Was «ganz besonders» bedeuten sollte, wurde uns noch im Laufe des Jahres 1982 klar.

Es war der katholische Bischof von Tyros, Monsignore Georges Haddad, der uns sagte, daß wir doch einfach dahingehen sollten, auch ohne Papiere. Nachdem ich ihm erzählt hatte, daß es das Arbeitsprinzip des Komitees CAP ANAMUR sei, in ein Land zu gehen, ohne zu fragen, meinte er, in diesem Fall verhalte es sich nicht anders. Wenn man erst fragt, bringt man diejenigen, die man fragt, auf die Idee, sie könnten es verhindern oder Geld für die Genehmigung verlangen.

In jedem Lager in der Umgebung von Tyros wurde eine Ambulanz eröffnet, drei Ärzte des Komitees fuhren reihum, versorgten die Kranken und machten kleine chirurgische Eingriffe. Sie berichteten von den zahlreichen psychosomatischen Krankheiten, typisch für die Situation, in der diese Menschen in dieser Gegend nach dem jüngsten Krieg in Angst und ohne Zukunft lebten.

Der Bischof stellte uns für unsere Arbeit ein Grundstück zur Verfügung, auf dem wir eine eigene Ambulanz für die Palästinenser aufbauen und eine reguläre Betreuung für diese angefeindeten Menschen organisieren konnten. Die Palästinenser dankten uns für dieses Verhalten mit großer Anhänglichkeit. Wir gewannen Freunde unter ihnen, wir konnten uns keinen Weg mit unserem VW-Bus durch die dreckigen Straßen von Raschidieh und Borj Chemali bahnen, ohne in eine der Hütten oder in ein kleines arabisches Café zu einem Fladenbrot gebeten zu werden, das die Frauen in selbstgebauten Öfen backten.

«Sagen Sie in Deutschland, wie wir unter dem Krieg in den letzten sieben Jahren gelitten haben. Sie sind wie die Ratten», sagte uns eine vornehme Libanesin in Ost-Beirut, als wir einmal die Küstenstraße von Tyros entlang dorthin fuhren. Mit den Ratten meinte sie die Palästinenser. Im Libanon, vor allem im Süden, gab es überall geschlossene Palästinenserlager, wo allmählich die israelischen Bewacher durch christliche Milizsoldaten ausgetauscht wurden. Die palästinensischen Frauen und Kinder hatten aber vor den Katayeb-Milizionären viel mehr Angst als vor den israelischen Soldaten. Und das Beiwort «christlich» hätte man ihnen als Christ nach der ersten Begegnung am liebsten sofort entzogen.

Die Palästinenser wurden in ihren Emotionen noch gespalten, ein Teil bat die Israelis, sie weiter mit ihren Waffen gegen die Katayeb-Milizen zu schützen, denen ein neues Blutbad nicht ungelegen gekommen wäre. Der andere Teil konnte nicht vergessen, daß sie von den gleichen MP's aus ihrer Heimat vertrieben, seit fast drei Jahrzehnten weiter gedemütigt und zuletzt im Libanon-Krieg in ihren Lagern zusammengeschossen worden waren. Die Israelis sorgten in den Lagern für den einzigen wirklichen Schutz der Palästinenser, aber sie hatten keine Beziehung zu diesen Menschen – eine absurde Situation.

Wir Helfer hofften, daß Israel nicht zu schnell aus dem Südlibanon abziehen würde, weil seine Soldaten, nach den Massakern von Sabra und Chatila, zumindest einen wirksamen Schutz der Lagerbevölkerung garantierten. Was würde nach dem Abzug von Israels Armee geschehen?

Die Lage in Israel und im Libanon war bedrohlich genug, als ich mich wieder aufmachte und nach Jerusalem gelangte: In den Lagern Sabra und Chatila hatten grauenerregende Massaker stattgefunden.

Am 1. November 1982 brach in der Knesset ein Sturm der Empörung los: Der stellvertretende Kompanieführer Avi Grabovsky bezweifelte bei seiner Zeugenaussage die bisherige offizielle Version der Armeeführung, derzufolge die Armee von dem Massaker erst erfahren habe, als es sich bereits zugetragen hatte. Grabovsky war vom 16. bis 18. September vor Ort. Er hatte am 17. September morgens zwischen acht und neun Uhr aus etwa 500 Metern Entfernung gesehen, wie fünf Frauen und Kinder von Angehörigen der christlichen Milizen ermordet wurden. Sofort erstattete er seinem Regimentskommandeur Meldung, der darauf meinte: «Wir wissen das, es ist nicht nach unserem Geschmack!» Später beobachtete Avi Grabovsky die Erschießung eines Mannes, der den Phalangisten, d. h. den christlichen Milizen, Widerstand leisten wollte. Als er nach den Gründen für das Erschießen der Leute fragte, erklärte ihm ein Milizionär seelenruhig: «Schwangere Frauen bringen Terroristen zur Welt, und die Kinder werden Terroristen, wenn sie groß werden!»

Wie zur Bestätigung all unserer Sorgen und Ängste war am 1. November 1982, zu Allerheiligen, erneut Panik ausgebrochen, weil ein neues Massaker angekündigt oder durchgesickert war. Tausende von Menschen seien, so hieß es, aus ihren Unterkünften Sabra und Chatila geflohen und hätten sich in Polizeiwachen und entlang der Hauptstraßen in Sicherheit gebracht. Die Weltöffentlichkeit richtete ihre Aufmerksamkeit auf diese Palästinenser, aber nicht auf die zahlreichen anderen, die im Lande herumirrten. In Tyros gab es glücklicherweise den palästinenser- und menschenfreundlichen Bischof Georges Haddad. Aber was ging im Chouf und im übrigen Libanon vor?

Die Ärztin Dr. Uda Shibata, die Frau des Deutsch-Japaners Dr. Mio Shibata, kam nach Israel und fuhr weiter in den Libanon. Sie und ihr Mann nahmen sich immer wieder frei für die Arbeit beim Komitee CAP ANAMUR (das seit 1982 zusätzlich noch «Deutsches Komitee Not-Ärzte e. V.» hieß). Beide führten gemeinsam im Bergischen Land ihre Landpraxis, und so konnte immer der eine von beiden bei uns mitarbeiten, während der andere die Praxis in Deutschland weiterführte. Uda und Mio waren besonders herzerfrischend. In einer Talkshow hatte Mio auf die Frage des Moderators, aus welchen religiösen Gründen er sich dieser humanitären Arbeit verschrieben habe, geantwortet: «Aus Abenteuerlust, aus Neugierde und um meine neurotische Masse abzubauen.»

An verschiedenen Stellen bemühten wir uns zu diesem Zeitpunkt um die Unterbringung der Palästinenser, die ja oft zum dritten- oder viertenmal fliehen mußten, zumal der Winter vor der Tür stand. Wie üblich fühlte sich keiner dafür zuständig. Baugenehmigungen für den Wiederaufbau der Hütten und Häuser, so beschied man uns, würden nicht erteilt. Einmal hieß es, bei Tyros müßten Funde unter dem Lager noch archäologisch geborgen werden. Einen alternativen Platz wies man aber den Bewohnern nicht zu.

Doch die Not im Libanon war mit der in Somalia, Kongo oder Südsudan nicht zu vergleichen. Bei den Palästinensern gab es zum Teil große finanzielle Reserven, auch Ärzte und Medikamente waren ausreichend vorhanden. In all den Monaten unseres Aufenthalts sahen wir keinen Menschen, der buchstäblich hungerte. Dennoch brauchte der Libanon Hilfe, weil die Zeit für den Wiederaufbau vor Wintereinbruch drängte. Aber noch wichtiger war unsere Präsenz in Tyros und Nabatieh: Diese Art von Solidarität und Hilfe ohne Bevorzugung der Mächtigen war ein Zeichen der Hoffnung für die Benachteiligten. Und sie bedeutete für diese Ärmsten unter den Arabern auch einen wirklichen Schutz. In einigen dieser Palästinenserlager wurde die sichtbare Flagge der Menschlichkeit gesetzt.

Morgens zerstreuten wir uns in alle Himmelsrichtungen, die eine Ärztin in die Ambulanz, der andere ins Labor, der dritte nach Nabatieh, der vierte holte jemanden, der etwas ganz Dringendes mitbringen sollte, an der israelischen Grenze ab. Eines Morgens stand eine Frau mit ihrem kranken Sohn und ihrer kranken Mutter vor Barbara Krumme. Beide Patienten trugen trotz der Hitze mehrere Schichten Kleidung und waren völlig durchgeschwitzt. Mit sieben weiteren Kindern, ohne männliche Begleitung, waren sie am Vorabend aus West-Beirut geflohen, nachdem sie eine Woche lang im Bunker gesessen hatten. In Tyros mußten sie wieder eine Unterkunft suchen. Der Säugling hatte Durchfall, die Großmutter litt an Gelenk- und Rückenschmerzen.

Wir unterstützten das Krankenhaus von Nabatieh sowohl personell als auch mit Medikamenten. Nabatieh war damals mit Flüchtlingen aus Beirut völlig überfüllt. Darüber hinaus betrieben wir weiterhin eine Ambulanz in der Altstadt von Tyros und eine von uns im Palästinenserlager eingerichtete Notambulanz. Das Team wurde auch gebeten, an Impfaktionen in den Lagern um Tyros teilzunehmen. Unter Leitung eines Ingenieurs hatten wir eine Werkstatt für Holz- und Metallverarbeitung aufgebaut und übernahmen den Neubau der Notaufnahme des staatlichen Krankenhauses. UNICEF hatte den Chirurgie-Trakt wieder eingerichtet, damit das Krankenhaus wieder voll arbeitsfähig wäre.

Das Problem der Flüchtlinge bestand darin, daß sie per Definition nicht Bürger eines Staates waren. Sie waren die verletzlichsten Mitglieder der internationalen Gesellschaft, wurden aber im Libanon jedem Standard internationaler Moral zuwider behandelt.

1982 waren wir unmittelbar mit den Kriegsfolgen konfrontiert. Die israelische Armee hatte in den Lagern tabula rasa gemacht. Die Opfer wiesen großflächige Verbrennungen auf, Schuß- und Granatenverletzungen, die oft eine Amputation der Extremitäten erforderlich machten. Später, ab Herbst, standen Nachsorge und Rehabilitation sowie die allgemeinmedizinische Versorgung der Lagerbevölkerung auf dem Plan. Dr. Edith Badura-MacLean schrieb damals in einem Bericht: «In den Wintermonaten Januar/Februar 1983 waren es aufgrund der schlechten Wohnverhältnisse – fast alle Häuser waren zusammengeschossen – vor allem Erfrierungen und Kälteallergien an Händen und Füßen, rheumatische Beschwerden. Erkältungskrankheiten mit pulmonalen Komplikationen, Niereninfektionen, Verbrennungen vor allem bei Kindern, Wurmerkrankungen, Skabies, Fungus Pedis, superinfizierte Ekzeme, Läuse, zunehmend Hypertonus, Diabetes Mellitus, unspezifische Magen-Darmbeschwerden, gynäkologische Beschwerden. Unübersehbar war die große Zahl von depressiv überlagerten Erkrankungen, was bei der Hoffnungslosigkeit der gegenwärtigen Situation der Palästinenser nicht verwundert.»

Im Lager Raschidieh, das nur 4 km südlich von Tyros lag, waren 27 von 100 Familien ohne Väter, weil sie entweder im israelischen Lagergefängnis Ansar oder, nach der Flucht, in Syrien, in Tunesien, im Sudan oder im Jemen lebten. In solchen Familien mußten sich Mütter mit 5 bis 14 Kindern ökonomisch arrangieren, abgesehen von der Bewältigung der durch die permanente Bedrohung und die Gettoisierung bedingten psychischen Probleme.

Ich kann nicht verschweigen, wie schwer mir persönlich die Arbeit in den Lagern gefallen ist. Viele junge Leute fragten mich, vorwurfsvoll und selbstbewußt, ob wir in einer ähnlich auswegslosen Situation nicht auch zur Waffe greifen würden. Zu erklären – wie es die israelischen Gesundheitsbehörden bei der auf der Westbank bei Hunderten von palästinensischen Studentinnen ausgebrochenen Massenhysterie taten –, daß es sich um reine Simulation und keineswegs um Krankheit gehandelt habe, zeugt von einer in Israel leider häufig anzutreffenden Blindheit. Für mich war es immer wie ein Traumerlebnis, wenn ich nach so viel Waffen und Panzern, so viel haß- und gewaltträchtigen Szenen im Libanon, so viel sichtbarem und unsichtbarem Morden, so viel Gewalttätigkeit und Rücksichtslosigkeit in das stille und friedliche Kloster Dormition auf dem Berg Zion in Jerusalem zurückkam, das insbesondere den Politikern zeigen könnte, was Friede und Versöhnung sind. Der Friede wurde dort vorgelebt. In dem Kloster und dem ihm angeschlossenen St. Joseph's Haus lebten alle in Eintracht zusammen: die deutschen, österreichischen und belgischen Mönche, der arabisch-jordanische Koch, der palästinensische Fahrer Hadj, gebürtig aus der Altstadt und stolz auf seine ureigene Heimat, der Armenier, ebenfalls einem Volk ohne staatlich anerkannte Heimat zugehörig. Die Juden waren dort willkommen, wie Teddy Kollek, der damalige Bürgermeister von Jerusalem, der als Freund des Priors ein beliebter und gern gesehener Gast im Kloster war. Bis heute haben der deutsche Staat und die katholische Kirche Pater Jacobs nicht dafür gedankt, daß von seiner Benediktinerabtei große Wärmeströme der Versöhnung und der Friedensbereitschaft zwischen Juden, Palästinensern und Deutschen ausgingen.

Als ich das letzte Mal im Libanon und in Israel war, fuhr ich mit Hadj wieder zurück zum Flughafen Ben Gurion in Tel Aviv. In der Nähe des Flughafens traten mir die massive Spaltung und die Ungerechtigkeit der Gesellschaft Israels erneut lebhaft vor Augen. Während alle israelischen Fahrer links an der Kontrolle vorbeifahren durften, mußte Hadj als Araber – und damit a priori als verdächtige Person – nach rechts fahren, sich ausweisen und registrieren lassen. Wenn es Palästinensern nicht erlaubt ist, Bürger Israels zu sein, wie wird es je eine Versöhnung geben können? Hadj war ein wunderbarer, gottesfürchtiger Mensch, und in dem Auto, das er chauffierte, fühlte ich mich immer so sicher wie in Abrahams Schoß. Seit dieser Zeit habe ich ihn nicht wiedergesehen.

Nach zwei Jahren waren wir nicht mehr in der Lage, unsere humanitäre Arbeit fortzusetzen, da uns zu viele Hindernisse in den Weg gelegt wurden. Ahmed Fares hat mir seine Lebensgeschichte in dem südlich von Tyros auf dem Weg nach Rosh Hanikra, dem Grenzort zu Israel, gelegenen Lager Raschidieh erzählt. Über diese Grenze lief der Nachschub für die israelische Armee im Libanon. Früher lebten über 20 000 Menschen in diesem Lager, dann wurde es bei der Invasion zerstört, die Männer, die bei dem Angriff nicht umgekommen waren, wurden verhaftet und ins Lager von Ansar zwischen Tyros und Nabatieh verbracht. Die israelische Armee bot einen gewissen Schutz gegen die Übergriffe der christlichen Milizen, der Phalange- und der Katayeb-Miliz. Hätte man aber die Milizen im Libanon gewähren lassen, dann hätten sie nicht davor zurückgeschreckt, das Massaker von Sabra und

Chatila zu wiederholen und die Palästinenser aus den Lagern herauszuschießen. In Beirut gab es nur einen zaghaften Versuch, die Ermordung einer ganzen Lagerbevölkerung vor Gericht zu bringen, die Untersuchung verlief aber im Sande. Ahmed Fares, der Medizin studierte, war gezwungen, sein Studium abzubrechen, um für den Lebensunterhalt der Familie zu sorgen. Bei der israelischen Invasion im Juni 1982 war zuerst sein Vater, wenige Tage später auch er verhaftet worden.

Im Libanon waren wir lange, aber wir haben wenig bewirken können. Sowohl Israel als auch der Libanon ließen unsere Hilfsorganisation nicht frei arbeiten. Beide Seiten verlangten totale Zustimmung. Deutsche Helfer werden zwar immer das Existenzrecht Israels verteidigen, zugleich aber auch die Lebens- und Menschenrechte der Palästinenser anerkannt wissen wollen. In diesem Dilemma steckt die humanitäre Arbeit für Palästinenser bis heute.

6
Die große Hungersnot
in Äthiopien

Die Dürrekatastrophe – Projektbeginn in Lalibela, Bürokratie und Befrei-
ungsbewegungen: Mai 1984 – Arbeit in Arb Gebeya und Lalibela: Sommer
1984 – Interview mit Heinrich Böll über die Hungersnot in Lalibela:
14. August 1984 – Zwangsumsiedlung der Bevölkerung von Tigray –
Der erste Kaiserschnitt in Lalibela – Maria Altstidl in Arb Gebeya –
Karlheinz Böhm, Nothelfer in Äthiopien – Arbeit auf der Rebellenseite:
1985 – Spendengelder: Juli 1985

Äthiopien ist nicht Afrika. Alle uns vermittelten Vorurteile über
den Schwarzen Erdteil muß man in diesem Land über Bord werfen. Vielleicht war es auch deshalb leichter, für Äthiopien in
Deutschland Mitgefühl zu gewinnen, als wieder einmal die Regenzeit ausfiel und die Wasserversorgung zusammenbrach.

Regen war nach der Dürrekatastrophe der letzten Jahre das lang-
ersehnte Geschenk des Himmels. Die gnadenlose tägliche Hitze
hatte in dem völlig ausgetrockneten Land den Boden aufgerissen.
Am Vorabend des 28. April 1985 hatte sich der Himmel bewölkt.
Jeder von uns mußte eine Wasserflasche mitnehmen. Die Einheimischen hatten morgens ihren stark gewürzten und gezuckerten
heißen Tee zu sich genommen, dessen Wirkung bis zum Nachmittag anhielt und den Flüssigkeits- und Energiehaushalt lange regu-
lierte. Wir zogen von Lalibela in der Provinz Lasta herunter Richtung Korrem, als plötzlich Nieselregen einsetzte. Überall ließen
sich die Menschen, wie beseligt, von dem Regen übersprühen, der
dann in den nächsten Wochen endlich in voller Stärke einmal am
Tag auf sie niederprasselte. Auf den Straßen und Pisten herrschte
eine fast andächtige Atmosphäre, man sah nur fröhliche Gesichter.
Das Radio meldete, es habe auch auf der Strecke zwischen Djibuti
und Hargeisa in Somaliland und sogar in der nordostäthiopischen
Provinz Tigray zu regnen begonnen. In Ghana, so hieß es, habe

schon in den letzten Tagen ein herrlich starker Regen eingesetzt, der eine üppige Maisernte garantieren würde, nicht vergleichbar mit den bisherigen Jahresernten.

Nirgendwo sonst hat sich mir in den letzten zwanzig Jahren das Bild vom Hunger so eingeprägt wie in Äthiopien. Zehntausende von Menschen gerieten plötzlich in eine Hungersnot, die eine Jahrhundertkatastrophe zu werden drohte.

Als wir 1983 nach Äthiopien flogen, war das Land fest im Griff des Kommunismus, gebunden an Moskau und Ost-Berlin. Das machte die Hilfsoperation wahrlich nicht leichter. Aber in den Jahren 1984 und 1985 spürten wir schon, daß es im Untergrund rumorte. Wir kamen in die Gegenden Äthiopiens, wo Befreiungsbewegungen sich von der Fremdherrschaft lösen wollten, zugleich aber auch ethnisch-tribalistische Ziele hatten.

«Vor drei Tagen kam aus einem 30 km entfernten Ort ein Patient mit Durchfällen, die durch nichts mehr zu bremsen waren, reiswasserartig, im Delirium, vollkommen ausgetrocknet, obwohl er nach Aussagen der Angehörigen bestimmt zehn Liter Wasser am Tag getrunken hatte. Wir isolierten ihn, steckten ihn in eines der gerade aus Wellblech neu erbauten Krankenzimmer, schnitten in der Mitte ein Loch ins Feldbett und stellten einen Eimer darunter. Wir infundierten mit Mineralien angereicherte Lösungen, was das Zeug herhält, abends war der Zehnlitereimer voll. Die mikroskopische Untersuchung des Stuhls zeigte ein Gewimmel kommaförmiger sich um die eigene Achse drehender Bakterien. Für mich gab es keinen Zweifel mehr: Cholera!»

So schrieb der damals von uns nach Äthiopien entsandte Arzt Dr. Peter Beyersdorff, der sich – wie er immer wieder sagte – so wohlfühlte, weil er dort arbeiten konnte, ohne sich dauernd mit versicherungsrechtlichen Fragen, mit der Luxusmedizin und der Sorge um den Abbau von Übergewicht abgeben zu müssen.

Wir hatten gerade die Cholera 1984 in Somalia hinter uns, deren Bekämpfung Benno Ure, der Arzt und spätere Vorsitzende von CAP ANAMUR, sich zur Aufgabe gemacht hatte. Wir saßen im Tigray-Hochland nördlich von Addis Abeba an einem der geheimnisvollsten und schönsten Orte Äthiopiens und hatten mit zwei anderen Organisationen um das Überleben von vielen Tausend Menschen zu kämpfen, die sich mühsam hierherschleppten, um noch Nahrung, Wasser und medizinische Behandlung zu bekommen. Wichtig waren die «Intensive feeding-Zentren», in denen kleine kalorien- und stark vitaminreiche Mahlzeiten Kindern und Kleinkindern möglichst fünfmal am Tag oral und im Notfall mittels Infusionen eingeflößt wurden. Hinzu kam der Nachschub an Nahrung, der über das weit entfernt liegende Addis Abeba organisiert werden mußte.

CAP ANAMUR hatte auch in Äthiopien – getreu dem Vorsatz, die Hauptstadt solle immer nur Durchgangsstation sein, und die humanitäre Arbeit müsse vor Ort getan werden – darauf verzichtet, ein Büro in Addis Abeba einzurichten, aber mit dem Manager des Ras-Hotels, das zwar zu den weniger guten zählte, aber mitten in der Stadt lag und erschwinglich war, einen Sonderpreis für zwei Hotelzimmer ausgemacht, die auf Dauer gemietet wurden. Doch in Äthiopien gab es viele Widerstände seitens der Regierung gegen unsere Methode, den Menschen zu helfen. Man wollte uns unter Kontrolle haben und uns ständig zu Meetings einladen, damit wir uns nicht zu lange bei den Betroffenen aufhielten. Von anderen Organisationen wußten wir, daß Büro-, Wohn- und Repräsentationskosten in der Hauptstadt ein Drittel des gesamten Budgets verschlangen. Man drängte uns sehr zu einem eigenen Haus, nicht zuletzt um die Leute aus der staatlichen Bürokratie standesgemäßer empfangen zu können.

Unsere Arbeit in Äthiopien war von Hungersnot, Bürokratie und Befreiungsbewegungen geprägt. Am 2. März 1985 ging mitten in der Nacht in Lalibela eine Schießerei los. In dem bizarren Gebirgsmassiv, auf dem wir in einer Art Bergtalmulde saßen, waren unsere Anbefohlenen meistens unter freiem Himmel oder in größeren Hütten, sog. «Tukulls», untergebracht. Sechs Guerilleros wurden auf dem Markt verhaftet. Daraufhin verließen viele Bauern Lalibela und zogen in die umliegenden Dörfer. Als die Schießerei am Abend anfing, setzten sich der Administrator und einige Parteihonoratioren nach Dessie, der Provinzhauptstadt, ab. Der Ort Lalibela war schon einmal 1984 durch die Guerilla-Bewegung der Tigray Peoples Liberation Front (TPLF) – deren ideologische Herkunft aus dem Ostblock nicht zu leugnen war, woher fast alle Widerstandsgruppen Unterstützung bekamen – eingenommen, aber nach ca. zehn Tagen wieder freigekämpft worden.

Die Geschosse pfiffen auch über unseren Compound hinweg, und unser Team hatte sich, wie Peter Beyersdorff schrieb, in einem «Tukull» versammelt. Leider befand sich unser Gelände neben der Militärkaserne, und somit am Ort des Geschehens. Wenn das Schießen weiterging, konnte es auch für unsere Leute gefährlich werden. Zum Glück waren aber fast alle unsere Hütten und Anlagen aus Steinmauern.

Als ich mich wenige Tage später dort aufhielt, erzählte Beyersdorff, der einzige Arzt weit und breit: «Ein paar Gläser Ouzo waren in der Situation nicht schlecht. Am Morgen war plötzlich Ruhe. Wir schauten hinaus, einige Leute bewegten sich auf der Straße. Obwohl es Sonntag war, kam der gesamte Staff aus Lalibela auf den Compound. Wir organisierten eine notdürftige Essensausgabe, der größte Teil der in den Tälern schlafenden Menschen, die zum Intensive Feeding kommen sollten, erschien nicht. Dann wurden die ersten Verletzten gebracht. Zwei Frauen und ein Kind, Steckschüsse in den Beinen. Wir operierten bis Mittags. Dann gab es wieder Schießereien. Plötzlich flog eine deutsche Transall über dem Compound in Richtung des kleinen Airstrips, der 12 Kilometer vom höchsten Punkt Lalibelas entfernt war. Doch dann hörten wir Schießereien an der Flugpiste. Dann kam eine zweite Transall der Bundeswehr. Durch Zeichen gab sie zu erkennen: Wir haben auch Ladung für euch von CAP ANAMUR.»

In einem solchen Augenblick mußte man eine Entscheidung treffen. Man diskutierte und beschloß, nicht hinunterzufahren. Kurz darauf startete eine Transall. Die Schießerei fing wieder an und näherte sich vom Flughafen unserem Versorgungsplatz Lalibela – aber offenbar hatte die Miliz am Rand des Dörfchens die Guerilleros abgewehrt. Erste Gerüchte vom Flugfeld: Die Befreiungskämpfer hätten die Flugpiste besetzt und die deutschen Piloten samt dem mitfliegenden äthiopischen Sicherheitsoffizier festgenommen. Wir gingen hinaus und sahen wieder eine Transall, diesmal in großer Höhe, die auf Tschinscha zuflog. Nach einer Stunde war klar: Die deutsche Besatzung war in den Händen der Rebellen. Die Transall startete durch, drehte eine Runde, kam wieder auf uns zu. In geringerer Höhe. Jetzt erkannten wir, daß es sich um eine Bundeswehrmaschine handelte. Die Bundeswehr hatte hier zwei Transall für den Transport von Hilfsgütern. Und auch zwei ostdeutsche Flugzeuge waren im Einsatz.

Hermann, unser Logistiker, stellte den Landcruiser in die Mitte des Hofes, und Birgit, die Krankenschwester, malte mit roter Farbe unsere Funkfrequenz auf das Dach des Wagens. World Vision, die andere Organisation vor Ort, bereitete ihre Evakuierung vor. Vier französische Touristen, die das Team der Hilfsorganisation «Médecins sans frontières» (MSF, Ärzte ohne Grenzen) besucht hatten, waren auf unseren Compound gelaufen, weil es in unserem «Tukull» sicherer war als im kleinen Hotel am Platz. Den «Tukull», in dem zwei Lagen mit Zement und zwei Lagen von Zentnersäcken mit Protolak (proteinreiches Mehl) gestapelt waren, hatten wir einschußsicher gemacht.

In solchen Grenzsituationen zeigt sich, aus welchem Holz ein Mensch geschnitzt ist. Wir hatten immer die Absicht verfolgt, möglichst lange bei den Menschen zu bleiben, die sich uns anvertrauten. Und immer, wenn wir unserem Team die Weisung zur Flucht geben mußten, war das ein bedrückender Moment. Peter Beyersdorff lebte damals in der Sorge, die TPLF würde das ganze Team in den Sudan entführen. Das war für uns in Troisdorf keine große Schreckvorstellung mehr, denn bereits Mitte 1984 war es zu dem ersten Überfall, zur regelrechten Einnahme des Felsenkirchenortes Lalibela, gekommen. Da hatten die drei Frauen im Einsatz vor Ort – oft leisteten mehr Frauen als Männer ihren Dienst in unserer Hilfsorganisation – erlebt, wie höflich, menschenfreundlich und praktisch diese Guerilleros waren. Veronika Diez, die Ärztin aus Much bei Köln, die Krankenschwester Maria Altstidl, die später ihr ganzes Leben in den Dienst des Aufbaus von Gesundheitseinrichtungen in Äthiopien stellte, und Gitta Vogel waren nicht als Geiseln genommen, sondern von den TPLF-Leuten gebeten worden, die verwundeten äthiopischen Soldaten zu behandeln und zu pflegen. Die Frauen waren so angenehm überrascht, daß sie am liebsten sofort mit den Guerilleros in das befreite Tigray und Wollo weiter nördlich gezogen wären – was sie ein knappes Jahr später auch taten.

Das Team der Not-Ärzte von CAP ANAMUR umfaßte meistens fünf Leute, in der Regel einen Arzt, zwei Krankenschwestern und zwei Techniker. In einem nicht fertiggestellten Hotelkomplex hatte man die medizinische Versorgung untergebracht. Im Hof waren 500 Menschen für das «supplementary feeding» und 180 Notleidende, die im «Intensive feeding-Zentrum» versorgt wurden. Wie immer bei dieser Arbeit ging es auch hier um Triage.

Man konnte es auch «screening» nennen. Wir wählten die Kinder aus, die eiweiß- und kalorienreiche Nahrung bekommen sollten, um aufgepäppelt zu werden, obwohl sie ja alle das gute und reichliche Essen hätten brauchen können. Viele dieser Kinder hatten gar kein Hungergefühl mehr, sie hatten kaum noch die Kraft zu essen, sie mußten gefüttert oder per Infusion ernährt werden. Diejenigen, die nur noch apathisch dalagen, wurden mit Infusionen aus Zucker- und Elektrolytlösungen versorgt, bis sie wieder etwas zu sich nehmen konnten. Wer 85 Prozent des Normalgewichts wieder erreicht hatte, wurde aus dem «Intensive feeding-Zentrum» wieder herausgenommen. Peter Beyersdorff sagte uns immer wieder, daß das «screening», die Auswahl unter tausend Menschen, die alle gleichermaßen bedürftig waren und tagelang in Lumpen gehüllt auf der Straße kampierten, das Schrecklichste war. Die Auswahl, die wir treffen mußten, war oft eine Entscheidung über Leben und Tod.

Die Arbeit in den Ländern der Dritten Welt ist eine ständige Herausforderung – man muß schmutzige Bettdecken, den Kampf mit Flöhen unter dem Moskitonetz oder mit Kakerlaken aushalten können. In den «Tukulls» von Arb Gebeya, Lalibela und Axum mußte man morgens die Decken über die Leine hängen und sie nach Flöhen absuchen. Jeden Morgen begann in Lalibela das Füttern der schwachen Kleinkinder um halb acht. Reihe an Reihe auf in den Sand gezogenen Linien saßen die Mütter, manchmal auch die Väter, mit ihren Kindern. Gegen acht Uhr begann die Sonne ihre ganze Kraft über der Gebirgskulisse zu entfalten. Der zuständige Arzt suchte sich die Kranken aus und begann die Visite in den vierzehn Räumen, in denen wir im alten Hotelkomplex unsere Kranken untergebracht hatten. In zwei Räumen lagen die Tuberkulosepatienten. Die Medikamenteneinnahme wurde durch ein Kreuz auf dem Krankenblatt festgehalten, das Krankenblatt war mit einer Wäscheklammer auf einem Pappkarton befestigt. Die Äthiopier waren sehr lernbegierig und zeichneten sich durch rasche Auffassungsgabe aus. Die meisten unserer einheimischen Mitarbeiter wurden von den CAP ANAMUR-Leuten angelernt.

Äthiopien, früher Abessinien genannt, hat eine ruhmreiche Kirchen- und Landesgeschichte. Die Geschichte des Landes ist in dem im Amhara-Hochland gelegenen Lalibela, dem berühmtesten Ort neben Addis Abeba und Axum, wie in einem Brennpunkt vereint. Der Ort hat 11 erhaltene Felsenkirchen, die wie großartige Festungen unbesiegbarer Frömmigkeit in die Bergfelsen gehauen und Zeichen eines Bollwerks von Gläubigkeit sind, das die neuen Machthaber nicht bezwingen konnten. Denn als wir das Land im Februar 1983 zum erstenmal betraten und im Mai 1984 in Lalibela unsere Hilfstätigkeit aufnahmen, herrschte in Äthiopien eine marxistische Satrapenregierung unter Oberst Mengistu Haile Mariam. Lalibela (wörtlich bedeutet *lali* Honig und *bela* trinken) war früher Residenz von Lalibela, einem König der Zagwe-Dynastie, die seit dem 12. Jahrhundert über Teile Äthiopiens herrschte.

Stolz aber arm, das waren die Äthiopier immer. Dennoch kam es 1973 zu einer Art Revolution. «Es begann damit, daß im Sommer des Jahres 1973 ein Journalist, ein gewisser Jonathan Dimbleby, für die BBC nach Äthiopien kam. Es ist dieses die vielleicht erste Fernsehsendung, die mit der Kraft der Bilder etwas in Bewegung gebracht hat. Er hatte das Kaiserreich schon in früheren Jahren besucht und schmeichlerische Filme über den Allgewaltigen gedreht und daher kam niemandem der Gedanke, ein Journalist, der einmal gelobt hat, könnte sich später erfrechen, zu kritisieren. Aber so ist nun mal die schuftige Natur dieser Kreaturen, denen es an Würde und Glaube fehlt. Jedenfalls fuhr Dimbleby dieses Mal, anstatt zu zeigen, wie unser Herr den Fortschritt vorantreibt und sich um das Wohlergehen der kleinen Leute sorgt, irgendwohin nach Norden, von wo er ganz aufgewühlt und erschüttert zurückkam. Er kehrte sofort nach England zurück.»

Dimbleby drehte 1973 einen Film, der zum Auslöser einer großen Hilfswelle, aber auch einer veritablen Revolte wurde. Der polnische Korrespondent Ryszard Kapuściński hat diese Geschichte sarkastisch aus der Perspektive der Hofschranzen von Haile Selassie festgehalten: «Es verging kein Monat, und aus unserer Botschaft traf ein Bericht ein, daß Dimbleby im Londoner Fernsehen einen Film mit dem Titel ‚Der unbekannte Hunger' gezeigt hätte, in dem dieser prinzipienlose Verleumder den billigen Trick anwendete, Tausende Menschen zu zeigen, die den Hungertod starben, und daneben den erhabenen Herrn, während er mit seinen Würdenträgern tafelt.»

Das Fernsehen wurde in den Jahren 1983 bis 1986 zwar wichtig, aber auch gleichzeitig gefährlich. Wieder war es die BBC, die am 23. Oktober 1984 mit einem Film eine Lawine der Betroffenheit und der Hilfsbereitschaft lostrat. Das Ausmaß der Spenden erreichte ein in der Geschichte Nachkriegsdeutschlands noch nie dagewesenes Ausmaß. Der «Tag für Afrika», am 23. Januar 1985 im Deutschen Fernsehen ausgestrahlt, brachte 110 Millionen DM für alle vereinigten Hilfswerke ein.

Die Katastrophe überfiel das Land mit einer Gewalt, die alle Frühwarnsysteme zunichte machte. Doch wir hatten nun verstärkt mit der Tatsache zu tun, daß die Gebiete im Norden militärisches Sperrgebiet waren und in weiten Teilen des Landes gekämpft wurde. Große Gebiete Tigrays, Eritreas und Wollos waren nicht unter der Kontrolle der Regierung. In den Berichten der Relief and Rehabilitation Commission (RRC, Hilfe- und Entwicklungskommission) war die Rede von 6,4 Millionen von der Dürre unmittelbar betroffenen Menschen. Eine Zahl, die schon im Dezember 1984 auf 7,75 Millionen und im Januar 1985 auf 8 Millionen stieg. Die Zahl von 7,75 Millionen vom Hunger Betroffenen machte Nahrungslieferungen in Höhe von 1,284 Millionen Tonnen Getreide oder Reis oder Hirse notwendig.

Die Hilfsoperation war insgesamt ein großartiges Zeugnis der Solidarität west- und osteuropäischer Bevölkerungen. Im Sommer 1984 sandte uns Maria Altstidl einen Hilfeschrei in einem handgeschriebenen Brief: man könne nicht mehr mitansehen, wie viele Menschen trotz aller Bemühungen sterben würden, die Nahrungsmittel kämen einfach nicht. Maria Altstidl bat das Komitee, zusätzlich zu den Nahrungsmitteln, die in großen Mengen über die Häfen von Asab, Massawa und Djibuti ins Land kamen, Getreide, Mehl, Bohnen, Salz, Zucker und Öl zu kaufen.

Diesen bewegenden Brief bekamen wir in den ersten Augusttagen von 1984. Sie schrieb: «Ich kann mir momentan nicht vorstellen, daß ich es länger als sechs Monate – wenn überhaupt aushalte. In unserer Nahrungskrippe sind etwa 250 Kinder bis zu 6 Jahren, 25 Waisenkinder, ca. 40 Geschwister von den Kleinen. Viermal täglich erhalten sie gekochtes Essen, Milch usw. Aber wir sind im Dorf praktisch eingeschlossen, das Flugzeug von gestern wurde eingestellt, nur eventuell erreicht ein Konvoi alle zwei bis drei Wochen den Ort.

Manchmal aber fällt er aus Sicherheitsgründen aus, d. h. kein Getreide und kein Öl für die zu Skeletten abgemagerten Leute, die zu Tausenden auf Hilfe warten. Das Vieh, besonders die Ochsen zum Pflügen, sind alle verendet. Seit dem Regen könnten die Felder ein bißchen bestellt werden, aber es gibt kein Vieh mehr und das wenige geschickte Saatgut wurde mangels anderer Lebensmittel von den Leuten aufgegessen. Ergebnis: Überhaupt keine Ernte. Im Land selbst ist überhaupt kein Getreide vorhanden. Dazu kommen die enormen Transportprobleme, keine regenfesten Straßen, zu wenig LKWs, Sicherheitsprobleme. 200 000 Menschen sind in dieser Gegend hier schwerst betroffen von der Dürre, vom Bürgerkrieg!»

Maria Altstidl bat uns, alles zu tun, damit die Menschen mehr zu essen bekämen. Wir sollten auch überlegen, ob CAP ANAMUR nicht ein Flugzeug mieten könnte, um dort über Lasta und Lalibela Nahrungsmittel abzuwerfen. Dieser Brief trieb uns die Tränen in die Augen. Ich fragte im Deutschlandfunk meinen Kollegen Heribert Schwan, was wir tun könnten, denn wir brauchten Geld. Damals war die Hilfsorganisation CAP ANAMUR noch nicht so bekannt wie heute.

Heribert Schwan las den Brief und sagte, wir müßten da Böll fragen. Ob ich nicht Böll für das Interview morgen früh gewinnen könnte? Mittags fuhr ich nach Bornheim-Merten. Böll hatte mir angeboten, immer zu ihm zu kommen, wenn ich ein humanitäres Problem hätte, selbst wenn er nichts raten oder tun konnte. Ich zeigte ihm den Brief, erzählte ihm von der Verzweiflung dieser Frau. Von seiner Wohnung aus rief ich im Deutschlandfunk an. Heribert Schwan war genauso glücklich wie ich. Er mußte den Termin am nächsten Morgen um 7.50 Uhr freimachen, das Interview würde live gesendet werden:

Heribert Schwan: Die deutschen Not-Ärzte wollen, wenn die Behörden Äthiopiens es erlauben, und das Spenderpublikum hier mitmacht, ein Flugzeug einsetzen, das Nahrungsmittel abwirft, weil anders die Kinder und die Erwachsenen nicht mehr zu retten sind. Haben Sie eine Idee, wie dies zu bewerkstelligen ist?
Böll: Die technischen Voraussetzungen scheinen ja gegeben zu sein. Wenn man mit dem Flugzeug Lebensmittel abwerfen kann, ist das Übrige ja wohl nur eine finanzielle Frage. Und es scheint mir selbstverständlich,

ohne jeden geringsten Zweifel, daß man Menschenleben retten muß, wo man sie retten kann.

Schwan: Denken Sie auch an Flugzeuge der Bundeswehr?

Böll: Ich weiß nicht, ob das politisch möglich ist; wenn es technisch möglich ist, müßte man die politischen Möglichkeiten schaffen. Ich fände das eine sehr gute Verwendung von Militärflugzeugen, und die sind ja schon in vergleichbaren Fällen zu solchen Dingen verwandt worden, etwa bei Erdbeben, bei Flutkatastrophen. Die Bundeswehr hat ja auch hier im Inland bei Katastrophenfällen Hilfe geleistet. Aber selbstverständlich fände ich das gut.

Schwan: Herr Böll, Sie haben in einem anderen Zusammenhang einmal gesagt: Sie finden angesichts des Hungers, der 40 000 Kinder, die täglich verhungern, und der Erwachsenen, die verhungern, jede Rakete, jede Granate, jedes Geschoß, blasphemisch. Können Sie das unseren Hörern erklären?

Böll: Blasphemie ist Gotteslästerung. Ich finde fast, daß das im Moment die einzige Form der Gotteslästerung ist, die wir betreiben. Geld auszugeben für Dinge, die ich persönlich für zwecklos halte. Im Moment, da wir überrüstet sind, jedenfalls gerüstet genug, und auf der anderen Seite verhungern Menschen. Wir verurteilen sie ja praktisch zum Tode und führen auf diese Weise in unserer Sicherheit und Arroganz fast die Todesstrafe wieder ein. Ein Menschenleben, das man retten kann, technisch und finanziell möglich, und das man nicht rettet, ist ja ein zum Tode Verurteilter.

Schwan: Es herrscht doch immer eine geradezu beschämende Kluft zwischen dem, was gegen den Hunger technisch möglich ist, und was wirklich getan wird. Müßten nicht auch die Staaten der Dritten Welt einfach mehr tun, um diesem furchtbaren Skandal zu wehren, an dem wir beginnen, alle schuldig zu werden?

Böll: Ich glaube, unsere Schuld besteht zum Teil darin, daß wir immer noch Lebensmittel aus Ländern importieren, in denen Hunger herrscht. Das ist eine alte Praxis, die sich in der großen Hungersnot im Jahre 1840 in Irland schon erwiesen hat. Während die Menschen buchstäblich in den Straßengräben lagen und verhungerten, wurden gleichzeitig Kartoffeln, Butter, Schinken exportiert. Es gab damals im englischen Parlament heftige Debatten, und diese Menschen sind, nachdem sich die Ideologie des «free trade» durchgesetzt hatte, verhungert, sie waren Opfer der freien Marktwirtschaft. Und ich denke, daß wir heute in vielen Fällen mit der gleichen Ideologie Menschen sterben lassen. Das ist für mich ein klassisches Beispiel, das ich seinerzeit genau studiert habe. Es gibt viele Publikationen darüber. Ich sehe in vielen Katastrophen, die in der Welt herrschen, Vergleichbares.

Schwan: Nun gibt es hierzulande eine ganz andere Argumentation, nämlich wenn die 40 000 Kinder nicht sterben würden – täglich –, wenn sie also überleben und erwachsen würden, um dann wieder selbst Kinder zu haben, dann wäre die Katastrophe noch größer, und deswegen gibt es Menschen, die einfach gegen eine Hilfe plädieren, auch hierzulande.

Böll: Das ist eine weitere Dimension der Blasphemie, weil wir uns anmaßen, die Zukunft von Menschen zu sehen und über sie zu bestimmen, eine Zukunft, die wir gar nicht kennen. Wir maßen uns also an, festzustellen, sicher zu sein, so und so wird deren Leben verlaufen, also ist es besser, daß sie sterben. Das ist eine Selektionsmentalität, die man als krasser und überzeugter Materialist möglicherweise vertreten kann, die aber ganz unbegreiflich ist für jemanden, der sich auch nur andeutungsweise menschlich oder gar metaphysisch definiert. Ich meine, da sind die Kirchen, die ohne jede Einschränkung für Hilfe plädieren, auf dem besseren Weg.

Schwan: Zyniker meinen gar, man komme nicht an der Einsicht vorbei, daß jegliche Hilfe für die hungernden Kinder dazu beitrage, die Leichenberge auf noch größere Höhen anwachsen zu lassen.

Böll: Ich halte das für eine zumindest arrogante, wenn nicht gar blasphemische Vorstellung. Ich kann niemandes Leben voraussehen und vorausbestimmen. Ich vermute, daß 1945, als wir hier ja auch eine Hungersnot hatten, die sich nur anders nannte, Menschen ähnliche Überlegungen angestellt haben. Nämlich: Laß sie ruhig sterben, dann sind sie erlöst, und wir sind sie los. Ich denke mir: eine Erinnerung an unsere Hungersnöte hier wäre auch notwendig. Ich kann mich in diese Mentalität nicht hineinversetzen, die Mentalität, die bestimmt: also gut, wir lassen sie sterben, sonst gibt es noch mehr Tote. Solche Vorstellungen sind wirklich blasphemisch.

Wir bekamen das Geld und kauften ein. Allerdings war der Markt leergefegt. Wir hätten aber noch Bohnen haben können, die auf dem Londoner Markt angeboten wurden – äthiopische Bohnen. Äthiopien exportierte in der Stunde, da die eigenen Kinder im Sterben lagen, Bohnen nach Großbritannien!

Ein zweiter Skandal war die Umsiedlung, bekannt unter dem englischen Begriff «resettlement». Die Regierung wollte Hunderttausende von Menschen aus den Dürregebieten des Nordens, besonders aus Tigray, wo die Bauern zudem rebellisch waren, nach Illubabor und Gomagofa zwangsumsiedeln. All das sah eher wie eine Maßnahme aus, um im Norden für die Armee schußfreie Gegenden zu schaffen. Jedenfalls blockierte die Regierung damit einen großen Teil der Flugzeugflotte und der LKW-Konvois.

Diesmal fuhr ich mit dem Auto bis Lalibela. Unterwegs sahen wir LKWs vollgepfercht mit Umsiedlern. Mittags kamen wir an. Peter Beyersdorff erzählte uns von einer hochschwangeren Frau, die aus Lalibela stammte. Da das Kind Querlage hatte, ließ sich die Geburt nicht einleiten. Vor jedem Versuch, das Kind zu drehen, wollte Beyersdorff aber die Einwilligung der Frau für den Kaiserschnitt, weil bei mißglückter Drehung Todesgefahr für das Kind oder die Gefahr eines Gebärmutterdurchbruchs bestand, wenn man nicht schnell genug mit einem Kaiserschnitt eingriff. Trotz geduldiger halbstündiger Aufklärung lehnte die Frau den Kaiserschnitt ab: «Yellim Nein! Nege! Morgen!» Peter Beyersdorff machte sich am Abend große Sorgen, denn wenn die Fruchtblase platzte, würde die Phase der akuten Lebensgefahr beginnen. Er konnte nicht schlafen und ging um ein Uhr nachts hinaus ins Freie. Im Mondschein sah er die Frau in der Hocke sitzend, wimmernd vor Schmerzen. Da kein Dolmetscher zur Stelle war, konnte er nicht nach dem Fruchtwasserabgang fragen: «Also mußte ich sie untersuchen, so zart es nur ging, um nicht selbst eine Sprengung der Fruchtblase herbeizuführen», sagte uns Beyersdorff. «Einen sterilen Handschuh hatte ich mir mitgebracht. Ich faßte unter den Rock und ertastete – erleichtert – die noch intakte Fruchtblase. Jetzt schöpfte ich Mut. Leider – obwohl gut mit Medikamenten ausgestattet – verfügten wir noch nicht über ein wehenhemmendes Medikament. Ich holte meine eigenen Dolo-Buscopan-Zäpfchen aus meinem Waschbeutel. Die Frau saß immer noch in der Hocke. So weit ich sie verstand, wäre sie jetzt zu allem bereit gewesen, aber aus organisatorischen Gründen war es jetzt einfach nicht möglich zu operieren. Ich ertastete mir die richtige Öffnung, schob ein Zäpfchen hinein. Eine Stunde später fand ich sie auf ihrem Bett liegend in tiefem Schlaf, und morgens berichtete sie, daß die Wehen tatsächlich schwächer geworden seien. Das Abhören ergab regelmäßige Herztöne des Fötus, die Querlage war aber unverändert. Jetzt willigte sie sofort in die Operation ein. Wir bereiteten alles vor, päppelten den Kreislauf mit Infusionen noch etwas auf, setzten die Spinalanästhesie, also die Betäubung durch Einspritzung eines Narkosemittels in die Rückenmarksflüssigkeit, ein. Die Bauchdecke war dünn, es genügte ein Schnitt; bei der Eröffnung der Gebärmutter und der

Sprengung der Fruchtblase kam mir die Schulter des Kindes entgegen. Ich drehte den Kopf in die Gebärmutterwunde, und das Kind war noch nicht ganz draußen, als es schon herzzerreißend schrie. Ein gesunder Junge, 2800 Gramm schwer, (afrikanisches) Normalgewicht.»

Wie ein Lauffeuer sprach es sich herum: Der weiße Doktor mit der Nickelbrille hatte ein Kind aus einem Bauch geholt. Die Wächter hatten große Mühe, die Neugierigen vom kleinen OP-Fenster wegzuhalten. Nach dem Ende der Operation kamen die einheimische Mitarbeiter. Sie alle wollten Cäsar, wie sie ihn nannten, auf den Arm nehmen.

Das war wahrscheinlich der erste Kaiserschnitt in Lalibela. Bei CAP ANAMUR sind schon viele Kaiserschnitte so ausgeführt worden, wie keine kassenärztliche Vereinigung und kein Standesverband sie je billigen würden. Jeder Arzt, der an einem unserer Hilfsprojekte mitarbeitet, muß erst lernen, bedingt durch den Ernst der Lage und die Unmöglichkeit, die Gebärende verlegen zu können, den Kaiserschnitt durchzuführen. Es erübrigt sich zu sagen, daß fast alle guten Krankenschwestern in diesen Wüstengegenden ebenfalls den Kaiserschnitt beherrschen.

Auf deutsch heißt das: «Nein, keine Karamella.» Wer diese beiden Worte Amharisch, der Landessprache, so wunderbar sprechen und dabei lächeln konnte, das war Maria Altstidl. Oft verbindet sich die Erinnerung an ein Land und an eine Arbeit in diesem Land mit einer Person. In Äthiopien, einem der schönsten, geheimnisvollsten und ungefährlichsten Länder der Erde, war es die Münchener Krankenschwester Maria Altstidl. Selten in meinem Leben habe ich einen Menschen erlebt, der so klar, mutig und aufrichtig war wie diese junge Frau.

An unserem zweiten Projektort, dem Bergdorf Arb Gebeya, auf halber Strecke nach Lalibela, war sie immer die erste, die aufstand. Die Straßenverhältnisse waren so schlecht, daß die Autos kaputtgefahren werden konnten. Darum zogen wir es vor, auf kleinen Pferden hinunter ins Dorf zu reiten. In Arb Gebeya vermittelten unsere Not-Ärzte – ein gutes Team mit einem älteren Arzt, einem Krankenpfleger, einer Krankenschwester und Maria Altstidl – den durchweg kranken Bewohnern die ersten rudimentären Kenntnisse von Medizin, Hygiene und Ernährungsgrundlagen. Sie aßen derart einseitig nur ihren Indjera, einen aus gesäuertem Teff (einer Hirseart) bereiteten Fladen, daß ihre Gesundheit schon sehr angegriffen war.

Maria Altstidl war der absolute Liebling der Kinder. Sie hingen an ihr, weil sie spürten, daß sie ihnen Wohlwollen entgegenbrachte. Aber da sie auch eine gute Erzieherin war, gab es Bonbons nur an Feiertagen. Jeden Morgen, wenn die Kinder nach «Karamella» fragten, rief Maria ihnen in langgezogenem Singsang zu: «Karamella Yellim», Bonbons gibt es heute nicht. Und da die Kinder es interessant fanden, wie ein «Ferendzi», ein Fremder, auch etwas in ihrer Sprache sagen konnte, war es für sie auch amüsant, dieses langgezogene, fast gesungene «Karamella y-el-l-i-mm» zu hören, das über den Abhang des Berges hinunterschallte, wenn Maria von einem Besuch bei den Außenposten zurückkam.

CAP ANAMUR arbeitete in Äthiopien zur gleichen Zeit wie Karlheinz Böhm mit seinen ersten humanitären Hilfsprojekten. Böhm hatte in den letzten zehn Jahren großartige Arbeit in verschiedenen Regionen Äthiopiens geleistet, Äthiopien ist sein zweites Heimatland geworden, und es ist auch das seiner Frau. Es begann mit einer Art Musterfarm im Erertal in Hararghe, der Ostprovinz des Landes. Er hat viele Menschen aus dem «resettlement»-Programm aus Tigray in der Südprovinz Illubabor aufgenommen und mittlerweile eine Berufsschule in Dire Dawa eingerichtet sowie viele andere Projekte realisiert.

Schon frühzeitig hatten wir uns verbündet: Karlheinz Böhm hatte meine Frau und mich nach Düsseldorf eingeladen, bevor er nach Äthiopien zog. Oft hatten wir uns aber auch gestritten, denn wir hatten zum Beispiel eine unterschiedliche Auffassung über das Umsiedlerprogramm der Regierung in Addis Abeba. Es schien uns ein Vorwand zu sein, um bessere Ausgangspositionen für den Krieg gegen die Tigray People's Liberation Front im Norden zu haben. Außerdem wurde es unter unmenschlichen Bedingungen in der Zeit durchgepeitscht, als wir alle LKWs, alle Hilfsgüter, alle Flugzeuge in Äthiopien gebraucht hätten. Hunderte von Menschen, die als Bauern im Hochland und in den Bergtälern von Tigray und Wollo gelebt und noch nie ein Flugzeug gesehen hatten, wurden in Korrem in eine Tupolev-Maschine gepfercht und nach Addis geflogen. Vor Angst starben unterwegs einige dieser Menschen an einem Herzinfarkt; die Toten wurden dann mit einem Hochdruckschlauch aus dem Flugzeug geschwemmt.

Unsere drei Frauen, die sich in Lalibela bewährt hatten – Veronika Diez, Gitta Vogel und Maria Altstidl – blieben Ende 1984 ihrem Vorsatz treu. Eigentlich wollten sie direkt die nur 15 Kilometer bis in das Gebiet der Befreiungsfront TPLF zu Fuß gehen, ich überzeugte sie aber, daß der andere, neue Weg der vernünftigere sei. Heute zweifle ich daran. Sie mußten nach Deutschland kommen und die Exit-Stempelprozeduren in Addis Abeba über sich ergehen lassen. Und da sie ja unter den Rebellen Dienst geleistet hatten, waren sie der Kollaboration verdächtig. Aber nach drei Tagen hatten sie das hinter sich, kamen nach Deutschland, gönnten sich nur eine kurze Erholung, packten ihre Rucksäcke und mußten dann wieder den schweren, qualvollen Weg gehen. Nachträglich bin ich mir nicht sicher, ob ich ihnen nicht den Fußmarsch durch die unsichtbare Frontlinie hätte erlauben sollen.

Diesmal führte der Weg von Deutschland in den Sudan, nach Khartoum. Die beiden großen äthiopischen Befreiungsbewegungen hatten ein freundliches Nachbar- und Hinterland, den Sudan, der immer in Konkurrenz zu Äthiopien stand, jetzt aber im Kalten Krieg mit den Amerikanern verbündet war. In Khartoum hatte die TPLF eine Niederlassung und in der Zeit, als nichts mehr mit dem Sudan lief, auch noch die Möglichkeit, Visa zu bekommen, die dann am Flughafen hinterlegt wurden. Alles war eine Spur geheimnisvoller als das, was wir bisher getan hatten. Die drei Frauen wurden am Flughafen in Empfang genommen, und ein paar Tage später fuhren sie mit dem Auto nach Kassala, von dort über die Grenze, kurz durch das Gebiet der Eritreischen Befreiungsbewegung EPLF, dann nach Süden in Richtung Adigrat. Sie hatten sich vorgenommen, mit den Wagen, die irgendwann nicht mehr weiterfahren konnten, und dann mit Kamelen ihre ganze Ausrüstung in einige Ambulanzen und Kliniken zu bringen. Die Äthiopier wollten in ihrem Gebiet eine gute klinische Versorgung.

Der Fußweg von Kassala oder von der Grenze in die von den Rebellen kontrollierte Provinz Wollo dauerte drei Wochen. 1985 war noch die Zeit, in der wir nur ein sperriges Telex in unserem

Wohnzimmer hatten. Wir hatten noch keine Satellitentelefone, noch keine Handys, noch kein e-mail oder das Internet.

Wir mußten unsere drei Mitarbeiterinnen in dem Bewußtsein verabschieden, drei Monate lang nichts mehr von ihnen zu hören. So war es dann auch, wir erfuhren erst Genaueres, als sie wieder aus dem Projektgebiet herausgekommen waren. Es war damals die Zeit, als wir auch den Kauf von Hirse und Teff im Lande organisieren mußten – und zwar mit der einzigen Währung, die es in Äthiopien und in Tigray gab: den äthiopischen Birr (1 Birr entsprach 1 DM). Das einzige Gebiet der Erde, wo wir ohne Geld vor Ort auskommen mußten, waren die Nuba-Berge im Zentralsudan gewesen.

Wie aber bekam man Birr? Die TPLF oder die REST, die Relicf Society of Tigray (die Hilfsorganisation für Tigray), hatten uns angeboten, einige größere Summen auf der einzigen Bank der Region umzutauschen und ins Projektgebiet zu bringen, das über Birr in größerer Menge verfügte: Djedda in Saudi-Arabien.

Als ich ein Jahr später Maria Altstidl fragte, was für sie bei diesem Marsch von insgesamt 1000 km bis nach Nordwollo das Schwerste gewesen sei, erzählte sie, daß die erste schwierige Situation bei ihrer Rückkehr mit dem deutschen Arzt Michael Höhne aufgekommen sei, der zum ersten Wollo-Team gehörte, aber früher zurückkehren mußte. Damals tobte die achte Offensive der Regierungsarmee in Tigray. Zur selben Zeit gab es den Umsturz im Sudan. Präsident Jafaar Numeiri wurde gestürzt, man konnte nicht voraussagen, ob die neuen Militärmachthaber die Zusagen einhalten würden, die sie den beiden Befreiungsbewegungen gemacht hatten, und ob die neue Regierung die Grenzen für ausländische Hilfsorganisationen offen halten würde oder nicht. Maria Altstidl und Michael Höhne mußten an der Grenze warten. Aber zum Glück ging alles gut. Khartoum hatte seine Politik nicht geändert.

Die zweite schwere Situation hatte mit dem Geldumtausch zu tun: «Wir haben das erste Verteilungsprogramm mit Nahrungsmitteln durchgeführt. Wir waren fast vier Monate ohne Kontakt zum Sudan oder nach Deutschland. Uns ging das Geld aus. Die Leute hatten solche Hoffnungen in uns gesetzt, und wir konnten sie jetzt nur vertrösten: ‹Wir haben den Geldtransfer arrangiert, das Geld wird irgendwann ankommen, wir wissen nicht, was dazwischengekommen ist ›» So hatten sie die hungernden Leute fast drei Monate lang vertrösten müssen, bis das Hilfsprogramm weitergehen konnte. Dazu kamen einige Schwierigkeiten mit unserer einheimischen Partnerorganisation. «Wir waren an dem Punkt, wo wir gern alles hingeschmissen hätten.»

Die Lebensbedingungen unter diesen von Gott und der Welt verlassenen Menschen waren unvorstellbar primitiv und schwierig. Maria Altstidl und Veronika Diez wären bei der anbrechenden Regenzeit fast ertrunken. Im Simen-Gebirge – auf dem Weg nach Nord-Wollo – gab es im Juli 1985 heftige Regenfälle: «Das Wasser floß durch unser Lager in den Takesse-Fluß. Nachmittags um fünf Uhr beobachteten wir wie durch Zufall, daß Unmengen Treibholz, Baumstämme, tote Tiere und anderes angeschwemmt wurden. Die Stämme blockierten den Abfluß in dieser engen Schlucht. Und die Katastrophe nahm ihren Lauf. Innerhalb von fünf Minuten war die gesamte Schlucht überschwemmt, Anstieg des Wasserpegels um 15 Meter; unser kleines Erdhäuschen war innerhalb weniger Minuten untergegangen und weggespült. Ich stand bis zum Hals in der total mit Erde aufgeweichten Brühe und habe versucht zu retten, was zu retten war. Den Geldsack, einige Anziehsachen konnte ich auffischen. Vieles ist fortgeschwemmt: die Fotoausrüstung, das Radio, unser Kassettenrecorder samt den Kassetten, die Schlafsäcke haben wir hinterher aus dem Schlamm gezogen, die waren nicht mehr zu gebrauchen. Das gleiche mit den Ausweisen und Papieren. Wir sind auf den höhergelegenen Berg geflüchtet und haben dort auch geschlafen. Unser Geld, 370 000 Birr, alle Scheine in der Sonne getrocknet, unvorstellbare Szene.»

Es gibt ein Photo von den beiden Frauen, die das Geld in der Sonne trocknen und darauf achten, daß kein Windzug das Geld mitnimmt – eine trotz des Ernstes und der Katastrophe dieser Regendammbrüche komische Szene.

Wie sorgfältig man mit den Hilfsmitteln umgehen mußte, war an primitiven Plätzen besonders eindrucksvoll nachvollziehbar. Nach Wollo konnten wir keine Nahrungsmittel bringen. Es gab auch keine Möglichkeit, auf andere große UN-Organisationen zu verweisen, denn die dürfen Menschen in Zonen, die von einer Regierung für illegal erklärt worden sind, nicht helfen. Also war guter Rat teuer. Unsere Partnerorganisation Eritrean Relief Organisation (ERO) war findig und gut. Wir starteten ein sog. «purchasing program». Unter penibler Kontrolle des Komitee-Teams und der Angehörigen der Partnerorganisation wurde eine Geldverteilung organisiert. Doch unser Projekt erwies sich im Februar 1985 als undurchführbar, weil zum einen die Flüsse in der Regenzeit nicht passierbar waren, zum anderen gab es auch nicht genügend Kamele für den Transport der in den Überschußgebieten aufgekauften Nahrungsmittel.

Hinzu kam, daß Kamele in einigen Gebieten in Fels- und Hochgebirgslandschaften als Lasttiere ungeeignet sind. In der ersten Region wurden Nahrungsmittel an 4895 völlig mittellose Menschen verteilt – und ihr Leben wurde gerettet. Hier hatte es seit sieben Jahren nicht mehr ausreichend geregnet, es war also nicht möglich gewesen, die Felder zu bestellen. Ihre Lebensgrundlage, die Vieh- und Bienenzucht, war ihnen durch die Dürrekatastrophe entzogen worden, und sie mußten in dieser Region sieben bis acht Stunden unterwegs sein, um sich das wertvolle Trinkwasser zu holen.

Die zweite Region, eine zerklüftete Gebirgslandschaft, erreichte man nur über gefährliche Pfade. In den letzten sieben Jahren hatte dort eine totale Dürre geherrscht. Auch dort verteilten wir Nahrungsmittel.

Nachträglich wurde mir auch deutlich, welches Vertrauen wir in unsere Partner von der Befreiungsbewegung gesetzt hatten. Wir hatten uns auf schwierige Transaktionsprojekte eingelassen, die in anderen Teilen Afrikas nur von einem Lächeln begleitet worden wären.

Je nach der Frontlage verlegte unser Hilfsprojekt seinen Einsatzort. Aus Nord-Wollo mußten unsere Notärzte und Krankenschwestern nach Tigray. Wir wurden damals gebeten, das Krankenhaus der alten Kaiserstadt Axum zu betreuen. Nach Ende des Krieges und nach der Befreiung Äthiopiens und Eritreas besuchte mich Abadi Zeno, der stellvertretende Minister für Rehabilitation, in Köln. Im Befreiungskrieg hatte er einen Arm verloren.

«Weißt du», sagte er mir im Deutschlandfunk zwei Jahre nach Kriegsende, «weshalb unsere Bevölkerung die GED-Ärzte und -Mediziner so mochte und sie denen aus Frankreich vorzog? Weil euer Team kein Auto hatte. Weil euer Team jeden Morgen in der alten Kaiser- und Königin-Saba-Stadt Axum den Weg zum Hospital von seiner Unterkunft aus zu Fuß machte. Und weil ihr dem Volk auch näher wart, weil ihr auch von dem Essen gelebt habt, das die Bevölkerung bekam. Die beiden Autos der französischen Organisation waren immer wieder zwischen Khartoum oder Kassala zum Einkaufen von Wein und anderen leckeren Dingen unterwegs – das hat die Bevölkerung gewußt. Sie liebte die deutschen Ärzte, die sich so total auf ihre Lebensbedingungen eingelassen hatten.»

7
Bürgerkrieg und Hungerkatastrophen
im Südsudan

*Erstes Engagement in der westsudanesischen Provinz Darfur:1. März 1985 –
Erstes Projekt im Südsudan: das Krankenhaus in Yambio – Das Lager Assarnie
– Weitere Hilfsprojekte im Süden: Bor: Dezember 1989 – Bombenangriff auf Bor:
20.–24. September 1990   Beginn der Arbeit in den Nuba-Bergen: September
1997 – Aufnahme des Krankenhausbetriebs in Kauda: 1997 – Besuch von Nobert
Blüm und Heiner Geissler in den Nuba-Bergen: 13.–23. Dezember 1999*

«Cholera breitet sich vom Südosten weiter in Richtung Geneina
aus. Schwerpunkt z. Zt. Angikotti (130 km südlich) mit 40–50
Neuerkrankungen und 8–10 Toten pro Tag. UNHCR bittet um
Aktivierung eines Cholera Emergency Teams, das in Deutschland
auf stand by gehen sollte, da Epidemie im ganzen Geneina-Di-
strikt befürchtet wird. Wir haben schon den Aufbau eines Cholera
Centers in Mornai (80 km südöstlich Geneina) übernommen, da
dort keine Organisation arbeitet, aber Verkehrsknotenpunkt, und
schon drei Verdachtsfälle. Ziel ist es, den Vormarsch der Cholera
nach Norden an diesem Knotenpunkt zu stoppen.»

Diese Telex-Nachricht erreichte uns am 7. Oktober 1985.

Der Sudan ist so groß, daß CAP ANAMUR sich in vielen Teilen
des Landes betätigt hat. Hinzu kommt, daß es den Sudan als uni-
tarisches Land nicht gibt. Es gibt den Nordsudan, der in erster
Linie von Arabern bewohnt und damit auch muslimisch geprägt
ist. Der Südsudan ist ein eigenes Land mit einer schwarzafrikanischen Bevölkerung, das wohl ein eigener Staat werden muß. Bis
zum Jahr 2001 hat es die Regierung nicht geschafft, der Bevölkerung im Süden zu vermitteln, daß auch die Schwarzafrikaner Bürger eines großen Landes sind.

Das erste Mal kamen wir von Westen in den Sudan. Wir hatten
uns schon Ende Januar 1985 von Djamena über Abeche, unser

Projektgebiet im westlichen Nachbarland Tschad, auf den Weg gemacht. Dort gerieten wir frühmorgens in einen gewaltigen Sandsturm. Für die 20 km zwischen Adre, der letzten Ortschaft im Tschad, und El Geneina im Sudan brauchten wir zwei Stunden Fahrzeit. Der Sandsturm hüllte die ganze Landschaft in eine düstere Sandwolke, wir hatten kaum mehr als 5 m Sicht auf einer Piste, die ohnehin schon schwer auszumachen ist. Oft gerieten wir aus der Spur – es waren zwei kaum erträgliche Stunden, kaum ein Wort fiel im Wagen.

Das sudanesisch-arabische Städtchen El Geneina war dafür umso anheimelnder. Als wir im Wagen mit dem Label des Not-Ärztekomitees dort erschienen, fragte man uns: «Is Germany a part of Lower Saxony?» Das schwarzrotgoldene Emblem war hier bekannt, für die Bewohner von El Geneina und Darfur war es immer – Niedersachsen. Lower Saxony hatte hier ein Schwerpunktprojekt begonnen und bis 1985 immer wieder etwas Nützliches bewirkt.

Wir wollten uns informieren über die Flüchtlinge der Dürre- und Hungerkatastrophe, die es nun auch in Darfur gab, nachdem sie in den letzten Monaten in großen Scharen aus Tigray und Wollo in den Ostsudan gezogen waren. Wir trafen einen alten Bekannten, Will Day von der britischen Hilfsorganisation Save the Children Funds. Er war jetzt Leiter eines Arbeitsprojekts seiner Organisation im Sudan geworden. Als wir in einer Teestube saßen, erzählte Will, eine große Masse von wandernden Menschen würde aus dem Norden des Sudan und aus dem Tschad, zwei großen Hungergebieten, zusammenströmen. Zum Teil wären einige davon schon wieder zurück, weil es im Süden auch keine ausreichende Nahrung gab. Die Menschen, die er getroffen hatte, führten ihr Vieh mit. Aber im Osten des Sudan kamen jetzt täglich zwei- bis dreitausend Menschen an und wurden in Lagern aufgenommen, wo auch nicht genügend Nahrungsmittel vorhanden waren.

Wir wurden in das Gästehaus der Regierung in El Geneina eingeladen. Wir zogen die Schuhe aus und setzten uns auf den Boden, erklärten aber, daß wir gleich weiterfahren müßten nach Assarnie, 20 km nördlich, denn das sei das Ziel unseres Hilfsprojekts.

Wir fuhren am Fluß entlang zum Lager Assarnie. Ein Bild des Grauens erwartete uns. 20 000 Menschen hatten sich hier notdürftig mit etwas Stroh und Planen Hütten gebaut. Die Lagerverwaltung funktionierte nicht, von regulärer Nahrungsversorgung konnte hier keine Rede mehr sein. Die Zelte, in denen die medizinische Versorgung vorgenommen werden sollte, waren leer. Innerhalb des Lagers lagen Eselkadaver mit aufgeblähtem Bauch und verbreiteten einen bestialischen Gestank. Ein noch größerer Leichengestank kam aus einem stehenden Gewässer, in das Tiere, Esel und ein Kamel, vor Entkräftung gestürzt waren – und aus dem Kinder in Blechschüsseln Trinkwasser schöpften. Vor dem Lagereingang kampierten einige ausgemergelte Gestalten, um in den Genuß der unregelmäßig verteilten Nahrung zu gelangen. Sie hatten keine Karte bekommen. Außer einigen Lagerwärtern war niemand da. Mütter mit hustenden Kindern, mit einer Decke, einem Topf und etwas Hausrat standen oder lagen dort. Eine von ihnen muß sich auf einer Decke ihrer beiden heiser schreienden Kinder erwehren, sie hält ihnen eine Dose Wasser aus dem verseuchten Teich hin.

Ich bestand darauf, zu Fuß durch dieses Lager zu gehen. Aber unser abgeordneter Begleiter hielt das für unmöglich. Wie wir erfuhren, kam die Hälfte dieser Hungerflüchtlinge aus dem Tschad, die andere aus Biltine, aus der Gegend von Guereda und Abeche. Ich konnte mir nicht vorstellen, daß sich diese Menschen mit den paar Strohmatten und den paar Lumpen in der Nacht gegen die bittere Kälte schützen konnten. Wir fragten einen Mann, der uns seelenruhig herunterbetete: Für eine Familie mit einem bis vier Kindern gibt es eine Decke, für Familien mit 5 bis 7 Kindern gibt es zwei Decken, für Familien mit 8 bis zehn Kindern gibt es drei Decken.

Wir fuhren nach El Geneina zurück. Wieder gingen wir ins Gästehaus der Regierung, wo uns ein üppiges Mahl, im Beisein des Gouverneurs, d. h. des Vertreters von Khartum, des Sultans und anderer Honoratioren des Ortes erwartete. Wir erlebten, was hilfswilligen Fremden immer wieder widerfährt und was man nicht übelnehmen darf: eine fürstliche Bewirtung auf einem schattigen Plätzchen, auf dem große, bunte Teppiche ausgebreitet und eine unübersehbare Menge von Schüsseln und Kasserolen zu sehen war – mit sehr viel Fleisch und dem landesüblichen Durragericht, Hirse mit einer wohlschmeckenden scharfen Fleischsauce. Der Kontrast mit Assarnie verschlug mir die Sprache.

Ich kam mit dem Stellvertreter des Gouverneurs – einem älteren Bewohner von El Geneina – ins Gespräch. War es denn eine Naturkatastrophe, eine Jahrhundertdürre? Mein Ansprechpartner steckte sich eine Zigarette an und hob an zu einem regelrechten Vortrag: «Wir selbst», sagte er, «haben viel dazu getan, daß die Wüste sich jährlich um 15 Kilometer nach Süden frißt – genau hier in der Sahelzone. Der ‹Harmattan›, dieser feinstaubige Sandwind, hält jetzt immer länger an. Wenn er im Januar losbricht, erreicht er nicht mehr wie früher nur die Länder am südlichen Zipfel Westafrikas, also Ghana, Obervolta, d. h. das heutige Burkina Faso, die Elfenbeinküste und Togo. Heute erreicht der Harmattan auch den Tschad, die Länder Kameruns. Wissen Sie, daß die Gegend um Abeche im Osten des Tschad, nur 30 km von hier entfernt, vor etwa dreißig Jahren noch richtig grün war? Es gab dort noch keine Anzeichen von Wüste und Dürre. Die Menschen im westsudanesischen El Geneina haben vor fünf Jahren noch nicht einmal gewußt, was ein Sandsturm ist, so grün und bepflanzt war die ganze Gegend.» Dr. Ephraim Zneig, dessen Namen ich erst später erfuhr, machte eine lange Pause, dann fuhr er fort: «Dürre und Hungersnot sind auch die Folge dieses Raubbaus an der Natur. In den letzten vierzig Jahren haben unsere Bauern nicht erlebt, daß das Reisfeld weniger als 100 Tin bei der Ernte hergegeben hätte. Dieses Jahr habe ich noch kein einziges Tin geerntet.» Das galt für die Staaten der gesamten Zone. Wie es dazu kommen konnte, daß von den 40 Prozent Waldoberfläche zur Jahrhundertwende nun nur noch 2 Prozent übriggeblieben waren, konnte auch Ephraim Zneig nicht schlüssig erklären. Einer der Gründe dürfte darin zu suchen sein, daß die Nomaden erst Halbnomaden, dann seßhafte Bauern geworden waren. Als Nomaden hatten sie Jahrhunderte lang für die Erhaltung der Landschaften gesorgt und ihre Herden auf Weideplätze gebracht, die für ihre Weidebedürfnisse zureichend waren.

Ich fragte meine Nachbarn in der Runde, ob früher hier nicht alle Menschen Nomaden waren. Alle bestätigten das: «Die Nomaden haben in ihrer Weisheit und durch den Umgang mit der Natur auch immer gewußt, wie groß ihre Herden sein dürften, höchstens 150 bis 200 Stück Vieh – Rinder, Kamele, Schafe. Denn sonst wäre das zur Verfügung stehende Land überweidet gewesen. Für Nomaden gab es keine Grenzen. Sie mußten ihre Weideplätze je nach der Jahreszeit unabhängig von der aus Europa eingeführten Territorialordnung mit Grenzen und Grenzposten suchen!»

Nun war die alte Ordnung zusammengebrochen. Die Katastrophe, der wir mit einer Nothilfemaßnahme gerade begegneten, damit die Menschen nicht verhungerten, war über das Land hereingebrochen. Die Bauern in Europa und Afrika hatten sich den Interessen des von Europa und aus den USA/Kanada kommenden Multi-Agro-Business gebeugt.

Wir kehrten in unser kleines Hotel zurück. In Assarnie mußten wir rasch mit der Arbeit beginnen. Von der äußersten westlichen Ecke des Landes pirschten wir uns langsam nach Khartum vor, wo wir mit den Hunderttausenden von hungernden und wandernden Sudanesen aus dem Süden in den Dörfern um Khartum konfrontiert waren. Dann ging es 1986 zum erstenmal in den Süden, 1988 und später richteten wir von Juba aus, der heimlichen Hauptstadt des Südens, das Krankenhaus in Yambio wieder ein. Dann kamen wir nach Bor, eine Aktion, die mit Hilfe der von der UNO ins Leben gerufenen Operation «Lifeline Sudan» von Nairobi, aus dem Nachbarland Kenia, realisiert wurde.

Wir saßen zusammen und gaben die Bestellung für das Lager Assarnie auf. Für die Hilfsgüter brauchten wir ein Flugzeug, das möglichst direkt El Geneina anfliegen sollte, und alles mußte im Verlauf von vierzehn Tagen abgewickelt werden. Wir brauchten Medikamente und medizinische Instrumente, Nahrungsmittel für unterernährte Kleinkinder, also alles Notwendige für ein «Intensive» und ein «Supplementary feeding-Programm»: Töpfe, Becher, Heilnahrung, eine extra Tonnage von Protiplent und weitere Heilnahrung, Wasseraufbereitungsanlagen mit dem dafür benötigten Zubehör. Täglich brauchten wir etwa 40 000 Liter aufbereitetes Wasser.

Die Bestelliste ging Anfang Februar 1985 per Telex nach Troisdorf – übrigens nur über eine Telefonleitung nach Ndjamena und mit Hilfe des dortigen deutschen Botschafters, Hans Joachim Heldt – und enthielt auch die Information, daß auf dem Flughafen El Geneina problemlos Transportflugzeuge vom Typ C 130 (Herkules) landen könnten. Wir erfuhren, daß es zur Versorgung der Menschen schon seit ein paar Tagen zweimal die Woche eine direkte Flugverbindung zwischen Saudi-Arabien und dem Sudan, genauer zwischen Riad und El Geneina, gab. Aus Bonn erfuhren wir, daß die Herkules-Flugzeuge für eine so lange Strecke bis nach El Geneina zu teuer seien. Darum charterte die Bundesregierung zu einem günstigeren Preis – DM 100 000 – eine Boeing 707. Dieser Düsenjet konnte aber nicht in El Geneina, sondern in Ndjamena landen. Das Flugzeug wurde am 22. Februar 1985 mit allem beladen, was auf dem europäischen Markt an Medikamenten, Heilnahrung, erforderlichem Zubehör für die Wasseraufbereitung und das Lager zu bekommen war. In Ndjamena wurde alles auf LKWs umgeladen und auf der mörderischen Sandpiste über Ati, Oum Hadjer, Abeche, Adre nach El Geneina transportiert.

Mit den ersten Vorläufern des Fundamentalismus kamen wir ein Jahr später in Assarnie in Berührung: Wir wurden von einer islamischen Organisation aus dem Lager hinausgeworfen. Vertrieben wurden auch Veronika Diez, die Ärztin, die schon in Äthiopien und in Tigray an unserem Hilfsprojekt mitgearbeitet hatte, Marlies Nußbaum, eine Krankenschwester aus St. Augustin bei Bonn, die zur ersten CAP ANAMUR-Generation gehörte und auf dem ersten Schiff für die Rettung der Bootsflüchtlinge in Vietnam dabei gewesen war, und Dorothea Fischer, eine Ärztin, die wir zum ersten Mal im Tschad dabei hatten.

Kurzentschlossen zogen wir weiter nach Khartum, von wo wir rasch nach Juba, in den Südsudan kamen. In der Zwischenzeit hatte aber die UNO eine große humanitäre Initiative gestartet. UNICEF, das Kinderhilfswerk der UNO, hatte mit der Regierung in Khartum und mit der Sudanese People's Liberation Army (SPLA), der Armee zur Befreiung des Südsudan, eine Vereinbarung getroffen: Unter dem Label «Operation Lifeline Sudan» (OLS) sollte es künftig möglich sein, den Süden des Sudan sowohl von Khartum als auch ersatzweise von Nairobi aus zu versorgen.

An der Grenze von Kenia zum Sudan bekam von dieser Zeit an ein kleines Dorf weltpolitische Bedeutung: der Turkhana-Ort Loki Chokio. Dort entstand eine große Start- und Landepiste, wurden in der Folgezeit große Lagerhäuser gebaut, die zunächst nur als große Zelte dort standen. Eine ganze Flotte von Herkules- und Buffalo-Flugzeugen bekam dort ihr Standquartier. Das Internationale Komitee des Roten Kreuzes richtete ein großes Hospital für Kriegs- und Minenverletzte ein.

Das war ein großer Durchbruch, aber durch die Verewigung der Nothilfe an diesem Ort hatte man vergessen, daß diese Hilfe doch nur eine kurze Übergangslösung sein konnte. Wichtiger war der Friede. Zudem waren einige Plätze immer ausgenommen, so etwa die Nuba-Berge, die eher schon im Zentralsudan liegen und den südlichsten Zipfel der Nordprovinz Kordofan bilden.

Wir hatten verschiedene Plätze ausfindig gemacht, die aber durch den Krieg immer so gefährdet waren, daß wir uns dort nicht richtig einrichten konnten. So waren wir längere Zeit in der Stadt Bor, zu der Zeit, als die SPLA sich aufmachte, sich gegen Khartum und die Überfremdung durch den arabischen Norden zu wehren.

In Bor hatten wir damals die besten Kräfte angeworben, aber wir hatten trotzdem nie einen Partner, der diesen Namen zu Recht trug. Die Südsudanesische Volksbefreiungsfront hatte sich eine humanitäre Unterabteilung zugelegt – die Sudanesische Hilfs- und Rehabilitierungsagentur SRRA –, mit der eine Organisation wie CAP ANAMUR gehalten war zusammenzuarbeiten. Aber diese Organisation hat, abgesehen davon, daß sie immer wieder Hilfe zu behindern suchte, nie auch nur annähernd eine Rolle gespielt. So beschränkte sich ihr Repräsentant im Gebiet von Rumbek und Agrangial nur darauf, dem CAP ANAMUR-Team die Arbeit dadurch zu erschweren, daß er ihm die Benutzung eines Satellitenfaxes verweigerte.

Bor war die Ruine des Sudan. An dieser Stadt am Nil konnte jeder erkennen, was im Sudan falsch lief. Früher gab es dort eine Armeegarnison, viele Fischrestaurants und viele Anlegestellen am Nil. Journalisten und Touristen berichten, daß sie noch in den siebziger Jahren von Juba aus mit einem Vergnügungsboot bis Bor, manchmal sogar bis Malakal den Nil abwärtsgefahren sind und sich auf dem Oberdeck gesonnt haben.

Als wir das erste Mal nach Bor kamen, im Jahre 1989, waren dort nur noch Schiffswracks, die bugunter im Fluß lagen, und verfallene Gebäude zu sehen. Es gab wohl auch einige Produktionsbetriebe und ein Wasserwerk, aber sie funktionierten nicht mehr. Von Bor hatte 1983 der Kommandeur der Garnison der Regierungsarmee, John Garang, zum Aufstand der SPLA gegen die Regierung in Khartum aufgerufen. Bor war nun das Bild gewordene Zeichen einer fortschreitenden Entwicklung nach unten.

Wir hatten uns im Hospital eingerichtet, um wieder eine Basisversorgung für die dort überlebenden Dinkas sicherzustellen. Das

Hospital war ein offener Saal, in dem unsere Ärzte und Kranken-schwestern Dienst taten. Unter den Patienten waren Minenopfer, viele an Tuberkulose, Malaria und an Ulcus tropicum Erkrankte. Da CAP ANAMUR eine Menge Verbandsmaterial und Medika-mente dorthin gebracht hatte, konnten die Patienten ausreichend Spritzen, Medikamente und Verbände bekommen. Die Lebensbe-dingungen waren einfach und anstrengend. Da man mittags we-gen der Hitze nicht aus dem Haus gehen konnte, mußte man ganz früh anfangen zu arbeiten, vor sechs Uhr war es jedoch wegen der bis in die frühen Morgenstunden anhaltenden Dunkelheit auch nicht möglich. Es gab keine Stromversorgung und auch kei-ne richtige Wasserversorgung für das Hospital. Das Wasser mußte jeden Tag von einer Station geholt werden, wo es aufbereitet wur-de. Für Notfalloperationen hatten wir auch ein Notstromaggregat eingerichtet, das aber sparsam gebraucht werden mußte, weil es ein großes logistisches Unterfangen war, Diesel zu transportieren. Der Treibstoff mußte aus Kenia, also entweder aus Loki Chokio oder von Nairobi, direkt eingeflogen werden.

Die Hilfsoperation im Südsudan war von unverhältnismäßiger Vergeudung geprägt. Die Hilfsorganisationen konnten noch nicht mit normalen LKWs auf Straßen und Pisten im Land operieren und waren wegen der Unsicherheit auf die Lufttransporte ange-wiesen. Der Transport von Nahrungsmitteln und Medikamenten war darum ungleich teurer als die Güter selbst. Wenn man ein Flugzeug mit vier Tonnen Nahrungsmitteln belud, kostete der Transport viermal so viel wie die Nahrungsmittel selbst.

1990 kam es zu einer neuen Offensive der Regierungstruppen, die mit schweren Bombenangriffen eingeleitet wurde. Die Panik nach diesen Angriffen führte dazu, daß unsere Mitarbeiter erst einmal aus dem Ort verschwanden. Ein einziger – Günter Omoznik – blieb dort, um die Arbeit fortzuführen.

Am 9. November 1990 schrieb ich Außenminister Genscher ei-nen Brief, in dem ich von den vier Bombenabwürfen am 20., 22., 23. und 24. September auf Bor berichtete. Von den Bomben getrof-fen waren auch das große Versorgungszelt und das Frachtschiff des Internationalen Komitees des Roten Kreuzes. Eine beträchtli-che Menge Hirse und Weizen brannte ab. Es gab zehn Tote und eine nicht zu ermittelnde Zahl von Verletzten. Unser Team konnte einige der Verletzten ins IKRK-Hospital nach Loki Chokio ausfliegen. Anlaß für meinen Brief war die Meldung im Monitordienst der Deutschen Welle:

«Brigadegeneral Cassiano hat heute [am 6. November, also nur 16 Tage nach dem Beginn der Bombardierung auf Bor, R. N.] den Botschafter der Bundesrepublik in Khartum empfangen. Bei dem Treffen ging es um die Lebensmittelsituation im Sudan. Der Botschafter versicherte, sein Land sei bereit, dem Sudan alle mögliche Unterstützung zu gewähren, insbesondere Lebensmittelhilfe. Bei dieser Gelegenheit erörterten die beiden Seiten außerdem deutsche Hilfsprojekte in den Bereichen Landwirtschaft, Gesundheitswesen und Bildungswesen in der Provinz Equatoria »

Darum schrieb ich in meinem Brief: «Kann es sein, daß die gezielten Bombardierungen der Nahrungs- und Nothilfe im Süden die Bundesregierung nicht davon abhalten, der Regierung in Khartum ohne jede Bedingung Nahrungsmittel zur Verfügung zu stellen?» Und weiter: «Kann es wirklich so sein, daß deutsche Staatsbürger, die Mitglieder des Komitees CAP ANAMUR, im Südsudan potentiell von einer Luftwaffe mit dem Tod bedroht sind, die von unserer Regierung und Armee weiter Ausstattungshilfe bekommt?»

Auf diese Anfrage bekam ich keine wirklich befriedigende Antwort.

Wir fuhren noch einmal in den Südsudan, diesmal mit einem Fernsehteam des Norddeutschen Rundfunks. Wir fuhren die gesamte Strecke von Nairobi über den Grenzort Loki Chokio, dann in den Südsudan bis nach Bor. Der Nil markiert eine magische Grenze für Landtransporte, denn von dort an ist der Südsudan geschlossen. Auch bis zum Nil und nach Bor war es schon schwierig, aber die Befreiungsbewegung SPLA hatte einen ziemlich großen Teil der Provinz Equatoria und auch von Bahr el Gazal erobert. Wir konnten uns langsam nach Kapoeta vorpirschen, der ersten größeren Stadt im SPLA-beherrschten Südsudan, dann zum wochenlang heiß umkämpften und von der Befreiungsbewegung eroberten Ort Torit. Dann erreichten wir Bor und konnten uns alles vor Ort ansehen. Wir ahnten aber schon, daß es dort auf Dauer keine Arbeit geben würde. Ein Jahr danach war Bor wieder von der Regierungsarmee eingenommen.

Im Oktober 1996, als wir unser Hilfsprojekt im Sudan schon abgeschlossen hatten, kam der sudanesische katholische Bischof

Macram Max Gassis auf uns zu und forderte uns auf, in die Nuba-
Berge zu kommen. Die Nuba-Berge sind aus der Weltgemeinschaft völlig ausgegrenzt. In dem ganzen Gebiet gibt es kein Auto,
keine Tankstelle, keine Straßen, keine Steinhäuser.

Wir starteten also eines Morgens mit einem kleinen Charter-
flugzeug, einer vierzig Jahre alten DC3. Erst ging es nach Loki
Chokio, dort wurde unsere Ladung von 2,5 Tonnen in eine zweite
DC 3 derselben Fluggesellschaft umgeladen.

Die Nuba-Berge waren immer schon etwas Geheimnisvolles, eine
aus der großen wüsten- und steppenweiten Landmasse des Sudan, am «Ufer der Wüste» (was Sahelzone wörtlich heißt) ausge-
grenzte Region. In den Tälern leben die voneinander abgeschlos-
senen Stämme der Nyima-, Kaolib-, Lumon- und Kauda-Berge.
Jeder Stamm hat seine eigene Sprache, seine Religion und seine
Kultur entwickelt.

Die christlichen Missionare kamen mit dieser Welt nicht immer
gut zurecht. Als der italienische Pater Stanislao Carceri 1873 zum
erstenmal in die Nuba-Berge am südlichen Zipfel der Sudan-Pro-
vinz Kordofan gelangte, war er von der «Aufrichtigkeit, Intelli-
genz und Gastfreundschaft» der «Heiden» beeindruckt, die verschiedene Sorten von Korn, Gemüse und Tabak anbauten und –
im Unterschied zu den rein muslimischen Völkern – Schweine
hielten. Nur mit ihrer Religion hatte der Missionar Probleme,
denn auf seine Frage nach ihrer Vorstellung von Paradies und
Hölle hatten die Bewohner der Nuba-Berge geantwortet, es sei
ihnen gleichgültig, ob sie gut oder böse lebten – was aber möglicherweise darauf zurückzuführen war, daß sie seine Frage gar
nicht verstanden hatten. Die ersten christlichen Missionierungs-
versuche schlugen fehl und wurden nach zehn Jahren abgebrochen. Mehr Erfolg hatten die islamischen Reformbewegungen:
Muhammad Ahmad ibn Abdallah (1843–1885) gelang es, die Bevölkerung für den Islam zu gewinnen und die britischen Koloni-
alherren zu vertreiben. Nachdem die Briten unter Lord Kitchener
den Sudan 1898 zurückerobert hatten, teilten sie die Kordofaner
Nuba-Berge in eine Westhälfte, in der christliche Missionare zugelassen waren, und in eine muslimische Osthälfte. Doch viele
Bauern wollten weder die eine noch die andere Missionierung
und riegelten ihre Berge ab.

Mittlerweile ist ein Teil der Berge unter der Kontrolle und Gewalt der Sudanese People's Liberation Army, ein anderer ist weiterhin unter der Kontrolle der Regierung und der Regierungsarmee von Khartum. Die Nuba-Berge sind immer noch der beste Verweis auf den Konflikt im Sudan. Auch in den befreiten Bergen leben Muslime (ca. 50 Prozent), Christen (ca. 15–20 Prozent) und Animisten sehr eng miteinander im Kampf gegen ihren gemeinsamen Gegner in Khartum, der sie täglich bedroht. Das allein einigende Band aller Bewohner ist: sie sind alle Schwarzafrikaner, keine Araber wie die Regierenden im Norden. In den Nuba-Bergen haben sich archaische Kulturen und Bräuche gehalten, deren Schutz die Anstrengung der Weltgemeinschaft wert wäre.

Es könnte aber sein, daß die UNO diese Gesellschaft und Kultur so zerrüttet, wie die westliche Staatengemeinschaft durch überzogene Militärhilfe für Somalia dazu beigetragen hat, die somalische «pastoral democracy» zu zerstören. Die Bewohner der Nuba-Berge sind immer noch eine Gesellschaft ohne Währung. Nun wird die UNO ein «cash injection»-Programm fortführen, das 1999 von CARE und anderen westlichen Organisationen im Auftrag der Europäischen Union durchgeführt wurde – das Programm bestand darin, möglichst viel Geld in die Bevölkerung zu pumpen, die bisher gut mit ihrer Salz- und Seife-Währung lebte.

Die UNO hat sich in Nairobi und Kenia eingerichtet und wirft Nahrungsmittel ab. Fußballfeldgroße Flächen werden mit Hirse-, Mais- und Weizensäcken so «bombardiert», daß die Bewohner sich manchmal in ihre «Tukulls» zurückziehen, weil sie fürchten müssen, daß die Säcke beim Fallen auf die Ortschaft jemanden töten könnten. Der Schwarzafrikaner, so die Botschaft dieser Operation, lebt vom EU-Weizen allein.

Bischof Max Macram Gassis, ein Fernsehteam der ARD und ich wollten noch am frühen Nachmittag in den Nuba-Bergen, genauer: in Lumon sein, dem Ziel unserer Reise. Die CAP ANAMUR-Ärztin Barbara Krumme war schon vorausgeflogen und hatte Erkundigungen über die Menschen in den Bergen eingezogen. Die einzig übergreifende Sprache ist das sudanesische Arabisch, das aber nicht alle Nuba sprechen. Um behandeln zu können, braucht ein Arzt meistens zwei Dolmetscher: einen für das Englische ins Arabische und einen für das Arabische in das Idiom, das der jeweilige Stamm spricht. Die Mountainpeople sprechen ungern Arabisch, die Sprache der Unterdrücker. In den letzten Jahren versuchen sie, in den behelfsmäßigen «Tukull»-Schulen auch Englisch zu lernen.

Das Gebiet der Nuba ist die Trockensavanne mit den Bergen, die ein wenig Schutz vor der motorisierten Regierungsarmee bieten, und mit den landwirtschaftlich genutzten Niederungen. Die Bevölkerung steht auf der Seite der SPLA-Rebellenbewegung des John Garang. Allerdings haben sich die Nuba eine gewisse Autonomie bewahrt. So haben sie darauf bestanden, daß die Soldaten der SPLA in den Nuba-Bergen auch Nuba sind. Doch dieses Organigramm zerbröckelt, es kommen mehr und mehr Kommandeure der SPLA, die aus anderen Teilen des Südsudan stammen.

Die Reise zu den Nuba-Bergen mitten im flächengrößten Land Afrikas (und zehntgrößten der Welt) wurde für uns zum Ereignis. Wir beobachteten, wie Bischof Gassis es zuwege bringt, seinen südlichen Bischofszipfel zu «afrikanisieren». Er tut das mit Hilfe der neuen afrikanischen Missionskongregation, der «Apostles of Jesus», die nur schwarzafrikanische Priester ausbildet und aussendet. Drei davon sind bereits in der Niederlassung in den Lumon-Bergen. In dieser Gegend können schon 2600 Kinder in den primitiven Kriegsschulen unterrichtet werden.

1996 begann der Bischof in dieser Gegend mit einem einzigartigen Entwicklungsprogramm. In den «Tukulls», in die er Singer-Nähmaschinen bringen ließ, begannen die Frauen, ihre Kleider selbst zu nähen. Der Bischof ließ mit der altersschwachen DC3 anderthalb Tonnen Fracht pro Flug in die Nuba-Berge bringen: Instrumente, Pflüge, Hacken, Nähmaschinen. Salz, Zucker und Seife waren die einzigen Waren, die noch eingeführt wurden. Damit die Nuba nicht träge wurden, sollten sie aber die Nahrungsmittel selbst dem Boden abringen. Auch um Rohstoffe für die Produktion von Seife und Stoffen hat er gebeten, damit die «Women's Association», die Frauenvereinigung, an fünf Nähmaschinen die Kleider für die Bevölkerung nähen kann, eine Bevölkerung, die großenteils noch nackt und in Lumpen herumläuft. Dieser Prozeß wird aber immer wieder durch Bombenabwürfe gestört.

Am 15. Januar 1997 flogen wir ein zweites Mal dorthin. Die DC 3 hatte Nahrungsmittel und alles Erforderliche für die medizinische Versorgung an Bord. Die Hitze war groß; Carlos, der kolumbianische Pilot, war in Loki Chokio gestartet. Nach anderthalb Stunden Dösen schaute einer von uns aus dem Bullaugenfenster auf die unter uns liegende gleißende Wüstenlandschaft. Von der Tragfläche des alten Flugzeugs sah er Motoröl wegspritzen. Er informierte sofort den Piloten, der ein bedenkliches Gesicht machte und sagte, so könne er nicht bis zu den Nuba-Bergen kommen. Wir mußten also landen. Die DC 3 konnte zwar auf jeden Acker aufsetzen, aber es gab Bastionen der sudanesischen Regierungsarmee.

Wir fanden einen Platz, Carlos lenkte die Maschine direkt auf eine Art Landepiste neben einem nomadischen Dorf. Die Bevölkerung lief zusammen, und als die Tür aufging, stellten wir erleichtert fest, daß wir in einem SPLA-Gebiet gelandet waren. Die Menschen geleiteten den Bischof in einen «Tukull»-Compound. Sie hatten die DC 3 direkt aus dem Himmel auf ihren Ort zukommen sehen, und ihr war ein wahrhaftiger Gottesmann entstiegen! Sie wollten den Bischof festhalten.

Nach zwei Stunden hatte der kleine drahtige Flugzeugtechniker den Schaden behoben. Nur mit Mühe gelang es dem Bischof, sich loszureißen und ins Flugzeug zu steigen, dann starteten wir wieder.

Wir landeten in der Nähe der Lumon-Berge. Es war ein begeisterter Empfang, bewaffnete SPLA-Leute in Lumpenuniformen schützten den Airstrip, eine große Menge von Nuba umstand das Flugzeug und wollte ihren Bischof begrüßen. Doch wir mußten uns beeilen, denn wir hatten noch drei Stunden Fußmarsch bis zum Compound der Verona Fathers. Wir Weißen zogen ohne Gepäck los, denn die Nuba-Frauen trugen all das, was wir mitgebracht hatten, auf ihren Köpfen – und waren schneller als wir.

Erschöpft kamen wir noch vor Sonnenuntergang an. Der Vertreter der islamischen Gemeinde hieß uns willkommen, begrüßte den Bischof wie einen alten Freund und lud ihn gleich zur Ramadan-Mahlzeit ein, die im Fastenmonat immer nach Sonnenuntergang eingenommen wird. Der Bischof dankte ihm für die Einladung. Aber an diesem Tag waren wir alle so müde, daß wir den einstündigen Weg bis zur «Tukull»-Moschee nicht mehr geschafft hätten.

Am nächsten Nachmittag traten wir den einstündigen Fußmarsch durch das Felsenmeer der Nuba-Berge an. Die Landschaft dieser einzigartigen Region verwandelte sich minütlich in eine schillernde Regenbogenfarbenmischung, bis über den gezackten Kämmen der Nuba-Berge die Sonne unterging und das wunderbare «Allah u Akhbar» über die Hochebene bis zum Sternenhimmel tönte. Der katholische Bischof, seine Patres (Abunas) und die Muslime saßen danach einträchtig beim Essen.

Auch der protestantische Pastor George von der Episcopal Church war mit dem Bischof so vertraut, als hätte die Kirchenspaltung gar nicht stattgefunden. Später, während der feierlichen Sonntagsmesse unter dem riesigen Baobab-Baum, übersetzte Pastor George in der katholisch-römischen Messe die auf arabisch gehaltene Predigt des Bischofs in das einheimische Idiom.

Dieses gebirgige Landstück, mitten in den Regenwäldern und Savannen im Süden und den Wüsten im Norden, war und ist vernachlässigt. Selten habe ich eine so unterentwickelte, marginalisierte, zurückgebliebene, aber zugleich so stolze und selbstbewusste Bevölkerung (350000 Menschen) erlebt wie die Nuba-Stämme. Es gab hier wohl noch nie eine Impfkampagne, weshalb bei einer Masernepidemie im Jahre 1995 an die 10000 Kinder starben. Selbst UNICEF hat darauf verzichtet, sein Kinder-Mandat auf dieses Gebiet auszudehnen, weil man es der Regierung überließ, die Gegenden zu definieren, die die große UN-Kampagne erreichen sollte: die «Operation Lifeline Sudan» (OLS), die «Operation Lebenslinie Sudan».

Die kleine Gemeinde hatte bereits einen regelrechten «Tukull»-Compound für die deutschen Not-Ärzte von CAP ANAMUR fertiggestellt. Nachdem wir uns die alte Ambulanz angesehen hatten, in der niemand mehr erfolgreich behandelt werden konnte, weil Medikamente und gutes medizinisches Personal fehlten, beschlossen wir, mit unserer Arbeit sofort anzufangen.

Doch für die nächsten Wochen war eine Offensive der Regierungsarmee von Norden her zu erwarten. Lumon würde demnach in Reichweite der sudanesischen Artillerie liegen. Darum sahen wir uns unseren potentiellen Standort in Kauda an, dem größeren Ort in einer anderen Berggruppe, einen Tag Fußmarsch entfernt. In Kauda hätten wir uns im Haus der Britischen Kolonialverwaltung und späteren sudanesischen Verwaltung niederlassen können. Das einzige Steinhaus in Kauda schien uns für eine Klinik der CAP ANAMUR-Mediziner am besten geeignet. Der Krankenhausbetrieb begann eine Woche nach Ankunft des Teams am 7. November 1997. Sebastian Dietrich, der die Klinik eingerichtet und mit einer estländischen Kollegin etwa 200 ambulante Patienten täglich betreut hat, berichtete uns: «Wir arbeiten in zwei Behandlungszimmern, eines dient als Verbandszimmer, in dem auch Notfalloperationen durchgeführt werden. In zwei kleinen Häusern mit insgesamt vier Zimmern sind die Patienten untergebracht. Wir haben ständig etwa 25 stationäre Patienten, zeitweise bis 40.» Es waren Patienten mit Verbrennungen, Frakturen, Schußverletzungen, größeren Wunden und Abszessen, Malaria, Meningitis, Lungenentzündung, Sepsis und stark dehydrierte Babys. Täglich standen 200 Patienten vor der Tür, von denen das Team nur 100 behandeln konnte. Es waren aber überwiegend chronische Krankheiten – Rücken- und Gelenkschmerzen durch das viele Tragen von schweren Lasten, chronische Bronchitis, Onchozerkose, Bilharziose –, bei denen wir oft nicht weiterhelfen konnten. Da es in den letzten Jahren keine medizinische Versorgung gegeben hatte, waren wir mit vielen Krankheiten konfrontiert, die schon fünf bis zehn Jahre bestanden und bei denen keine Hilfe mehr möglich war. Die Erwartungen waren hoch; erblindete Patienten hofften darauf, daß wir ihnen das Augenlicht zurückgeben konnten. Im Gegensatz zu den Erwachsenen waren die meisten Kinder, die zur Ambulanz kamen, akut krank.

So gab es in den Nuba-Bergen seit November 1997 zum erstenmal seit zwanzig Jahren wieder ein Krankenhaus. In den paar Räumen wurden zwar alle Sterilitäts-, Hygiene- und Gesundheitsvorschriften deutscher Krankenhäuser mit Füßen getreten. Doch die medizinischen Erfolge waren exorbitant. Manchmal gab es auch völlig aussichtslose Fälle, wie beispielsweise der 12-jährige Junge, der mit 80 Prozent verbrannter Körperoberfläche zu uns kam und den nicht einmal ein High-Tech-Krankenhaus in Deutschland hätte am Leben halten können. Wir hatten etwa einen Toten pro Woche, die meisten dieser Patienten kamen aber viel zu spät und starben wenige Stunden nach ihrem Eintreffen. Ein großes Problem stellten auch die weiten Entfernungen in den Nuba-Bergen dar. Es gab Menschen, die einen Fußmarsch von zehn bis zwölf Stunden auf sich nahmen, um zu uns zu kommen. Unser normaler Einzugsbereich umfaßte fünf bis sechs Stunden Fußweg.

Unsere Krankenstation wurde ein Jahr später, 1998, bombardiert: Die Regierung hatte das Zentrum der Arbeit von CAP ANAMUR in Kauda und in dem von oben klar sichtbaren Hospital ausgemacht. Sie wollte uns offensichtlich an der Weiterarbeit hindern. Wir zogen unser Team zurück, hatten aber das nächste schon wieder unterwegs, das dann den Standort des Hospitals in eine weniger markante und einsehbare Region verlegte. Ein «Tukull»-Gebäude nach dem anderen entstand in einem Tal, in dem man diese Gebäude selbst von einem Kilometer Entfernung kaum erkennen kann, obwohl es mittlerweile 15 «Tukull»-Gebäude sind, wovon drei den Kern des Hospitals bilden; eines ist als regelrechter Operationssaal eingerichtet. Es gibt Patienten-«Tukulls», ein Labor, eine Menge an Kühlaggregaten, die mit Solarenergie betrieben werden. Henrik Sauer hat als erfahrener CAP ANAMUR-Logistiker und Krankenpfleger die ganze «Tukull»-Kombination ausschließlich mit einheimisch-lokalen Baumaterialien, d. h. ganz ohne Zement, gebaut, denn dieser hätte für teures Geld aus Nairobi–Loki Chokio eingeflogen und auf den Köpfen von Frauen transportiert werden müssen.

Der Marsch in den zehn Tagen vom 13. bis 23. Dezember 1999 in die Nuba-Berge war ein im besten Sinne spirituelles Erlebnis. Wir hatten die beiden deutschen Bundestagsabgeordneten Norbert Blüm und Heiner Geissler mitgenommen. Die physische Präsenz zweier Politiker aus Europa beeindruckte die schwarzafrikanischen Stämme. Für die 3,9 Tonnen Medikamente wurde uns große Dankbarkeit entgegengebracht. 301 Trägerinnen hatten sie von der Flugpiste in einem drei Tage dauernden anstrengenden Marsch bis in das Hospital der deutschen Not-Ärzte von CAP ANAMUR getragen.

Diese Menschen blieben hoch gefährdet durch die Bombenangriffe, wie wir selbst, als wir mit Norbert Blüm und Heiner Geissler im Zentrum der Nuba-Berge waren, mehrfach erleben konnten. So am 8. Februar 2000 bei einem Bombardement der Schule in der Nähe des Hospitals. Blüm, Geissler und ich waren gerade in Khartum, um mit dem Präsidenten des Sudan, Generaloberst

Omar al-Bashir, über die Einstellung dieser Luftangriffe zu ver-
handeln. Genau am Tag unserer Ankunft geschah der grauenhafte
Angriff, bei dem nach ersten Berichten vierzehn, nach späteren
neunzehn Kinder von den Bomben getötet wurden. Der Präsident
war offenbar so beschämt, daß er den Termin mit den deutschen
Politikern einfach ausfallen ließ. Plötzlich war er verschwunden.
Norbert Blüm saß an diesem Morgen, als wir in unserer wütenden
Ohnmacht nicht wußten, was zu tun sei, im Garten des Hilton
Hotels in Khartum und wiederholte allen, die es hören, aber auch
einigen deutschen Wirtschaftsleuten, die das kaum gern hören
wollten: «Wer Bomben auf Kinder schmeißt, ist ein Verbrecher!»

8

Eritrea
Ein Land voller Hoffnungen

Überfall auf Afabet: 19. Mai 1988 – Eine extrem junge Nation: Rückblick in die Geschichte – Hilfe für Orota, das längste Krankenhaus der Welt – «Operation Moses»: Beginn der Aktion zum Transfer der äthiopischen Kriegsgefangenen: 15. Oktober 1988 – Das CAP ANAMUR-Versorgungsschiff vor Massawa: Frühjahr/Sommer 1990 – In Asmara und Massawa nach dem Sturz des Mengistu-Regimes: 1991 – Hilfe für das Krankenhaus von Tessenie: Juli 1995

Im F.A.Z.-Fragebogen habe ich 1991 auf die Frage: «Wo möchten Sie leben?» geantwortet: «In Eritrea, und zwar in Nacfa.» Das war aufrichtig gemeint. Es war ein regelrechter Lebensplan, den ich mit meiner Frau Christel hatte. Ich dachte daran, das letzte Drittel meines Lebens in Afrika zu verbringen – und es konnte nur Eritrea sein. So stark hatten mich damals die Eritreer fasziniert.

Doch was war mit diesem Volk? «Non licet vos esse!» So ertönte es durchdringend in den römischen Stadien: «Euch Christen ist es nicht erlaubt zu existieren!» So ähnlich konnte man über dreißig Jahre sagen: «Es ist den Eritreern nicht erlaubt, einen Staat zu haben!» Damals hieß das unisono bei Völkerkundlern, bei Journalisten und den Diplomaten der Deutschen Botschaft in Addis Abeba: Eritreer, die gibt es gar nicht.

Hätte mir das jemand erzählt oder hätte ich es in einem Pressekommuniqué der Eritreischen Volksbefreiungsfront (EPLF) gelesen, dann hätte ich es für ein typisches Produkt der Kriegspropaganda gehalten. Ich selbst hatte es aber am 19. Mai 1988 und an den folgenden Tagen bei einem Angriff von sechs äthiopischen MIG-Düsenjägern auf eine Ortschaft mitten im eritreischen Tiefland miterlebt. Diese Jagdbomber warfen am Nachmittag eines heißen Sommertages ihre Bomben über der Zivilbevölkerung von Afabet ab, nicht über einer Kaserne oder einem Waffendepot. Drei Stunden lang hatte ich vorher das Städtchen Afabet durchstreift. Die äthiopische Armee war einige Wochen zuvor vertrieben worden, die Kaserne gähnend leer, Truppen oder Soldaten der EPLF waren nicht zu sehen, sie wurden auch alle an der Front gebraucht, die jetzt schon bei der Stadt Kerem lag. Ab 15.20 Uhr gingen die ersten Cluster-Bomben auf die Ortschaft nieder. Ich erinnere mich so genau an die Zeit, weil wir in dem Haus, in dem wir die Mittagsruhe hielten, zufällig auf die Uhr schauten. Gegen 16 Uhr wollten wir mit den beiden Geländewagen weiterfahren und hatten die Fahrer losgeschickt, um die Wagen zu holen, die im benachbarten Wäldchen standen. Genau in dem Moment raste ein Jagdbomber auf den Ort nieder, ein zweiter folgte, ließ eine Bombe fallen und zog wieder steil nach oben. Dann kam der dritte Bomber mit ohrenbetäubendem Jaulen. Schon brannten ein paar Häuser lichterloh. Ich hatte instinktiv im Sand an dem kleinen Hügel Deckung gesucht und war sicher: das ist das Ende meines Lebens.

Den ganzen Tag über hatten wir im Sonnenlicht in großer Höhe zwei dieser Jagdbomber am azurblauen Himmel mit bloßem Auge erkennen können. Wir waren hierher gekommen, weil es der EPLF gelungen war, das Städtchen Afabet zu erobern und die äthiopische Armee von dort zu vertreiben. Daß sie Afabet mit einem Riesenarsenal an Waffen erobert hatten, verstärkte die Aussicht darauf, daß es den Eritreern gelingen würde, die Armee des Mengistu Haile Mariam zu besiegen. Sie hatte nicht nur die 100-mm-Luftabwehrgeschütze erbeuten können, sondern auch drei sowjetische Offiziere gefangengenommen. Unnachgiebig bestanden die Eritreer darauf, nur direkt mit Moskau über die Freilassung der drei Offiziere zu verhandeln.

Zunächst fanden sich zehn Tote; bis zum Ende des Tages trug man die zerfetzten, oft noch rauchenden Leichen zusammen – es waren zwanzig –, darunter ein Baby, verrußt, mit Blutspuren an Kopf und Armen, das erstaunlich friedlich da lag. Daneben lag der Körper einer Frau, schon in ein Leinentuch gewickelt, nur das schöne, schmale dunkle Gesicht ragte mit geschlossenen Augen aus dem Tuch hervor. Diese Frau, so sagte man uns, war von einer Bombe regelrecht in zwei Teile zerrissen worden, die Eingeweide quollen an Brust, Bauch und Bein aus dem Körper heraus, ein Anblick, wie der Phantasie eines Wahnsinnigen entsprungen.

Zwei Stunden dauerte der Bombenangriff. Die Menschen machten sich um 18 Uhr, eine halbe Stunde vor Einbruch der Dunkelheit in diesem Teil Afrikas, auf den Weg, mit dem wenigen Hab und Gut, das sie hatten, zu Fuß, auf Kamelen oder Eseln. Ein großer Treck.

Als wir uns neben dem Treck der etwa 5000 Menschen auf den Weg nach Norden, in Richtung der befreiten Zone, aufmachten, tauchten die MIG's mit ihrem verstörenden Jaulen wieder auf. Sie schossen im Tiefflug, hatten offenbar schnell das Licht in unseren beiden Geländewagen ausgemacht, schon fielen die Bomben. Laut unseren Begleitern hatte es so etwas noch nie gegeben, denn nach Einbruch der Dunkelheit war man eigentlich vor Angriffen aus der Luft sicher. Es gab große Flächenbrände, Napalm-Brände, die die Gegend weithin erhellten und die Landschaft in ein blutrotes Licht tauchten. Ich ging wie in Trance weiter, marschierte, ohne zu spüren, daß ich einen Fuß vor den anderen setzte.

Später, als wir Menschen aus Afabet begegneten, fragten wir sie nach der Eritreischen Hilfsorganisation ERA. Noch später, schon an der Zufahrt zu dem Ort Nacfa, kamen uns leere LKWs entgegen. Goytom, der hagere Mitarbeiter der ERA, unser Begleiter von der Eritrean Relief Association sagte uns, man habe noch von Afabet aus per Funk LKWs angefordert, um diesen Menschen, insbesondere den Frauen und Kindern, den langen Fußmarsch zu ersparen.

Wir waren ja hierher gekommen, um etwas für die Eritreer zu tun. Ich wollte mir zunächst ein Bild von den Möglichkeiten der Logistik und der Medizin machen, dann wieder in den Sudan zurückkehren, um von dort aus einiges zu organisieren. Aber jetzt hatte sich unser Weg geändert. Auf Umwegen kamen wir zum Hauptquartier der EPLF, das auf halber Strecke bei Sheab zwischen Afabet und Nacfa lag. Der legendäre Isayas Afeworki empfing uns, seit 1993 der gewählte Präsident der Eritreer, der dieses Amt bis 2001 innehaben sollte. Goytom und seine Anhänger in der Blockhütte waren von der Gerechtigkeit ihrer Sache und von ihrem Sieg derart überzeugt, daß es – falls erforderlich – nur den USA und Rußland gemeinsam gelungen wäre, sie zu stoppen. Völkerrechtlich hatten die Eritreer eine gute Grundlage. «We have a just case», sagte mir Goytom immer, wenn wir abends zusammensaßen und er im Zelt seine Beine ausstreckte. Es waren die

USA, die seinerzeit so eng mit Äthiopien verbunden waren, daß ihr Ziel, Eritrea nicht in die Unabhängigkeit, sondern nur in eine «autonome Einheit», in lockerer Föderation mit der äthiopischen Krone, zu entlassen, deutlich wurde. Doch Haile Selassie hatte bis zuletzt auf der «Wiedervereinigung» mit dem «Mutterland» beharrt und den Föderationsvertrag nur widerwillig unterzeichnet. Vom September 1952, als man diesen Vertrag mit der UNO unterschrieb, bis zum November 1962 war die Autonomie Eritreas regelrecht aufgehoben.

Von Deutschland aus hatten wir der Regierung in Addis Abeba angeboten, ihr 15 LKWs der besten Klasse zu schenken. Die einzige Bedingung, die wir daran geknüpft hatten, war, daß die Fahrzeuge nicht militärisch eskortiert würden, sie sollten allein der Hilfstätigkeit nutzbar gemacht werden. Auf diese Bedingung ging die äthiopische Regierung nicht ein. Deshalb haben wir zehn dieser LKWs der EPLF und fünf der TPLF zur Verfügung gestellt. Kurz bevor ich zu meiner Mission aufbrach, fertigten wir die zehn LKWs im Hamburger Hafen für Port Sudan mit Transfer-Papieren für die Eritrean Relief Agency ab.

Eritrea hatte den eigenen Befreiungskampf im Laufe von 27 Jahren unter schmerzlichen und blutigen Lernprozessen durchgemacht – über ein Vierteljahrhundert, in dem die Eritreer, mit Beginn der Kolonialisierung, endgültig zur Nation zusammengeschweißt wurden.

König Menelik überließ 1890 den Italienern das Gebiet, das damals schon Eritrea hieß, als Kolonie. Aber in seiner Verblendung stieß Italien weiter vor und wurde 1896 schmählich bei Adua besiegt. Menelik entschädigte sich für Eritrea, indem er das Ogaden-Hochland für sich in Anspruch nahm, das mehrheitlich von Somalis bewohnt war, und verleibte es seinem Land – Äthiopien – ein. Diese Grenze, die gewiß weiterhin umstritten sein wird, hat bis über das Ende des 20. Jahrhunderts hinaus immer noch Bestand.

Nach der Eroberung Äthiopiens durch Italien unter Mussolini ging Kaiser Haile Selassie nach London ins Exil und kehrte nach dem Zusammenbruch der italienischen Herrschaft 1941 mit britischer Unterstützung zurück. Eritrea war bis dahin eine gleichsam eigenständige Kolonie, in der Italien überraschend viel getan hatte. Doch nach dem Zweiten Weltkrieg beschloß die UNO, in der

Periode der Treuhandschaft und der beginnenden Unabhängig-
keitsbestrebungen einzelner Staaten, die Selbständigkeit des eritreischen Volkes anzuerkennen, allerdings mit der Bedingung:
«verknüpft mit dem äthiopischen Staatsverband».

Der Befreiungskampf begann in dem Augenblick, da Eritrea
mit Äthiopien eine Föderation eingehen sollte. Die UNO-Resolution Nr. 390 vom Jahre 1952 versprach Eritrea innerhalb der Konföderation mit Äthiopien immerhin eine eigene Flagge, eine eigene Hymne und die eigene Sprache für das «eritreische Volk».
Daß Eritrea damals nicht die volle Unabhängigkeit zugestanden
wurde, war auf die USA und den damaligen Außenminister John
Foster Dulles zurückzuführen. Der wichtigste Partner für die
USA in Afrika im Ost-West-Konflikt war Äthiopien mit Kaiser
Haile Selassie. Für alle drei italienischen Kolonien – Libyen, Somalia, Eritrea – wurde eine UNO-Treuhandschaft bestimmt. Libyen und Somalia wurde schon sehr bald die volle Souveränität
zugestanden. Für Eritrea setzte man eine Untersuchungskommis-
sion ein (Birma, Guatemala, Pakistan, Südafrika, Norwegen), die
mehrheitlich für die lockere Konföderation mit Äthiopien votier-
te. Gestützt auf den Rückhalt der USA, kümmerte sich aber Haile
Selassie nicht um die UNO-Resolution und verleibte sich schon
bald Eritrea als 14. Provinz Äthiopiens ein.

Es begann ein fast dreißig Jahre währender Krieg. Der Befreiungskampf wurde jahrelang von zwei miteinander rivalisieren-
den, dann gegeneinander Krieg führenden Befreiungsbewegungen geführt, zwischen der Eritrean Liberation Front (ELF) und der
Eritrean People's Liberation Front (EPLF). Die ELF bezog ihre finanzielle Unterstützung und Rückenstärkung vorwiegend aus
den arabischen Ländern, die EPLF aus den kommunistischen Ländern und der Diaspora. 1972–1974 und 1980–1981 fanden regelrechte Bürgerkriege zwischen diesen beiden Organisationen statt.
Die ELF zerfiel in Fraktionen und wurde zerstört. Seit 1972 tobten
furchtbare Bruderkämpfe in Eritrea, die Bevölkerung kämpfte gegeneinander statt gegen den gemeinsamen Gegner in Addis Abeba. Die Regierung in Addis Abeba versuchte diese Gegensätze zu
schüren und die Differenzen zwischen den einzelnen Religionen
und Stämmen für sich zu nutzen.

In Eritrea ist eine der interessantesten Mischkulturen entstanden, befruchtet und befördert sowohl von islamisch-ägyptischen

als auch von christlich-koptischen Elementen. Die drei Millionen Eritreer sind jeweils zur Hälfte muslimisch und christlich. Die Bauern und Halbnomaden, mit denen ich 1988 in und um Afabet sprechen konnte, werden nie wieder für eine Vereinigung oder eine Konföderation mit Äthiopien votieren.

Der Krieg hatte das Land und seine Gesellschaft in einem Zustand der Dauermobilisierung gehalten. Der Gesundheitsbereich war so hoch entwickelt wie vielleicht in keinem anderen Land Ost- und Westafrikas. «We have to care for our people», sagte mir der Techniker des großen Labors, das sich in den letzten Jahren durch Solarenergie von der Dieselversorgung unabhängig gemacht hat.

Das Orota-Krankenhaus zu finden, war schon eine Überraschung. Man nannte es das längste Krankenhaus der Welt. Es ist 5 Kilometer lang, rechts und links erstrecken sich die einzelnen Abteilungen oder «Wards», die so gebaut sind, daß man sie aus der Luft nicht erkennen kann. Es ist ein Krankenhaus mit 1200 Betten. Zu unserem großen Erstaunen stellten wir fest, daß die Eritreer genügend Fachleute, Ärzte, Labortechniker, Röntgenologen und Krankenschwestern hatten. Zudem hatten sie eine eigene Medikamenten- und Infusionenproduktion aufgebaut, die sie bis 1988 zu 35 Prozent von der Außenwelt unabhängig machte. Sehr fortgeschritten waren sie vor allem in der Produktion von Infusionen unter strikten Sterilitätsbedingungen. Bei unserem Besuch in der Nacht wurde uns damals ein eritreisches Feldmikroskop vorgeführt, das alle modernen Mikroskope, die es bisher gab, bei weitem übertraf. Es funktionierte mit einer Batterie und konnte in der Hosentasche verstaut werden. Es konnte aber von der UN-Weltgesundheitsorganisation (WHO) nicht standardisiert und gefördert werden, weil es in einem Land und von einem Volk erfunden, entwickelt und patentiert worden war, das es eigentlich gar nicht gab. All das ereignete sich nachts während des jahrzehntelangen Kriegs. Der Tag wurde zur Nacht. Um 18 Uhr fingen die Ärzte an zu arbeiten, bis kurz nach Mitternacht. Denn man hatte immer wieder Angst vor den Radarpeilgeräten der MIGs der äthiopischen Luftwaffe. Die Eritreer zeigten uns nun die Räume, meist Container-Apartments, in denen blitzsaubere Autoklaven zur Sterilisierung von Wasser standen und in Betrieb waren.

An einem angenehm warmen, nicht mehr heißen Abend fuhren wir durch dieses große langgestreckte Hospitaltal. Dr. Haile Methsun, der Chef des Gesundheitsdienstes der Eritreer, empfing uns in der für Eritrea typischen unprotokollarischen Form. Er bat uns nur, Morphin- und Pethedin-Ampullen, Codein-Tabletten und Penthacucin-Ampullen für die Kriegsverletzten und die Operierten zu beschaffen, die unter furchtbaren Schmerzen litten. In den folgenden Wochen gelang es uns, seiner Bitte zu entsprechen – allerdings nur mit falschen Papieren, weil uns sonst am Flughafen Köln/Bonn oder in Khartum die Medikamente abgenommen worden wären.

In der Nähe des Orota-Tals besuchte ich auch die verborgenen Agglomerationen mit gefangenen Soldaten der äthiopischen Armee. Es waren aber eigentlich keine echten Gefangenenlager. Die Gefangenen mußten nicht bewacht werden. Sie hätten auch nach Hause gehen können, aber sie hatten Angst davor. Mit der EPLF hatten wir eine Aktion abgesprochen: Wir wollten die Aufmerksamkeit auf diese 16 000 Gefangenen lenken. Das Internationale Komitee des Roten Kreuzes wollte sich nicht einmischen, weil es beide Seiten als Verhandlungspartner brauchen würde. Beide Seiten, also Addis Abeba und die EPLF, müßten einer Rückführung der äthiopischen P. O. W.s zustimmen. Da aber Addis Abeba jeden Kontakt, auch den indirekten, mit den Eritreern verweigerte, kam es nicht zu einem Engagement des IKRK.

Ein Schiff wurde gechartert, die Danica Four. Am 15. Oktober ankerte sie an der Seeposition 18' 23" Nord und 36' 31" Ost. In der Zählung unserer «Barmherzigkeitsschiffe» ist die Danica die CAP ANAMUR IV. In diesen Tagen war es tropisch heiß, wie uns der Komitee-Arzt Winfried Rüger später erzählte, denn wir hatten nur über Schiffstelex Kontakt. Im Roten Meer herrschte eine besonders drückende, feuchte Hitze. Um zwei Uhr morgens konnte der Kapitän der Danica, Erik Quist, zwei kleine Punkte zuerst auf dem Radarschirm, dann mit dem Nachtsichtgerät ausmachen. Im Dunkel der Nacht fuhr ein kleines Kommandoboot der Danica entgegen. An Bord waren vier Menschen. Einer rief uns zu, er sei Ismael Mehamed, und kam über das Fallreep an Bord des CAP ANAMUR-Schiffes. Ismael sprach gebrochen englisch, blätterte in seinem Notizbuch und fand dort zwei Namen «Neudeck» und

«Quist». Dann gab es das vereinbarte Losungswort: «Moses».
Nach kurzer Zeit schon kletterten er und zwei Begleiter wieder in
ihr Boot, warfen den Motor an und verschwanden. Das Boot gehörte
zu den Seestreitkräften der EPLF. Die beiden Fremden sollten mit
dem Kapitän und mit Winfried Rüger die Bedingungen der Aufnahme von 127 äthiopischen Kriegsgefangenen aushandeln.

Drei Tage später tauchten zwei Sturmboote aus der Dämmerung auf. Diesmal hatten die Soldaten eine Barkasse in ihrem Gefolge, und alle drei Boote waren voller Menschen – mit den besagten 127 äthiopischen Kriegsgefangenen. Einige von ihnen befanden sich schon seit sieben Jahren in der Hand der EPLF. Als
diese 127 Menschen endlich nach einer Stunde alle an Bord waren,
bestätigte unser Teamleiter Rüger die Übernahme auf einem Brief-
bogen des Komitees und mit einem Stempel, den er eigens für
diese Formalität mitgenommen hatte. Die Soldaten der EPLF waren froh, daß es nun mit einer Woche Verzögerung doch geklappt
hatte. Sie nahmen sehr bewegt von den Gefangenen Abschied,
klopften ihnen auf die Schulter, gingen dann hinunter, winkten
noch einmal. Keine Spur von Haß.

An Bord fielen alle erst einmal auf die Feldbetten. Zwei junge
Burschen, 16 oder 17 Jahre alt, hatten hohes Fieber. Der äthiopische Arzt Ashebir, den Winfried gleich herausgepickt hatte, ver-
mutete Malaria. Ansonsten war der Gesundheits- und Ernährungszustand der 127 Ex-Gefangenen eher gut, wie uns Rüger in
einem Telex mitteilte, das uns am nächsten Tag, dem 21. Oktober,
in Troisdorf erreichte. Aber es gab auch Ausnahmen. Einige waren
unterernährt: Ihre Extremitäten waren klapperdürr, ihre Wangen
eingefallen. Bei einem Jungen diagnostizierte Rüger Tuberkulose.
Er wog gerade einmal 25 Kilo und bestand nur noch aus Haut
und Knochen.

Am nächsten Morgen wurde in der Kombüse das Frühstück
hergerichtet: Haferflocken, Wasser, Öl und mit Bohnen gefüllte
Pfannkuchen, wie beim äthiopischen Nationalgericht Jnjera. Die
aus Milchpulver angerührte Milch war für unsere Geschmacks-
nerven unerträglich süß.

Am Nachmittag kam die CAP ANAMUR IV in schwere Gewässer bei Windstärke 7. Die nächsten sechs Stunden an Bord ging es
sehr stürmisch zu, die meisten Insassen, die nie auf See gewesen
waren, wurden seekrank.

Winfried Rüger berichtete später: «Manche von den Gefangenen sind irgendwann vor Jahren in Äthiopien zwangsrekrutiert worden, sie wurden dann zur Frontlinie gekarrt, kamen in Gefangenschaft. Jetzt wurden sie vor zwei Tagen ins Orota-Tal gebracht, und von dort zur Küste. An der Küste mußten sie zum ersten Mal in ihrem Leben in ein Schnellboot steigen. Mit größter Angst nur ließen sie sich darauf ein, in ein größeres Schiff umzusteigen. Wir haben sie gefragt, ob sie nach Djibuti, in die Bundesrepublik oder einfach nach Hause wollten. Alle wollten nach Hause. Sie wußten offenbar auch nicht, wo Djibuti, wo Deutschland liegt. Doch was sie in Äthiopien erwartet, das wissen sie schon. Haile Mariam Mengistu hält alle, die sich gefangennehmen lassen, für Fahnenflüchtige. Nach einigen Minuten ist der Tee fertig, das bringt sie wieder auf die Beine. Ein älterer Gefangener sagt, er könne Englisch, beantwortet aber alle Fragen mit Yes, das heißt: er kann kein Englisch. Alle Männer, zwischen 19 und 59 Jahren, werden fotografiert. Mit dieser Art von Passfotos, die Jürgen Escher macht, stellen wir ihnen provisorische Ausweise her. An Bord kommen langsam Gespräche in Gang: Abeba, 26 Jahre alt, war 19, als er in Gefangenschaft geriet. Die Gefangenschaft sei erträglich gewesen, erzählt Abeba, der fünf Geschwister hat, die immer Hunger hatten. Es habe an Lebensmitteln gefehlt, die Eritreer hätten selbst nicht genug gehabt, viermal habe es in den sieben Jahren Fleisch gegeben. Viele seien an Malaria gestorben. Er habe nie Kontakt zur Heimat gehabt. Nach sieben Jahren würden sie ihn zu Hause bestimmt für tot halten. Er weiß nicht, ob er sich auf die Rückkehr freuen soll, denn er weiß nicht einmal, ob seine Familie noch am selben Ort wohnt.»

Am 25. Oktober waren wir vor Djibuti auf Reede. Die Repräsentanten von Immigration, Quarantäne, Nationaler Sicherheit gingen gleich an Bord. Auch der deutsche Honorarkonsul M. Guichiny ließ sich blicken, während der äthiopische Botschafter noch von seinem Boot aus zu verhandeln begann. Doch die Behörden gaben uns die Hafeneinfahrt noch nicht frei. Wir warteten an Bord auf eine Nachricht des deutschen Auswärtigen Amtes.

Erst am übernächsten Tag erklärte sich Äthiopien – offenbar nach langen Verhandlungen zwischen Bonn und Addis Abeba – bereit, die Kriegsgefangenen wieder aufzunehmen. Gleich an der Hafenmole stand ein kleiner Zug mit drei Waggons, in welche die

127 Menschen geführt wurden, die jetzt, auf dem Weg in ihre Heimatdörfer, alles mitnehmen durften, was sie an Bord bekommen hatten.

Vierundzwanzig Stunden nach der gelungenen Übernahme machten wir dem Auswärtigen Amt Mitteilung von dieser Aktion: Es sei eine Rettungsaktion gewesen, andernfalls hätten wir die an Bord genommenen Äthiopier wieder in Eritrea an Land setzen müssen.

Beabsichtigt war, die übrigen 16 000 Gefangenen (wahrscheinlich waren in den letzten Kriegsmonaten noch viel mehr festgenommen worden) auch möglichst bald aus dem unfreiwilligen Exil im Orota-Tal zu befreien. Leider war das damals noch nicht möglich. Niemand weiß etwas über den Verbleib dieser Menschen.

Die Hafenstadt Massawa fiel in den Tagen vom 8. bis 11. Februar 1990 in die Hände der EPLF. Damit war eigentlich das Ende des Regimes von Mengistu Haile Mariam besiegelt. Die EPLF erklärte später, der Hafen sei instandgesetzt, und bat die UNO und die Weltgemeinschaft um Hilfe für ihre notleidende Bevölkerung.

Die äthiopische Regierung kümmerte sich weder um die Notlage noch um den Hilfsappell. Sie bombardierte mehrmals die Stadt, wobei über hundert Menschen ums Leben kamen. Doch die Mengistu-Regierung konnte das Steuer nicht mehr zu ihren Gunsten herumwerfen und kämpfte nun mit dem Rücken zur Wand. Mengistu hatte sich schon einige Devisenbestände und Gold aus der Zentralbank in den Koffer gepackt, um im entscheidenden Moment nach Harare zu fliehen. Besonders niederträchtig war es, Bomben auf die Lagerhäuser am Hafen niederzuwerfen, in denen 25 000 Tonnen Nahrungsmittel des World Food Programme (WFP), des Welternährungsprogramms der UNO, lagerten und nun verbrannten, während in der Stadt die Menschen verhungerten.

Deshalb entschloß sich CAP ANAMUR im März 1990 zu einer Aktion. Ein Schiff voller Nahrungsmittel sollte den Hafen Massawa für die Hilfsgütertransporte öffnen. Auch in Addis Abeba hatten wir angekündigt, daß dieses Schiff jeder Inspektion auf hoher See und vor dem Eingang zum Hafen in äthiopischen Gewässern geöffnet werden würde. Wir konnten nicht warten, bis die Straßenverbindungen für die LKWs von Port Sudan oder von Djibuti wieder offen waren, denn bis dahin wären Tausende von Eritreern verhungert.

Es wurde das letzte Gefecht des verruchten Regimes von Mengistu Haile Mariam. Bernard Kouchner, der alte Mitkämpfer für die Bootsflüchtlinge im südchinesischen Meer, war unter François Mitterrand «Staatssekretär für humanitäre Aktionen» in der französischen Regierung geworden. Er hielt sich genau zu der Zeit in Addis Abeba auf, als das Schiff Kurs auf Massawa nahm. Vergeblich versuchte er, Mengistu von der rein humanitären und unpolitischen Mission zu überzeugen. Die äthiopische Regierung drohte an, das Schiff zu bombardieren oder torpedieren, wenn es in die Hoheitsgewässer Äthiopiens (später Eritreas) einfahren sollte. Wären wir in Massawa eingelaufen, dann wäre die Aktion mit Sicherheit gescheitert. Deshalb trafen wir eine klare Entscheidung: Das Schiff mußte nach Port Sudan abdrehen.

Daß der Hunger im Land nicht unter humanitären Gesichtspunkten, sondern als politisches Druckmittel gesehen wurde, zeigte die Gipfelkonferenz Anfang Juni 1990 in Washington zwischen dem damaligen Präsidenten George Bush und dem sowjetischen Präsidenten Michail Gorbatschow. Man diskutierte auch den Skandal der Weigerung, das deutsche Schiff CAP ANAMUR mit Nahrungsmitteln in den Hafen einfahren zu lassen. Die Chefs der Supermächte appellierten noch einmal an die Regierung in Addis Abeba, den Hafen von Massawa zu öffnen. Erst dann gab die Regierung kleinlaut nach und öffnete wenige Tage später – Mitte Juni 1990 – den Hafen von Massawa für die humanitären Lieferungen. Unser Schiff, die CAP ANAMUR V, drehte ab. Nach langer Wartezeit vor Port Sudan konnten die Eritreer alle Hilfsgüter in Empfang nehmen.

«Nächstes Jahr in Asmara!» Dieser Satz, den alle Eritreer immer wieder im Herzen, manchmal auch auf den Lippen hatten, wurde für sie zur Verheißung. 1991 war der Wunsch politische Realität geworden. Ich saß im Flugzeug nach Asmara. Das Land hatte zwar noch kein eigenes Flugzeug, aber die Maschine wie auch die Rolltreppe schmückte schon die stolze Bezeichnung Eritrean Airlines. Als die Maschine der Ethiopian Airways zur Landung ansetzte, ertönte ein vielstimmiges Rufen, Singen und Freudenge-

kreische. Alle Passagiere waren Rückkehrer, Eritreer aus der Diaspora. Während sie erwartungsvoll, fast gierig durch die Bullau-
gen auf die satte Landschaft um ihr Asmara hinunterschauten,
konnten sie ihre Erwartung nicht mehr zügeln: «Dieses Jahr in
Asmara!» Immer tiefer senkte sich die Boeing 707 auf das nach
einem satten Regen paradiesisch uns entgegenleuchtende Eritrea.

Gleich nachdem ich aus dem Flugzeug ausgestiegen war, zupf-
te mich jemand am Ärmel. Es war Ghirma, den ich drei Jahre
zuvor im «Feld des Befreiungskrieges» kennengelernt habe. Ghirma war jetzt – im neuen befreiten Eritrea – offiziell Protokollchef
der eritreischen Regierung geworden. Diese Funktion übte er im
Grunde auch schon vor drei Jahren aus, denn er war zuständig
für die Auswahl unserer Begleiter, wenn wir durch das Land reisten. Damals war das für uns notwendig; heute, nach der Befreiung, könnte mich die EPLF eigentlich ohne Protokoll-Begleiter
durch die Stadt fahren lassen.

Wir fuhren zum Amba Soira Hotel, wo auch das staatliche Protokoll mit Ghirma seinen provisorischen Sitz hatte. Asmara übertraf an Schönheit Accra und Addis Abeba, andere schöne Städte
Afrikas, die ich kannte. Am Abend war die ganze Bevölkerung
unterwegs, um auf der Hauptstraße so gemächlich zu flanieren,
als müsse man genießerisch nachholen, worauf man dreißig Jahre
lang gewartet hatte.

Wenn man vom hochgelegenen Asmara hinunter nach Massawa an die Küste des Roten Meers fährt, führt der Weg in berau-
schend schöner Landschaft über eine Serpentinenstrecke. In immer neuen Landschaftsbildern, nach Biegungen, hinter Berggip-
feln, Schluchten und Tälern bietet diese Fahrt ein überwältigendes
Schauspiel.

Überall waren ehemalige Guerilleros der EPLF an der Arbeit zu
sehen, als Bauarbeiter, als Steineplanierer, beim Aus- und Auffül-
len von Schlaglöchern, beim Teeranrühren. In einem Dörfchen
kurz vor Massawa hielten wir an und rasteten an einer Straßen-
biegung unter einem riesigen Baum mit großen Jahrhundert-
ringen und gewaltiger Krone. Er war von Holzkisten umstellt, die
wie Munitionskisten aussahen und von einem hohen Zaun umgeben waren. Beim Nähertreten erkannten wir das Grauen des
vergangenen Krieges: In den Kisten lagen statt Munition und
Waffen menschliche Skelette und Knochen. Von denen, deren

Schädelknochen noch Militärmützen trugen, nahmen unsere Begleiter an, daß es sich um erschossene äthiopische Deserteure handelte.

Massawa, die alte, früher italienisch wirkende Stadt am Roten Meer, erinnerte mich an das helle Mogadischu vor dem Krieg und dem Untergang Somalias. Die Stadt trug die Wunden des vergangenen Krieges. Bei der Fahrt zum Hafen kamen wir an dem 600-Betten-Krankenhaus vorbei. Riesige Geier, die noch ein Aas witterten, hockten herum. Ein süßlicher Leichengeruch hatte sich ausgebreitet.

Verzweiflung und Hoffnung eng nebeneinander: Eine Zementfabrik in der Nähe wirkte fast wie ein Hoffnungszeichen. Seit wenigen Tagen hatte diese Fabrik die Arbeit wieder aufgenommen. Oft hatte man mir erzählt, wie fähig und geschickt die Eritreer westliche Technologie adaptieren können. Hier konnte ich es in der Realität erleben.

Am Eingang der Zementfabrik war auf einem Sockel zu lesen, daß die deutschen Firmen Krupp und AEG hier vor zwanzig Jahren zusammengearbeitet hatten. Während der Schlußphase des Kriegs war die Fabrik zerstört worden, nun war sie wieder in Betrieb mit einem Ausstoß von zehn Tonnen Zement täglich. Unangemeldet konnten wir den Produktionsvorgang bis zum Verpacken der Zementsäcke verfolgen. Die Arbeiter befürchteten, daß ihnen bald bestimmte Mischstoffe und Rohmaterialien fehlen würden, beispielsweise Zementsäcke. Eritrea ist ja noch lange nicht in das internationale Netz des Welthandels eingebunden. Wie gern würden wir diese Zementfabrik den Experten von Krupp und AEG zeigen, um fachlichen Rat zu vermitteln! Ich ahnte damals noch nicht, wie schwer sich das stolze Eritrea mit den Helfern später tun würde, mit Beratern, Beobachtern und Gästen.

Für den Wiederaufbau war diese Zementfabrik von großer Bedeutung. Diese zehn Tonnen Zement waren für das Land mindestens genauso wichtig wie die 2000 Tonnen Nahrungsmittel, die täglich von Massawa in das Landesinnere gefahren wurden. Allerdings mußte vieles davon noch in den z. T. zerstörten Lagerhäusern am Hafen bleiben, da die EPLF nicht genügend Fahrzeuge hatte.

Kurz nach der Befreiung Eritreas kam ich nach Asmara. Wir hatten gedacht, daß wir nicht bloß als Helfer und Ausländer, sondern als Freunde und Mitkämpfer angesehen würden, als Menschen, die den Aufenthalt in Eritrea nur unterbrochen hätten und jetzt in das befreite Land zurückgekommen waren, um zu feiern. Doch in dem neuen Eritrea mißtraute man jedem Fremden, jedem nicht-afrikanischen Ausländer.

Dem Gesundheitsministerium hatten wir die Wiederinstandsetzung des Krankenhauses von Tessenie versprochen. Tessenie liegt im Westen des Landes, in der Nähe der Grenze zum Sudan. In der Anfangszeit war die Deutsch-Eritreerin Anna Morris im Auftrag des Komitees drei Jahre vor Ort. Dann beschlossen wir, eine zweite Krankenschwester dorthin zu schicken, weil sie die Arbeit in dem alten baufälligen Hospital nicht allein bewältigen konnte.

Warum gerade Tessenie? Während des Befreiungskriegs flohen mehrere Hunderttausend Bewohner Eritreas über die Grenze in den Sudan. Nach dem Krieg kamen zwar viele zurück, viele wurden aber auch von der sudanesischen Regierung abgeschoben. Viele Kinder waren krank und starben an Malaria, TB und anderen Mangelerkrankungen. Das alte, aus italienischer Zeit stammende Krankenhaus war nur noch eine Ruine, es mußte also wiederaufgebaut werden. Schwierig war der Transport der Hilfsgüter, denn von Asmara nach Tessenie gab es nur eine Straße in katastrophalem Zustand. Von dem auf 2400 Metern Höhe gelegenen Asmara bei einer Temperatur von möglicherweise null Grad fuhr man auf 600 Meter hinunter nach Tessenie, wo es 45 Grad im Schatten geben konnte.

Es war ein ehrgeiziges Projekt. Kam man mit dem Geländewagen oder einem LKW über Kerem nach Barentu und dann die letzten 60 km von Aicotat nach Tessenie, dann konnte man von Glück reden, wenn man keine Panne hatte und der Wagen nicht liegen blieb. Auf den letzten 60 km von Aicotat bis Tessenie hatte man verwitterte Steine von den nahen Hügeln zu einer Art Schotterpiste aufgefahren; das erlaubte eine Geschwindigkeit von 50 bis 60 km in der Stunde. Je mehr wir uns Tessenie näherten, umso heißer wurde es – die Nähe der Sudan-Wüste machte sich bemerkbar. Wir fuhren an den Ruinen des alten italienischen Polizeipostens vorbei. Eine Behelfsbrücke überspannte den Gash-Fluß. Nach einigen Kurven sahen wir plötzlich rechts die alte

Hospitalruine und dahinter das neue Krankenhaus. Wir hatten mit den eritreischen Ingenieuren und Architekten afrikanisch geplant und gebaut: Jede Station – die Kinderstation, die Isolierstation, die Innere Medizin – war in einem eigenständigen ebenerdigen Haus auf einem weiträumigen Gelände untergebracht. Hinzu kamen die Chirurgiestation, die Ambulanz, die Station für die Geburtshilfe und das Operationshaus mit zwei OP-Tischen.

Christian Harrsen erklärte uns, daß nicht das Bauen das Problem war, sondern die Logistik, d. h. die Versorgung der Baustelle mit Zement, Betonstahl usw. von Asmara aus. Ein LKW brauchte mindestens ein Tag, in der Regel eher zwei Tage für die einfache Fahrt.

Das Gesundheitsministerium hatte großzügig die zweite Krankenschwester genehmigt. Am 2. Juli 1995 flog ich mit dem damaligen deutschen Botschafter Horst Winkelmann von Addis Abeba nach Asmara. Wir nahmen auch Renate Landwehr mit, die Krankenschwester aus Deutschland, die Anna Morris in Tessenie unterstützen und ein zweites Team begründen sollte. Winkelmann hatte vorher den mit ihm befreundeten eritreischen Verteidigungsminister Sephat gebeten, für ihn (und folglich auch uns) eines der fünf Propellerflugzeuge bereitzustellen, die die Bundesregierung Eritrea geschenkt hatte. Es klappte. Dank des hervorragenden eritreischen Piloten flogen wir, entgegen der Warnung von Fachleuten, vom Flughafen Asmara. Wochen später fiel irgendjemandem auf, daß zum einen Renate Landwehr nicht den üblichen Weg über das Ministerium eingehalten hatte und zum zweiten ihr deutsches Approbationszeugnis über das Krankenschwesterexamen fehlte. Man setzte ihr so lange zu, bis sie wieder außer Landes war, um dann auf dem korrekten Weg – von Deutschland aus! – wieder einzureisen.

Es gelang uns einfach nicht, einen technischen Leiter für das Krankenhaus von Tessenie bei den Behörden durchzusetzen. Wir verhandelten stundenlang in Asmara, ich hatte den Botschafter Horst Winkelmann gebeten, als Jurist an diesen Verhandlungen teilzunehmen. Als wir aus dem kleinen Gartenhaus heraustraten, in dem wir drei Stunden die Formulierungen des Vertrags über die Errichtung und Finanzierung eines Hospitals in Tessenie durch CAP ANAMUR durchgesprochen hatten, sagte Winkelmann: «Wie schwer ist es doch, ein Geschenk anzunehmen!» So entstand die fast groteske Situation, daß das Krankenhaus nur von Deutschland aus betreut werden konnte. Christian Harrsen, den wir kennengelernt hatten, weil er seinerzeit die Zementfabrik in Massawa aufgebaut hatte, sollte das für uns übernehmen. Er sah also alle sechs bis sieben Wochen in Massawa nach dem Rechten. CAP ANAMUR hat mithin das Krankenhaus Tessenie nicht betrieben, sondern nur finanziert.

Das Krankenhaus von Tessenie, gebaut mit den Mitteln deutscher Spender, wurde während des äthiopisch-eritreischen Kriegs im Jahre 2000 neben zivilen Patienten auch mit verwundeten Soldaten belegt. Im Frühjahr 2001 gelang es, das Krankenhaus wieder allein für die Zivilbevölkerung zu öffnen.

9
Undercoverarbeit in Südafrika

Ankunft in Johannesburg: 1986 – In den Townships – Rekrutierung von Medizinern – Zusammenarbeit mit NAMDA

Mit klammen Händen habe ich 1986 am Jan-Smuts-Flughafen in Johannesburg meinen Paß herausgeholt, denn ich wußte nicht, ob ich auf der schwarzen Liste der Polizei stand. Zum Glück war das nicht der Fall. Ich fuhr sofort mit dem deutschen Diplomaten Fritz W. Ziefer nach Soweto zu einer Frau, die damals die überragende Persönlichkeit, die tonangebende «Königin» aller Schwarzafrikaner war: Winnie Mandela.

Mit der Arbeit konnte ich damals noch nicht beginnen, es mußte noch ein Jahr ins Land gehen. Erst 1987 wußten wir, daß es Gründe gab, die offizielle Akkreditierung zu umgehen. Und die Frage, ob das für unsere Hilfsaktionen funktionieren würde, ließ sich für uns Deutsche positiv beantworten. Wir hatten die Möglichkeit, als Touristen ohne vorher ausgestelltes Visum in Südafrika drei Monate zu leben und zu arbeiten.

Bei meinen ersten Besuchen bekam ich Kontakt zur Menschenrechtsorganisation Detainees Parents Defence Committee (DPDC), dem Verteidigungskomitee der Eltern von Inhaftierten. Diese Leute hatten in ihrem kleinen Büro in dem berühmten kirchlichen Khotso-Haus mitten in Johannesburg alle Daten über *incommunicado*-Inhaftierte zusammengestellt. Im Juni 1986 waren es an die 30 000 Menschen. Und da man die Brutalität, die heimliche und auch offene Folter in den Gefängnissen Südafrikas kannte, kam uns eine solche Zahl monströs vor. Seitens der Regierung hieß es: Unter den Bedingungen des Ausnahmezustands seien 8700 Personen inhaftiert worden.

Als ich das erstemal in Südafrika den Folgen der Apartheidpolitik begegnete, als ich zum erstenmal die getrennten öffentlichen Bedürfnisanstalten sah, «For Blacks only», «For Whites only», wurde mir ganz schlecht. Abends im Hotel hatte ich das dringende Bedürfnis zu duschen, ich fühlte mich einfach schmutzig.

Das Land war in zwei Teile geteilt: das Land der Weißen und das Land der Afrikaner. Auf den vorzüglichen, gepflegten, nur den Weißen vorbehaltenen Straßen konnte man vom Norden des Landes bis zur Küste und bis in den äußersten Süden, bis Kapstadt, fahren, ohne einen Schwarzafrikaner zu Gesicht zu bekommen.

Selten war eine Operation der Hilfsorganisation CAP ANAMUR von einem stärkeren Willen begleitet, symbolische Gesten neben tatkräftigem Handeln zu bieten, damit die Schwarzen spürten, daß es auch andersdenkende Weiße gab. Mit eigenen Ärzten wollten wir etwas in den Townships tun. Die Not-Ärzte von CAP ANAMUR hatten sich für diese Operation in Südafrika mit der französischen Organisation «Médecins du Monde» (Ärzte der Welt) verbündet. Wir hatten vor, ein gemeinsames Büro einzurichten und gemeinsame Teams von Ärzten und Krankenschwestern einzusetzen. Wir hatten uns auf die Bedingung eingelassen, illegal ins Land zu reisen. Illegal, aber legitim – illegal bezog sich nur auf die Form, inhaltlich war die Arbeit von der höchsten Legitimation getragen, die man sich vorstellen kann: Die europäischen Mediziner sollten den Schwarzen in schwerer physischer und akuter Not helfen und durch ihre Präsenz zeigen, daß es auch Weiße gibt, die anders dachten als die weißen Südafrikaner.

Pater George, den wir im Homeland Bophuthatswana zuerst aufsuchten, sagte, diese Form der Aktivität sei nicht zu überschätzen. Zum erstenmal wurden in der Ambulanz von CAP ANAMUR in dem kleinen Ort Katllehoum Schwarze, die zur Behandlung kamen, von einem weißen Arzt nicht – wie sonst üblich – in die hinterste Reihe gesetzt.

Die Lage war skandalös: Auf 480 Weiße kam ein Arzt, auf 90 000 Schwarze – ebenfalls ein Arzt. Darum beschlossen wir, im Gesundheitsbereich aktiv zu werden und gemeinsam mit den französischen Kollegen vier Projekte durchzuführen. Wir richteten kleine Kliniken oder Ambulanzen in unterversorgten Homelands mit Beteiligung der Bevölkerung ein. Wichtigste Aufgabe neben der medizinischen Versorgung der Menschen auf dem Land war die Ausbildung von Gesundheitsarbeitern, sogenannten «Health workers». Das war im Homeland Bophuthatswana leichter als in Kwandebeleland. Denn dort war der Versuch der Apartheidregierung, ein Gebiet aus kleinen Regionen zusammenzuwürfeln und daraus ein weiteres (fünftes) Homeland zu schneidern, am heftigen (und unerwarteten) Widerstand der schwarzen Bevölkerung gescheitert. So war die mobile Notversorgung im Kwandebeleland immer in Gefahr, von der Polizei gestoppt zu werden, weil der europäische Doktor kein «workpermit» hatte. Das war die systembedingte Schwäche des Repressionsapparats, der sich gegen die Schwarzafrikaner, die ANC-Kommunisten und «Gewaltverbrecher» richtete, nicht gegen uns Weiße. Logistisch gab es gleichwohl wenig Probleme. Man mußte keine Medikamentenlieferungen per Luft- oder Schiffstransport ins Land bringen, alles war in Südafrika direkt zu beschaffen.

Die formale Voraussetzung war nur das Touristenvisum für drei Monate, das bei einmaligem Verlassen des Landes, etwa nach Lesotho oder nach einem 48-Stunden-Aufenthalt in Gabarone, der Hauptstadt des nördlichen Nachbarlandes Botswana, wieder neu zu beschaffen war.

Die Rekrutierung der «richtigen» Mediziner für diese Arbeit war sehr schwer, zumal sie keine Sekunde unpolitisch war. Man konnte sich nicht hinter der spanischen Wand des Humanitären verbergen und so tun, als ginge die politische Lage einen nichts an. In Südafrika war man als Weißer durch seine schiere Existenz schon ein politischer Affront, wenn man von vornherein auf der Seite der Unterdrückten und Beleidigten stand. Man mußte sich jeden Morgen klarmachen, daß man nicht mit einer Regierung kooperierte, die verfassungsgemäß die Schwarzen niederhielt, demütigte, beleidigte, willkürlich behandelte, sie nicht Bürger, sondern allenfalls Mini-Citoyens werden ließ. Die Apartheid – das war die Quintessenz unserer Arbeit – kann nur ganz fallen oder muß bekämpft werden.

Gleichwohl leisteten wir ausschließlich humanitäre Arbeit; wir waren mit keiner Seite verbündet, weder mit der Regierung noch mit den politischen Bewegungen der Schwarzen. Gerade deshalb waren wir nur die Assistenten bedeutender und tapferer Partner im Lande. Nur wenn die große alternative südafrikanische Ärzteorganisation NAMDA (National Medical and Dental Association) die Aktivität von CAP ANAMUR für richtig und wichtig hielt, konnten wir kommen und unsere Hilfe anbieten. Nur wenn ein kirchlicher Partner, ein katholischer Orden, die evangelische Kirche vor Ort, eine Armenapotheke oder ein Hospital diese Hilfe wollten, konnten wir dort einsteigen.

Da ich nicht wußte, ob ich wieder nach Südafrika einreisen dürfte, hatte ich mich, bevor ich zurückfliegen mußte, mit Wolfgang Rennert getroffen, einem deutschen Arzt aus Berlin. Er hatte für CAP ANAMUR die Aufgabe übernommen, die Projekte zu koordinieren – inkognito. Wir hatten ein kleines Haus in Houston angemietet, das unverdächtig war, weil es im vornehmen Johannesburg lag. Im Juli 1987 war es bitter kalt, und abends saßen wir vor dem Kamin. Wolfgang Rennert hatte die Klinik in der Township Alexandra übernommen. Er ging jeden Morgen dorthin, kaufte Medikamente ein und führte auch kurative Behandlungen durch. Dort lernte er die Krankenschwester Bessie kennen und verliebte sich unsterblich in sie. In der Schlußphase der Apartheid zogen sie zusammen in ein Viertel, in dem zum erstenmal gemischtrassische Paare leben durften. Sehr beschämend für uns Deutsche war, daß Bessie nicht in Südafrika, nicht in Johannesburg erstmals als Schwarze angepöbelt wurde, sondern in Leipzig, als Wolfgang sie 1990 zu Besuch mit nach Berlin nahm, um ihr nach dem Fall der Mauer die neuen Bundesländer zu zeigen.

10

Afghanistan
Medizinische Arbeit im Kalten Krieg

In Paris mit «Aide Médicale Internationale»: 29. Januar 1983 — Im Büro der Partei Hezbi Islami in Bonn: Ende 1986 — Von Karatschi nach Peshawar, Beginn der Hilfsaktion: 2. April 1987 — Guerilla-Position Al Fatta an der Grenze zu Pakistan: 4. April 1987 — Nach 48 Stunden Marsch: Borgei im befreiten Gebiet — Die Impfkampagne in Nuristan: 1987 — Im Krankenhaus Qolijou: Ankunft 1. Mai 1988 — Beginn des Abzugs der sowjetischen Truppen: 15. Mai 1988 — Festnahme von zwei CAP ANAMUR-Ärzten: 7. September 1988

Am 29. Januar 1983 saßen wir in der Rue des Amadiers in Paris mit den beiden Chefs von «Aide Médicale Internationale» (AMI), Michel Bonnot und Antoine Augoyard. Da ratterte gegen 18 Uhr das Telexgerät: Der französische Arzt Philippe Augoyard war in der Provinz Logar bei einer Erkundungsmission für die «Aide Médicale Internationale» gekidnappt worden. Es war die erste Verhaftung eines Angehörigen einer medizinischen Hilfsorganisation durch die afghanische Regierung. Die Angelegenheit endete erst am 19. Juni 1983 mit der Freilassung Augoyards. Sie hatte auch nicht erst am 29. Januar 1983 begonnen, sondern bereits am 16. Januar.

«Aide Médicale Internationale» hatte den Zyklus der internationalen Organisationen durchbrochen. Als erste hatte sie beschlossen, auch im Winter in Afghanistan weiterzuarbeiten. Philippe Augoyard — wir hatten uns in den Jahren vorher bei einer Boatpeople-Konferenz in Paris kennengelernt — hatte sich mit seinem Führer und Dolmetscher, dem ehemaligen Studenten der Volkswirtschaft in Deutschland Nassir Farrouqui, aufgemacht und war einen ganzen Tag in der berüchtigten Ebene von Sajawand herumgeirrt. Eigentlich sollten sie dem Medikamentenkonvoi von AMI folgen, hatten aber die Spur verloren. Es war schwierig, sich in Afghanistan ohne Direktiven und Informationen zu bewegen. Der Arzt Werner Höfner, der Fotograf Jürgen Escher, der Kameramann Herbert Swoboda und ich sollten vier Jahre später diese Ebene in einem Gewaltmarsch durchqueren. Kabul kann man von hier im bleichen Mondlicht friedlich daliegen sehen. Damals sah man von sowjetischen Stellungen aus immer wieder Leuchtspurmunition ihre Lichtbögen ziehen.

Es gab Gerüchte über eine große, letzte sowjetische Offensive. Und sie begann bereits: Eine Flotte Kampfhubschrauber zog über die Ebene, und der AMI-Arzt und sein afghanischer Begleiter wären beinahe erwischt worden.

Der militärische Kommandant des Ortes, Mohammed Ullah, hatte die beiden Ärzte beschworen, sofort in Richtung Pakistan-Grenze zu verschwinden. Die beiden hatten seinen Rat nicht befolgt. Am Nachmittag mußten sie unter einem Felsen vor den Hubschraubern Deckung suchen. Dann zogen sie in den Markaz, weil immer mehr Geschosse einschlugen. Die Kämpfer, die Mudschaheddin, zogen sich weiter in die Berge zurück.

Nach einem weiteren Hubschrauberangriff waren die Russen – die Chouravi, wie der Mullah sagte, der dem französischen Arzt noch Gesellschaft leistete – plötzlich da. Der verhaftete Franzose wurde wie eine Kriegstrophäe in Kabul vorgeführt. Er kam zunächst in das Gefängnis Zadart, neben dem Poul i Charki berüchtigt für seine Folterverliese. Die Angehörigen, die Organisation und die französische Regierung gerieten in Panik. Ein medizinischer Helfer stand plötzlich in Kabul unter Anklage wegen «illegalen Eintritts in das souveräne Land Afghanistan und wegen Spionage für die CIA». Man begann, den Prozeß gegen ihn zu führen.

So viel zur Vorgeschichte. Ich hatte lange mit den Kollegen von AMI gesprochen, um zu erkunden, ob eine Operation von CAP ANAMUR in Afghanistan möglich wäre. Die Maxime «Und führen, wohin du nicht willst!» galt gerade für dieses geographisch und geophysikalisch so eigentümliche Land Afghanistan. Aber die bedrohliche Nähe des Himalaja und die Gebirgsregion waren das kleinere Übel verglichen mit den Problemen, die uns der Krieg der afghanischen Mudschaheddin gegen die damalige Sowjetunion brachte.

Schon im Januar 1980 hatte sich eine CAP ANAMUR-Hilfstätigkeit ergeben: Am dritten Weihnachtstag des Jahres 1979, nachdem wir gerade unser Schiff ins südchinesische Meer gebracht hatten, überfiel die sowjetische Armee Afghanistan, um das von der UdSSR gestützte Regime in Kabul gegen die Mudschaheddin zu verteidigen.

Ein afghanischer Arzt, Dr. Mohammed Nasseri, hatte uns in Troisdorf angerufen und um Hilfe gebeten. Mit unserer Unterstützung wollte er nach Peshawar gehen, um zu prüfen, ob er eine Basis aufbauen könnte, um seinen Landsleuten zu helfen. Damals schickten wir ein Team nach Pakistan, das aber auf der Basis von achtmonatigen Touristenvisa arbeitete und sich in den Lagern regelrecht verstecken mußte. Nach einem knappen Jahr mußten unsere deutschen Ärzte und Krankenschwestern die Arbeit abbrechen. Wir konnten aber all das, was wir schon vor Ort installiert hatten, die Ambulanzen, Zelte und Zarges-Boxen, Dr. Nasseri übergeben. Mit diesem Material und mit Finanzmitteln, die wir ihm zur Verfügung gestellt hatten, konnte er seine eigene Selbsthilfeorganisation aufbauen. Er gründete die Union Aid, die sehr eng mit CAP ANAMUR in Deutschland und mit der von einigen Bundestagsabgeordneten aller Parteien gegründeten Organisation HELP zusammenarbeitete.

Richtig begonnen hat unsere Arbeit erst im Februar 1987. Mit Franz Alt, dem Moderator von Report Baden-Baden, suchte ich die Vertretung der afghanischen Partei Hezbi Islami auf. Wir hatten beschlossen, gemeinsam einen Marsch aus dem Nachbarland Pakistan in das Land der islamischen Freiheitskämpfer zu wagen. Schutz für dieses waghalsige Unternehmen gab es nicht. Die sowjetische Besatzungsmacht war ebenso unerbittlich wie das Marionettenregime des Obersten Nadschibullah, wenn ihr jemand von der Helfergemeinschaft in die Hände fiel.

Die Vorbereitungen waren aufregend. Wir hatten die Hezbi Islami ausgewählt, weil uns der ortskundige Journalist und Reporter Peter Scholl-Latour geraten hatte, den Trip in die wilde und zerklüftete Politik- und Guerilla-Welt Afghanistans mit einer großen islamischen Bewegung zu machen.

Es wurde uns empfohlen, zwei Mitarbeiter der Hezbi Islami aus Deutschland vor Ort zu treffen. Man beschrieb uns den Weg, der uns zunächst nach Peshawar führen sollte, der großen Stadt im Westen Pakistans. Dort würden wir – gekleidet in Mudschaheddin-Gewänder, um als Ausländer nicht aufzufallen – in einem Büro der Hezbi Islami erwartet. Wir trauten aber unseren Ohren nicht, als am Schluß des Gesprächs der Sprecher des Büros, der in Hodscha-Manier mit einer angedeuteten Tonsur vor uns saß, fragte: «Sollen wir für euch einen kleinen Krieg vorbereiten?» Angesichts unserer Verblüffung traten die Hezbi-Mitarbeiter den Rückzug an. Sie sagten: «Ja, wir haben das doch nur gefragt, weil US-amerikanische Helfer und TV-Leute immer wollen, daß wir für ihre Kameras solche Scharmützel vorbereiten.» Wir schüttelten entsetzt den Kopf und schlichen uns davon. Aber dieses Gespräch gab uns einen Vorgeschmack auf das, was uns in Afghanistan erwartete: ein knochenharter Islamismus, den wir oft vorschnell als Fundamentalismus bezeichnen. In diesem Fall traf das sonst so inflationär gebrauchte Wort sicher mehr die Realität Afghanistans, als uns lieb war.

Die Abreise rückte näher. Wir würden in ein Land kommen, das die größte Fluchtbewegung seit dem Zweiten Weltkrieg erlebt hatte: Drei Millionen Afghanen waren nach Pakistan und eine Million in den Iran geflohen. Ich hatte mir an Bernard Kouchner, unserem Mitkämpfer aus der Zeit unserer Hilfsaktion für die vietnamesischen Bootsflüchtlinge 1979 und dem späteren Chef der UNO-Verwaltung im Kosovo, ein Beispiel genommen. Kouchner hatte mich sehr gedrängt, diese Reise zu unternehmen. Er war damals Präsident der neuen französischen Ärzteorganisation «Médecins du Monde». Als ich ihn in diesen Wochen in seiner Wohnung am Jardin du Luxembourg besuchte, erzählte er mir, er hätte vor seinem ersten Marsch nach Afghanistan mit einem Jogging-Training begonnen, um vor den jungen, kräftigen Mudschaheddin nicht schlapp zu machen. In Afghanistan mußten alle Strecken zu Fuß zurückgelegt werden, oft auch in der Nacht. Darum fing ich beizeiten an, mich fit zu machen, lief in die Felder hinaus, bis zu 4,5 Kilometer. Kouchner war allerdings ganz entsetzt darüber, als ich ihm erzählte, wir würden mit den Mudschaheddin der Hezbi Islami nach Afghanistan gehen. «Das sind alles *assassins*, Mörder. Gerade jetzt ist Amin Wardack in Paris. C'est un vrai ami, das ist ein wirklicher Freund!» Mit ihm sollte ich unbedingt sprechen und am 9. April 1987 nach Peshawar und Afghanistan gehen.

Die Partei Hezbi Islami hatte uns geraten, unverderbliche, feste

Kaloriennahrung mitzunehmen, die nicht viel Platz im Rucksack wegnähme. Müsli-Riegel und eine Thermoskanne für Wasser oder Tee waren das Wichtigste zum Überleben. Und natürlich auch warme Kleidung, Pelzmütze, Pelzjoppe, gefütterte Stiefel.

Am 2. April flogen wird über Karatschi nach Peshawar. Wir hatten drei Wochen Zeit eingeplant. Die Pariser Freunde hatten uns gewarnt und uns gesagt, man brauche unbedingt vier Wochen. Am 3. April kam unser deutsch-afghanischer Begleiter Karim Popal mit den auf dem Markt gekauften Mudschaheddin-Gewändern und legte sie uns auf das Nachtlager. Unter großem Gelächter zogen wir unsere Guerilla-Kleidung an: die leichte Pluderhose, dann ein Überhangkleid, den Pakol, darüber den Patou, den Deckenüberhang, den man wirklich brauchte, um sich gegen die grimmige Kälte in der Hochgebirgsgegend zu schützen, die wir in der Ebene von Peshawar nur ahnten.

Am 4. April frühmorgens kam der Ambulanzwagen des Saudi Red Crescent (Roter Halbmond) in den Hof des Hezbi-Gästehauses. Obwohl nur Werner Höfner Arzt war, gaben wir uns nun alle zur Tarnung als Ärzte aus. Wir bekamen einen arabisch geschriebenen Brief des Medizin-Beauftragten der Hezbi Islami mit, der den nachstehend genannten vier deutschen Ärzten bestätigte, daß sie unterwegs zu einem Engagement im Hezbi-Krankenhaus in Parachinar wären: Dr. Rupert Neudeck, Dr. Jürgen Escher, Dr. Werner Höfner, Dr. Herbert Swoboda.

Am 4. April zogen wir in die unmittelbare Grenzgegend nach Parachinar. Das war ein Platz, wo nach alter Tradition Gewehre und andere – ziemlich mittelalterlich aussehende – Waffen hergestellt wurden. In Parachinar mußten wir noch Pferde kaufen, denn der Weg war weit. In dem Krankenhaus lagen schlimm zugerichtete Menschen, von Flieger- und Splitterbomben verletzte, von Minen verstümmelte Kinder und Erwachsene. Uns wurde bewußt, daß nur ein geringer Teil dieser Opfer den Weg aus Afghanistan heraus schaffen konnte.

Zuerst verbrachten wir noch drei unruhige Tage in der Guerilla-Position der Hezbi Islami in Al Fatta. Al Fatta liegt direkt an der pakistanischen Grenze, aber territorialrechtlich schon auf afghanischem Boden. Durch diese Festung waren alle Journalisten und Helfer gekommen, die von der Hezbi Islami nach Afghanistan hineingeschleust wurden. Unserem Kameramann Herbert Swoboda erlaubten die Mudschaheddin, die Luftabwehrstellungen zu filmen. Wir wurden im Gästehaus untergebracht.

Wir mußten aber noch warten. Die uns begleitende Mudschaheddin-Gruppe war noch nicht da. Erst am zweiten Tag, am 6. April 1987, trafen zwanzig Gotteskämpfer und Kommandant Mustafa Bader ein. Bader war mir vom ersten Augenblick an sympathisch. Er benahm sich wie der treu sorgende Vater seiner meist sehr jungen Kämpfer, verteilte all die vierzehn Tage hindurch an sie bei den Rasten Fladenbrot, Käse, Rosinen und Wasser. Als er am Nachmittag unseren Raum betrat, vermittelte er uns das unmißverständliche Gefühl, von seiner Sache und der Befreiung seines Volkes und Landes von den gottlosen Sowjettruppen überzeugt zu sein.

Nachdem er uns gefragt hatte, ob wir noch den Abend und die Nacht durchmarschieren könnten, ging er zum Abendgebet. Doch nach dem Gebet stürmte er in unseren Raum und erklärte: Das ginge jetzt doch nicht. Wir könnten erst am folgenden Tag losmarschieren. An diesem Abend setzte schweres Geschützfeuer ein. Wären wir wie geplant um 19 Uhr losmarschiert, wären wir unter den Beschuß der sowjetischen Artillerie geraten. Also packten wir unsere Schlafsäcke aus. Bis weit in die Nacht aber sprachen wir mit Kommandant Mustafa Bader. Er kann ein wenig Englisch und Französisch. Da er sich als Jurist an der Universität Kabul auf französisches Recht spezialisiert hatte, konnten wir uns in entscheidenden Situationen auch auf französisch verständigen. Am Morgen des nächsten Tages hieß es, die Mudschaheddin hätten den ostdeutschen Piloten eines abgeschossenen Flugzeugs festgenommen. Man hätte ihn – um der Westdeutschen willen – gern schonen wollen, die Kämpfer seien aber von sowjetischen Truppen so bedrängt worden, daß sie den Ostdeutschen hätten hinrichten müssen.

Dann ging es los. Nach der kalten Nacht stiegen tagsüber in der Sonne die Temperaturen. Wir wurden zu dem Trupp der zwanzig jungen Kämpfer gebracht, die an einem Berghang fröhlich herumsaßen und ihre Waffen reinigten. Doch am Spätvormittag begann eine Bewegung im Luftraum, die uns nichts Gutes ahnen ließ. In der Ebene von Gavi, die wir zuerst durchqueren mußten, waren die Luftangriffe so heftig, daß wir unseren Aufbruch wieder verschoben. Wir sahen zum erstenmal sowjetische Flugzeuge in sehr großer Höhe, Antonows und Ilyuschins, die beim Fliegen Phosphorstreifen zur Störung der Lenkköpfe der Luftabwehrraketen abwarfen; diese Streifen glitzerten in der Sonne. Allerdings wußten wir noch nicht, daß genau in diesen Wochen die Mudschaheddin – und besonders die Favoriten der Hezbi Islami – von den USA Stinger-Flugabwehrraketen bekommen würden, die leicht zu bedienen waren, weil der Krieger sie nur über die Schulter zu halten brauchte und sie sich ihren Weg zu dem Flugzeug selbst suchten.

Doch dann um 18 Uhr: «Haraket!» Es ging los. Es regnete nun in Strömen, aber das war kein Hinderungsgrund. Kurz vor Mitternacht erreichten wir den steilen Chalcharki-Paß. Jeder von uns hatte einen Begleiter, der darauf achtete, daß wir uns bei den Strapazen des Fußmarsches nicht aus dem Blick verloren oder vor Erschöpfung stehen blieben und den Anschluß verpaßten. Popal legte den Zeigefinger auf den Mund: Durch die Schlucht, drei Stunden lang, sollten wir weder reden noch rauchen.

Wir durchquerten eine mondbeschienene Landschaft von betörender Schönheit. Als die Dämmerung begann, sahen wir vom Paß aus ein Schlößchen, das an die Zeiten erinnerte, als dieses Land für den Tourismus noch offen war. Wir kamen in ein Tal, wo ich mit meinem schweren Schuhwerk, wahrscheinlich aus Erschöpfung, ein paarmal ins Wasser tapste. Zum erstenmal erkannten wir, wie sinnvoll die Kleidung der Mudschaheddin war. In der Nacht schlugen wir uns in der Kälte den Patou, die Umhängedecke, um Kopf, Mund und Hals.

Vorsicht war geboten, denn bei solchen Märschen waren andere schon von den Agenten Nadschibullahs gefaßt und gefangen genommen worden. Am 8. April stiegen wir das Djodp-Gebirge hoch. Die Lebensbedingungen der dort verbliebenen Menschen waren karg und ärmlich. Die alten Handelswege funktionierten nicht mehr. Die Dorfbewohner lebten notdürftig vom Ertrag ihrer Felder und ihrer kleinen Viehwirtschaft, dazu litten sie noch unter den Schrecken der Militärmaschinerie der sowjetischen Truppen und Flugzeuge ebenso wie der Gotteskämpfer, die oft auch die Zivilbevölkerung nicht schonten.

Überall mußte Werner Höfner mit seiner ärztlichen Kunst, seinem Stethoskop und den wenigen Medikamenten Schmerzen lindern, Rat geben, Vertrauen aufbauen. Wir waren entschlossen, zwei Stationen im Innern Afghanistans einzurichten und zu versorgen. Maria Altstidl war parallel zu uns mit einer amerikanischen Ärztin, Dr. Kate Cita, unterwegs, um Kinder im äußersten Nordzipfel Afghanistans zu impfen. Wir hatten Maria nur kurz getroffen, hofften aber, sie nach unserer Rückkehr in Peshawar noch anzutreffen. Schon von Peshawar aus hatten wir Anweisung gegeben, ein Mediziner-Team zu rekrutieren und die erste Medikamentenlieferung fertigzustellen.

Der 11. April 1987 war ein entscheidender Tag. Wenn wir es in dieser Nacht nicht schafften, nach Baraki-Barak zu kommen – das war der Ort, wo wir mit CAP ANAMUR einen Gesundheitsposten einrichten wollten –, dann hätten wir die ursprünglich geplante Route nicht einhalten können. An diesem Morgen ließen wir uns in einem ausgebrannten Dorf auf einem Hügel von der Sonne wärmen. Da drang Lärm von schießenden Panzern und Hubschraubern aus der Ebene zu uns hoch. «Scheiße!» rief Karim Popal aus, «Die Russen haben unsere Treiber und Transportpferde geschnappt!» Einer der Späher war gerade über den Berg gekommen und hatte aufgeregt auf den Kommandanten eingeredet. Zum Glück war unser Transportpferd, das wir in Parachinar gekauft hatten, noch hinter uns. Werner Höfner merkte aber, daß sein Rucksack auf das andere Pferd neben die Panzerfäuste geschnürt worden war. Auf dem Rucksack war sein Name eingraviert – und vor Antritt der Reise hatte man uns gebeten, alle Pässe und Dokumente in Peshawar zu lassen. Wir mußten mit dem Kommandanten reden, denn die Russen waren nun im Besitz von zwei Transportpferden. Wir mußten sofort zurück in Richtung Grenze.

Shir Sinwallis und For Gangia, zwei Mudschaheddin, die als Vorreiter fungierten, waren gefallen – das waren die beiden, mit denen ich den besten Kontakt hatte. Während die Panzer schon den Berghang hochrasselten, mußten wir uns in einer Felsspalte verstecken, denn wir konnten erst in der Dunkelheit laufen, weil jetzt mit Hubschraubern nach uns gesucht wurde. Es waren bange drei Stunden in äußerster Anspannung. Als die Dämmerung nahte, brachen wir auf. Langsam wand sich unser Zug in das lange, von Geröll und Gletschermoränen angefüllte Tal, dann über die Pfade bis zur Paßhöhe von 4000 m. Dann folgte ein seichter, sich lang erstreckender Abstieg. Werner Höfner und ich erreichten als erste die Paßhöhe, die Kämpfer verrichteten ihr Abendgebet. Wir mußten noch einen zweiten Paß dieser Art überwinden.

Die Pferde brauchten nach sieben Stunden eine Hafermahlzeit. Nach neun Stunden Fußmarsch bestimmte Mustafa Bader um Mitternacht eine kurze Rast im Innenhof eines Hauses. Wir tranken heißen Tee und schliefen ein. Ich schlief nur anderthalb Stunden, aber ganz tief. Bader weckte dann sanft seine Kämpfer. Wir machten uns wieder auf den Weg, durchquerten große Schneefelder und stiegen steile Pfade hoch. Es gab auch Scheingipfel oder Truggipfel. Mit zunehmender Auszehrung unserer Kräfte setzten wir unser Vertrauen ganz auf die Mudschaheddin und unseren Kommandanten, aber auch deren Kräfte ließen rasch nach.

Irgendwann in der Nacht konnten die Pferde nicht mehr weiter. Sie hatten sich im Eis die Beine so aufgescheuert, daß sie eine Blutspur hinter sich ließen, der Schimmel versank bis zum Rumpf im Schnee und konnte nicht mehr aufstehen. Er mußte erschossen werden.

Als der Kommandant auf dieser Eishöhe vorschlug, ein Feuer zu machen und eine Weile zu rasten, geriet Werner Höfner in Panik. Er glaubte nicht mehr daran, daß wir lebend herauskämen. Eine Nach-uns-die-Sintflut-Resignation drohte uns zu erfassen. Gegen vier Uhr morgens krochen wir aus den Schneefeldern und stiegen wieder hinunter; gegen sechs Uhr sahen wir in der Dämmerung in weiter Ferne eine Ortschaft, aus der Rauch aufstieg. Der schnellere Tritt der Mudschaheddin schien darauf hinzudeuten, daß es sich um Borgei, das befreite Gebiet, handelte. Den Mudschaheddin war es gelungen, mit Hilfe von Luftabwehrgeschützen auf zwei umliegenden Bergen das Gebiet freizuhalten.

Es dauerte noch drei Stunden, bis wir Borgei erreichten. Zunächst wurden wir von den Bewohnern in die Moschee geführt, die mit Stroh ausgelegt und folglich angenehm warm war. Nachdem wir heißen Tee und etwas Brot zu uns genommen hatten, schliefen wir fest ein. Wenige Stunden später wurden wir auf die einzelnen Häuser verteilt, um etwas Kräftiges zu essen. Werner Höfner und ich kamen in ein einfaches, aber warmes und sauberes Haus. Die Familie sah uns voller Bewunderung an, die Frauen reichten uns selbstgebackenes Maisbrot, Honig, warme Milch und

Das deutsche Hilfsschiff
CAP ANAMUR I 1980 im
Chinesischen Meer. 9507
sogenannte «boat people»
werden gerettet: Von Nord-
vietnam vertriebene Süd-
vietnamesen und «Hoa»
(Auslandschinesen) flüch-
ten vor den Repressalien in
überfüllten Booten auf das
offene Meer.

Hoffnungsschimmer:
Flüchtlinge haben die
CAP ANAMUR entdeckt.
(Photo: © Gérard Klijn)

Glaube und Hoffnung liegen eng beieinander: Flüchtlinge aus den katholischen Enklaven Süd-Vietnams haben ihre Heiligenbilder mit gerettet.
(Photo: © Gérard Klijn)

Bis zur Bewußtlosigkeit erschöpft finden wir Menschen, die vier Tage und Nächte in einem dürftigen Fischerboot dicht aneinander gedrängt geflüchtet sind.

Nahrungsmittelverteilung nach der großen Dürrekatastrophe in Äthiopien/Lalibela. Ein wenig Bürokratie schützt vor Streit und Chaos – die Vergabe erfolgt nur an registrierte Bewohner. Das allerdings ist eine organisatorische Herausforderung! (Photo: © Jürgen Escher)

Die Transportmaschinen und Piloten der Bundeswehr sind uns eine wichtige Hilfe.

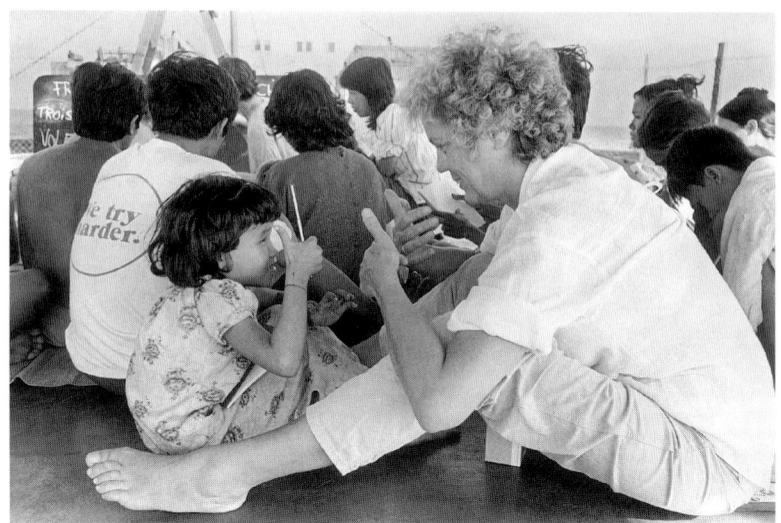

Vorbereitung auf die neue Heimat: Die Ärztin Uda Shibata bringt 1986
an Bord der CAP ANAMUR II einem vietnamesischen Flüchtlingsmädchen
die deutschen Zahlen bei. (Photo: © Jürgen Escher)

Englischunterricht im Transitlager Palawan (Philippinen).
(Photo: © Jürgen Escher)

Die Crew der CAP ANAMUR II und das Team der Deutschen Not-Ärzte 1986 von links: Friedrich Drenkhahn (1. Offizier), Dr. Francis Callot, Klaus Laubinger (1. Ingenieur), Ärztin Uda Shibata, Kapitän Max Behrens, Krankenschwester Marlies Winkler, Koch Franz Brendinger, Lothar Schwan (2. Ingenieur); sitzend von links: Peter Okroy (Decksmann), Mustafa Sahin (Decksmann), Phuong Doan Minh (Dolmetscherin), Volkmar Petschulat (Matrose), Tycho Heitmüller (2. Steuermann). (Photo: © Jürgen Escher)

Dramatische Rettungsaktion: Tycho Heitmüller (2. Steuermann) bringt bei Windstärke 8 Flüchtlingskinder an Bord. (Photo: © Jürgen Escher)

1987 Afghanistan/Provinz Logar: Sowjetische Hubschrauber greifen uns aus dem Hinterhalt an – drei von unseren Leuten kommen ums Leben. Wir flüchten in die Berge und müssen nachts einen fast unpassierbaren, schneebedeckten Viertausender überqueren. Die Packpferde brechen immer wieder im knietiefen Schnee ein. Wir müssen sie zurücklassen und unser Gepäck selbst schultern. (Photo: © Jürgen Escher)

1988 werden unsere Krankenschwester Lea Hackstedt und der Arzt Benno Splieth aus dem Not-Ärzte-Komitee CAP ANAMUR inhaftiert. Sie sitzen bereits über 50 Tage im Gefängnis von Kabul, ein Gesprächstermin für das Auswärtige Amt oder den dortigen deutschen Geschäftsträger wird verweigert. (Photo: © dpa/Achim Scheidemann)

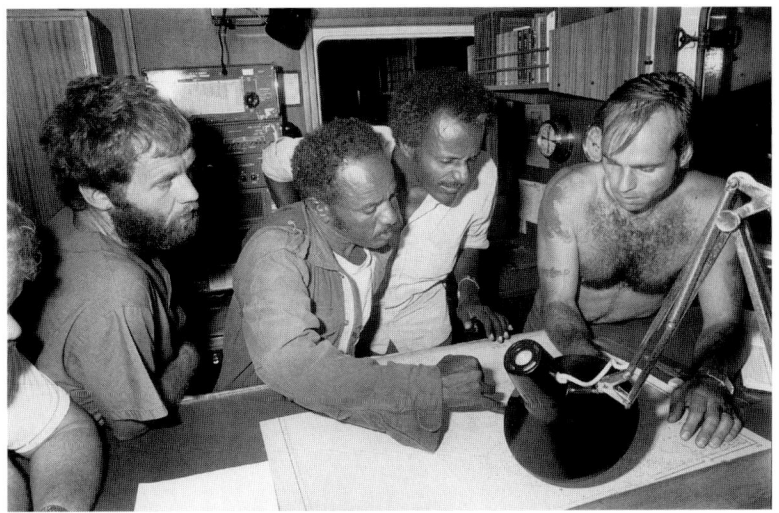

An Bord der CAP ANAMUR IV im Roten Meer: Koordinator Winfried Rüger, zwei Vertreter der E.P.L.F. und Kapitän Erik Quist (von links) vereinbaren einen neuen Standort. (Photo: © Jürgen Escher)

Nicht nur Koordinator, sondern auch Krankenpfleger: Winfried Rüger untersucht einen tuberkulosekranken Äthiopier. (Photo: © Jürgen Escher)

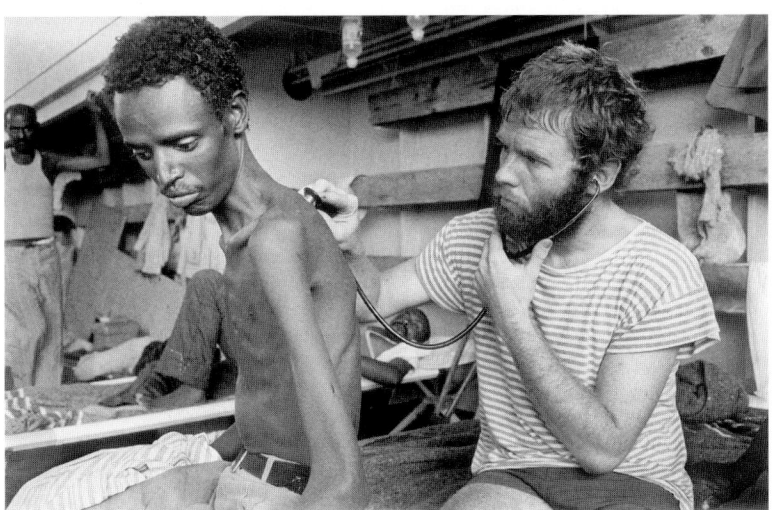

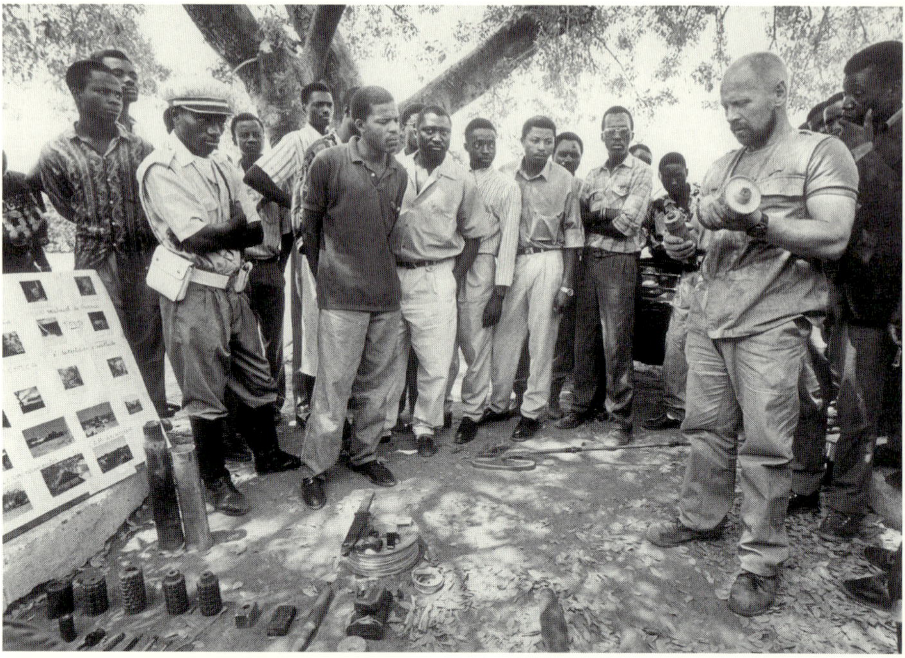

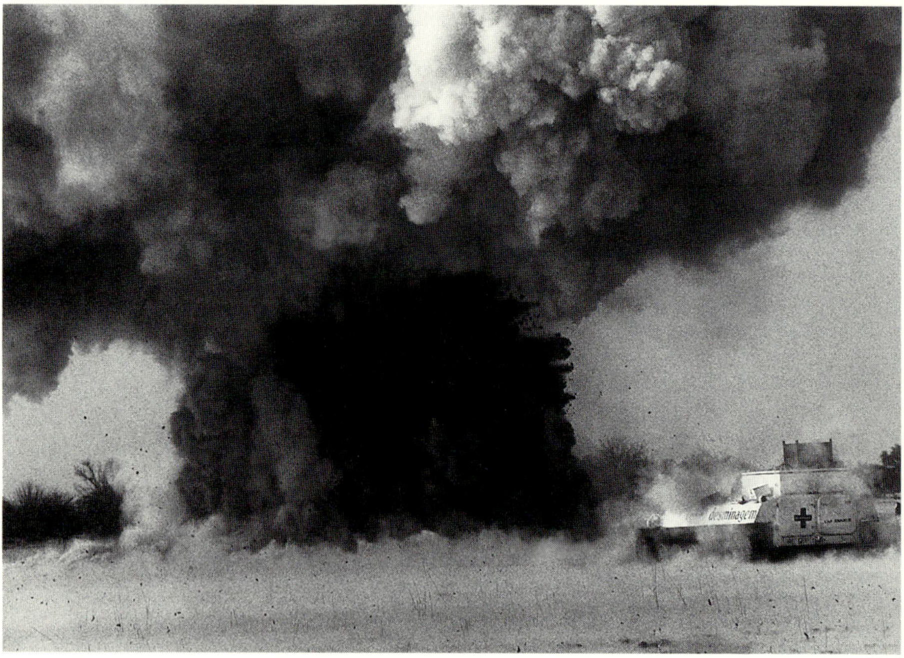
desminagem

Eines der vielen Minen-
opfer, aufgenommen
1994 im Hospital von
Chulu (Angola). Eine
«anti-personell-mine»
hat dem Jungen den
rechten Unterschenkel
weggesprengt. (Photo:
© Jürgen Escher)

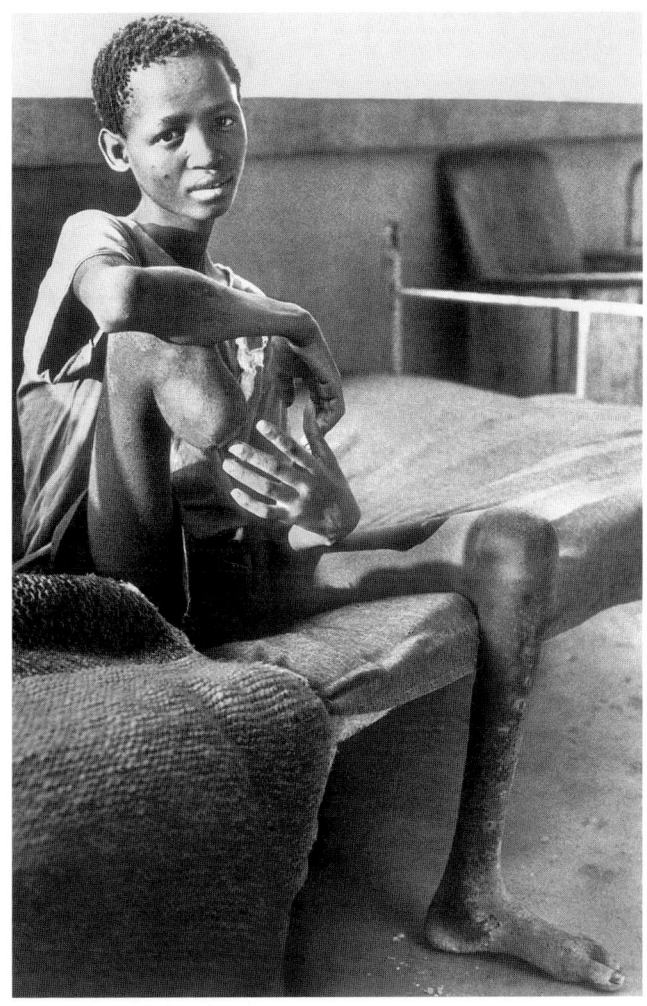

Linke Seite: Sprengmeister Uwe Silge vom Minenräumprojekt erklärt Bewohnern von
Xangongo (Angola) Aufbau und Wirkungsweise von Minen und Raketen und bringt
aufgespürtes Sprengmaterial vom Inneren eines Minensprengpanzers zur Detonation.
(Photo: © Jürgen Escher)

Ruanda/Gisenyi im
August 1994 kurz nach
dem Völkermord. Was man
hier nicht sehen kann:
Überall sticht uns betäu-
bender Leichengeruch in
die Nase, jeder Schritt
kann der Letzte sein:
Minen sollen im Gelände
liegen.

Darauf sind wir ein biß-
chen stolz: Im Stadtteil
Otes in Sarajewo ist eine
Straße nach uns benannt.

Haupttrakt der zerstörten Kinderklinik von Grosny vor dem Wiederaufbau und danach.

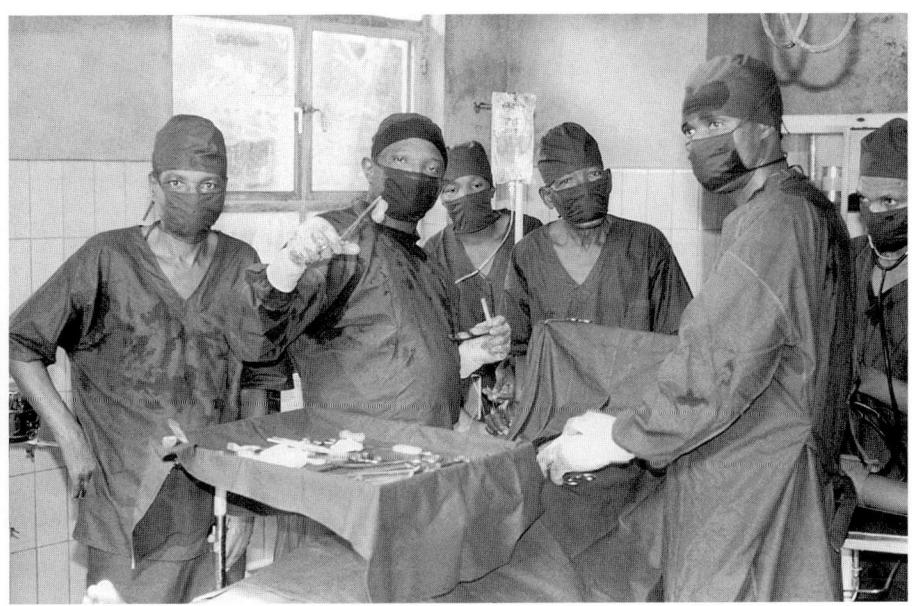

Freudige Überraschung 1998 beim Aufbau eines Hospitals und Op's im heutigen Kongo: Es gibt einheimische Ärzte und sogar Chirurgen – so kann (wie man sieht) schnell mit der Behandlung begonnen werden.

Linke Seite oben: Erleichtert, aber ernst; Chefarzt der Kinderklinik II Dr. Ruslan Ganev vor der 10.000 DM-Medikamentenspende, die das Komitee CAP ANAMUR organisiert hat.

Szene am Flughafen Köln mit Lew Kopelew und Eugene Gasana, einem Freund aus Ruanda. Eine Iljuschin 76 für die Bevölkerung von Tschetschenien ist bereit zum Abflug, wir überprüfen alles bis zum Schluß.

Selbst die nötigsten Grundnahrungsmittel fehlen. CAP ANAMUR hat 160 Tonnen Weizenmehl in ein Lager nach Inguschetien gebracht.

Auch an den Häusern hat der Krieg tiefe Wunden gerissen: CAP ANAMUR-Helfer beim Wiederaufbau 1999 in Inguschetien.

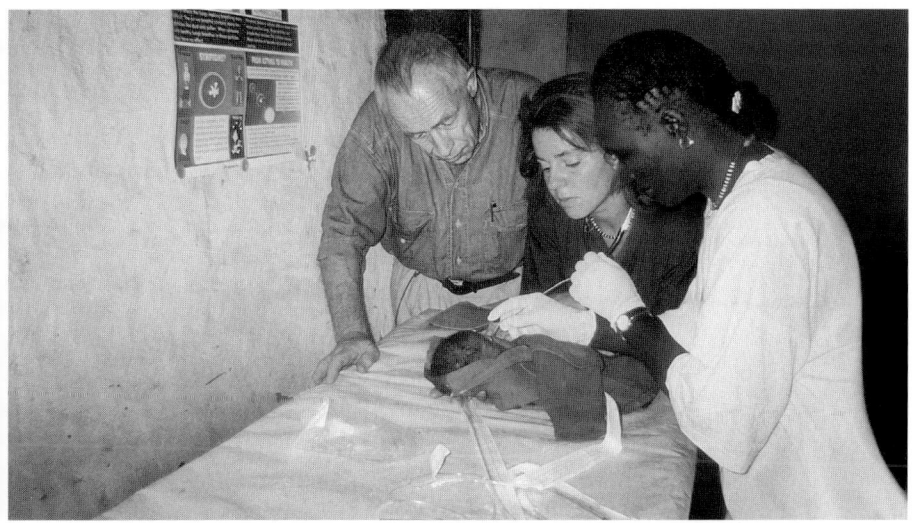

Drei Tage anstrengender Fußmarsch sind nötig, um zu dem
CAP ANAMUR-Hospital in den
Nuba-Bergen (Sudan) zu gelangen. Mit von der Kletterpartie:
Heiner Geißler – hier im Bild mit
der Chirurgin Dr. Tina Wolff, die
gerade versucht, ein Neugebore-
nes zu retten. Wie die Aufnahme
auch zeigt, muß man sich die hygienischen Verhältnisse allerdings
etwas anders als bei uns vorstellen.

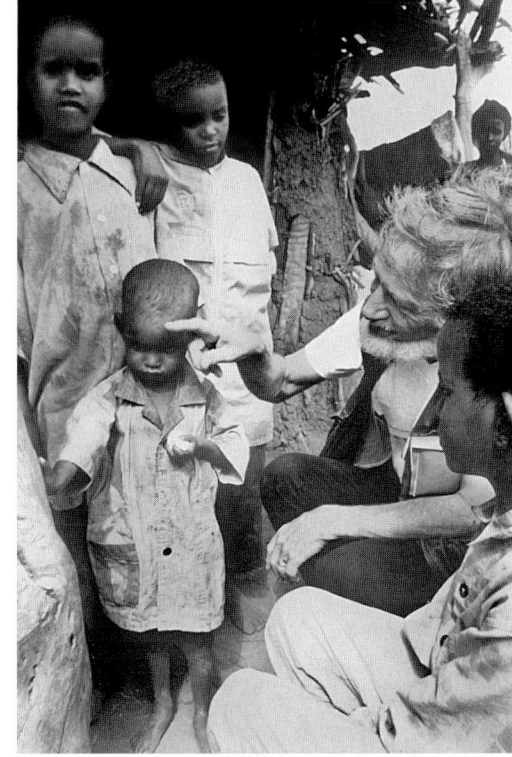

Mit Ärzten des CAP ANAMUR-
Komitees 2000 in Tug Wajale/
Somalia. Vorsichtig versuchen
wir, das Vertrauen der Menschen
zu gewinnen.

Meine Frau Christel und ich: Seit über 20 Jahren an Bord von CAP ANAMUR.

ein gebratenes Ei – das beste Essen, das ich je bekam. Inzwischen war es der 14. April. Bader trieb wieder zur Eile an. Der Rücken eines Pferdes war von der Last so durchgescheuert, daß unter dem Sattelersatz das rohe Fleisch durchschimmerte. Nun mußten wir unser Gepäck selbst tragen. Mustafa Bader sagte uns, daß auf Europäer ein Kopfgeld von 10 000 US-Dollar ausgesetzt war. Vielleicht strich jetzt wieder irgendein Kollaborateur hier herum, angelockt durch diese «Prämie».

Wir hatten noch einmal zwölf Stunden Marsch vor uns, noch drei Bergketten waren zu überwinden.

Am übernächsten Morgen waren wir wieder zurück in Peshawar. Dort suchten uns Astrid Maack und Maria Altstidl auf, die in den nächsten beiden Tagen nach Nuristan gehen würden, wo Kate Cita ihr Impfprogramm durchführen sollte. In diesem Zipfel des Landes war noch niemand. Die Impfstoffe und Medikamente hatten wir nach Peshawar bringen lassen, die Transportpferde waren bereits gekauft worden. Wieder war es nicht möglich, UNICEF um Unterstützung zu bitten, weil UNICEF nur mit Zustimmung der Regierung helfen durfte.

Wir brachten die Pförtner der Hezbi Islami zur Verzweiflung, denn immer wieder standen am Abend Maria Altsidl und Astrid Maack vor dem Tor des Hauses und begehrten Einlaß. Natürlich hatten sie ein Tuch um den Kopf gebunden, damit sie wie von einem Tschador verhüllt aussahen, aber für die Novizen dieses männlichen Hezbi-Islami-Klosters war die Anwesenheit dieser beiden Damen dennoch eine Zumutung.

Die Impfkampagne in Nuristan war ein sehr gewagtes Experiment. Wir wurden immer wieder davor gewarnt, dorthin zu gehen. Das Dreier-Team hat die fünf Monate in einer der schwierigsten Gegenden von Afghanistan bravourös durchgehalten und sich weder von physischen noch psychischen Strapazen abhalten lassen. Das Mindschantal, das seit vielen Jahren unter der Kontrolle der Zentralregierung stand, unterband aber den ungehinderten Nachschub für die Mudschaheddin von Peshawar oder Chitral nach Faizabad in Badakschan.

Auch der große Held des Guerillakrieges, Massoud, hatte an dieser kostspieligen Blockade nichts zu ändern vermocht. Wir hätten allerdings die Impfkampagne, die gut gelaufen war, durch kurative medizinische Angebote ergänzen müssen. Christoph Bernoulli war der Chef des Teams, das sich in Nuristan so großartig geschlagen hatte. Bernoulli hatte die Fehler der schnellen Gratishilfe erkannt. «Während wir auf Tour waren, kam eine schwerbewaffnete ‹Médecins-sans-Frontières›-Gruppe auf dem Weg nach Badakschan vorbei. Sofort fiel unsere Klientel über sie her und flehte tränenreich um Hilfe. Der Hinweis der französischen Ärzte, wir seien doch seit Wochen im Lande und täten unser Bestes, wurde indigniert zurückgewiesen; gewiß seien wir liebe Ärzte, doch äußere sich unsere Ineffizienz darin, daß schwerstkranke Bettlägerige immer noch auf unseren Besuch warteten. Die Franzosen sollten um Himmels willen etwas für die Ärmsten tun. Doch bei denen handelte es sich um Patientinnen, die entweder schon behandelt worden waren oder denen die Ehemänner verboten hatten, in die Sprechstunde zu kommen. Als die französischen Ärzte sich erweichen ließen und die Hausbesuche machten, erhielten sie wesentlich bessere Betragensnoten als wir.»

Das Team konnte nur drei Monate diese Impfkampagne und kurative Medizin in Nuristan durchführen. Doch es war ihm immerhin gelungen, nach den in den Tälern und Dörfern durchgeführten Impfungen Impfteams in Nuristan aufzubauen. Nun aber waren die Libyer in Nuristan eingebrochen. Es wurde bekannt, daß verschiedene islamische Länder, die zu einer fundamentalistisch intransigenten Haltung neigten, das Land Afghanistan unter sich aufteilten. Da er zu spät gekommen war, wollte Gaddhafi sich jetzt noch die Region Nuristan sichern. Die Libyer hatten von der Verwaltung verlangt, daß die ungläubigen Fremden, zumal die Frauen, das Gebiet Nuristan verlassen sollten. Es wurde gefährlich für unser Team, denn die Libyer arbeiteten auch mit Geld – und es hätte rasch zur Entführung eines Team-Mitglieds kommen können. Christoph Bernoulli traute sich nicht mehr aus dem Haus. Auch Maria Altstidl und Kate Cita waren verunsichert, da sie nicht abschätzen konnten, wie gefährlich die Forderungen des libyschen Abgesandten waren.

Mittlerweile war ein zweites Team an der Arbeit. Der Freiburger Arzt Dr. Peter Metzger und die Krankenschwester Astrid Maack gingen von Peshawar nach Bamyan und bauten dort in dem Teil des Tales eine Klinik auf, der zwischen den Felswänden wie eine kleine Höhle lag. Peter Metzger erzählte später voller

Begeisterung, wie es ihm gelungen war, die Fülle der täglichen Konsultationen auch in der Zeit aufrechtzuerhalten, als hoher Schnee lag.

Im Frühjahr 1988 kamen zwei weitere Teams in Peshawar an. Wir hatten den Arzt Dr. Benno Splieth und die Krankenschwester Lea Hackstedt als Nachfolger für Bamyan rekrutiert und einen weiteren Platz erkundet. Auch mit Ruth Pfau, einer Tropenmedizinerin und Lepra-Ärztin, wollten wir von Karatschi aus, wo ihre Organisation «Lepco» (Lepra Arbeit) den Hauptsitz hatte, über Quetta in das Gebiet in Jaghoray marschieren, wo zwei Kliniken lagen – eine in Qolijou, die andere in Lal –, die es dringend zu versorgen galt. Bei dieser Arbeit hatten wir uns ganz auf die Ortskenntnis von Ruth Pfau und ihrer Organisation verlassen. Doch es bewährte sich wieder der alte Grundsatz bei der humanitären Hilfe: «Mach nie etwas, wenn du es nicht selbst gesehen und vorbereitet hast.» Ruth Pfau hatte zwar als deutsche Lepra-Ärztin eine überragende Autorität in Pakistan, aber ihr Mitarbeiter und ihr Stab verfügten nicht annähernd über ihre Ortskenntnis und Autorität.

Das Krankenhaus Qolijou war ein wichtiges Referenzkrankenhaus, in das täglich sehr viele Patienten kamen, rund 100 während der Wochen, in denen unser Team dort arbeiten konnte. In Qolijou war die französische Organisation «Ärzte ohne Grenzen» ein Jahr lang tätig gewesen. Dieses Team hatte aber das Gebiet verlassen müssen, weil die weiblichen Mitglieder in der Sommerhitze einmal im Fluß nackt gebadet hatten und dabei von männlichen Einheimischen gesehen worden waren.

Unser Team bestand aus der Ärztin Ingrid Schönleber, dem Kölner Arzt Dr. Christof Houben, dem Krankenpfleger Michael Smeenck aus Emmerich am Niederrhein und der afrikaerfahrenen Krankenschwester Edith Fischnaller. Über ihrer Arbeit stand kein guter Stern. Das Team wurde angesichts der Gefahr, an der Grenze von der pakistanischen Polizei zurückgeschickt zu werden, in zwei Zweiergruppen aufgeteilt. Zunächst fuhren die beiden Frauen mit dem afghanischen Fahrer Mohdullah in Richtung Qolijou. Kurz nach der Grenze kam es zu einem Überfall. Die beiden Frauen wurden in Gewahrsam genommen unter dem Vorwand, Hilfsgüter gestohlen zu haben. Als bekannt wurde, daß sich Banditen an unserem Team und an den Hilfsgütern vergriffen hatten, machte das für das Hospital in Qolijou zuständige Joint Committee kurzen Prozeß. Die sieben Banditen wurden erschossen.

Inzwischen hatte die politische Entwicklung in Afghanistan Riesenschritte gemacht. Unser Team war am 1. Mai 1988 in Qolijou angekommen. Am 15. Mai 1988 hatte die sowjetische Armee begonnen, das Land zu verlassen. Der kommandierende General Gromow ging als letzter über die Brücke und den Grenzfluß in das Nachbarland Usbekistan. Der neue Generalsekretär der KPdSU, Michail Gorbatschow, wollte dem kostspieligen Afghanistan-Krieg möglichst schnell ein Ende machen.

Christoph Houben hatte in Lal, wo er mit Michael Smeenck weiterarbeitete (die Frauen waren in Qolijou verblieben), einige schwierige Operationen durchgeführt. Auch wenn die Frauen in Qolijou sehr gute Arbeit leisten konnten, so war es gleichwohl für sie gefährlich geworden. Schon wieder war es zu einem Überfall gekommen. Diesmal war in das Labor eingebrochen worden, wo das Team eine Art Büro hatte und das Geld aufbewahrte. Es wurden insgesamt 500 000 Afghani gestohlen, etwa DM 20 000 – ungefähr die Hälfte dessen, was unser Team mitgebracht hatte. Überdies war eine Kamera entwendet worden. Nun fühlte sich die Nasr Partei aufgerufen, diesen Überfall aufzuklären und zu bestrafen. Doch wir bestanden auf der Abreise unseres Teams. An der Grenze in Angoori hatte wieder ein anderer Stamm die Befehlsgewalt. Die Sepa-Soldaten nahmen unsere vier Mediziner fest, steckten sie in einen Bunker und brachten sie von dort in das nächstgelegene Dorf, zwei Stunden von Angoori, dann in ein Haus, wo Gastfreundschaft groß geschrieben war. Doch es kamen noch unerwartet große Schwierigkeiten. Nach dem Abzug der Sowjetarmee hatte es nicht etwa eine Befreiung Afghanistans gegeben, die Befreiungsarmeen kämpften jetzt vielmehr um ihren Anteil an der Beute. Und es gab ja weiter die alte Regierung Nadschibullahs.

Die Nachricht traf uns wie ein Keulenschlag: Am 7. September 1988 waren Benno Splieth und Lea Hackstedt von afghanischen Regierungssoldaten festgenommen worden. Über den Ticker erreichte uns die Meldung: «Die afghanischen Behörden haben erstmals zugegeben, daß die beiden verschwundenen Ärzte des Komitees CAP ANAMUR am 8. September bei Ghabzni festgenommen und von dort in die Hauptstadt Kabul geflogen wurden.»

CAP ANAMUR setzte mit Hilfe von Allain Guillo, der kurz zuvor aus einer ähnlich schwierigen Lage nach scharfen Interventionen von Frankreichs Staatspräsident Mitterrand freigelassen worden war, in Bonn, Brüssel und New York Himmel und Hölle in Bewegung, um die beiden Ärzte freizubekommen. Guillo war direkt zu uns nach Köln gekommen und berichtete auf einer Pressekonferenz von den schrecklichen Haftbedingungen von Poul i Charki, einem Gefängnis, in dem physisch und psychisch gefoltert wurde, um bestimmte Geständnisse zu erpressen.

Wir haben alle Mitglieder des Deutschen Bundestags aufgefordert, sich schriftlich mit einer Petition an den Staatspräsidenten Mohammad Nadschibullah zu wenden. Tagelang wurde an einem Brief von Bundespräsident Richard von Weizsäcker an den Präsidenten Nadschibullah gefeilt, um alle diplomatischen Finessen zu berücksichtigen. Darin galt es zu signalisieren, daß der deutsche Bundespräsident für die humanitäre Frage der Freilassung der beiden deutschen Ärzte bereit war, über seinen Schatten zu springen, denn Deutschland hatte in Afghanistan keinen Botschafter, sondern nur einen Geschäftsträger.

Der Brief an den Präsidenten der Republik Afghanistan hatte folgenden Wortlaut:

Bonn den 6. Oktober 1988

Exzellenz,

mit großer Betroffenheit habe ich erfahren, daß zwei meiner Mitbürger, die Krankenschwester Frau Lea Hackstedt und der Arzt Dr. Benno Splieth, am 8. 06. 1988 in Afghanistan gefangengenommen wurden und zur Zeit in Kabul inhaftiert sind.

Sie hatten in den vergangenen Monaten an einer Krankenstation in der Provinz Bamyan gearbeitet.

Sie haben in dieser Zeit eine große Zahl von Patienten versorgt. Und vielen von ihnen das Leben gerettet.

Beide gehören dem Komitee CAP ANAMUR an, einer Organisation, die weltweit humanitär tätig ist. Frau Hackstedt und Herr Dr. Splieth haben sich in selbstloser Weise bemüht, zur medizinischen Versorgung der Bevölkerung Afghanistans beizutragen und damit ihren humanitären Auftrag in die Tat umzusetzen.

Die Bundesrepublik Deutschland hat sich nach dem Abschluß des Genfer Abkommens vom 14. 4. 1988 bereit erklärt, die internationalen Bemühungen bei der Wiederansiedlung und der Versorgung der afghanischen Flüchtlinge und dem späteren Wiederaufbau Afghanistans substantiell zu unterstützen. Sie mißt den Vorschlägen des Generalsekretärs der Vereinten Nationen für die Afghanistan-Hilfe, Prinz Sadruddin Aga Khan, in dieser Hinsicht große Bedeutung bei.

Frau Hackstedt und Herr Splieth haben in Wahrnehmung ihrer ärztlichen Aufgaben das gleiche Ziel verfolgt; die Not leidender Menschen zu lindern. Sie kamen nach Afghanistan, um den Menschen zu helfen.

Angesichts der humanitären Umstände des Falles bitte ich Sie, Ihren persönlichen Einfluß geltend zu machen, um den beiden jungen Deutschen umgehend ihre Freiheit wiederzugeben. Ich bin davon überzeugt, daß eine solche Geste der Großzügigkeit von der Öffentlichkeit weltweit begrüßt würde. Diese menschliche Entscheidung würde dazu beitragen, die alte Verbundenheit Afghanistans mit meinem Lande zu festigen. Sie wäre auch eine Ermutigung für alle diejenigen, die sich in meinem Land wie in anderen bereitmachen, Afghanistan zu helfen.

Mit vorzüglicher Hochachtung
gez. R. v. Weizsäcker.

Einen Monat später waren die beiden deutschen Ärzte frei.

So viel Spuren wir gelassen haben, so viel eindringliche Erinnerungen geblieben sind – wir haben gleichwohl nicht das erreicht, was eine Hilfsorganisation erreichen möchte: nicht nur die unmittelbare Linderung der Schmerzen während der Zeit des Engagements, sondern etwas, das in den Ambulanzen und Kliniken weiterwirkt. Das war in Afghanistan damals nicht möglich.

Die Nachrichten aus Afghanistan vermitteln uns den Eindruck, daß es der Bevölkerung heute noch schlechter ergeht. Die Zerrissenheit des Landes ist entsetzlich. Die fundamentalistischen Taliban haben das Land in eine ähnliche Katastrophe gebracht wie die sowjetische Armee.

11

Landeinsatz in Vietnam

Besuch in Hanoi und Ninh Binh: Januar 1988 – Beginn des Landprojekts im Krankenhaus von Ninh Binh: 1988 – Aufbau von Ambulanzen in der Provinz Ninh Binh: 1990 – Letztes Projekt: Medizinfachschule in Dien Bien Phu

Januar 1988 in Hanoi, im Hotel Lao Cai – für uns alle ein spannender Moment. Schon eine ganze Woche lebten wir im Norden Vietnams wie in einer Waschküche. Die Luftfeuchtigkeit war so hoch, daß der Ausweis im ledernen Brustbeutel, die Bücher und die Nahrungsmittel zu schimmeln anfingen. In diesem Landesteil klart das Wetter Vietnams immer nur für zwei bis drei Monate auf, nach der Regenzeit von Oktober bis Dezember. Der Süden Vietnams hingegen mit Saigon, dem Mekong-Delta, den Erholungs- und Urlaubsbuchten von Vung Tau liegt in einer tropischen Klimazone – wie Singapur, Malaysia und Indonesien. Es ist sonniger, wärmer, heiterer. Hanoi wirkte, im Gegensatz zu Saigon im Süden, spartanisch.

In diesen Januartagen konnte niemand von denen, die zu dem kleinen Abschiedsdinner in den vom Gesundheitsminister reservierten Raum des Hotels Lao Cai kamen, ahnen, daß es schon zwei Jahre später zu einer totalen Umwälzung der Koalitionen in der Welt kommen würde. Immerhin war ja im Moment die Welt noch so «in Ordnung», wie sie das bis 1989 blieb: Die größte ausländische Botschaft in Hanoi war diejenige der DDR.

Am Anfang lief alles noch etwas zäh. In Hanoi hatte uns Botschafter Joachim Broudre Groeger vor dem Portal des Außenministeriums empfangen. Er hatte sich sehr große Mühe gegeben, «CAP ANAMUR vom Wasser aufs Land zu bringen», wie er das nannte, und hatte alles in Bewegung gesetzt, um für zwei Vertreter unseres Komitees das Visum für die Sozialistische Volksrepublik Vietnam zu bekommen. Dr. Barbara Krumme und ich hatten Glück – mußten uns aber nun einen halbstündigen Vortrag des stellvertretenden Außenministers anhören, in dem er seine Betroffenheit über die Aktionen des Schiffes CAP ANAMUR darlegte. Man habe den Prozeß der Ausreise und Auswanderung auf eine menschenwürdige Weise organisieren wollen, aber die Tatsache, daß da ein Schiff im südchinesischen Meer gekreuzt sei, habe viele Vietnamesen in Lebensgefahr gebracht . . .

Ich kannte diese Argumente wie eine Leierkastenmelodie auch aus Deutschland: Nicht der Mörder, der Ermordete ist schuld. Nicht das Regime, das diese Menschen in Umerziehungslager und Neue Ökonomische Zonen sperrte, war schuld, sondern das Schiff, das einige Hunderte und Tausende retten konnte. Da sagte ich dann mit großem Vorbedacht: «Wissen Sie, das alles sagt mir meine Regierung auch!»

Als der Dolmetscher diesen Satz übersetzte, bemerkte ich auf dem Gesicht meines Gegenübers den Ausdruck eines geradezu physischen Widerwillens gegen diese Zumutung, daß die Regierung des kapitalistischen Deutschland, des engsten Verbündeten der USA, tatsächlich die gleiche Einschätzung dieses Unternehmens wie er haben sollte. Seit diesem Vormittag im vietnamesischen Außenministerium hörten wir bis 1994 in Vietnam von offizieller Seite nie mehr etwas von diesem Schiff. Danach ging es noch einmal anderthalb Stunden zur Sache. Gespräche in den Botschaften und Ämtern Vietnams dauerten immer sehr lange, weil alles für das geheimdienstliche Protokoll übersetzt werden mußte. Der Botschafter wollte, daß Deutschland etwas für Vietnam tat. Darum war ihm so sehr daran gelegen, daß unsere Organisation vom Wasser aufs Land kommen würde. Aber wir wollten nicht nur in Vietnam arbeiten, sondern die bisher erlaubte Methode aufrollen. Bisher war es üblich, daß die Organisationen zu Besuch kamen, etwas bewilligten und dann über den von ihnen gewählten Partner das Geld ausgeben ließen. Wir waren aber entschlossen, nur dann in Vietnam einzusteigen, wenn unser Vertreter hier sechs Monate bleiben und alle Arbeiten organisieren konnte. Joachim Broudre Groeger ergriff unsere Partei und sagte: «Wenn dieses Komitee hier tätig ist, dann muß es schnell entscheiden über Ankäufe und Investitionen. Und das ist doch nur verzögernd, wenn dann jede neue

Investition in Deutschland und in Troisdorf abgefragt werden muß. Wenn hier jemand in Hanoi für ‹German Emergency Doctors› sitzt, der gleich einen Scheck unterschreiben kann, dann wird das für das Land alles sehr viel effektiver werden.»

Ich beobachtete die unbeweglichen Gesichter der uns gegenübersitzenden Ministerriege. Meines Erachtens nahm das Gespräch eine andere Wendung, als das Wort «Scheck» fiel. Die Tatsache, daß da schnell Geld ins Land kommen sollte, werteten die Vietnamesen als die Tat. Zögerlich, aber dann klar gaben sie ihre Zustimmung.

Als wir den Saal verließen, konnte Broudre Groeger seine Genugtuung nicht mehr verbergen. Immerhin war damit eine harte dogmatische Politik beendet. Ein Präjudiz war geschaffen. Eine Organisation wie «German Emergency Doctors», GED (die englische Bezeichnung für CAP ANAMUR/Deutsche Not-Ärzte) konnte jetzt jemanden nominieren und hierhin schicken, der selbst auch Entscheidungen treffen durfte. Das war in den letzten zehn Jahren noch nicht dagewesen.

Unter Bewachung fuhren wir dann von Hanoi aus in zwei Provinzen, die eine lag in Richtung Laos, die andere in Richtung Südvietnam. Dort besuchten wir die Krankenhäuser und sagten unsere Arbeit zu.

Wir hatten anstrengende Tage vor uns, denn es entwickelte sich alles nach der Protokollmethode, die in Südostasien konfuzianisch ausgeprägt ist, aber im Falle Vietnams noch parteisozialistisch überhöht war. Bevor wir überhaupt in der Provinzhauptstadt Ninh Binh etwas von dem großen, völlig heruntergekommenen Krankenhaus sehen konnten, mußten wir an einem großen Essen der Provinz-Parteiführung teilnehmen. Um nicht zu viel Kontakt mit der Bevölkerung zu bekommen, wurden wir immer wieder in große Empfänge mit viel Reisschnaps eingespannt. Dabei gab es endlos Reden. Ich habe seit Bestehen unserer Organisation nie so viele und so überflüssige Reden halten müssen wie in Vietnam. Die Gebäude des Krankenhauses in Ninh Binh waren durch die Witterungsbedingungen an vielen Stellen schon regelrecht angeschimmelt. Man benötigte festere und dauerhaftere Baumaterialien, die zwar teurer waren, aber länger hielten. Darum ging es, nicht um Reden.

Wir kehrten zurück nach Deutschland und konnten unser erstes Landprojekt in Vietnam bekanntmachen. Claus Schuchert war unser erster Vertreter im Lande, ein umsichtiger und erfahrener Krankenpfleger, der sich auf eine lange Geduldstrecke eingelassen hatte. Er war sich bewußt, daß er für zwei Jahre seine mitteleuropäische Lebensweise ablegen mußte, und er war bereit, sich dieser Herausforderung zu stellen.

Ich erlebte all das drei Monate später, als ich Claus Schuchert zum erstenmal besuchen durfte – ja, durfte, weil in diesem Land alles durch Sicherheitsparanoia und eine überdimensionale Angsthysterie vor CIA-Agenten beherrscht und fugendicht abgesichert war.

Bei unserem Abschiedsdinner 1988 in Hanoi gab es noch einen kleinen Zwischenfall. Das Essen zu Ehren der CAP ANAMUR-Delegation wurde vom Stellvertretenden Gesundheitsminister gegeben. Schon bei anderen Besuchen in sozialistischen Ländern hatte ich erfahren, daß die Stellvertreter meistens wichtiger sind als der Minister selbst, zumal der Stellvertretende Minister zumeist derjenige ist, der die Arbeit tut und die Fäden in der Hand hält. Der Stellvertretende Gesundheitsminister sollte das Protokoll – Letter of Understanding – unterschreiben, das wir künftig brauchen würden, um über die vietnamesische Botschaft in Bad Godesberg weiterzukommen. Als er den Text las, schüttelte er energisch den Kopf: Das könne er nicht unterschreiben! Und er wies aufgeregt auf die Passage des Vertrags, die besagte, daß der Vertreter des Komitees in Hanoi und in Vietnam «permanently» bleiben dürfte.

Dieser Satz erschien dem erschrockenen Staatsdiener wie ein Sakrileg: das hatte es noch nie gegeben. Mit seiner Unterschrift hätte er sich ja einen westlichen Agenten ins Land holen können! Sein Assistent wies ihn aber auf die nächsten Sätze hin, aus denen hervorging, daß sich «permanently» auf die Dauer der Hilfsoperation von CAP ANAMUR bezog. Dann beruhigte sich der Minister, ließ sich langsam nieder, rauchte hastig seine Zigarette zu Ende und unterschrieb.

Wir hatten anderthalb Jahre Dürreperiode in den Beziehungen zu den Behörden; zwischenmenschliche Beziehungen zum Volk aufzubauen, war damals fast unmöglich. Wir durften etwas tun, aber der Handlungsraum blieb eingeschränkt. Doch Anfang 1990 kam es zu einer Wende in den Beziehungen der Staatengemeinschaften insgesamt. Folglich gab man auch CAP ANAMUR die

Möglichkeit, den zweiten, dann den dritten, vierten und fünften Mitarbeiter ins Land zu schicken.

Vietnam war sozusagen durch Zufall unser Schicksalsland geworden. Der Zufall, daß wir auf Vietnam gestoßen waren, hatte mit der entsetzlichen Not und dem unermeßlichen Leiden dieses Volkes zu tun. In ihrer konfuzianischen Höflichkeit erzählten uns die Flüchtlinge nur sehr wenig, und zwar oft nur das, was die Befrager und die Deutschen gern hören wollten. Vietnam wurde uns erst durch die eigene Arbeit im Lande ein neuer Begriff, ein Land mit stolzen, fleißigen, hart arbeitenden Menschen.

Die Armut hinderte das Volk nicht, initiativ und aktiv zu sein, sich in den beengenden Grenzen zu bewegen, die das Regime ihm setzte. Das nördliche Vietnam Bac Bo, früher Tonkin, war der industriell fortgeschrittenste Teil des Landes. Es war das Kernland der kommunistischen Hardliner gewesen. Dann gab es Süd-Vietnam oder das frühere Cochinchina, vietnamesisch Nam Bo, mit der zweiten großen Stadt, Saigon, heute Ho-Chi-Minh-Stadt. In dieser Stadt las ich zur Zeit der kommunistischen Diktatur Touristenbroschüren, in denen wieder von Saigon die Rede war. Dazwischen lag das schmale Zentralvietnam, die 900 km lange «Tragestange», an deren Ende wie zwei große breite Körbe Nord- und Südvietnam hängen. Zentralvietnam, das Taifunland, umfaßte 40 Prozent des vietnamesischen Territoriums, aber nur 25 Prozent der Bevölkerung. In diesem Teil des Landes liegen auch die im Vietnam-Krieg bekannt gewordene Hafenstadt Da Nang und die von den US-Streitkräften gern benutzte Bucht von Cam Ranh.

Am 9. Januar 1989 brachte die US-Wochenzeitschrift *TIME Magazine* als Titelgeschichte «Medics with a Mission»: «Überall auf dem Globus riskieren Ärzte und Krankenschwestern ihr Leben, um freiwillige medizinische Hilfe zu leisten. Im Warteraum dieser Ärzte sitzen zwei Milliarden Menschen.» Man hatte sehr lange für diese Geschichte, auch bei CAP ANAMUR, recherchiert. Es war ein langer Bericht über diese neue, bewegliche und risikofreudige Generation von Nicht-Regierungsorganisationen, die sich zum Ziel gesetzt hatten, alle staats- und territorialrechtlichen Grenzmarkierungen zu überschreiten, wenn hinter diesen Grenzen Menschen in Not auf Versorgung und Behandlung warteten.

Zwei Wochen nach der Publikation dieser Geschichte klingelte in Troisdorf das Telefon, und es meldete sich jemand, den ich schlecht lokalisieren konnte. Doch im Laufe dieses sehr munteren Telefonats erfuhr ich, daß es sich um Rafi Kot handelte, einen Arzt, der in Tel Aviv wohnte. Er hatte die Titelgeschichte von *TIME Magazine* gelesen und war davon so angetan, daß er sich von *TIME* sofort die Telefonnummer des Komitees CAP ANAMUR hatte geben lassen. Er hatte gelesen, CAP ANAMUR habe einen Frachter gechartert, nach dem es die Organisation benannt hatte, und mehr als 10 000 vietnamesische Bootsflüchtlinge gerettet. Er wollte an irgendeinem Projekt unserer Hilfsorganisation mitarbeiten. Ich wußte, wie schwierig es war, einen Arzt aus Israel in ein Land der Dritten Welt zu schicken. Wir überlegten, welche Hilfsaktion als nächstes anstehen könnte, und kamen auf Vietnam. Wie aber sollten wir einen Arzt mit israelischem Paß nach Vietnam bringen? Ich sprach mit dem amtierenden Innenminister Wolfgang Schäuble, der sofort begriff, daß es sich hier auch um eine Frage des nationalen Anstands handelte. Er versprach, Rafi Kot für die Dauer seines Vietnam-Aufenthalts – sechs oder zwölf Monate – einen deutschen Reisepaß zu geben. Doch daraus wurde nichts – Schäubles Beamte im Innenministerium sahen Probleme. Er riet: «Das muß jetzt Genscher machen!» Also mußte die Spitze des Auswärtigen Amtes sich um die «Akkreditierung» eines Arztes mit israelischem Paß bemühen. Staatssekretär Sudhoff trug der vietnamesischen Regierung das Anliegen vor. Vietnam hatte Beziehungen zu dem Büro der PLO in Hanoi, nicht aber zu Israel. Aber schließlich klappte es doch: Rafi Kot durfte mit einem in Bonn ausgestellten Visum in die Sozialistische Republik Vietnam einreisen.

Rafi Kot wurde zum großen Pfeiler unseres Projekts. Er hatte den Plan entwickelt, sämtliche 137 Gesundheitsstationen und Ambulanzen in der Provinz Ninh Binh neu einzurichten. Das hatte es noch nicht gegeben. Mehrere neuralgische Punkte der bisher sorgfältig eingehaltenen Staatssicherheit waren damit berührt: Das Team sollte jetzt in einem Haus logieren, das eigens von der Provinzleitung angemietet und von CAP ANAMUR bezahlt wurde. Außerdem sollte es selbst seine Fachleute und sein Bauteam aussuchen dürfen, mit dem es die Renovierung und den Neubau der Ambulanzen vornehmen würde. Überdies wurde zum ersten-

mal eine ausländische Organisation zu den Hmong, den Berg-
stämmen, zugelassen, die seit den Zeiten des Vietnam-Kriegs im
Geruch der Kollaboration mit den Amerikanern standen. Rafi Kot
hatte Erfolg; nach dem ersten Engagement eröffnete er uns, er
würde gern noch einmal nach Vietnam gehen, und zwar mit der
vietnamesischen Frau, die er dort geheiratet hatte. Das wurde nun
ein schwieriges Unterfangen. Die Vietnamesen waren streng bedacht darauf, diesen Mann nicht wieder in ihr Land zu lassen.
Andererseits konnten sie auch nicht übersehen, daß es für sie
selbst von Vorteil war in einer Zeit, in der sich die Kontakte in der
Welt ausweiteten.

Es gab Schwierigkeiten bei der Suche nach Ärzten und Techni-
kern für die Arbeit in Vietnam. Die Einfühlung in die asiatische
Mentalität war ein langwieriger Prozeß und erforderte mehr
Geduld, Langmut und Verständnis als etwa ein Engagement in
Afrika.

Hinzu kam ein anderes Problem: Viele der – in Deutschland
lebenden – ca. 1200 CAP ANAMUR-Vietnamesen waren über unser Vorhaben völlig irritiert. Sie hatten die Hilfe und das Rettungsunternehmen auf dem südchinesischen Meer als ein politisches
und parteiliches, ja als ein antikommunistisches Unternehmen
mißverstanden. Sie waren fest davon überzeugt, daß die Retter
niemals mit dem Regime in Hanoi in Vertragsverhandlungen ein-
treten würden. Es gab regelrechte Drohungen gegen die Mitarbeiter von CAP ANAMUR, die 1991 das große Vietnamesen-Treffen
in Troisdorf veranstalteten, so daß wir für das Fest und seine Vorbereitungen die Troisdorfer Polizei einschalten mußten. Es gab
sog. «Freedom Fighters», die heimlich oder halb offen den alten
Staatspräsidenten und General Nynyen Van Thien aus den USA
nach Hamburg und Stuttgart flogen, um mit ihm über Wider-
standsszenarien zu beraten. Vor allem die Vietnamesen, die mit
uns bei diesem Unternehmen gemeinsame Sache machten, waren
wirklich gefährdet.

Meine Frau führte immer ein Argument ins Feld, das alle
schweigsam und nachdenklich machte: «Schickt ihr denn nicht
wie die Weltmeister an eure Angehörigen Pakete und auch Geld?»
fragte sie. Denn damit unterstützten sie eindeutig einen Staat, der
sich an diesen Geldüberweisungen mittels einer enormen Steuer
(20 Prozent) gütlich tat. Auch die Pakete und Päckchen wurden

gefilzt, und das eine oder andere verschwand in den offiziellen Post- und Geheimdienstämtern.

Mit Engelsgeduld versuchten wir, «unseren» Vietnamesen klarzumachen, daß wir sie nicht gerettet hatten, weil sie Antikommunisten waren, sondern weil sie in Lebensgefahr schwebten. Es gelang uns, diesen friedlichen Kampf und diese Auseinandersetzung zu gewinnen. Beim nächsten großen Vietnamesen-Treffen, das 1995 stattfand, trugen die versammelten Vietnamesen – eng verbunden mit den humanitären Zielen von CAP ANAMUR – für unser Kinderhospital in Grozny über 4500 DM zusammen.

Aber das ist nur ein Vorgriff auf unsere spätere Tätigkeit. Nun wieder zurück zu unserer Hilfstätigkeit in Vietnam. 1981 hatte unser Schiff viele Menschen aus Seenot gerettet. Wir wußten aber auch, daß es im Lande Not gab und daß die überwiegende Mehrheit der Bewohner nicht daran dachte, das Land zu verlassen, nicht zuletzt, weil sie dazu nicht die Möglichkeit hatte. Ein solcher Exodus hätte die demographische Substanz des Landes gefährdet. Doch bei den Flüchtlingen hieß es: «Selbst die Straßenlaternen würden aufs Meer hinaus, wenn sie ihr Licht ausmachen könnten, und sich über einen kleinen Mekong-Flußarm heimlich aufs Südchinesische Meer begeben könnten.» Im September 1981 hatte es eine verheerende Überschwemmung der Küstenregionen gegeben. Für die darbenden Vietnamesen hatten wir 1000 Tonnen Reis gekauft und ein sowjetisches Frachtschiff gechartert, das den in Singapur gekauften Reis in die nordvietnamesische Hafenstadt Haiphong bringen sollte – allerdings unter der Bedingung, die für alle CAP ANAMUR-Projekte in der Folgezeit gelten sollte: Bei der Verteilung der Reissäcke mit der Aufschrift unserer Hilfsorganisation mußte ein Vertreter des Komitees anwesend sein. Damals hatten wir unser Schiffskonto mit 800 000 DM beleihen müssen, denn trotz eines Fernsehaufrufs waren nur 118 428,92 DM zusammengekommen, wir brauchten aber ca. 900 000 DM.

Vietnam war seit 1988 anders, als wir es 1981 erlebt hatten. Das Land hatte ungeheure Probleme, da über dem kommunistischen Weltreich die Wundertüte der sowjetischen Kredite und Gaben nicht mehr ausgeschüttet wurde. Die Währungsreserven wurden auf 17 Milliarden Dollar geschätzt – gerade genug, um die Importe für drei Monate zu zahlen. CAP ANAMUR hatte sich in Ninh

Binh inzwischen einen Namen gemacht, die Bedingungen der Hilfe hatten sich sehr geändert. Auch Reporter konnten zu uns herausfahren. Die Hälfte der geplanten 137 Gesundheitsstationen in der Provinz Ninh Binh war fertiggestellt. Dreißig Gesundheitsstationen mußten ganz neu gebaut werden – eine Herausforderung für europäische Maurer, Bauingenieure und Schreiner, da man wegen der hohen Luftfeuchtigkeit anders bauen muß als gewohnt. Dieses Projekt konnten wir 1990 schon mit den Kommunen zusammen organisieren. Das wäre 1981 unmöglich gewesen. Gute Ärzte und Krankenschwestern waren hier ausreichend vorhanden – im Unterschied zu anderen Ländern wie beispielsweise Bosnien und Kosovo. Sie wurden vom Staat in diesen Ambulanzen eingesetzt.

Einer der Reporter, die zu uns nach Ninh Binh kamen, war Stefan Klein. Ich kannte ihn von Nairobi. Anfang der neunziger Jahre hatte er sich nach Südostasien versetzen lassen. Nach seinem Besuch schrieb er mir: «An den neuen Gesundheitsstationen ist nichts auszusetzen. Ich frage mich jedoch, ob es richtig ist, jenen staatlichen Stellen in die Hände zu spielen, die aufs Geldmachen schielen. Und die in Ninh Binh ganz heftig in den Tourismus investieren. Und die sich auch zusehends darauf verlassen, daß der soziale Sektor von den ‹dogooders› aus dem Westen gemacht oder wiederbelebt wird.»

«Dogooders» war eine schöne Verballhornung des Englischen; gemeint waren diejenigen, die immer begierig sind, Gutes zuzuwenden und oft die Guttaten mit den Geschenken verwechseln. All dies schien auch unserer Analyse zu entsprechen, weshalb wir ja unseren Ausstieg aus Vietnam schon programmiert hatten. Stefan Klein, der damals in Singapur wohnte, schrieb mir weiter, die vietnamesische Gesellschaft scheine ihm zu dynamisch zu sein, als daß man ihr noch eine «Hilfsmentalität» einimpfen sollte. «Gottlob sollen ja jetzt in der zweiten Phase die Dörfler einen finanziellen Beitrag zum Bau der jeweiligen Gesundheitsstation leisten. Das scheint mir eine gute Sache zu sein, denn es gibt selbst in den armen Dörfern Geld.» Auf den Reisfeldern, so fuhr er fort, seien dieses Jahr zum erstenmal Dreschmaschinen aufgetaucht: «Und das ist doch ein Zeichen, daß ein Stück Fortschritt auch im Hinterland stattfindet. Kurzum: Hilfe brauchen die Leute, keine Frage, Geschenke brauchen sie eigentlich nicht.»

1995 war ich noch einmal in Vietnam. Es war «das Jahr des Schweines». In den neuen Bundesländern, wo es mehr Gastarbeiter aus Vietnam gab als politische Flüchtlinge aus dem Süden Vietnams in den alten Bundesländern, kam es zu ersten Übergriffen auf Vietnamesen. Als Hans Peter Repnik, Staatssekretär im BMZ, und ich 1995 nach Vietnam fuhren, erlebten wir eine clevere Regierung. Hanoi ließ bei seiner Bevölkerung zwar nichts über die Verhältnisse in den kapitalistischen Ländern verlauten, beschuldigte aber die deutsche Bundesregierung, sie schütze nicht ausreichend das Leben der Vietnamesen. So schnell lernen solche Regierungen eine Art von Public Relations.

Auch dieses Land hat sich in das Buch der Menschheitsgeschichte eingeschrieben. Die Nachfolgelasten des Dioxin, das die US-Flugzeuge über den Wäldern Vietnams versprüht haben, um die Wälder zu entlauben, hat zu grauenhaften Mißgeburten geführt. Die ökologische Basis des Landes wurde auf Jahrzehnte hin zerstört.

Ich habe oft mit Vietnamesen über diesen Krieg gesprochen, auch mit Reportern, die vor meiner Zeit über den Krieg berichtet haben, beispielsweise mit Peter Krebs. Er hatte Gelegenheit, Kim Phuc, ein 1972 vom Napalmfeuer schwerverletztes Mädchen, zu besuchen. Sie erzählte ihm: «Am frühen Morgen dieses schrecklichen Tages sind wir früh aufgestanden. Wir ahnten, daß heute etwas passieren würde. Die Soldaten der Befreiungsfront waren schon drei Tage im Dorf. Als das Schießen schlimmer wurde, schickte uns mein Onkel in die Pagode. Auf einmal schrie einer: Sie schmeißen Bomben. Wir hörten die Flieger heranheulen und die ersten Explosionen. Und gleich danach wurde die Pagode getroffen. Das Dach fing an zu brennen. Und dann schrie einer: «Raus, raus! Wir verbrennen alle hier!»

Peter Krebs fragte Kim Phuc, ob sie noch wüßte, wie spät es damals war. «Ja, zwei Uhr nachmittags. Dann liefen wir die Straße entlang bis zur Brücke. Da kamen die Flugzeuge noch mal zurück. Ich guckte hoch und sah eines auf uns niederstoßen. Und dann kam eine ohrenbetäubende Explosion, und hinter uns schoß eine Wand von Feuer hoch. Wir fielen alle hin, und plötzlich war mein Kopf ganz heiß. Mit einem Mal waren auch Soldaten da, die rannten auf uns zu. Einer rief: ‹Reißt doch die Kleider runter!› Ich guckte mich um, das war ich auf einmal nackt!» (Peter Krebs, *Die Kinder von Vietnam*)

Nach der Einrichtung der Krankenschwesternschule in Dien Bien Phu verließen wir das Land. Die Vietnamesen waren nun in der Lage, es allein zu schaffen. Wir konnten Menschen, die sich selbst helfen wollten, nicht die Arbeit wegnehmen. Einer der letzten Helfer in Vietnam war Heinz Weisbrodt. Mit ihm ging CAP ANAMUR in Vietnam von Bord. 1994 hatten wir einen Vertrag mit dem Gesundheitsministerium über den Bau einer zentralen Medizinfachschule in der nordwestlichen Provinz Vietnams abgeschlossen. Dort sollten Krankenschwestern und Dorfschwestern ausgebildet werden, die später in ihre Bergdörfer und Heimatregionen zurückkehren und dort Basis-Medizin betreiben sollten.

Wir hatten Vietnam in seiner schwersten Zeit begleitet. Nun hatte dieses Land es aber nach seiner ersten Öffnung, der Perestroika, genannt «Doi Moi», geschafft, wieder den Anschluß an die Welt zu bekommen. Neben dem auslaufenden Projekt der medizinischen Zentren in der Provinz Ninh Binh hatten wir uns vorgenommen, die Medizinfachschule in der Provinz Lau Chau aufzubauen. Mit Rafi Kot war ich schon einige Male in dieser Region gewesen, und wir hatten beschlossen, dort die Schule einzurichten. Das Schulgebäude wurde in Stahlbetonbauweise zweistöckig auf einer Grundfläche von 505 Quadratmetern errichtet – an dem Ort mit dem welthistorischen Namen Dien Bien Phu, wo der Vietcong 1954 der französischen Kolonialmacht die endgültige Niederlage zugefügt hatte. CAP ANAMUR war die erste ausländische Hilfsorganisation, die dort arbeiten durfte.

12

Humanitäre Hilfe in Liberia
und Sierra Leone

Monrovia, im Juni 1996 – Rückblick: Ausbruch des Bürgerkriegs in Libe-
ria: 24. Dezember 1989 – Hilfsgütertransport mit dem Schiff «Danica
Sunrise»: Dezember 1990 – Neue Gewalt- und Plünderungswelle in Mon-
rovia: 6. April 1996 – Hilfsaktionen in Freetown: ab 1997 – Kindersol-
daten der RUF erobern Freetown: 5. Januar 1999

Seit zwei Tagen waren wir unterwegs von Freetown, der Hauptstadt des kleinen ruinierten Landes Sierra Leone, in die Hauptstadt Monrovia des kaum noch als Staat existierenden Nachbarlandes Liberia.

Am 28. Mai 1996 waren wir kurz vor Mitternacht mit einem
kleinen Frachtschiff, dem MV «Panther», in See gegangen. «Das
Meer beruhigt», sagten wir uns, als wir endlich an Bord waren
und ablegten – immerhin nach zwei Tagen Kampf mit einigen
zwielichtigen Gestalten im Hafen von Freetown. Nach dreißig
Stunden Fahrt – eine halbe Nacht, ein Tag und eine Nacht – ge-
langten wir in das umkämpfte Monrovia.

Das Schiff hatte uns die dänische Reederei CTC in Sierra Leone
für den stolzen Preis von 3600 Dollar pro Tag überlassen. Es sollte
ein Versorgungsschiff für die notleidende Bevölkerung in Monrovia sein. An das umliegende Land wagten wir erst einmal gar
nicht zu denken. Wir wollten Hilfsgüter mitnehmen, die wir in
Sierra Leone einkaufen wollten.

Alles war hier in den Händen der Libanesen oder Inder. Wir
wurden von kommerziellen Firmen bedrängt, 50-kg-Säcke Reis,
«Indian-Rice», für die Liberianer an Bord zu nehmen. Die Amerikaner und die CARITAS-Leute hatten uns aber gewarnt: Es gäbe
genug Nahrungsmittel, benötigt würden «nur» Medikamente und
medizinisches Equipment wie OP-Tische und Laborausrüstung.
Aber das war eine Fehlinformation.

Wir hatten uns zwar verpflichtet, 500 Tonnen Reis mitzunehmen, aber das hätte bedeutet, daß wir schon am Dienstagmorgen (am 28. Mai) in Freetown mit dem Laden hätten beginnen müssen. So nahmen wir zunächst nur 150 Tonnen mit, der Rest sollte mit dem zweiten Schiffstransport folgen, denn wir hatten das Schiff für einen Monat gechartert.

Kurz vor der Hafeneinfahrt von Monrovia informierten wir die Behörden von unserer Ankunft und dem Arbeitsziel von CAP ANAMUR. Wir hatten eine Deutschliberianerin mit an Bord, Margret Gieraths-Nimene, die jahrelang in Monrovia gelebt und dort ihren Mann, den Arzt Dr. Domo Nimene, kennengelernt hatte. Doch die Verhältnisse in Liberia erschienen uns keineswegs geordnet.

Zwischen 1990 und 1996 gab es keine Regierung mehr in diesem Land, das Mitte des 19. Jahrhunderts, gute hundert Jahre vor den anderen afrikanischen Staaten, nach Unabhängigkeit gestrebt hatte. Liberia, das Land der Freien. Hier gab es – jedenfalls vordergründig – keine Klassenfeinde der Armen, keine Ausbeuter und keine Ausgebeuteten mehr. Natürlich gab es weiterhin die Masse der Erschöpften und bis zur Verelendung Erniedrigten, aber auch sie beteiligen sich an den Plünderungen. Zum x-ten Mal war Monrovia nun ausgenommen und überfallen worden, nicht von außen, sondern von innen.

Liberia und Sierra Leone rutschten von einer Katastrophe in die andere. Woran lag das? Vielleicht weil sie keine Staatsgebilde mehr im gewohnten Sinn waren. Hatten die Liberianer oder das Volk von Sierra Leone überhaupt so etwas wie eine nationale Identität? Die vorangegangenen sieben Jahre waren für die Bewohner Liberias eine einzige Kette von Unglück, Leiden, Kampf ums Überleben. Viele versuchten, ihre Familien außer Landes zu bringen, in die Vereinigten Staaten zum Beispiel, aus denen ihre Vorfahren gekommen waren, um dieses Land zu gründen, denn Liberia ist eine Gründung von Afro-Amerikanern. Sie war das Werk der US-Regierung im Jahre 1822. Man versprach sich von dieser Gründung eine Lösung des Sklavenproblems. Zunächst war der neue Staat abhängig von der Einwanderung der «freigelassenen Negersklaven» aus den US-Südstaaten. Diese Siedler waren auf die amerikanischen Handelsbedürfnisse ausgerichtet und exportierten damals vor allem Kaffee und Palmkerne. Durch Zusammenschluß mehrerer Ansiedlungen wurde Liberia 1847 Republik. Die Unabhängigkeit Liberias war 1848/49 von den europäischen Mächten, 1862 von den USA anerkannt worden.

1980 hatte sich Samuel K. Doe als Präsident etabliert, und er behielt die Macht mit allen Tricks und Listen bei, durch Wahlfälschung und weitgehende Unterdrückung jeglicher Opposition. Samuel K. Doe war ein gewiefter Schaukelpolitiker, der, obwohl er von den USA mit Militär und Wirtschaftshilfe und einer Radiostation der «Voice of America» unterstützt wurde, dennoch Beziehungen mit dem Ostblockstaat Rumänien unterhielt. Er lieferte Ceausescu Eisenerz und bekam dafür Panzer. Does Aufrüstung wurde den Amerikanern gegenüber zum Drohmittel. In der Angst, ihren Einfluß einzubüßen, gaben ihm die Amerikaner alles.

Der Bürgerkrieg hatte in Liberia am 24. Dezember 1989 begonnen, also zu einer Zeit, als Europa durch den Fall der Mauer und das Ende des Kalten Krieges von Afrika immer mehr abgelenkt wurde. Einhundertfünfzig in Libyen und in Burkina Faso ausgebildete Söldner überfielen einige Militärposten und stießen unter dem Kommando von Charles Taylor weiter von der Grenze ins Landesinnere vor. Unter Taylor kam es in der Folgezeit zu entsetzlichen Grausamkeiten der Milizen wie der alten liberianischen Armee. Kannten die afrikanischen Länder in den fünfziger bis zu den achtziger Jahren Befreiungsbewegungen und Liberation-Armies, die diesen Namen verdienten, so hat Liberia auf so etwas immer warten müssen, wie später auch Sierra Leone.

Schon im Dezember 1990 hatten wir einen ersten Versuch gemacht, mit einem Schiff und mit Hilfsgütern den Menschen in der vom Terror noch schwer heimgesuchten Stadt Monrovia ein humanitäres Zeichen zu geben. Unser Mann an Bord war Henrik Sauer, der in einer Person Krankenpfleger, Logistiker und Techniker war. Das Schiff, das wir damals gemietet hatten, war die M/V «Danica Sunrise», die in den ersten Dezembertagen 1990 in Freetown einen Zwischenstopp machte, um zu bunkern und um einige Reporter der deutschen Medien an Bord zu nehmen. Um 14.15 Uhr lichtete die «Danica Sunrise» in Freetown die Anker und nahm Kurs auf Monrovia. Wir hatten das Frachtschiff in Hamburg mit 1450 Tonnen beladen, vor allem Nahrungsmittel und Medikamente. Unser vierköpfiges Team, das in Monrovia – und wenn möglich auch im ganzen Land – arbeiten sollte, bestand aus dem Teamleiter Henrik Sauer, der für CAP ANAMUR später das «Tukull»-Hospital in einer der gefährlichsten Regionen Afrikas einrichten sollte, der Krankenschwester Ulrike und dem Ehepaar Domo und Margret Gieraths-Nimene. Beide waren entschieden dafür eingetreten, daß CAP ANAMUR dieses Projekt in Angriff nahm.

Stefan Klein, der damals aus Nairobi kommend mit an Bord war, schrieb Tage später in der Süddeutschen Zeitung: «Zwölf Monate Bürgerkrieg haben Monrovia eine Hungersnot beschert. Zwar kommt der Markt in der kaputten Stadt allmählich wieder ein bißchen in Gang, aber angeboten werden fast nur alte Restbestände, Dosen und Tuben mit Tomatenmark oder Mayonnaise – Magenfüller ohne Nährwert und noch dazu unerschwinglich.» Er berichtete, Margret und Domo Nimene hätten in der Bundesrepublik auf die verzweifelte Lage Liberias aufmerksam gemacht und Hilfsaktionen in Gang bringen wollen. «Aber wer interessierte sich in diesen umwälzenden Zeiten dort schon für Afrika?» Die großen Hilfsorganisationen wie Misereor, Caritas und «Brot für die Welt» habe sie zu mobilisieren versucht, sagte Margret Nimene dem Reporter Stefan Klein, leider ohne Erfolg. «Nur einer hat spontan zugesagt und unbürokratische Hilfe in Aussicht gestellt: Rupert Neudeck von den Deutschen Not-Ärzten. So kam es, daß die Nimenes im Auftrag der Not-Ärzte von CAP ANAMUR den Weg zurück nach Monrovia angetreten habe – entschlossen, zu helfen und sich nützlich zu machen. Aber nun, im Angesicht der Stadt, ist ihnen ziemlich beklommen zumute.»

Natürlich bestimmte nicht ich allein den Kurs. Wir unterhielten und stritten uns sehr oft um solche Fragen. Das Geld war schließlich knapp. Aber im Laufe der zwanzig Jahre des Bestehens unserer Organisation waren es wechselnde Personen, die sich stritten. Einige machten immer mit, so meine Frau, die Krankenschwester Edith Fischnaller, die seit 2000 auch Ärztin war, und Dr. Hans Josef Rüber, der Schatzmeister des Komitees. Darüber hinaus nahmen unter anderen der Krankenpfleger Henrik Sauer, die Ärztin Dr. Barbara Krumme, der Arzt Dr. Werner Strahl regelmäßig an unseren Hilfsprojekten teil.

Das «Care-Paket», das CAP ANAMUR nach Liberia gebracht

hatte, war – so konnten die Passagiere auf dem Schiff beim ersten Landgang erkennen – besonders willkommen. Doch es gelang damals nicht, in Liberia richtig Fuß zu fassen, denn die Unsicherheit durch Überfälle von Banden war viel zu gravierend. Nach zwei Jahren war unsere Hilfsorganisation wieder außer Landes. Dr. Domo Nimene kehrte mit seiner Frau nach Deutschland zurück.

Am 6. April 1996 fingen die Kämpfe wieder an. Charles Taylor ließ seine eigene Miliz mit den unter Drogen gesetzten Kindersoldaten auf die Hauptstadt los mit dem Auftrag, sie auszuplündern, und bezahlte mit der Beute auch seine Milizionäre.

Es gab auch andere Reiche, denen es an nichts fehlte, aber es waren entweder Menschen mit einem Konto in der Schweiz oder solche, die anderswoher kamen und das Land nur ausrauben wollten. Beispielsweise Georges Haddad, der ungekrönte Reiskönig von Monrovia, der auch eine funktionierende Satellitenanlage, ein Faxgerät, einen Mercedes und einen Alfa Romeo hatte.

Von Georges Haddad mieteten wir einige LKWs. So konnten wir erst einmal alle Krankenhäuser mit unserem Reis versorgen. Dann hatten wir auch vor, einige kleine Ambulanzen in und um Monrovia herum zu gründen. Zunächst aber schauten wir uns die Stadt an, ließen unser Gepäck auf dem Schiff und kehrten zum Schlafen wieder in unsere Schiffskabinen zurück, denn es war auch billiger. Im Verlauf von zwölf Jahren war die Stadt zum drittenmal ausgeplündert worden. Das Plünderungsgut stellte den allerletzten Rest der Volkswirtschaft dar. Der Markt auf dem Hügel von Grainsville in der Nähe der US-Botschaft auf Mamba Point verscherbelte alles, was seit dem 6. April 1996 geklaut worden war. Mir fiel auf, daß uns in Deutschland diese Märkte unter den vielen blauen UNHCR-Zelten in den Berichten von CNN oder BBC als große Elendslager verkauft wurden. Ein solches Camp hatte ich aber dort noch nicht gesehen. Ein griechischer Arzt der Weltgesundheitsorganisation, der mit uns ging, erzählte mir stolz, man versorge dieses Lager mit Lebensmitteln, mit UNHCR-Planen, damit die Menschen vor dem Regen geschützt seien. Man habe 15 Toiletten gebaut. Es war ein Zeichen der eklatanten Ahnungslosigkeit der UNO, ein Lager von reichen Dieben und Plünderern zu versorgen!

Die Führung war verbrecherischer, als wir es uns vorgestellt hatten. Am 2. Juni gingen wir in das Catholic Hospital St. Joseph, das uns in Deutschland immer noch als letzter Hort in der Brandung dargestellt wurde. Das Krankenhaus war in glänzendem Zustand, es kassierte weiterhin die hohen Aufnahmegebühren, die bei katholischen und Missionsspitälern üblich sind. Das Gelände war eingefriedet und mit schmiedeeisernen Toren versehen, im St. Joseph's Hospital wurde nicht geplündert, denn es stand unter dem Schutz von Charles Taylor. Es lag in der Nähe von Taylors Residenz, und Taylor brauchte es im Notfall für sich und seine Kindersoldaten. «Aber wir arbeiten nicht für Taylor», versicherte uns Bruder Joseph vehement, der über diese Frage Auseinandersetzungen mit dem MSF-Hospital und auch dem Schwedischen Hospital gehabt hatte.

Am Nachmittag war ich mit Domo Nimenes Frau Margret nach Peiton, einem Vorort von Monrovia, gefahren. Wir hatten uns vorsichtig an den Compound ihres Hauses herangepirscht. Margret war sehr aufgeregt, denn sie wußte ja nicht, ob das Haus nicht niedergebrannt oder völlig ausgeraubt war. Wir kamen näher – und sie war den Tränen nahe, denn zwei ihrer ehemaligen Mitarbeiter hatten das Haus vor Plünderungen bewahrt. So konnten wir es als Anlaufstelle für eine Ambulanz des Komitees CAP ANAMUR benutzen. In den folgenden Tagen brachten wir alles dorthin, was wir an medizinischem Equipment und Medikamenten auf dem Schiff mitgebracht hatten. Wir beluden den LKW, schafften alles in den großen Raum und füllten gleich die mitgebrachten Regale damit auf. Wir erwarteten noch die Komitee-Ärztin Barbara Krumme und den Komitee-Vorsitzenden Benno Ure, Kinderchirurg und Leiter der Kinderklinik in Utrecht, mit der nächsten Ladung Hilfsgüter von Freetown. Margret wollte aber schon anfangen zu arbeiten. Wir mußten uns nur noch ihr Auto zurückholen.

Bei der ersten großen Evakuierungsaktion – als die deutsche Kolonie sich ganz aus Liberia zurückzog – hatte sie das Auto auf dem Hof der Deutschen Botschaft stehen gelassen, so wie das andere in der deutschen Kolonie ebenfalls getan hatten, denn das Botschaftsgelände wurde bewacht bzw. von einer Art Botschaftsverweser benutzt, dem deutschen Unternehmer Horst Wallwitz, dem Besitzer und Manager der Zementfabrik Cemenco. Mit Hilfe von Geld und guten Beziehungen war es ihm gelungen, diese

Position in der Botschaft zu halten. Auf derselben alten Pracht-
straße wie die Botschaft residierten auch Charles Taylor und das
Hochkommissariat von Nigeria. Und siehe da: Der Wagen fand
sich. Fraglich war nur, ob er nach vier Jahren noch funktionierte.
Ein Mechaniker machte den Wagen wieder flott, und Margret
Gieraths-Nimene konnte ihn wieder in Gebrauch nehmen.

Auf dem Weg zurück zum Schiff hatten wir am Hafen den
großen smarten Mann der Episcopal Church kennengelernt, Gy-
unt Bryant, der uns seinen Mitarbeiter Frank Brown als Fahrer
für die nächsten Tage zur Verfügung stellte. Er war einer von
den Menschen, denen es gelang, für sich, seine Frau und seine
drei Kinder das Beste aus allem zu machen. Nach dem Ausbruch
des Bürgerkriegs war Frank Brown nach Ghana gegangen, und
da es im Oktober 1995 einen Waffenstillstand gegeben hatte, war
Frank Brown in sein Land zurückgekommen. Seine Frau war
schon vorher in die USA zurückgegangen, was darauf schließen
ließ, daß Brown einer Familie von Amerikaliberianern angehörte.
Die Frau war dann am 1. April 1996 zurückgeflogen – mit der
allergrößten Erwartung, daß es von Stund an aufwärts gehen
sollte mit Liberia. Seine Frau sei, so erzählte Brown im offenen
Pickup-Toyota an diesem 1. Juni 1996, als wir bei brütender Hitze
durch das zerstörte Monrovia und an den vielen ECOMOG-Blau-
helmroad-Blocks vorbeifuhren, auf dem damals noch existierenden James Spring Flughafen angekommen. Fünf ganze Tage habe
sie die Ruhe des neuen Monrovia genießen können, dann sei in
der Nacht vom 5. auf den 6. April der Terror der Branddrohung,
Plünderung und Verwüstung losgebrochen.

Der Vater des CAP ANAMUR-Arztes Dr. Philip de Almeida war
ein srilankischer Elektrizitätsingenieur und verkappter Mediziner, der sein Medizinstudium abgebrochen hatte. Sein Traum war,
daß sein Sohn das werden würde, was er sich versagt hatte: Doktor der Medizin. De Almeida hörte in Sri Lanka von einem lukrativen Angebot in Sierra Leone. Der Auftrag bestand darin, in dem
Ort Port Loko die Elektrifizierung und die Kommunikationstech-
nologie zu installieren – das Angebot kam übrigens von der Regierung der ehemals britischen Kolonie und nunmehr
unabhängigen Republik Sierra Leone, nicht etwa von der UNO
oder einer Agentur für Entwicklungshilfe. Das in Aussicht gestell-

te Gehalt war für ihn, seine Frau und den damals sechzehnjährigen Sohn Philip so reizvoll, daß er diesen Posten annahm.

Philip, damals noch Gymnasiast, war die Woche über in dem berühmten Prince-of-Wales-College in Freetown, der Hauptstadt des Landes, einer der besten Schulen Afrikas, der Eliteschule Sierra Leones. An den Wochenenden kam der junge Sri Lanker zurück über die alte Straße von Freetown nach Wellington, dann durch die große Palmölplantage eines Landsmanns aus Sri Lanka bis zur Kreuzung, von der aus die Straßen nach Makene und in Richtung Guinea-Grenze führen, und fuhr dann per Anhalter zu den Eltern nach Port Loko.

Philip blieb zwei Jahre auf dem College. 1967 ging er nach Deutschland, studierte Medizin in Berlin und blieb in Deutschland hängen: «Ich habe mein Visum geheiratet», sagte er lächelnd. Er heiratete eine Deutsche, blieb aber seiner Herkunft und auch Afrika verhaftet. Er behielt auch seinen Paß. Für den Deutschen Entwicklungsdienst (DED) war er insgesamt zehn Jahre an verschiedenen Orten in Afrika tätig. In seinem Lieblingsland Tansania, in Uganda, Ruanda, Sierra Leone. Anfang Januar 1998 ging Philip de Almeida für drei Monate für CAP ANAMUR nach Freetown, in ein vom Krieg erschüttertes Land.

Rebellen hatten am 25. Mai 1997 in Freetown die Macht übernommen und den gewählten Präsidenten Ahmed Tejan Kabbah aus dem Land gejagt. Aber die Bezeichnung «Rebellen» war für diese Gruppe nicht geeignet. Denn sie wollten weder eine wirkliche Befreiung des Landes und Volkes für eine bessere Zukunft noch den Wechsel an der Spitze der Regierung. Sie wollten lediglich Geld machen mit den Diamantenvorkommen in Sierra Leone. Im Rahmen der westafrikanischen Regionalorganisation Economic Cooperation of the West African States (Ecowas) hatte man sich zwar darauf geeinigt, daß der gewählte Präsident Tejan Kabbah am 22. April 1998 zurückkehren sollte, doch niemand nahm dies ernst.

Mit Philip de Almeida und unserem einheimischen Bekannten Hassan Basma machten wir uns am 25. März 1998 auf den Weg nach Port Loko. Der Weg dorthin war frei. Die Friedenstruppe der Westafrikanischen Wirtschaftsgemeinschaft, die Economic Cooperation Monitoring Group (ECOMOG), hatte den Weg freigekämpft. Unterwegs erzählte uns Philip von seinen unglaublichen

Erlebnissen während des Krieges. Die Nigerianer hatten plötzlich die Konferenzvereinbarungen über den friedlichen Transit zum Wiedereinzug des gewählten Präsidenten gebrochen und Freetown in der Woche vom 6. bis 14 Februar 1998 mit Waffengewalt befreit. Sie hatten dabei Ruhm, Dank und Ehre geerntet, denn sie hatten die Hauptstadt schonend erobert, d. h. nicht mit ihren MIG's, Kampfhubschraubern und Raketen angegriffen, sondern sie waren in die Stadt nur einmarschiert. Später errangen sie noch mehr Anerkennung. In den Tagen nach dem 16. Februar brachten sie Hunderte von gestohlenen Autos auf den Parkplatz des Gesundheitsministeriums, wo sie die Besitzer nach Vorlage entsprechender Fahrzeugpapiere wieder in Besitz nehmen konnten. Wo hat es so etwas bei einer afrikanischen Truppe je gegeben? Der Oberbefehlshaber der Freetown-Brigade der Blauhelmtruppe, der Nigerianer Oberst Kobe, hatte die Rebellen am 5. Februar 1998 gewarnt: Sie sollten sich sofort zurückziehen, sonst würden sie mit Waffengewalt bekämpft. Doch der 33-jährige Rebellenoberst und Ex-Häftling Oberst Paul Koroma sagte am darauffolgenden Tag der Bevölkerung Kampf bis zum Tod und ein bitteres Ende in Sierra Leone an. Nach dieser Ankündigung im Fernsehen machte sich Philip de Almeida auf den Weg zum Connaught-Hospital in Freetown – unmittelbar an der Frontlinie.

In den darauffolgenden Tagen wurde die Arbeit in diesem Hospital ganz allein von zwei Ärzten bewältigt, die nicht aus Sierra Leone stammten: vom Chirurgen, Dr. Philip de Almeida, und vom Prager Arzt Dr. Igor, der im Auftrag der Organisation «Ärzte ohne Grenzen» in Freetown war. Die einheimischen Ärzte, so erzählte uns Philip auf der Fahrt nach Port Loko, hatten sich am 7. Februar aus dem Staub gemacht. Am 16. Februar 1998 waren sie alle wieder da, um «incentives», Leistungsprämien, zu fordern. Hunderte von Kriegsverletzten kamen ins Krankenhaus. Die beiden Ärzte mußten die Patienten selektieren, d. h. diejenigen, bei denen sie erkannten, daß die Behandlung lange dauern würde oder gar keine Erfolgsaussicht hatte, sofort auf die Seite der Todgeweihten verlegen. Nur wenige konnten mit Hilfe der Abdominalchirurgie und durch Amputation gerettet werden.

Immer noch machte sich dieser leidenschaftliche Arzt Vorwürfe. Damals, im Februar 1998, hatten sein Kollege und er oft nicht einmal Zeit gehabt, sich umzuziehen. Manchmal hatten sie tränenüberströmt und stumm in der Ecke gesessen, sogar einmal aus Erschöpfung die Arbeit für anderthalb Stunden unterbrochen. Das konnte sich Philip nicht verzeihen, denn es waren noch zwei schwerblutende Patienten hereingebracht worden, denen sie hätten helfen müssen.

Den Verantwortlichen teilten wir unmißverständlich mit, daß CAP ANAMUR in Sierra Leone nur noch dann Hilfe leisten würde, wenn die Organisation auch außerhalb der Hauptstadt arbeiten dürfte. In Freetown gab es so viele Organisationen – die großen UN-Töchter UNICEF, UNDP, WHO, UNHCR –, daß es für uns keinen Sinn ergab, dort unsere Hilfe anzubieten. Wir wollten zu den Ärmsten der Armen, die vor allem außerhalb der Hauptstadt zu finden waren. Wir fuhren also los, Philip hatte sich für den Ort Port Loko stark gemacht. Die Gründe, die ihn dazu bewogen hatten, teilte er mir unterwegs mit.

In Port Loko kamen wir über die hügelige Landschaft ins Krankenhaus, sprachen mit dem agilen Direktor Dr. Pratt, der als einziger Arzt mit einigen Krankenschwestern und Krankenschwestern-Helferinnen – allesamt ohne Gehalt – die Stellung hielt. Am meisten regte sich Philip de Almeida darüber auf, daß es niemanden für die Betreuung der Schwangeren und der Babys gab, niemanden, der bei Bedarf einen Kaiserschnitt machen konnte. Ein kleiner Teil des Hospitals wurde noch von den nigerianischen Soldaten der ECOMOG in Anspruch genommen.

Das Land lebte auf Pump, hielt aber noch an einem formalistischen Souveränitätsanspruch fest, genauso wie die Ärzte-Kollegen am Connaught-Hospital und am Kinderhospital, die jetzt von den ausländischen Organisationen Gehälter forderten, weil sie ihr letztes Gehalt im September 1997 bekommen hatten. Sie meinten, daß auch die Nicht-Regierungsorganisation (NGO) CAP ANAMUR verpflichtet sei, nicht nur ein Honorar, sondern ein volles Gehalt zu bieten. Sie drohten, sonst nur noch die wenigen Kinder reicher Leute zu behandeln, die entsprechend für die Behandlung und die Operation zahlen konnten.

CAP ANAMUR entschloß sich in diesen Tagen, für die Ärzte je 100 000 Leones auszugeben: das entsprach 100 US Dollar – also insgesamt mehr, als sie in letzter Zeit an Gehalt bekommen hatten. Das kleine Zubrot («incentive»), das CAP ANAMUR mit dem Gesundheitsministerium vereinbart hatte, war für die Sierra Leoner von 1998, die keine Gehälter mehr bekamen, zweifelsohne viel Geld. Die Ärzte hielten es dennoch nicht für nötig, einen regelmäßigen Tages- und Nachtdienst zu machen. Regelmäßig wurde Philip de Almeida am Abend von Krankenschwestern gerufen, weil wieder einmal kein Arzt da war.

Hätten wir uns entschlossen, das Land wegen dieser Ärzte zu verlassen, dann hätten wir die ganze Hilfsaktion verraten. Denn schließlich waren wir im Lande wegen der Millionen armer Menschen, die um ihr tägliches Brot besorgt waren, sich unsicher fühlten, weil die RUF ihre Kinder rekrutieren und ihre Dörfer überfallen konnte, die keinerlei medizinische Versorgung mehr hatten. Wenn es eine Möglichkeit gegeben hätte, privat zu arbeiten, so hätten diese Ärzte sie sofort ergriffen. Aber sie waren nicht selbstlos genug, um ihren Landsleuten zu helfen. Dr. Philip hatte seine Kinder und seine Frau in Berlin zurückgelassen, um mit Dr. Igor im Krankenhaus in Freetown Dienst zu leisten. Er hatte unzählige Tage und Nächte durchgehalten, mehr als 200 Operationen und Amputationen unter Granaten-, Raketen- und MG-Feuer durchgeführt. Alle anderen Ärzte hatten sich in Sierra Leone davongemacht.

Die Lage in Sierra Leone hatte sich ein Jahr später wieder so zugespitzt, daß Söldner und Kindersoldaten der RUF sogar in Freetown einmarschierten. In der Nacht vom 5. auf den 6. Januar 1999 wachten die drei Mitglieder des CAP ANAMUR-Teams, längst zurückgeholt von Port Loko, im dritten Stock des Hauses in der Nähe des Clock Towers im Ostteil von Freetown auf, weil es plötzlich einen großen Lärm und dann eine Schießerei gab. Die nächsten zwölf Tage durften sie bei Lebensgefahr nicht mehr das Haus verlassen. Vor allem die Europäer waren in Gefahr, von den Kindersoldaten als Geiseln genommen zu werden. Die Ärztin Dr. Aino Töniste aus Estland, die wir bei einem Besuch in ihrem Land für Sierra Leone hatten gewinnen können, und die Krankenschwester Roswitha Ludwig waren in dem Haus untergebracht, in dem auch Dr. Hassan Basma mit seiner Frau und seinen drei Kindern wohnte und im Erdgeschoß eine Apotheke betrieb. Am Clock Tower hing immer noch das Spruchband, das das Theaterstück ankündigte, das in den letzten Monaten so großen Erfolg gehabt hatte, auch weil es im einheimischen Krio, einer der einheimischen Sprachen, gespielt wurde und die Seelenlage der Sierra Leoner traf: «Watin Make Salone cry?», das ins Deutsche übersetzt hieß: «Was bringt Sierra Leone zur Verzweiflung?»

Wir hatten uns in Sicherheit gewogen: Uns konnte nichts passieren, wir hatten einen guten einheimischen Mitarbeiter, der die Gefahren besser als wir voraussah. In den letzten Jahren hatte er in riskanten Situationen sofort seine Frau und seine Kinder entweder in den Libanon oder nach Großbritannien gebracht. Libanesen hatten in Westafrika meistens zwei, oft sogar drei Pässe und waren deshalb auch privilegiert: Im Fall einer Gefahr konnten sie sofort das Land verlassen. So hatten wir auch Evakuierungsaufforderungen der UNO-Behörden und der Deutschen Botschaft in Freetown einfach ignoriert. Doch nun hatte es alle kalt erwischt. Die ersten drei Tage hatten wir noch Telefonkontakt zu den dreien, dann hörte jede Verbindung auf. Am 8. Januar wurde der Strom gekappt, folglich fiel das Telefon aus. Seit dieser Zeit hofften wir nur noch, daß unsere Mitarbeiter überlebt hatten. Am 18. Januar 1999 hielten wir es dann nicht mehr aus. Angesichts der blindwütigen Mordlust der RUF-Kindersoldaten befürchteten wir, daß unsere drei Mitarbeiter schon mit durchschnittener Kehle in ihrem Blut lagen. Ich beschloß, mich nach Sierra Leone aufzumachen.

Zu dieser Zeit gab es keine direkte Verbindung mehr nach Lungi, dem über 50 km von Freetown entfernten Flughafen von Sierra Leone, so daß ich nach Guinea, nach Conakry, fliegen mußte. Im Strandhotel traf ich dort die Verantwortlichen der UNO und in der Deutschen Botschaft auch den Botschafter. Es gab einen täglichen Flug nach Lungi, den ich buchte. Ich lernte einen Libanesen kennen, der wiederum genau wußte, wo er Hassan Basma und seine Familie finden konnte. Am 20. Januar flogen wir ab, der Libanese flog mit einem ECOMOG-Hubschrauber weiter ins Innere von Freetown, in den Teil der Stadt, der nun wieder in der Hand der westafrikanischen Truppen war. Ich quartierte mich im nicht weit entfernten Salesianer-Schulheim in der Nähe in Lungi ein. Ich hatte mit ein paar Tagen Suchbemühungen gerechnet. Doch kaum war ich von einer kurzen Fahrt über die Dörfer zurück, da sagte mir ein Pater in der Mission, daß Hassan Basma angerufen hätte und sie alle in Sicherheit und wohlauf wären. Er hatte eine Nummer hinterlassen, unter der ich ihn zurückrufen konnte. Ich war überglücklich, als ich die Stimmen von Aino Töniste, Roswitha Ludwig und von Hassan Basma hörte.

Am nächsten Morgen ließ ich mich von dem Hubschrauber der ECOMOG (im Volksmund werden die Truppen in Anspielung auf ihre Plünderaktionen auch «Every Car Or Moveable Gone» genannt) nach Freetown bringen. Eine Stunde später konnte ich unsere Mitarbeiter umarmen, die noch ganz unter dem Schock der letzten vierzehn Tage standen. Insgesamt hatten sich drei Familien mit achtzehn Kindern, die weder schreien noch weinen durften, in das Haus zurückgezogen und es von innen verbarrikadiert. Die Rebellen schossen den ganzen Tag und oft auch die Nacht hindurch. Am dritten Tag nach der Eroberung dieses Teiles der Stadt begannen die Rebellen, die Häuser und die Autos abzubrennen. Die Hausbewohner und unsere Mitarbeiter waren ganz von Feuer und Rauch umgeben. Dann versuchten die Rebellen in das Haus einzudringen, es gelang ihnen aber nicht. Als ich einen Tag später noch einmal zu dem Haus mit Hassan ging, zählte ich allein am Torgitter 29 Einschüsse.

Unsere Mitarbeiter erzählten mir, daß am 15. Januar, als die ECOMOG-Truppen die Stadt wiedereroberten, für die drei Familien in dem Haus Nr. 2 in der Hagen-Street am Clock Tower die Hölle begonnen hatte. Die ECOMOG hatte ihren Angriff mit Panzern und Alpha-Jets gestartet, bombardiert und mit Granaten wahllos in die Gegend geschossen. Spätestens in diesen Stunden waren unsere Mitarbeiter – die auch Zeugen von Vergewaltigungen und Morden auf offener Straße gewesen waren – davon überzeugt, daß ihre letzte Stunde geschlagen habe.

Am 17. Januar 1999 hatten sich die CAP ANAMUR-Mitarbeiter entschlossen, ihr Haus in einem unbeobachteten Moment zu verlassen und an der nahegelegenen Küste zum nächsten ECOMOG-Quartier im Westteil der Stadt zu laufen. Als der für die Bewachung der Hagen-Straße zuständige einzige RUF-Rebell einmal um die Ecke verschwand, waren die dreißig Insassen des Hauses mit den achtzehn Kindern im Eiltempo die zwei Meilen bis zur nächsten ECOMOG-Baracke gerannt. Es war gottseidank noch einmal gutgegangen.

13
Minenräumen in Angola

Umleitung des Minenräumprojekts von Somalia nach Angola: Anfang 1992 –
Abfahrt der M/V KAMILLA mit Minenräumgerät von Hamburg: 7. Mai 1992
– Bunkern des Schiffes in Las Palmas: 11. Mai 1992 – Ankunft im Hafen Namibe:
2. Juni 1992 – Abfahrt der Lkws und Minenräumpanzer von Namibe/Lubango:
3. Juni 1992 – Beginn der Minenräumarbeit in Xangongo: 15. August 1992 –
Erste freie Wahlen in Angola: 19. September 1992 – Die UNITA verliert die Wahl
und setzt den Krieg fort: November 1992 – Minenräumprojekt in Benguela: 1993
– Tod von Michael Lingg beim Minenräumprojekt in Benguela – Ende des
Minenräumprojekts von CAP ANAMUR: November 1996

Eigentlich sollte das Minenräumprojekt von CAP ANAMUR in
Somalia beginnen. Dort hatten wir die bittersten Erfahrungen mit
dieser heimtückischen Waffe gemacht. Nachdem zwei Krankenschwestern, die Holländerin Helmien Hendrikse und die Soma-
lierin Nimao Abdelkader, am 21. Juni 1991 einer Landmine zum
Opfer gefallen waren und beide Füße verloren hatten, wollten wir
mit der Arbeit aufhören. Helmien Hendrikse beschwor uns aber, wie
schon berichtet, den Produktionsfirmen von Landminen nicht diesen
Gefallen zu tun. Es war ihr Verdienst, daß wir nicht nur weitermach-
ten, sondern sogar den Radius unserer Arbeit ausweiteten.

Ich flog nach Hargeisa, um das Minenräumprojekt vorzubereiten. Nach Auskunft des Verteidigungsministeriums sollten wir
fünf T-55-Panzer mit der Vorschlagräumwalze KMT bekommen.
Dann, am 24. Januar, hieß es im Auswärtigen Amt, es sei doch nicht
möglich, denn die UNO habe ein Embargo gegen Somalia verhängt.
Die Panzer galten trotz ihrer «Abrüstung» als Kriegswaffen. Unsere damals elfjährige Tochter Milena bekam im Januar 1992 dieses
zermürbende Hin und Her mit. Als ich das enttäuschende Ergebnis
nach Troisdorf durchgab, setzte sie sich hin und schrieb «Herrn
Genscher» einen Brief, den ich bis heute höchst gelungen finde:

An den Außenminister Herr Genscher.

HERR GENSCHER!

Ich finde es eine saublöde Sauerei, daß sie dem Komitee CAP ANAMUR die Minenräumpanzer nicht geben wollen. Sie meinen wohl, weil es Ihnen gut geht, können Ihnen die Leute in Somalia egal sein. Würden Sie gern ohne Ihre Beine leben? Die Leute dort müssen es, sie können es sich nicht aussuchen! Außerdem braucht Deutschland garantiert keine Minenräumpanzer, das müssen Sie doch zugeben!

Die Leute da aber brauchen die Panzer, um wenigstens die großen Flächen wie Äcker, Felder usw. leer zu räumen. Die Bauern in Somalia können nicht mehr auf ihre Felder, obwohl sie davon leben müssen.

Das kann Ihnen doch nicht einfach egal sein! Wenn Sie anderer Meinung sind, würde ich Sie bitten, mir wenigstens einen wirklich triftigen Grund zu schreiben, warum Deutschland die Minenräumpanzer nicht denen geben soll, die sie brauchen.

Milena Neudeck (11)
Kupferstr. 7
53842 Troisdorf

In der nächsten Woche signalisierte Genscher, die «Öffentlichkeit habe das Auswärtige Amt bestürmt», die Entscheidung rückgängig zu machen. Er bat den UN-Generalsekretär um eine Ausnahmegenehmigung für diesen humanitären Zweck. Boutros Boutros Ghali hat die Anfrage nicht beantwortet; die Genehmigung für die Übergabe des Minenräummaterials an CAP ANAMUR wurde trotzdem erteilt.

In Somalia mußten wir aber das Minenräumprojekt erst einmal streichen, denn unter den Bedingungen des damals von verschiedenen kriegtreibenden Warlords zerrütteten Landes war es undurchführbar. Das erste deutsche Minenräumprojekt einer kleinen Nicht-Regierungsorganisation durfte unter keinen Umständen gefährdet werden, denn bei einer Operation, die fast experimentell stattfand, war man zwangsläufig zum Erfolg verurteilt.

Als ich unverrichteter Dinge aus Somalia zurückkehrte, fiel ich dem Bundestagsabgeordneten Tödtemeyer in die Hände, der mir mitteilte, er käme gerade aus Angola, wo man ihn um Hilfe bei der Minenräumung gebeten habe. Neben Kambodscha war Angola damals das am stärksten verminte Land.

Aus dem Depot Storkow waren große Transporte mit der Bahn nach Bremerhaven gegangen. Von dort sollte die Ladung Richtung Namibe an der angolanischen Küste verschifft werden. Nach Maßgabe der angolanischen Regierung sollten wir in Xangongo in der südangolanischen Provinz Cunene mit dem Minenräumen beginnen. Zum Minenräumen hatte das Schiff die besagten Panzer mit Vorschlagräumwalzen geladen, deren Kanonen und Maschinengewehre abgeschweißt wurden, sowie die robusten Lkws vom Typ Ural und Kraz aus Storkow – also aus Beständen der ehemaligen DDR-Armee. Hinzu kam Sprengstoff, um die Minen zu vernichten.

Angola hatte sich von seinem langen, quälenden Bürgerkrieg noch nicht erholt. Auch nach dem am 31. Mai 1991 in Lissabon unterzeichneten Friedensabkommen dauerten die Unruhen an. Die Russen, die Amerikaner, die Portugiesen und die UNO waren die Schutzherren des Friedens. Sie richteten eine «Gemeinsame Politische Militärische Kommission» (CCPM) ein, die neben die kommunistische Regierung der Befreiungsbewegung und Partei «Movimento Popular de Libertação de Angola» (MPLA) unter Präsident Eduardo dos Santos trat. Für die Zeit bis zu den Wahlen wurden ein Demobilisierungsprogramm und die Registrierung der Wähler in allen Landesteilen beschlossen.

Schon am 19. September 1992 sollten die Angolaner, ohne jegliche demokratische Erfahrung, in ersten freien, gleichen, geheimen Wahlen ihr erstes Parlament und ihren ersten Präsidenten wählen.

26 Jahre Bürgerkrieg hatten dem Land die Zerstörung der Infrastrukturen, den Niedergang von Wirtschaft und Handel, die Zerstörung von Kommunikations- und von Transportwegen eingetragen. Angola war einst der viertgrößte Diamantenproduzent der Welt, der fünftgrößte Kaffeeproduzent, und es besitzt neben vielen landwirtschaftlichen Produkten auch Erdölquellen. Es galt schon in den neunziger Jahren als das neue afrikanische Saudi-Arabien.

Captain Charles Chapllonch, ein US-Offizier der militärischen Verifizierungskommission «Commissao militar de Verificacao e de Fiscalizacao» (CMVF) versuchte, mit seinen Männern auch durch Unterstützung von Transporten zu helfen. Als wir am 25. März 1992 in der Kommission in Luanda saßen und ich das Minenräumprojekt vorstellte, horchten die anwesenden Offiziere auf, denn hier begann etwas Neues: Umfunktionierte Panzer sollten zum ersten Mal humanitäre Arbeit leisten.

Charles Chapllonch brachte mich später zum einzigen Regierungsvertreter, der dieser Operation ein praktisches Interesse entgegenbrachte, Engenheiro Mamedes, Vizeminister im «Ministerio das Obras Publicas». Mamedes forderte uns auf, mit unserem Material rasch zu kommen, denn die Bevölkerung wartete dringend auf unsere Hilfe. Es gab bereits 600 000 bis 800 000 Kriegsversehrte, 200 000 allein im Großraum Luanda. Und über Generationen hinweg waren die Menschen dort gefährdet.

Im Boden Angolas waren sowjetische, amerikanische, kubanische, südafrikanische, tschechische, chinesische und sogar DDR-Minen des Typs PPM-2 vergraben, wie aus der Auflistung der Minentypen hervorging, die mir von angolanischen Offizieren übergeben wurde.

Unsere Minenräumpanzer trugen vor den Ketten zwei Schaufelrollen, die mit einem Gewicht von je 2,2 Tonnen auf den Boden schlugen. Bei den Anti-Personen-Minen (AP-Minen) konnten diese Rollen Hunderte und mehr Minen zur Explosion bringen. Aber nach fünf bis zehn Anti-Tank-Minen (AT-Minen) waren die Minenräumwalzen zerstört, und wir mußten sie ersetzen.

Die M/V Kamilla lief am 7. Mai 1992 aus, beladen mit allem Minenräumgerät, das wir aus Storkow bekommen hatten. Wir hatten uns fast alles aus Beständen der alten NVA aussuchen können, die T-55-Panzer, die 255 Lkws Typ Kraz, einige Pkws, dazu mehrere Dutzend Vorschlagwalzen vom Typ KMT 5 und KMT 6, einen Tieflader, einen Werkstattwagen mit Stromaggregat, einen Tankwagen mit Anhänger, Sprengschnüre, Zündschnüre, Sprengkapseln, Sprengzünder, Abreißzünder in Größenordnungen von 1000 oder 2000 Stück sowie TNT-Dynamit-Körper – das nötige Material, um Minen im Boden aufzuspüren und zu vernichten.

Dann fuhren die Münchener Ärztin Dr. Luitgart Wiest, Raimar Wigger und ich nach Namibe. Die anderen Teammitglieder waren mit dem Schiff gereist. Es sollte am 28. Mai 1992 eintreffen. Der Kapitän hatte sich von Las Palmas aus gemeldet, wo er am

17. Mai gebunkert hatte. Doch die Ankunft verzögerte sich. Wir hatten neun ehemalige Pioniere der DDR-Armee für diese Aufgabe ausgewählt und in Storkow ausbilden lassen. Allerdings waren es militärische Experten. Ziviles Minenräumen aber erfordert eine ganz andere Methode und Sorgfalt. Am 4. Juni 1992 vormittags lief das Schiff ein.

Wir hatten uns vorgenommen, am nächsten Tag zu fahren. Bei Sonangol, der staatlichen Tankstelle, fuhren wir mit den Lkws vorbei, gespannt, ob man dort den Vertrag anerkennen würde, den wir mit der angolanischen Regierung abgeschlossen hatten. Demnach verpflichtete sich die Regierung, uns für alle Minenräumpanzer und alle übrigen Fahrzeuge kostenlos Diesel oder Benzin zur Verfügung zu stellen. Überraschenderweise wurde die Vereinbarung eingehalten; wir konnten sämtliche Wagen kostenlos betanken.

Am 5. Juni fuhren wir ab. Ich setzte mich zunächst zu dem Ingenieur Richard Lortz in den Tieflader. Nach zwei Stunden Fahrt fingen die Reifen des Tiefladers an zu qualmen. Der Tieflader hatte den Kranpanzer geladen, der unentbehrlich für die gesamte Operation war. Was ein befreiendes Erlebnis werden sollte – wir wollten rasch nach Lubango und von dort zu einem Verproviantierungslager in Xangongo kommen –, wurde zu einem kleinen Desaster. Die Wagen blieben immer wieder stehen, was, wie wir später erfuhren, häufig vorkam, weil sie zu selten benutzt wurden und erst wieder eingefahren werden mußten. Nach drei Stunden setzte ich mich mit Raimar Wigger in einen russischen Jeep. Noch vor Lubango, der zweitgrößten Stadt Angolas, erblickten wir ein Wäldchen mit einem Bach und folglich gutem Trinkwasser. Dort ließ Raimar ein Nachtlager einrichten. Am Spätnachmittag kam endlich der Tieflader mit Richard Lortz an. Schon wieder qualmten die Reifen. Richard sprang aus dem Wagen, wollte die Reifen abschlagen, aber sie brannten schon. In dieser Nacht brannte der vollbetankte Kranpanzer ab. Wir kamen zwar in Lubango an, aber die Wagen mußten dort alle erst einmal gewartet werden. Das Team weigerte sich, weiterzufahren, überzeugt davon, daß man uns in Storkow schlechtes Minenräumgerät gegeben hatte. Das gute hatte man offenbar für den Verkauf in die Türkei und nach Namibia ausgewählt, das schlechtere uns gegeben.

Als unsere CAP ANAMUR-Mitarbeiter auf der Suche nach Ersatz für den abgebrannten Kranpanzer waren, bekamen sie am Stationierungsort Retlow mehrere generalüberholte Tieflader zu Gesicht: Die Antwort auf die Frage, ob wir zwei davon für unser Projekt in Angola haben könnten, lautete: «Kategorie EINS könnt Ihr nicht bekommen!» In Storkow bekamen wir aber einen neuen Kranpanzer und charterten eine Antonow, ein russisches Großflugzeug, das mit dem schweren Kranpanzer an Bord am 29. Juli 1992 abends in Köln-Bonn starten und 12 Stunden später in Lubango eintreffen sollte.

In dieser ersten Phase mußten wir noch viel lernen. Hinzu kam die politische Situation. Savimbi, der sechzehn Jahre um die Präsidentschaft gekämpft hatte, verlor am 30. September 1992 die Wahlen. Nun siegten Eduardo dos Santos und die kommunistische Partei MPLA mit 54,1 Prozent, und Savimbi und seine alte Befreiungsbewegung und Partei «Unio Nacional para a Intependencia Total de Angola» (UNITA) erhielten nur 36,6 Prozent der Stimmen.

Seit dieser Zeit war es mit Angola nur noch bergab gegangen. Beide Seiten hatten nicht das geringste Verantwortungsgefühl für ihre leidende Bevölkerung gezeigt. Savimbi zog sich nach Huambo, dann nach Bailundo, Andulo und noch weiter in die Diamantengebiete zurück. Alle internationalen Organisationen, auch die UNAVEM, verließen das Land. Unser Team blieb zunächst, zog aber mit der gesamten Ausrüstung, allen Panzern und Lkws, den Tiefladern und Tankwagen über die Grenze und ließ den ganzen Wagenpark für eine Woche in Oshakati. Dann kam Sigfried Martsch, Landtagsabgeordneter von Bündnis 90/Die Grünen in Nordrhein-Westfalen, und lenkte den Konvoi wieder nach Xangongo zurück. Nachdem er mit Gouverneur Mutinde gesprochen und ein paar Sonderbedingungen ausgehandelt hatte, war das Team nun in Xangongo gesichert – es bekam noch zwei klimatisierte Container von der UNO geschenkt, bevor die Organisation der Vereinten Nationen nach dem Aufflammen des Bürgerkriegs zwischen MPLA und UNITA das Land wieder verließ.

Mit der Krankenschwester Edith Fischnaller richteten wir die ersten medizinischen Außenposten ein. In einer archaischen Gegend des äußersten Südens von Angola, in Onucocua, an der Grenze zu Namibia baute sie eine Gesundheitsstation auf.

1993 und 1994 waren die erfolgreichsten und den Zahlen nach ergiebigsten Jahre. Außerdem hatten wir in Uwe Silge einen ersten Sprengmeister, der das Team auch fachlich zu leiten wußte. Er war Mitglied der NVA gewesen und hatte als Pionier bei der DDR-Armee mit seiner blitzschnellen Auffassungsgabe alles über Munition, Minen, AP- und AT-Minen, Panzer und die Technik von Waffen regelrecht aufgesogen.

Nach einem Besuch in Angola im Februar 1993 legte ich schriftlich den Tagesablauf nieder:

«Frühmorgens um 7.30 Uhr ist jeden Morgen Abfahrt zum Minengürtel um Xangongo. Minen liegen in diesem Land herum, wie in anderen Ländern die Mülltonnen herumstehen, die dann aber verläßlich abgeholt werden. Die CAP ANAMUR-Gruppe macht sich mit Spürgerät und Spaten an die gefährliche Arbeit. In den letzten 16 Kriegsjahren sind hier überall Minen plaziert worden. Die Arbeit gerät immer wieder ins Stocken. So ist in den Minenplänen, über die die Angolaner verfügen, eine Mine verzeichnet, die man nicht gefunden hat, weil wohl ein Strauch sich in den letzten Jahren an dieser Stelle eingegraben hat. Die Förstersonde aus alten DDR-Beständen konnte die Mine nicht ausmachen. Die Vallon-Sonde, die wir uns in Deutschland auf dem Markt selbst besorgt haben, konnte diese Mine auch erst ausmachen, als die Helfer einiges Buschwerk zur Seite getan haben. Um 13 Uhr hat die Sonne unter dem glühend heißen Himmel Angolas ihren höchsten Stand erreicht. Die erschöpften Männer schwitzen, über 280 Minen (und zwar Anti-Tank-Minen) mit einer Sprengkraft von jeweils 70 kg TNT sind freigelegt und liegen auf einem Haufen.

Der angolanische Major Cavalho Blanco, der CAP ANAMUR beigeordnet ist, hat die Anwohner davon unterrichtet, daß sie heute wieder die Minen sprengen werden. Und daß die Bauern danach zwei Quadratkilometer zusätzliches Ackerland zur Verfügung haben werden.

Die Bauern wie die Zivilbevölkerung in und um Xangongo sind von dem Minenräumprojekt begeistert. Sie begreifen und unterscheiden die Sprengdetonation von den früheren und leider wieder wahrzunehmenden Bombenabwürfen und Raketeneinschlägen der Kriegsparteien.

Xangongo ist die zweitgrößte Stadt der Provinz Cunene, sie liegt nur 140 km von der Grenze zum Nachbarland Namibia entfernt. Der seit Ende 1992 neu ausgebrochene Bürgerkrieg hat hier noch nicht zugeschlagen, weil diese südliche Provinz strategisch für die Machtfrage im Lande eher unwichtig ist.

Die UNITA will die Hauptstadt des Landes Luanda und die zweitgrößte Stadt Huambo in der Mitte Angolas strangulieren und die Ölförderstädte an der Küste erobern. Die Regierung will mit ihrer Armee genau das verhindern. In diesem Strategierahmen ist Cunene eher zweitrangig.

Wie kann man, fragen wir uns am Abend im Camp von CAP ANAMUR, wenn es dunkel geworden ist und die kleinen Ölfunzeln brennen, wie kann man in einem Land Minen räumen, in dem erneut Minen gelegt werden? Nicht nur die Minen bedrohen die Bevölkerung, auch chemische Waffen, das hat Uwe Silge herausbekommen. Er hat mehrere Giftgranaten gefunden, die nur mit großem finanziellen Aufwand unschädlich gemacht werden können. Sie müssen einbetoniert entweder in die Bundesrepublik oder nach Südafrika verbracht werden, in Angola könnten sie irgendwann losgehen. Er hat außerdem um die Stadt Cahama herum an die sechzig SAM-5-Raketen mit Abschußvorrichtungen gefunden, die dabei sind, leck zu werden und damit leicht entzündbar sind. In diesen SAM-5-Raketen findet sich neben Kerosin eine Vorstufe des Giftgases Sarin.

Auf der Straße von Onjiva nach Xangongo gibt es eine Abzweigung nach Mongua. Wir fahren dort hinein, weil der katholische Bischof der Provinz Cunene hier ‹residiert›. Es ist Msgr. Fernando Belarmin, und er hat gar nichts von einem residierenden Bischof. Mitten in einer einfachen Barackensiedlung zwischen Ambulanzen und Lagerhäusern für sein Volk lebt er als Gleicher unter Gleichen. Die ganze Gegend ist voller Minen. Die bisherigen Räumungsarbeiten der angolanischen Armee waren nicht sorgfältig genug, das deutsche Team muß andauernd nachdetektieren.

Auf der Straße von Mongua nach Onjiva überfahren wir eine Militärbrücke. CAP ANAMUR hatte, als im August 1992 das große Schiff mit dem gesamten Equipment im Hafen von Namibe ankam, einen Brückenlegepanzer mitsamt 200 m Brückenlegeelementen hierher gebracht: So sinnvoll kann militärisches Material zur Sicherung der Versorgung und zum Wiederaufbau von Verkehrsinfrastruktur genutzt werden. Wir kommen am nächsten

Morgen wieder an den Minengürtel, wieder sind die Männer unter Nutzung der Sonden dabei und sammeln die Minen. Die Spaten sind abgeflacht, seit es vor drei Wochen hier einen tödlichen Unfall gab.

Der angolanische Mitarbeiter Vinte cinque – ein Kriegspseudonym – war mit seinem Spaten mehrmals auf Minen gestoßen, frontal von oben. Uwe Silge hatte ihn darauf hingewiesen, daß das die Minen zur Explosion bringen könne. Er wollte nicht hören. ‹Ich habe seit sechs Jahren Erfahrung mit diesen Dingern. Was willst Du mir da sagen?› erwiderte er empört und hieb weiter mit dem Spaten beim Ausschaufeln der Minen von oben auf den Zünder. Dann passierte es. Die Mine explodierte. Uwe Silge schaudert heute noch, wenn er an den Moment zurückdenkt, als er die sterblichen Überreste des Angolaners in einen provisorischen Holzsarg legen mußte. Seit diesem schrecklichen Ereignis ist die Truppe vorsichtiger geworden. Uwe Silge hat alle Spaten abgeflacht und zu kleinen schmalen Schaufeln umgearbeitet, die nur noch dazu geeignet sind, von der Seite unter die Mine zu kommen und sie herauszuholen.»

Am 17. März 1994 konnten wir eine erste Bilanz aufstellen. Trotz des Krieges, der mit der allergrößten Erbitterung und täglich hundert Toten weitergeführt wurde, hatte das Team in den letzten zwölf Monaten 54 068 AT-Minen und 25 330 AP-Minen nicht nur detektiert und aufgehoben, sondern immer auch gleich gesprengt.

Seit Herbst 1993 arbeitete das Team auch an der Beseitigung von in der Gegend verstreuter Munition und anderen Kampfmitteln, nach wie vor eine große Gefahr für die Zivilbevölkerung. Bisher waren über 68 689 Bomben, Raketen, Granaten über 37 mm vernichtet worden. Die vernichtete Kleinmunition, Sprengstoff, die Zünder, die täglich außerhalb des Ortes vernichtet wurden, alles das belief sich mittlerweile auf ca. 300 Tonnen.

Unser Team hatte auch eine Giftgasrakete gefunden, über deren Herkunft wir uns noch nicht im klaren waren. Mitte Mai konnten wir zusätzlich noch vermelden, daß wir in diesen Monaten 1994 und 1995 täglich 250 Anti-Tank-Minen räumten und zugleich sprengten.

Besonders aufwendig war das Sprengen von Streuminen: «Die Anzahl der bisher zerstörten Streuminen erscheint gering, ist aber aus unserer Sicht ein großer Erfolg», sagte uns Uwe Silge. «Das Aufspüren von Streuminen, also von nicht in Formation oder im System gelegten Einzelminen, ist zeit- und arbeitsaufwendig. Auf bloßen Verdacht hin muß auf Hunderten von Quadratmetern in aufreibender Detektorarbeit die Nadel im Heuhaufen gefunden werden.»

Allen Problemen zum Trotz konnte das Team drei komplette Minengürtel um Xangongo räumen, der vierte stand im Mai 1994 kurz vor der Vollendung. Der Donner der Explosionen von Abertausenden von Minen erinnerte die Bevölkerung im Umkreis von 150 km daran, daß wir sie nicht aufgegeben hatten. Wir hatten mehrere Depots, verrottete Arsenale des Horrors aufgeräumt. Unser Motto für das Projekt lautete: «Krieg dem Krieg im Kriege». Wir hatten auch einige Straßen geräumt, auf denen aus Angst vor den Minen die Verbindung zu anderen Orten abgebrochen war. Minen eines ganzen Minengürtels wurden gestapelt. Alle drei Meter mußte eine Mine liegen. Wenn sie dort nicht lag, war es möglich, daß sie schon einmal früher ausgelöst worden oder tektonisch gewandert war.

Die Arbeit fand unter großer Hitze am Tag statt. Wenn man um 7 Uhr morgens anfing, mußte man ab 13 Uhr die Arbeit für ein paar Stunden einstellen. Man konnte dann um 16 Uhr wieder anfangen, allerdings nur zwei Stunden weiterarbeiten, denn in Afrika wird es ab 18 Uhr stockdunkel.

Normalerweise wurden die Minen, die man fand, auf ein Depot gefahren und dort in einem Bombenkrater mit anderer Munition geschichtet. Dann wurde vom Sprengmeister die Zündschnur gelegt. Zuerst wurde an allen vier Ecken des mehrere Kilometer großen Platzes alles abgeschirmt. Niemand durfte mehr durchfahren. Wir legten uns hinter den Lkw, der wie ein Bollwerk wirkte. Dann zündete der Sprengmeister die Schnur, der Brandfunken wanderte auf mehrere Tonnen Munition zu, unter der die Tank-Minen lagen: Das Explosivfeld sollte sich nicht horizontal, sondern vertikal ausbreiten. Nach 180 Sekunden stieg der Feuerball auf, den Bruchteil einer Sekunde später folgte die Explosion.

Wir mußten alle zwei bis drei Tage sprengen. Die Explosionen waren bis Cahama zu hören, wohin wir auf dem Weg nach Lubango und Oncocua zwischendurch immer wieder fahren mußten. Diese Arbeit ging Tag für Tag mit unerhörter Energie weiter. Uwe

Silge war schon dabei, sein nächstes Arbeitsfeld abzustecken. Er ging von Xangongo über eine Piste, die man sich schlimmer kaum vorstellen kann, nach Cahama. Dort lag ein ehemaliger Militärstützpunkt mit unbewachten, nicht einmal eingezäunten oder abgesperrten Munition- und Waffendepots; das Kriegsgerät war oft weit verstreut. Silge holte im Lauf der Monate 300 Tonnen Munition dort heraus oder ließ sie gleich im Wald hochgehen. Auch sowjetische Giftgasraketen tauchten auf. Das war politisch brisant, denn damit war bewiesen, daß die Sowjetunion bei den ABM-Verhandlungen über Angola nicht die Wahrheit gesagt hatte. Aber der Wald von Cahama war bald leergefegt. Im Naturpark von Mupa, nördlich von Cahama, fand Uwe Silge viele Elefantenskelette. Einem der Tiere hatte eine Panzermine ein riesiges Stück Fleisch herausgerissen. Das Bild dieses zerrissenen Elefanten müßte man, so Uwe Silge, denen zeigen, die noch die Stirn hätten, zwischen Personen- und Panzerminen zu unterscheiden

Am 1. März 1995 fuhr in Süd-Angola ein russischer Kraz-Lkw von Cubal nach Benguela. Auf dieser Straße hatten sich schon viele Überfälle ereignet. In Xangongo hatten wir das gesamte Gerät für unseren neuen Nebenarbeitsplatz in Benguela zusammengestellt, wo Michael Lingg aus Berlin im Einsatz war. An diesem Tag war Michael Lingg mit zwei Angolanern unterwegs von Cubal zurück nach Benguela zu unserer Basis. Uwe Silge war in unserer Basisstation geblieben und beschäftigte sich mit der Frage, wie Minenräumpanzer umgebaut werden könnten, damit sie auch gegen Anti-Tank-Minen gesichert wären.

Der Wagen bog in eine Waldgegend. Plötzlich ertönten Schüsse, die offensichtlich Lingg und seinen Begleitern galten. Sie sprangen sofort von der Ladefläche des Lkws, der Angolaner wurde verwundet, überlebte aber; Michael Lingg lag schwerverletzt am Boden. Die Angreifer setzten ihm dennoch zu und verlangten Geld. Sie traten auf ihn ein, die Kleidung wurde ihm vom Leib gerissen. Er versuchte, ihnen klarzumachen, daß er Arzt war und kein Geld bei sich hatte. Er wurde aus nächster Nähe erschossen. Auch die beiden anderen angolanischen Mitarbeiter wurden getötet.

Der deutsche Botschafter Helmut van Edig verlangte vergeblich dreimal – diplomatisch immer unhöflicher werdend – vom zuständigen Gouverneur der Provinz Benguela, Paolo Jorges (dem früheren Außenminister Angolas), einen Bericht über diesen schrecklichen Mord an dem deutschen Helfer und an zwei angolanischen Mitarbeitern von CAP ANAMUR. Wir haben diesen Bericht immer noch nicht bekommen. Angola interessiert sich nicht dafür.

Für uns war das wieder ein Beweis für die Absurdität menschlichen Planens und Arbeitens. Wir hatten alles vorbereitet, sorgten uns um unsere Mitarbeiter beim Minenräumprogramm, wollten gerade besondere Versicherungen für sie abschließen, waren dabei, alles über Minen – chinesische und sowjetische, metallische und plastische Minen – zu lernen, und da wurde einer unserer Mitarbeiter einfach von Banditen ausgeraubt und ermordet. Mit den «hidden killers», den Landminen, hatte das nichts zu tun.

Das Benguela-Camp wurde aufgelöst. William Fairbanks, der zweite Sprengmeister, brachte die Lagerbestände über Hunderte von Kilometern durch eine steinige Kaktuswüste zurück nach Xangongo. Er mußte durch die Wüste fahren, denn überall sonst bestand die Gefahr, von Banditen angegriffen und erschossen zu werden.

Dann kam einige Wochen später auch noch Uwe Silges T-55-Minenräumpanzer zurück. Er hatte sich ein eigenes Minenräumgerät gebaut, ein gepanzertes Kettenfahrzeug, das er für angolanische Verhältnisse eingerichtet hatte.

Das Minenräumen ist auch für den Profi schwierig und riskant. Ein guter Minenräumer muß Sondenspezialist sein, Sprengmeister, Vermessungsingenieur, Ausbilder, Sanitäter, Diplomat, Chef und Kumpel. Minenräumen ist kein Abenteuer, sondern – wie Bill Fairbanks zu sagen pflegte – ein gefährlicher Beruf, der fast schon als Berufung angesehen werden muß. Die Gefahren werden durch professionelles Verhalten auf ein Minimum reduziert. Trotz teurer Technik ist das Grundwerkzeug des Minenräumers ein billiges Bajonett.

William Fairbanks war Kanadier, hatte eine Deutsche geheiratet und sich in Leipzig niedergelassen. Unser Sprengmeister fuhr mit dem Toyota von Cuvelai in Richtung Süden. Vor ihm fuhr der «Wolf», ein gepanzertes, hochrädriges Minenräumgerät, das wir eigens zur Sicherung unserer Leute in Windhuk, Namibia, hatten herstellen lassen. Plötzlich ertönte eine Explosion. Der Panzer war auf eine Mine gefahren, obwohl das Team am Vortag die Straße überprüft hatte. Über Nacht hatte jemand eine Panzermine in eine Pfütze geworfen. Ein schwer beladener Lkw war kurz zuvor an der Pfütze vorbeigefahren.

Das Land taumelte weiter in diesem Bürgerkrieg. Die UNITA war nicht besiegt, die Friedensmission total gescheitert. In Luanda fand sich eine neue Schicht von Kriegsgewinnlern, die ihren Wohlstand demonstrativ zur Schau stellte. Brandneue Autos wurden vorgeführt, die Insassen trugen die neueste Mode aus Paris. Die Kluft zwischen Arm und Reich wurde immer größer.

Zwei Ärzte aus den neuen Bundesländern erzählten uns Horrorgeschichten aus dem Uni-Krankenhaus, in dem so gut wie nichts mehr funktionierte. Die Bürokratie lebte davon, Ausländern und Entwicklungsorganisationen Geld abzuknöpfen. Die Trägheit der Verwaltung war sprichwörtlich. Der Minimallohn im Land betrug 150 000 Kwanzas. Für einen Dollar bekam der Besucher etwa 100 000 Kwanzas. Facharbeiter, die zur privilegierten Schicht gehörten, bekamen einen Lohn von 100 000 Kwanzas – eine Misere! Die medizinische Versorgung war nur im Prinzip gratis, aber wer sich wirklich versorgen lassen wollte, mußte genügend Dollars und DM hinblättern, um die Medikamente zu bekommen.

Die Koordination mit der UNO klappte am Ende nicht mehr, weil alles falsch lief. Diejenigen, die humanitäre Arbeit verrichteten, mußten sich auf lange mühselige Fahrten nach Luanda machen, um dort die Papiere einzureichen und die Fortsetzung der Arbeit zu beantragen. Nie war die UCAH, die zuständige Agentur für das Minenräumen, in Xangongo, nicht ein einziges Mal wurde unser Team von einem Repräsentanten besucht. Zum Schluß blieb uns nichts anderes übrig, als die wertvolle Zeit unserer Arbeit für periodische Reisen nach Luanda zu verschwenden. Aber selbst bei diesen Fahrten gab es Schikanen. Hatte man kein neues humanitäres Visum, wurde man mit einer Konventionalstrafe belegt.

Vier Jahre lang hatten wir die Verlängerung unseres Visums in der Provinz von dem unserer Arbeit sehr verbundenen Gouverneur Mutinde bekommen – bis die Regierung das unterband und verfügte, daß man nach Deutschland (für 2400 DM) fliegen und bei der angolanischen Botschaft das Visum beantragen mußte. Das konnte allerdings ein paar Tage dauern.

Unser Mitarbeiter Ingo Hoerl, dem das Los der Armen, der von dreißig Jahren Krieg ausgelaugten und erschöpften Bewohner von Cunene sehr am Herzen lag, mußte einmal nach Lubango fahren. Am Stadtrand gab es eine regelrechte Straßenräubersperre. Auf dem Rückweg verlangte man von ihm 500 US-Dollar. Er bat um eine Quittung, die man ihm aber verweigerte. Wie aber sollte er 500 US-Dollar für den gemeinnützigen und mildtätigen Verein CAP ANAMUR abrechnen? Im übrigen hatte er nur 200 US-Dollar bei sich. Der uniformierte Straßenräuber, ein angolanischer Polizist, kannte keine Gnade: Er zog Ingo Hoerl die Schuhe aus, die er auf 150 US-Dollar taxierte, und nahm sich dann für die restlichen 150 US-Dollar noch einmal Diesel aus dem Toyota-Tank. Soviel zur Redewendung: «Das zieht einem die Schuhe aus!»

Auch bei der humanitären Arbeit gibt es aber so etwas wie Würde. Da wir uns nicht hemmungslos prostituieren wollten, beschlossen wir, Angola zu verlassen. CAP ANAMUR hatte mit guten Sprengmeistern die vermutlich erfolgreichste Minenräumarbeit geleistet und mehrere Todesfälle zu verzeichnen.

Einer unserer Mitarbeiter fuhr mit dem Minenräumpanzer unerlaubterweise durch eine Lagune, wobei eine Anti-Tankmine unter den Krampraum des Panzers geriet und explodierte. Der Krampraum wurde aufgerissen, unser Mitarbeiter kam mit dem Schrecken davon, der angolanische Bordmechaniker aber starb. Am 24. Mai 1994 wurde das Entminungsfahrzeug mitsamt unserem angolanischen Mitarbeiter Mandingo mit Handgranaten und einer AK–47 angegriffen, die drei Insassen des Wagens (außer Mandingo noch zwei Mitarbeiter der südafrikanischen Straßenbaufirma «Levvon») ermordet und die Minenräumgeräte gestohlen. Das Fahrzeug war von CAP ANAMUR abgestellt worden, weil es auch für unsere Arbeit wichtig war, daß die Zugangsstraße aus Namibia nach Angola von Santa Clara (an der Grenze zu Namibia) über Ondjiva bis Xangongo immer minenfrei blieb. Offenbar war das ein gezielter Angriff der UNITA gewesen, die die Destabilisierung aller Transport- und Kommunikationsverbindungen in Angola betrieb.

In Angola haben wir in jeder Hinsicht viel investiert. Wichtig war es, präsent gewesen zu sein, Schmerzen gelindert, Menschen beigestanden zu haben in einem Moment, als alle anderen schon das Land verlassen hatten.

14
In Ruanda
Nach dem Völkermord an den Tutsi

Abschuß des Flugzeugs von Präsident Habyarimana: 6. April 1994 – Beginn des Völkermordes: 6./7. April 1994 – Beginn der Arbeit von CAP ANAMUR in Rutare: 15. Mai 1994 – Arbeit im Psychiatrischen Hospital Ndera und Aufbau des Waisenhauses: 1. Juni 1994 – Humanitäre Hilfe in Gisenyi an der Grenze zu Zaire: 17. Juni 1994

Am 6. April 1994 gegen 20.26 Uhr hörten die Bewohner von Kigali, der Hauptstadt des kleinen Binnenstaates Ruanda in Ostafrika, eine heftige Detonation einer Granate oder gar Rakete. Es war aber nicht nur der Einschlag einer Granate. Stunden später erfuhren sie über das Radio, daß ein furchtbares Unglück geschehen war, das verheerende Folgen haben sollte: Ein Flugzeugabschuß wurde zum Anlaß für die Ermordung von fast einer Million Menschen. Die Maschine des Präsidenten Ruandas, Juvenile Habyarimana, war beim Anflug auf den Flughafen Kanombe in Kigali kurz vor der Landung von einer Rakete getroffen worden und in Flammen aufgegangen. Alle Insassen waren sofort tot: die Piloten, das Kabinenpersonal, Präsident Habyarimana und der ebenfalls an Bord weilende Präsident des Nachbarlandes Burundi.

Bis heute ist ungeklärt, wer das Flugzeug abgeschossen hat. Der Abschuß war umso mysteriöser, als der Flughafen von belgischen UN-Blauhelmen gesichert war. Die UNO hatte seit dem Friedensvertrag von Arusha 1993 eine Blauhelmtruppe zum Schutz für die Einhaltung des Friedens in Ruanda stationiert. Eine Stunde nach dem Abschuß des Flugzeugs fuhren die ersten Todesschwadronen los, um Tutsis und solche Hutus, die mit den Tutsis kollaborierten, zu töten.

Paul Rusesabagina war damals der Direktor des Nobelhotels Mille Collines, das auf einem der fünf Hügel, direkt neben den zahlreichen Botschaftsgebäuden, der Hauptpost, dem Gebäude des Radiosenders und vielen Ministerien liegt. «Am 6. April», erzählte er uns später, «war ich hier im Hotel und saß auf der Terrasse, als Habyarimana ermordet wurde. Meine Frau und meine vier Kinder waren allerdings zu Hause – wir wohnten in der Nähe des Flughafens –, und meine Frau hörte die Rakete, die das Flugzeug traf. Sie rief an und sagte mir: ‹Ich habe gerade etwas gehört, was ich noch nie gehört habe. Versuch bitte, sofort nach Hause zu kommen.›»

Paul Rusesabagina ging nach Hause, obwohl ihn ein Offizier der Ruanda-Armee warnte, er solle nicht den üblichen Weg gehen, es gäbe schon Straßensperren. Kaum war er zu Hause angekommen, rief der Holländer an, der das Hotel Mille Collines führte, das wie auch das weiter oberhalb dieses Hügels gelegene Hotel des Diplomates der belgischen Fluglinie Sabena gehörte, die bis heute das Monopol auf den Flugbetrieb der Hauptstadt Ruandas hält. Der Holländer bat Rusesabagina, sofort zum Hotel zu kommen: «Euer Präsident ist tot!» Nun würde es nicht mehr einfach sein, ins Hotel zurückzukommen: Paul Rusesabagina rief die «UN-Assistance Mission in Rwanda» (UNAMIR) an, bei der er einige gute Bekannte hatte, und bat um eine Eskorte. Man antwortete ihm: «Keine Chance. Überall in Kigali sind Straßensperren. Und überall werden die Menschen auf den Straßen umgebracht.» Paul fügte hinzu: «Das war gegen 21.30 Uhr, gerade eine Stunde nach dem Abschuß der Präsidentenmaschine!»

In der Stadt patrouillierte die «Interahamwe», die Präsidentengarde, und überall waren Straßensperren, wie die wenigen berichteten, die überlebt hatten. Aber auch Mordgangs kamen vorbei, denen das Blut von den Macheten und den Panga Knives troff. Sie hatten fast alle keine Gewehre, denn es galt als verpönt, zu schießen, man verschwendete nur Munition. Im Hotel Mille Collines herrschte Todesangst. Viele hatten sich dorthin geflüchtet – in der Hoffnung, daß die UNO sie dort herausholen würde, schließlich gab es ja höhere UNAMIR-Beamte und -Militärs, die dort logierten. Aber es gab keinen Schutz für Schwarze: Es gab nur eine Evakuierung für Weiße.

In den nächsten neunzig Tagen wurden 800 000 Menschen, vornehmlich Tutsis, von den Milizen systematisch ermordet. Oberst Theoneste Bagosora, dem später die Hauptschuld für den Genozid zugewiesen wurde, hielt sich am frühen Abend, während Präsident Habyarimana in Arusha das Flugzeug bestieg, bei dem

Bangla Desh-Bataillon der UNAMIR auf. Als er die Explosion hörte, verabschiedete er sich und übernahm eine Stunde nach dem Tod des Präsidenten den Vorsitz beim Treffen des selbsternannten Krisenausschusses, eines Klubs von Anhängern der «Hutu power», einer Art SS der Hutu-Bewegung.

Inzwischen wimmelte Kigali von Mitgliedern der «Interahamwe», die mit Todeslisten auf die Tutsi-Politiker und all jene Jagd machten, die sich bereit erklärt hatten, nach dem Abkommen von Arusha mit Tutsi-Politikern an einem Kabinettstisch zu sitzen. Besonders gefährdet war die Hutu-Premierministerin des Landes, Agathe Uwilingiyimana, deren Haus von den Milizionären der «Interahamwe» am Morgen des 7. April eingekreist wurde. Zehn belgische Blauhelme wurden zu ihrem Schutz abgestellt und trafen am selben Tag dort ein. Doch die designierte Ministerpräsidentin von Ruanda wollte über ihren Gartenzaun fliehen und wurde dabei erdrosselt. Ein ruandischer Offizier – wohl der Regierungsarmee – erschien und befahl den zehn Blauhelmen, die zur Bewachung der Premierministerin dorthin abgeordnet waren, ihre Waffen abzugeben. Sie folgten dem Befehl und wurden ins Camp Kigali gebracht. Dort wurden sie mehrere Stunden verhört, gefoltert und dann umgebracht.

Was tat die Staatengemeinschaft? War sie fieberhaft dabei, Flugzeuge nach Kigali zu schicken, um mit Hilfe der logistischen Basis am Boden den General Dallaire und seine Truppen zu verstärken, damit dem Massenmorden ein Ende bereitet werden konnte? War die Welt dabei, wirksame Aktionen auf den Weg zu bringen, um dem Angriff und der Vernichtung eines ganzen Volkes entgegenzustehen? Weit gefehlt. Unsere Regierungen dachten nur an die eigenen Landsleute, die zu evakuieren waren. Die belgische Regierung kümmerte sich nur um die Evakuierung der 480 belgischen Blauhelme und der eigenen zivilen Mitarbeiter von Missionsstationen, Hospitälern, Ministerien. Die Evakuierungsflugzeuge landeten eines nach dem anderen. Die Beamten und Diplomaten der französischen Botschaft nahmen nicht einmal ihre Tutsi-Sekretärinnen mit, die weinend darum baten – wußten sie doch genau, daß sie nur noch Stunden oder Tage zu leben hatten.

Den süßlich-faulen Geruch Hunderter, ja Tausender von Leichen können auch die eindringlichsten Fernsehbilder nicht vermitteln.

Er lag auf dem Land der tausend Hügel und der hundert Seen. Mit Ruanda werde ich immer die Erinnerung an die atemberaubende Schönheit der Natur und an etwa 800 000 erschlagene, zerhackte, mit der Machete zerteilte, geköpfte, ersäufte Tutsis verbinden.

Die ersten Tage nach diesem entsetzlichen Genozid war CAP ANAMUR wie gelähmt. Mir war klar, daß wir im Augenblick nicht in dieses Land gehen konnten. In den Tagen und Wochen, in denen Mitte April diese Nachrichten über uns hereinbrachen, begann auch schon eine Fluchtwelle über den Akagera-Fluß nach Tansania, nach Benaco. Benaco lag im Nordwesten Tansanias und war sicher, denn die Mordaktionen der Milizen beschränkten sich auf das Gebiet von Ruanda. Wir zerbrachen uns den Kopf darüber, ob es nicht doch auch einen Zugang zum Land selbst geben könnte. Wie sollten wir nach Ruanda hineinkommen? Auch hatten wir dort noch nie gearbeitet, denn Ruanda war ein Land, in dem bis dahin eine ganze Anzahl nicht-staatlicher Organisationen gearbeitet und wo die europäische Entwicklungshilfe reiche Vorratslager eingerichtet hatte. Jetzt aber mußten wir Kontakt bekommen zu Vertretern der Rwandan Patriotic Front (RPF), der Widerstandsbewegung der Tutsi, auch «Front Patriotique Rwandaise» (abgekürzt: FPR) genannt. Wie uns berichtet wurde, war sie wohl dabei, die überlebenden Tutsi in Ruanda zu schützen und in eine sichere Zone zu bringen. Die RPF hatte allerdings keinen guten Ruf. Man nannte die RPF-Kämpfer auch die «Schwarzen Khmer», um anzudeuten, daß sie auf eine Stufe zu stellen seien mit den Roten Khmer, die für den Mord an 1,7 Millionen ihrer Landsleute in Kambodscha in den siebziger Jahren verantwortlich waren.

So hatten wir gewisse Berührungsängste. Die RPF galt im Zweifelsfall als ähnlich mörderisch wie die Hutu-Miliz «Interahamwe». Ich bekam den Namen und die Telefonnummer des Vertreters der RPF in Deutschland. Er hieß Eugene Gasana, und das Länderreferat im Auswärtigen Amt gab mir Informationen über ihn. Gasana war Student der Betriebswirtschaft. Ich rief ihn an, und wir verabredeten uns für den 25. April 1994 im Café des Kölner Hauptbahnhofs. Zu unserem Treffen brachte er mir einige Unterlagen mit. Es kam ihm darauf an, mir die Furcht vor seiner Bewegung zu nehmen, und das gelang ihm auch. Ich fragte ihn, wie ich in sein Land hineinkommen, wie ich Kontakt mit der RPF vor Ort bekommen könnte. Er riet mir, nach Entebbe zu fliegen, dann in Kampala Kontakt mit dem Büro der RPF aufzunehmen, von dort werde man mir den Weg nach Kabale im Süden Ugandas weisen und auch den Übergang über die Grenze nach Mulindi vorbereiten. Dort sei Christine Umutsoni die Verantwortliche der RPF, und er würde sie benachrichtigen. Ich hatte bereits den Flug nach Entebbe gebucht, als Gasana mich darüber informierte, daß ein wichtiger Vertreter der RPF in Europa, ein gewisser Jean-Paul Polisy, ebenfalls im Flugzeug sei, der mich dann mitnehmen könne.

Kurzfristig fand ich einen zweiten CAP ANAMUR-Mann, den deutsch-amerikanischen Arzt Ray Shanahan, der mich begleiten sollte, um vor Ort als Arzt medizinische Nothilfe zu leisten. Gesagt getan. Es waren viele Ruander oder solche, die aussahen wie Ruander, im Flugzeug nach Uganda. Aber keiner gab sich als Jean-Paul Polisy zu erkennen. Wir kamen an, niemand war zu sehen. Wir meldeten uns beim deutschen Botschafter Christian Nakonz, bekamen einen Termin beim britischen Hochkommissar und gingen gemeinsam dorthin. Der Hochkommissar war sich ganz sicher, daß der bewaffnete Widerstand der RPF in sich zusammenbrechen werde, denn 10 bis 15 Prozent der Bevölkerung seien nicht in der Lage, in Ruanda Volk und Territorium zu sichern und die Regierungsarmee und die Milizen zu besiegen.

Uns war klargeworden, daß wir etwas auf eigene Faust versuchen mußten. Doch bei der Telefonnummer des RPF-Büros in Kampala kamen wir nicht durch. Zwei Tage später stand unser Entschluß fest: Wir mieteten ein Taxi, das uns nach Kabale fahren sollte. In Kabale ließen wir unser Gepäck in einem kleinen Hotel, das uns empfohlen worden war, und fuhren weiter bis zur Grenze. Dort lag eine dieser unsinnigen UNO-Missionen: die UNOSOM. Sie sollte an der Grenze dafür sorgen, daß keine Waffen aus Uganda nach Ruanda kamen. Genau das war natürlich an dieser Grenze nicht zu verhindern. Zunächst wollten uns die Nigerianer nicht durchlassen. Es fing schon an zu dämmern, und wir mußten es einfach schaffen, die Grenze zu passieren. Beiläufig sagte ich: «Christine is waiting for us!» Da hellte sich das Gesicht des nigerianischen Grenzpolizisten auf, und er rief fröhlich: «Ah, Christine!» Als wollte er sagen: Warum habt ihr das denn nicht gleich gesagt? Wenn Christine Bescheid wüßte, dann dürften wir natürlich hinüber. Christine Umutsoni wurde angerufen und bestätigte, daß wir angemeldet wären. Sie sagte, unsere Namen seien ihr bekannt, also hatte Eugene Gasana doch nicht geflunkert, er hatte über ein Satellitentelefon Kontakt mit ihr aufgenommen. Eine halbe Stunde später tauchte auf der anderen Seite der Grenze, auf ruandischer Seite, ein Toyota-Geländewagen auf, um uns abzuholen. Ich weiß nicht mehr, ob wir in diesen schrecklichen Zeiten noch einen Einreisestempel bekamen. Auf jeden Fall waren wir in Ruanda. Wir hatten nicht bedacht, daß es im April, Mai und Juni in dem sehr hoch gelegenen Land bitter kalt wird: Wir hatten unser ganzes Gepäck zurückgelassen und waren nur mit Hemd, Hose, Zahnbürste und Rasierapparat nach Mulindi gekommen.

Mulindi hieß der Ort, der damals welthistorische Bedeutung erlangen sollte. Dort hatte sich in einer alten, halb verfallenen Teefabrik das Hauptquartier der RPF etabliert. Wir bekamen zu essen. Christine versprach uns, uns am nächsten Tag nach Rutare zu bringen, einem Ort bei Byumba, wo Tausende von bedrohten Tutsis auf der Flucht versammelt waren.

Rutare bestand aus kleinen Hütten, aus denen am Morgen und am Spätnachmittag Rauch aufstieg. Wir kamen in Kontakt mit diesen dem Mord entronnenen Menschen – und machten wieder die alte Erfahrung: die Menschen brauchten Brot, Wasser und ein Dach – und sei es eine Zeltplane – über dem Kopf. Sie brauchten aber auch Schutz.

Wir mußten also hier anfangen und den Menschen das Gefühl geben, daß Europa nicht nur aus der Evakuierungsmaschinerie besteht. Auf dem Rückweg gingen wir noch nach Byumba. Dort lagen in einem Pfarrsaal neben der Bischofskirche so viele Menschen, denen man mit einer Machete die Hände abgeschlagen hatte oder denen eine Gesichtshälfte fehlte, daß unser Arzt Ray Shananan und ich nur noch weinen konnten. Am nächsten Tag fuhren wir noch einmal nach Rutare. Dort lagen an die 100 000 Menschen. Und es kamen täglich mehr. In dem kleinen Hospital des Ortes fehlte alles. CAP ANAMUR hatte keine Zeit zu verlieren.

Wir mußten rasch zurück, um die ersten Aufträge weiterzugeben: Medikamente, medizinische Geräte, Zelte, Decken, Schlafsäcke, Hygieneartikel. Wir brauchten einen Jumbo oder, was billiger war, eine Iljuschin 76, um auf einen Schlag mit 40 Tonnen Gütern zu landen. Wir nahmen unser Gepäck aus dem Hotel in Kabale mit und machten uns mit einem Auto gleich auf den Weg nach Kampala. Dort trafen wir uns mit Botschafter Nakonz, der uns sagte, es wäre sicher besser, das Flugzeug zu chartern und das Auswärtige Amt zu beteiligen, denn dann hätte er wesentlich bessere Chancen, bei der Auslösung des Materials, das sich am Flughafen Entebbe erst im Transit befinden würde, mit seinem Diplomatenpaß zu helfen. Wir stimmten zu. CAP ANAMUR ist zwar immer sehr darauf bedacht, seine Unabhängigkeit zu bewahren, aber wir sind darin auch nicht dogmatisch.

Wir konnten die Lkws für den Flughafen Entebbe in Uganda mieten und brachten alles – Medikamente, Verpflegung und Material für die Unterbringung von Flüchtlingen – nach Rutare. Der Gesundheitsminister Ruandas, der zuständige Offizier der RPF für diesen Bezirk, brachte uns Anfang Juni auf Schleichwegen nach Ndera. Schleichwege waren deshalb notwendig, weil um und in Kigali immer noch gekämpft wurde. Ndera war ein psychiatrisches Krankenhaus, in dem Hunderte von Patienten erschlagen und in ein Massengrab geworfen worden waren. In einer Schule dieses Ortes, der nur fünf Kilometer von der Hauptstadt entfernt war, richteten wir uns ein und begannen, Waisenkinder aufzunehmen. Wir hatten ein wunderbares Team beisammen, darunter Jobst Köhler, einen erfahrenen Afrika-Arzt, und Peter Buth, der eine große Begabung für die humanitäre Arbeit, aber nicht einmal den richtigen Beruf hatte. Man braucht patente, begeisterungsfähige Menschen, die in der Lage sind, einen Wagen zu reparieren und eine Stromleitung zu legen, Menschen, die durch die Schlamm- und Urinwüste eines Flüchtlingslager waten können – und vor allem denen zur Seite stehen, die in einem solchen Lager bleiben müssen.

Wir begannen mit der Arbeit im Waisenhaus. Dann wurde Ruanda vom Alptraum der mörderischen Milizen befreit, die bei Gisenyi über die Grenze nach Zaire liefen und die restliche Bevölkerung Ruandas mitschleppten. In diesen Tagen wurde von den Amerikanern ein großes Feldlager in Entebbe eingerichtet. Gleichzeitig räumte die US-Air-Force den Flughafen von Kigali auf und sorgte dafür, daß die Hilfsorganisationen dort landen konnten. Wir charterten eine Iljuschin 76 und hatten nun für das Krankenhaus in Gisenyi genügend Material. Mit diesem Flugzeug war ein Team des Komitees angekommen. Aber die Lage war so dramatisch, daß wir uns nicht mehr von neuem vergewissern konnten. Es kamen die ersten Nachrichten von einer scheußlichen Cholerawelle, die wie die Pest im Mittelalter über die riesengroßen Flüchtlingscamps im Kongo an der Grenze von Ruanda hinwegraste. Wir hatten alle Medikamente gegen Cholera, die Salzlösungen, das Tetrazyklin, die Betten, die Zelte mit in den Flieger hineingepackt, nicht ahnend, daß in den Tagen, da wir das Material von dort nach Gisenyi brachten, der Höhepunkt der Cholera schon vorbei war. Sie hatte wie der dritte apokalyptische Reiter in kürzester Zeit an die 30 000 Menschenleben dahingerafft.

Der Weg von Kigali nach Gisenyi und an den Kivusee führte uns hinter der Stadt Ruhengeri an den berühmten Virunga-Bergen vorbei. Diese Berge und der Nationalpark mit den vielen Vulkanen liegen direkt über dem Dreiländereck: Hier stoßen Ruanda, die Demokratische Republik Kongo (damals noch Zaire) und Uganda aneinander. Ruanda ist heute nicht allein wegen des Völkermords an den Tutsi bekannt. Die amerikanische Anthropologin Dian Fossey hat mit ihrer Erforschung der hier lebenden Berggorillas dazu beigetragen, daß das Land ins Gespräch kam. Diese Gorillas hatte sie 1963 zum erstenmal in den Virunga-Bergfeldern entdeckt; vier Jahre später hatte sie das Karisoke-Zentrum zur Erforschung dieser offenbar nur noch kleinen Population von Menschenaffen gegründet. 1985 war sie Wilddieben zum Opfer gefallen. Wir hielten uns immer wieder in der unmittelbaren Nähe dieser Berge auf, in den Lagern der Tutsi-Flüchtlinge, die aus Zaire/Kongo von den Hutus verjagt worden waren. In den Virunga-Bergen gab es aber damals neben den friedlichen Berggorillas eben auch mörderische «Genocidaires», wie man sie in Ruanda nannte, die an einem Tag erneut über 120 Flüchtlinge mit der Machete in unserem Lager erschlugen.

Am Abend des 17. Juni 1994 kamen wir in Gisenyi an; wir hatten zwar niemanden informiert, aber die RPF wußte von uns und brachte uns zunächst im Hotel Meridien unter. Beim Gang durch die Räume stolperten wir noch über Leichen. Das Gebiet von Gisenyi war Hals über Kopf erst seit ein paar Tagen von den Mordmilizen verlassen worden.

Es war eine im Grunde völlig apokalyptische Situation. Wir bekamen sie freilich kaum mit, denn wir mußten rasch das Hospital von Gisenyi wieder instandsetzen. Dazu war uns die RPF nur willkommen, denn es lagen noch allerhand Sprengkörper und Minen in der Gegend, auch im Hospital, und es war notwendig, daß die RPF diese Blindgänger wegschaffte. Danach konnten wir mit unserer Arbeit anfangen, zuerst mit einer Notambulanz, dann mit einer ersten Station, einem Ward. Binnen sechs Wochen wurde das große Krankenhaus von unserem Team wieder eingerichtet. Zwei Gebäude mußten dann noch repariert werden, aber ab September gab es wieder einen regelrechten Krankenhausbetrieb.

Anfang Juni 1994 – der Völkermord näherte sich seinem Ende, die Bundesregierung hatte im Mai noch erwogen, den Außenminister dieser mörderischen Regierung zu empfangen – kam Jacques Bihozagara nach Bonn und Köln. Er war schon für einen Kabinettsposten in Kigali vorgesehen, zuständig für die Fragen der humanitären Hilfe. Eugene Gusana rief an, und wir verabredeten uns im Büro des Deutschlandfunks. Wir legten ihm die Pläne von CAP ANAMUR dar: Wir wollten die Krankenhäuser wieder funktionsfähig machen und Waisenhäuser einrichten, aber wir hatten eine besondere Idee: Wir wollten um des Friedens und der Versöhnung willen ein Friedensdorf bauen und ihm den Namen «Village de la Paix Nelson Mandela» geben. Uns schwebte vor, eine Siedlung zu bauen, mit einer Schule, einem Einkaufszentrum, in dem Hutus und Tutsis zusammenleben könnten. Jacques Bihozagara war begeistert. Er werde sich in Kigali gleich nach der Regierungsbildung um die Vorbereitungen kümmern und uns ein Stück Land aus dem Besitz des Staates dafür zur Verfügung stellen.

Nach dem Ende des Mordens ergab sich eine neue dramatische Situation. Im Südwesten des Landes saß die französische Blauhelm-Armee der sogenannten «Operation Turquoise». Frankreich hatte es als einziges Land übernommen, von Zaire aus eine Blauhelm-Operation in Ruanda zu organisieren. Für viele Beobachter ging es der französischen Regierung wohl eher darum, Regierung und Armee, die den Massenmord zu verantworten hatten, in Ruhe aus dem Land verschwinden zu lassen, ohne daß sie von der RPF vertrieben wurden. Sie hatte viele Mörder geschützt und auch dafür gesorgt, daß die Miliz nach Bukavu und in die Weiten der Zaire-Provinz Kivu freien Zugang bekam. Für das dritte Team und das dritte Flugzeug mit Medikamenten und medizinischen Einrichtungen suchten wir noch einen Platz. Mittlerweile hatten sich schon viele eingerichtet, auch jene Koordinationsagenturen, die viel dazu beitragen, daß Operationen zugunsten der Menschen in Not verzögert und manchmal auch verhindert werden. Wir entschieden uns für Nyamasheke, einen malerischen Ort in einer der schönsten Landschaften der Erde. Aber auch dieses Wunder an Schönheit hatte die Macheten und Gewehre der Mörder nicht aufgehalten. Im Gegenteil, in der Kirche von Nyamasheke klebte noch getrocknetes Blut an den Wänden. 500 Tutsi-Flüchtlinge, die sich in die Kirche geflüchtet hatten, wurden von einer Truppe der «Interahamwe» umgebracht. Als die Hälfte schon erschossen war, ging dem Trupp die Munition aus: den Überlebenden wurde bedeutet zu warten, bis weitere Munition herbeigeschafft wäre. Die Mörder kamen zurück und erschossen auch die übrigen in der Kirche Zuflucht suchenden Menschen.

In Deutschland löste die Cholera beinahe eine größere Aufregung aus als der Völkermord. Erst bei Ausbruch der Epidemie wachte die Welt auf, organisierte hektisch die Hilfstransporte, gab Budgets, mit denen man gut vier Monate früher eine zusätzliche Blauhelmtruppe hätte ausrüsten können. Vorher war man froh gewesen, dem Grauen des Völkermords schneller entflohen zu sein.

Nach zwei Jahren gab es so viele Organisationen in Ruanda, daß sich auch die Bedingungen für die Hilfe änderten. Die Regierung war verunsichert. Sie hörte von der Arbeit nicht-amtlicher Organisationen, aber diese Organisationen arbeiteten im Auftrag von Regierungen. Jedenfalls hatten sie fast alle Staatsgelder, entweder solche der eigenen Regierung oder Gelder der Europäischen Union oder der UNO. Deshalb wollte man diese Organisationen stärker kontrollieren. Man fing auch an, diejenigen, die als Ausländer im Lande arbeiteten, mit einer Steuer zu belasten.

Das war der Augenblick, in dem wir der Regierung sagten: Hier trennen sich unsere Wege. Ich ließ dies 1997 über den deutschen Botschafter August Hummel sehr deutlich mitteilen: «Niemals wird CAP ANAMUR in einem Land arbeiten, Geschenke dorthin bringen mit einigen Helfern, die dafür nichts außer einem Taschengeld verdienen, und diese Arbeiter auch noch besteuern lassen. Niemals werden wir ein solches Gebaren akzeptieren. Niemals werden wir das unseren Spendern zumuten!»

Wir schlossen unsere Projekte ab und verließen dann das Land. CAP ANAMUR hat über zehn Millionen DM von deutschen Spendern für die Versorgung des nach dem Völkermord traumatisierten Volkes von Ruanda erhalten. Bis heute gibt es ein Projekt, an dem Flüchtlinge – Tutsis aus dem benachbarten Kongo – in Ruanda mitgewirkt haben. Sie haben sich im Arusha-Tal, etwa 15 km von Gisenyi landeinwärts, mehrere Grundschulen und jetzt auch eine Sekundarschule gebaut. Die Regierung in Kigali hat Lehrer dafür zur Verfügung gestellt.

Auch in diesem Land ist uns bewußt geworden, wie vorsichtig der Fremde sich einem anderen Land mit einer völlig andersgearteten Kultur nähern muß. Ende 1996 habe ich auch gegen die Heuchelei gewettert, die es in Europa immer dann gibt, wenn wir in Afrika ein anderes Strafrechtssystem am Werk sehen. Wir Europäer hatten zugesehen, wie 800 000 Ruander kaltblütig ermordet wurden, und uns aus dem Staub gemacht.

Als sich im Jahre 2000 die Lage zwischen Kongo und Ruanda etwas entspannt hatte, entschlossen sich zunächst etwa 3000, dann immer mehr Tutsi-Bewohner des Kongo, sogenannte Banyamulenge und Banyarwanda, die 1996 aus dem Kongo von fanatischen Hutus hinausgeworfen worden waren und seither in Flüchtlingslagern vegetierten, zur Rückkehr. Sie sind Kongolesen und verstehen sich auch als solche. Sie haben die Rückkehr auch gegen den Rat der Ruanda-Regierung für sich selbst durchgesetzt. Der UNHCR hat sie nicht begleiten und ihnen bei der Wiederansiedlung im schönen Masisi Massiv helfen wollen.

Unserem Mitarbeiter Aloys Tegera, mit dem ich zwei Orte besucht habe, an denen die Heimkehrer ihre Hütten aufgeschlagen haben, sicherten wir darum sofort zu, daß CAP ANAMUR helfen würde. Der eine Ort ist Mushaki und liegt hoch im Norden in den Masisi-Bergen, der andere, etwas weiter östlich, heißt Kililorwe. Dort sind von insgesamt ca. 9500 Flüchtlingen über 6300 schon angekommen. Aloys Tegera ist ein kritischer Beobachter der Lage im Kongo und in Ruanda. Er war ein schwarzer Weißer Vater, hat sich dann aber von den kirchlichen Missionskreisen abgewandt, die seiner Ansicht nach immer zu einseitig für die Hutus Partei nahmen. Wir haben mit ihm gemeinsam die ersten Hacken, Schaufeln, Saatgut, Mais, Mehl, Hirse sowie Grund und Boden für die Banyarwanda gekauft.

15
In Zaire/Kongo
Im Herzen der Finsternis

Ankunft des ersten und zweiten Flugzeugs in Kisangani: 17. Dezember 1996 – Dritte Flugzeuglandung in Kisangani: 25. Januar 1997 – Mit François Olenga nach Kigali und Bukavu: 12. Februar 1997 – Treffen mit Laurent-Désiré Kabila in Bukavu – Viertes Flugzeug von Ostende nach Goma: 3. März 1997 – Sturz Mobutus: Mai 1997 – Übernahme des Präsidentenamtes durch Laurent-Désiré Kabil, Einmarsch in Kinshasa: Mai 1997 – Arbeit in Goma und Kalemie – Hilfe und Selbsthilfe in Kisangani, Zusammenarbeit mit FOLEZA – Hilfe in letzter Instanz: das Camp von Biaro: ab 2. Mai 1997 – Abbruch und Ende der Hilfstätigkeit von CAP ANAMUR: Anfang 1998

«Diesen Fluß herauszufahren war, wie zu den Uranfängen der Welt zurückzureisen, als die Vegetation auf der Erde in Aufruhr war und die großen Bäume Könige waren. Ein leerer Strom, eine große Stille, ein undurchdringlicher Wald. Die Luft war warm, dick, schwer, träge. Da war keine Freude im Glanz des Sonnenscheins. Die langen Strecken des Wasserwegs flossen, verlassen, in die Düsternis von überschatteten Entfernungen.»

So hat Joseph Conrad, aus eigener Erfahrung, in seiner Novelle *Das Herz der Finsternis* über den Kongo geschrieben. Im Grunde hat sich seit dieser Zeit, dem Ende des 19. Jahrhunderts, an der Natur, an den Menschen dieser Region – Kongo/Zaire – nichts geändert. Ich konnte meine eigenen Erfahrungen gleichsam an denen meines berühmten Vorgängers fortschreiben.

Wenn ich nach Afrika komme, staune ich immer wieder über die in die Unendlichkeit der Natur ausgebreiteten Räume, seien es Wüsten wie im Norden des Sudan oder des Tschad, oder seien es Regenwälder und Dschungel in Zaire, in Uganda oder in Equatoria im Süden des Sudan. Die Republik Zaire, wie sie von 1971 bis 1997 hieß (heute: Demokratische Republik Kongo), umfaßt

2 345 885 Quadratkilometer, eine Fläche, die siebenmal so groß ist wie Deutschland. Die Staatsgrenzen sind 9000 Kilometer lang. Niemand weiß, wie viele Einwohner der Kongo haben könnte. Die letzte offizielle Angabe stammt aus dem Jahr 1991: 46,8 Millionen. Aber die Regierung in Kinshasa kann das eigentlich nur raten, heute könnten es sogar schon 60 Millionen sein.

Joseph Conrad beschreibt das Gefühl, das einen in diesem Land überkommt: Ein Gefühl anarchischer Freiheit vermischt sich mit der düsteren Hoffnungslosigkeit, an die ewig wiederkehrenden Bedingungen einer unbeugsamen Natur gekettet zu sein, Wege verschlammen, Flüsse werden unpassierbar, der Dschungel scheint alles zu verschlingen. Gleichzeitig sind es die unendlichen Wege, die klare Luft, die wunderbaren Farben, das betörende Panorama, die wunderbare, niemals gleiche Waldkulisse, die einen in ihren Bann ziehen. Und dennoch ist das Bewußtsein der Bedrohung da. Im Kongo dringen archaische Kräfte an die Oberfläche.

Deshalb war ich mit den eigentümlichsten Empfindungen immer wieder über die Flüsse, Pisten und Straßen dieses Landes gefahren. Vielleicht sind die Abende am Fluß Kongo, an der Uferböschung bei Kisangani, mit das Großartigste, was man sich in Afrika vorstellen kann. Die Wasserhyazinthen treiben vorbei, die Sonne zieht einen kraftvollen Bogen und versinkt hinter der Uferböschung. Es hebt ein unvorstellbares Gesumme und Gezirpe an. Die letzten Pirogen erreichen mit den aufrecht stehenden Fischern das Ufer. So viel Frieden und so viel Krieg haben sich in diesem Land ineinander verkeilt.

Es war spät am Abend um die Neujahrszeit 1996/97. Ich bekam einen Anruf aus Genf, von einem Mann aus dem Kreis um den neuen Chef der Befreiungsbewegung in Zaire – Laurent-Désiré Kabila. Ich hatte die letzten Wochen einiges über diesen Mann erfahren, der sich anschickte, den mächtigen Mobutu Sésé Séko herauszufordern. Ein alter Bekannter und Freund des Komitees CAP ANAMUR war mir in den Sinn gekommen: der Soziologe Jean Ziegler. Er kannte Kabila aus der Zeit der großen Kongo-Krise 1960–1965. Ich hatte Ziegler gefragt, ob wir uns auf Kabila einrichten sollten und ihm vertrauen könnten. Er antwortete mir mit einer lapidaren handgeschriebenen Postkarte aus Genf: «Mon cher Rupert. Kabila ist gut, aber nicht sehr gut. Amicalement, Jean.»

Der Anrufer war einsilbig. Er fragte mich, ob ich ein Freund Jean Zieglers wäre. Als ich bejahte, sagte er mir, in Köln gebe es auch einen Vertreter der «Alliance des Forces Democratiques de la Liberation du C/Z» (AFDL), der «Allianz der demokratischen Kräfte zur Befreiung Zaires», namens François Olenga. Er gab mir dessen Telefonnummer. Da die neue Bewegung sich entschlossen hatte, das Land wieder Kongo zu nennen, wurde die Bewegung bald in «Allianz der demokratischen Kräfte zur Befreiung des Kongo» umbenannt.

Olenga hatte einen Anrufbeantworter und meldete sich noch am späten Abend. Er wollte gleich am nächsten Morgen zu uns kommen. Er kannte CAP ANAMUR und äußerte den Wunsch, daß sich das Komitee in seinem Land engagierte. Er empfahl mir, zwei Briefe zu schreiben, die er am 6. Januar 1997 mitnehmen würde, wenn er nach Kigali und dann nach Südafrika fahren würde: einen Brief an den zivilen Führer der Bewegung, eben jenen Laurent-Désiré Kabila, und einen anderen ebenso wichtigen an den militärischen Führer, General André Kisase Ngandu, der sein persönlicher Freund war und mit seiner Familie in Berlin lebte. Er und Olenga seien die beiden Deutschen in der neuen Oppositionsbewegung.

Ende Januar 1997 meldete sich Olenga aus Ruanda: Sein Freund André Kisase Ngandu sei schwer verletzt, er befinde sich nach einem Überfall jetzt auf ugandischem Boden. Olenga bat mich und CAP ANAMUR, für André Kisase Ngandu einen Platz zur Behandlung im Lubago-Hospital in Kampala zu besorgen. Olenga wußte damals noch nicht, daß André Kisase ermordet worden war. Nach allem, was uns heute bekannt ist, wurde er vom ruandischen Geheimdienst umgebracht, weil er Ruanda zu eigenmächtig wurde.

Olenga wollte mich gleich auf seine nächste Fahrt in den Kongo mitnehmen. In letzter Minute erklärte er mir, daß auch ein Schweizer Fernsehteam mitkäme. Am 12. Februar 1997 reisten wir ab – drei Fernsehleute, Olenga und ich. Wir hatten keinerlei Probleme bei der Einreise nach Kigali. Das Satellitentelefon konnten wir mitnehmen, während es bei allen anderen Journalisten am Flughafen konfisziert worden war. Olenga hatte einen Spezialausweis, und wir wurden bei der Eingangskontrolle durchgewinkt. Wir verbrachten die erste Nacht in Kigali. Am Abend wurde bekannt, daß

Mobutu, der sich offenbar noch nicht geschlagen gab, auf dem Marktplatz von Bukavu ein Massaker angerichtet hatte. Mobutu hatte zwei italienische Flugzeuge gechartert und Bomben auf den Marktplatz von Bukavu werfen lassen. Deshalb änderten wir unseren Plan, gleich nach Goma zu gehen. Olenga hatte uns gesagt, daß der neue Führer in Bukavu saß und wir dorthin gehen sollten, weil wir dort auch die Möglichkeit hätten, mit Kabila zu sprechen.

Am nächsten Morgen mieteten wir zwei Autos, fuhren in südöstlicher Richtung, durchquerten ein großes Regenwaldgebiet, den Nyungwe-Urwald, und dann ging es weiter nach Cyangugu und über den Rutshoro Fluß nach Bukavu. Am Abend sollte ein Gespräch mit Kabila stattfinden. Aber es wurde 23 Uhr, bis wir zu Kabila in Mobutus Palast vorgelassen wurden. Laurent-Désiré Kabila gab eine Pressekonferenz. Wir hatten also keine Gelegenheit, Kabila zur humanitären Versorgung der Bevölkerung und zu Hilfsprojekten zu befragen. Er wollte uns am nächsten Morgen empfangen.

Am Abend hatte ich noch im Hotel du Lac in das Buch von Peter Scholl-Latour *Mord am großen Fluß* hineingeschaut. Scholl-Latour war Kabila 1964 in Bujumbura, der Hauptstadt des Staates Burundi, begegnet. Eine Delegation kongolesischer Revolutionäre, die sich nach dem ersten charismatischen Führer des Kongo, Patrice Lumumba, Lumumbisten oder Simbas nannten (auf Kisuaheli bedeutete es «die Löwen»), war in einem Pavillon des Hotels Paguidas untergebracht, in dem auch Scholl-Latour damals wohnte. Die Delegation wollte am kommenden Tag nach Peking aufbrechen. Der Führer der Simba war, so erzählt Scholl-Latour, ein stämmiger Mann mit Vollbart namens Laurent Kabila. Kabila bezeichnete sich als Vizepräsident und Außenminister des kongolesischen Befreiungskomitees. Er sprach fließend Französisch und drückte sich mit der vielen Afrikanern eigenen Begabung für eine preziöse Rhetorik aus. Scholl-Latour zitierte Kabila: «Jawohl, unsere Partisanen betrachten sich als die Rächer Patrice Lumumbas. Mehr noch, wir wollen sein Werk fortsetzen. Wir sind seine Jünger. Wir fordern eine sozialistische Revolution und werden die Clique Mobutus wie alle übrigen Verräter und ungesunden Elemente auslöschen!»

Scholl-Latour wollte wissen, wie die Lumumbisten auf den Einsatz weißer Söldner reagieren würden. «Wenn ausländische Regierungen sich einmischen», sagte Kabila damals im deutschen Fernsehen, «und die Entsendung von Söldnern organisieren, um unsere Bevölkerung zu massakrieren, dann werden wir an den bei uns ansässigen Weißen Vergeltung üben, das ist doch wohl normal.» Ein Jahr später inszenierte die internationale sozialistische Bewegung einen regelrechten Coup, der freilich grotesk ausging. Ernesto Che Guevara persönlich hatte sich Anfang 1965 entschlossen, die Guerilla-Bewegung im Kongo zu besuchen und sie bis zum Sieg der Revolutionäre voranzutreiben. Sein jetzt in Teilen veröffentlichtes Tagebuch enthält ein vernichtendes Urteil über die sog. Revolutionäre vom Schlage eines Laurent-Désiré Kabila, der sich in den Hotels der Hauptstädte Zentral- und Südafrikas ohne sozialistische Hemmungen amüsierte.

Olenga schärfte uns ein, wir sollten Kabila unter keinen Umständen auf Che Guevara und das Tagebuch ansprechen. Und schon gar nicht auf die Stelle, an der Che wütend fragt: «Wofür hat dieser Mensch so viele Flaschen Whisky mitgenommen, wenn er nur fünf Tage bleiben wollte? Kabila fiel in Mißkredit, es war unmöglich, diese Situation zu meistern, wenn er nicht sofort zurückkehrte.»

Und so war es auch: Gegen 10 Uhr hatte ich Gelegenheit, den damals für mich noch – ich gestehe es mit schlechtem Gewissen – eindrucksvollen Kabila zu sprechen. Er saß neben mir auf einem Schemel und wirkte wie jemand, der als Mönch in einem Kloster eine Demutsübung macht. Er bedankte sich für die Hilfe, die wir anboten, und ich sagte ihm, wir wären bereit, etwas für die medizinische und Nahrungsmittelversorgung sowohl in Goma, Kalemie als auch in Bunja zu tun. Dafür benötigten wir aber einen offiziellen Brief von ihm.

Am nächsten Tag wollten wir mit der Fähre über den Kivusee nach Goma fahren. Doch einen fehlerfreien Brief zu schreiben, war offenbar ein schweißtreibendes Unterfangen. Wir saßen schon auf der Fähre, als Olenga noch einmal in den Palast gerufen wurde. Wir fuhren also ohne ihn, nahmen aber sein Gepäck mit. Den Brief bekam ich erst später. Er enthielt – mit Datum 21. Februar 1997 – die offizielle Erlaubnis der Bewegung, zwei medizinische Stützpunkte von CAP ANAMUR in Bunja und in Kalemie aufzubauen. Es hieß, wir seien berechtigt, Versorgungsflugzeuge des

Komitees CAP ANAMUR auf dem Internationalen Flughafen von Goma aus humanitären Gründen landen zu lassen. Man würde uns bei der Einrichtung humanitärer und medizinischer Stützpunkte die volle Unterstützung der Befreiungsbewegung in den befreiten Gebieten zukommen lassen.

Ohne den Brief – und ohne Olenga – legten wir ab und fuhren auf dem Kivusee Richtung Süden auf einem etwas heruntergekommenen Luxusdampfer. In der flimmernden Sonne konnten wir die Küste auf der zairischen Seite und auf der anderen Seite die Insel Idjwi erkennen.

Schon von Bord des Schiffes aus begannen wir mit Hilfe des Satellitentelefons mit den Vorbereitungen für ein erstes Flugzeug, welches das gesamte medizinische Material für eine Klinik in Kalemie, Goma und Bunja bringen sollte. Auch bei der Ankunft in Goma trafen wir auf eine vorrevolutionäre Stimmung, noch nicht auf den wirklichen Volksaufstand. Vor allem begegneten wir der Fremdherrschaft der ruandischen Tutsi-Soldaten, die hier am Flußufer eine unerhörte Arroganz an den Tag legten. Die Ankommenden wurden von den Ruandern auf ihrem eigenen Kongo-Zaire-Territorium so gedemütigt, daß es uns selbst gegen die Ehre ging, denn schließlich wollten wir ja auch das Gefühl haben, in einem befreiten Land angekommen zu sein.

Wir zogen zuerst in ein Hotel, in dem alle Fremden untergebracht wurden, auch ein Offizier der belgischen Armee, der offenbar ein Militärberater Kabilas war. Während der ganzen Reise standen wir unter dem Schutz von François Olenga, spürten aber, daß diese Bewegung offenbar nicht das volle Vertrauen der Bevölkerung besaß. Das mochte damit zusammenhängen, daß Kabila zu eng mit den Ruandern verbunden war. Sein persönlicher Sekretär, ein Tutsi vom Scheitel bis zur Sohle, wollte zwar alles bestimmen, erhielt aber seine Befehle aus Kigali. Später tauchte er auch an der Anti-Kabila-Front auf. Zwar bemühte man sich in der «Allianz» um so etwas wie eine Befreiungsideologie, und das umso mehr, als für viele erkennbar wurde, daß die neue «Allianz der Demokratischen Kräfte zu Befreiung des Kongo» eine Kraft allein von Ruandas (und auch Ugandas) Gnaden war. Auch ich war damals immer wieder versucht, das alles zu glauben, weil ich nach dreißig Jahren Mobutu-Herrschaft einfach meinem eigenen Wunschdenken verfallen war. Ich schrieb einen Artikel, der der Kabila-Bewegung den

Status der letzten ehrenvollen Befreiungsbewegung in Afrika gab Wenn ich doch damals geschwiegen hätte!

Mittlerweile stürmte die AFDL-Bewegung, zum Erstaunen der Politiker in aller Welt, erfolgreich von einer Region und einer großen Stadt in die andere. Kisangani fiel, unser Team, das sich dort auf der Seite Mobutus eingerichtet hatte, wurde evakuiert und kam über Nairobi nach Goma. In Kalemie erlebten wir, mit welcher Wucht die Mächte Afrikas darauf setzten, Mobutus Herrschaft ein Ende zu bereiten. Am Flughafen von Kalemie trafen wir die Kongolesen, ehemalige «Gendarmes Katangais», die seinerzeit von Mobutu nach Angola vertrieben worden waren und sich dort fast dreißig Jahre aufgehalten hatten. Diese ehemaligen Polizisten aus der Kongo-Provinz Katanga waren mit Flugzeugen der angolanischen Regierung bis nach Kigali geflogen und von dort weiter über die Grenze Ruandas nach Kalemie an den Tanganjikasee gefahren worden.

Wir begannen mit unserer Arbeit, die uns schnurstracks wieder nach Kisangani führte, wo wir noch in der Regierungszeit Mobutus von Kinshasa aus angefangen hatten zu arbeiten. Die Frachtlisten der Iljuschin 76 der ukrainischen Fluglinie, die Ende März 1997 in Ostende startete (weil dort alles, von den Flughafen- bis zu den Abwicklungsgebühren, um 10–15 Prozent billiger war als in Köln/Bonn), enthielten das, was wir für ein Land mit zusammengebrochener Infrastruktur brauchten. Wir beauftragten den Münchner Arzt Dr. Werner Höfner damit, das Hilfsprojekt mit zwei Zairern zu beginnen.

Kisangani war schon Ende März 1997 in die Hände der AFDL gefallen, Kindu stand vor der Kapitulation, die Armee, unterstützt von Transportflugzeugen der Amerikaner und der Luftaufklärung der US-Air Force, hatte gewaltige Siege zu verbuchen. Diese Siege waren aber nicht schwer zu erringen, weil sich Mobutus Truppen in voller Auflösung befanden.

Wir hatten uns entschlossen, in Zaire etwas zu tun. Dabei hätten uns die ersten Erfahrungen eher abschrecken sollen. MPR hießen die Initialen der Mobutu-Staatspartei. Der Volksmund übersetzte sie in «Mot pour rien», «Ein Wort für Nichts». Außer dem «se débrouiller», dem «Sichdurchwursteln» gab es kein einigendes Band mehr in Zaire.

Wir hatten dennoch nach guter Vorbereitung mit einigen Partnern in Kinshasa und in Kisangani – unterstützt von der heimlichen deutschen Botschafterin in Zaire, der Entwicklungspolitikerin Dr. Saloua Nour – zwei Flugzeuge mit Hilfsgütern auf den Weg nach Kisangani gebracht.

Eine erste Boeing 707 beluden wir in Ostende mit 35 Tonnen Hilfsgütern: Nahrung, Heilnahrung, aber auch Medikamente und medizinisches Equipment. Kosten des Flugzeugs bis Kisangani: 110 000 DM. Die Kosten für den Inhalt der ersten Maschine beliefen sich auf 360 000 DM. Am selben Tag startete die zweite Maschine, beide kamen am 17. Dezember 1996 in Kisangani an. Am ersten Flug nahm ich mit dem Arzt Dr. Peter Holzer teil, der in München eine Gemeinschaftspraxis mit seiner Frau hatte. Plötzlich riß Holzer mich aus meinen Gedanken mit den Worten: «Rupert, ich glaube, die schlafen alle da vorne in der Pilotenkabine!» Und in der Tat: Die Crew hatte den Autopiloten eingeschaltet und machte ein Nickerchen. Wir haben sie dann behutsam wieder aufgeweckt.

Im Januar 1997 startete eine dritte Boeing 707, ebenfalls mit 35 Tonnen Hilfsgütern beladen. Wieder saßen wir auf diesem merkwürdigsten aller europäischen Flughäfen, der als Umschlagplatz für die (neben den Drogen) gefährlichste Ladung der Welt, Waffen, galt. Dieser dritte Frachtflug ging zu einem Zeitpunkt nach Kisangani, als wir noch felsenfest davon überzeugt waren, daß die Rebellen diese Stadt nie erobern würden. Noch hielt man die großmäuligen Vertreter dieser «Allianz der demokratischen Kräfte für die Befreiung Zaires» für verrückt. Immerhin aber war sich das Land Mobutus zum erstenmal der sündhaften Korruption seiner Herrscher bewußt. In allen Zeitungen wurde viel über Verantwortung geschrieben. Die Generäle hätten MIG-Düsenjäger und –Bomber einfach verscherbelt und sich die Beträge auf ihre Schweizer Nummernkonten überweisen lassen. Jetzt mußte die Armee Mobutus, die völlig desorganisiert war, dringlich Söldner einkaufen. Es kamen 260 Soldaten nach Kisangani, die für 1000 US-Dollar pro Tag aus Jugoslawien, der Ukraine und der Tschechei unter dem Kommando des langgedienten Kongo-Söldners Charles Tavernier eingekauft worden waren.

Trotz alledem war noch ein viertes Flugzeug geplant. Wir schickten es bereits – so rasch war die Entwicklung – auf die Seite der Rebellen Kabilas. Dorthin transportierten wir nicht so sehr

Nahrungsmittel als vielmehr Wasseraufbereitungsanlagen, medizinisches Equipment, Generatoren, Medikamente. 360 Menschen waren in Kalemie umgekommen, weil es keinen Strom mehr gab und die Bewohner das verseuchte Wasser des Tanganjikasees getrunken hatten. Wir kamen eine Woche zu spät, weil die Occidental Airlines (auch von Ostende) uns betrogen und mit dem Flugzeug in Kigali, im Nachbarstaat Ruanda, gelandet war.

Die Straße vom Flughafen nach Kisangani mutete fast wie ein Wunder an Perfektion an und war angesichts der allgemeinen Situation fast schon eine propagandistische Unverschämtheit. Wir fuhren zur Hauptstadt der Provinz Haute Zaire am Kongo entlang. Eine Stunde später waren wir in Kisangani, der zweitgrößten Stadt dieses Riesenlandes. Ekopie Kane Raymond Mokeni, der Präsident der Aneza (des Unternehmerverbands Zaires), war einer der geschicktesten Männer des Landes – oder ein Gauner, wenn man so will. Er wußte immer gleich, wo etwas zu holen war und woher irgendein Profitwind wehte. Er bestellte uns zu sich nach Hause. Wir waren spät dran. Fünf Tage zuvor hatte Mokeni den ersten Rettungskonvoi begleitet. Da ging es um die Ruhigstellung der plündernden Soldaten der berüchtigten «Forces Armées du Zaire». Mokeni hatte einige Fässer Benzin und Diesel dabei und überließ sie den Soldaten, damit sie mit ihren gestohlenen Pannenwagen weiterkommen konnten.

Mokeni wußte, daß die Wagen gestohlen waren. Wenn man aber diesen marodierenden Militärs nicht ein wenig entgegenkam, wurde man nicht zu den Vertriebenen vorgelassen – vertrieben von den Milizen der Ruander und der «Alliance des Forces Democratiques de la Liberation du Zaire/Congo». Diese merkwürdige Rebellion war im Kivu, in Goma und Bukavu ausgebrochen, mit allzu tatkräftiger Unterstützung der Ruander und der Regierung von Paul Kagame in Kigali. Von den insgesamt vier Millionen Bewohnern des Kivu irrte rund eine Million Menschen in den unendlichen Regenwäldern herum. In Kinshasa hatten wir schon die Mwamis, die lokalen tribalen Könige, gefragt, warum diese Menschen noch nicht in Kisangani zu sehen waren.

Es war ganz einfach: Von Bukavu bis hierher waren es 740 km, von Uvira etwa 1000 km und von Goma mehr als 550 km. Die Menschen mußten die unwegsamen und gefährlichen Strecken durch Regen- und Urwälder zu Fuß zurücklegen, das dauerte

Wochen, wenn nicht länger. Viele waren unterwegs vor Erschöpfung gestorben.

Auch in Mokenis Haus sah das Foto von Mobutu Sésé Séko auf uns herab. Überall begegnete einem das Foto, in der Stadt, in den Geschäften und den Regierungsgebäuden. Überall sollte etwas vom Ruhm des Präsidenten auf die Bewohner von Zaire abfärben.

Am nächsten Morgen fuhren wir drei Kilometer über eine ehemalige Piste, die nun von Elefantengras überwuchert war, und fanden im alten, am Stadtrand gelegenen, von der Regierung nicht fertiggestellten Hospital von Kisangani die 890 Vertriebenen aus dem Kivu und aus Bukavu, die den Fußmarsch nach der Flucht am 29. Oktober 1996 durchgehalten hatten.

Die Flüchtlinge lagen auf dem Fußboden in den leeren, offenen Räumen dieser Hospitalruine. Statt der Fenster gab es nur Fensterhöhlen, die Zimmer waren dem Wind, dem Regen und übrigens auch den Tieren schutzlos preisgegeben. Die Menschen hatten keine Decken, kein Wasser und keine Nahrung.

Wir unterhielten uns mit einigen Flüchtlingen. Eddy Kasandji war noch völlig erschöpft von den drei Wochen Fußmarsch, die er hinter sich hatte. Es muß die Hölle gewesen sein. «Wir hatten gedacht, bei jeder Katastrophe würde die UNO tätig werden. Aber jetzt», und er kreuzte demonstrativ die Arme, «jetzt verschränkt die UNO die Arme und läßt uns hier sterben!» Die Umstehenden nickten zustimmend.

Andere wiederum erzählten, daß viele Frauen von den Soldaten der Zaire-Armee vergewaltigt worden seien. Aber unter der von Tutsi beherrschten Rebellenbewegung des Laurent-Désiré Kabila wollten sie auch nicht leben, denn sie waren doch wegen der Tutsi geflohen.

Mokeni Ekopi Raymond, der Chef der Aneza, zuckte nur mit den Schultern, als wir in seinem schönen Haus in Kisangani saßen und ihn fragten, ob man für eine Hilfsaktion die Nahrungsmittel nicht in der Umgebung kaufen könnte. Das würde ja auch der einheimischen Wirtschaft helfen. Er wehrte nur beschwörend mit den Händen ab und sagte: «Schreiben Sie das bitte auf.» Er hielt sein Handy in der Hand und verlangte von uns, daß wir das, was er uns nun erzählte, nach Europa berichteten. «Ich habe eine große Plantage in Pala, das ist ein Ort 400 km von hier. Vor fünfzehn Jahren konnte ich in elf Stunden dorthin fahren, mit dem Lkw oder dem Geländewagen. Heute – schreiben Sie das auf, Sie sind doch Journalist – heute», wiederholte er und sah mich durchdringend an, als ob er mich fressen wollte, «heute brauche ich dazu drei Monate!» Und bei der letzten Fahrt habe er zwei von sechs Lkws verloren.

Mobutu hatte in einunddreißig Jahren das Land zugrunde gerichtet. Die Gelder, die aus den Budgets der Entwicklungshilfe, aus den Etats der deutschen Bundesregierung und des Ministeriums für Wirtschaftliche Zusammenarbeit kamen, gingen alle in die Taschen der Herrschenden. Nichts davon kam der infrastrukturellen Entwicklung des Landes zugute. Dem Westen war es irgendwie gleichgültig, er gab weiterhin Geld, solange der Herrscher über die Zairer nur nicht nach Moskau schielte.

Die kapitalistische Welt wollte diesem Land zwar ihre Aufwartung machen, aber das Engagement sollte eigentlich nur auf wenige Zonen beschränkt sein: auf die Zonen der Diamantenschürfrechte und des Kupferreichtums, den seinerzeit die belgische Firma «Gecamines» ausgebeutet hatte. Darüber hinaus hätte ganz Afrika von den Nahrungsmittelexporten Zaires leben und ernährt werden können. Aber das Land hatte sich in den letzten dreißig Jahren durch absichtliche und fahrlässige Vernachlässigung der Infrastruktur um alle Märkte gebracht.

Die Bürger in Kisangani hielten sich nicht mehr an den Staat, sie wußten längst, daß er ein Ressourcenvernichter war. Deshalb waren zur «Selbstheilung» viele kleine Selbsthilfegruppen entstanden, kleine Radiosender, kleine Produktionsstätten, kleine Holzbetriebe, kleine Tischlereien, kleine Spinnereien. «FOLEZA» («Fédération des Organisations Laïques à vocation économique du Congo/Zaire», ein Bündnis von Nicht-Regierungsorganisationen in Zaire/Kongo) heißt eine Initiative, die von Saloua Nour, einer Deutschen, die für die GTZ in Kinshasa arbeitet, in Kisangani gegründet wurde. Saloua Nour hatte den Anstoß für etwas gegeben, was jeder für irrwitzig und unmöglich hielt: Straßenbau im Selbsthilfestil. Um die Hauptstadt Kinshasa herum wurden bereits kleine Pisten wieder grundiert, es gab Pistenwärter, und auf diesen durch private Initiativen wiederhergestellten und gewarteten Straßen wurde eine Maut erhoben, die jeder zahlen mußte, der diese Straßen benutzte.

Dies alles sollte jetzt mit der Hilfe von CAP ANAMUR auch in und um Kisangani geschehen. Mit Hacken, Schaufeln, Holz- und Schubkarren ging man daran, wieder die Urwaldpisten einzurichten, kleine Brücken zu bauen, Märkte zu gewinnen und dafür eine Straßengebühr zu nehmen, um für die Wartung dieser Pisten und Straßen Geld zu bekommen.

Eine andere Selbsthilfegruppe war dank der nie nachlassenden Initiative von Saloua Nour entstanden: der genossenschaftliche Zusammenschluß von kleinen und mittleren Unternehmen, die ebenfalls ihr Geschick in die eigene Hand nahmen und nicht mehr auf den Staat warteten. Saloua Nour wurde eine der besten Mitarbeiterinnen, die CAP ANAMUR je gehabt hat. Sie war es aus einem Grund, der bei anderen Mitarbeitern ein Nachteil war: Sie war sehr emotional, identifizierte sich mit den Menschen, die ihr auf der Straße begegneten, lebte mit ihnen. CAP ANAMUR vertraut ihr bis heute.

Wir saßen in einem kleinen Verschlag, tranken starken Tee, rauchten und sahen auf den dahinströmenden Kongo. Saloua Nour gab uns einen Rat: In diesem Land, in dem die Korruption und das Beiseiteschaffen die Regel, die Anständigkeit die Ausnahme geworden war, müßten wir sicherstellen, daß unsere Hilfe den bedürftigsten Zielgruppen zugute käme. Wir müßten deshalb diese Hilfsgüter vor den Zugriffen parasitärer Institutionen und der lokalen Mafia schützen. In einem Papier, das sie damals an Abgeordnete des Bundestags verteilte, schrieb sie, daß der Versuch der Geber, durch eine Koordinierungskommission eine Zukunftsorientierung zu geben und die verfügbaren Mittel auf drei Einsatzbereiche zu verteilen (soziale Hilfe, subventionierter Verkauf von Grundnahrungsmitteln, Verteilung von Medikamenten), als Augenwischerei bezeichnet werden könne, wenn die Verwendung dieser Mittel ohne Kenntnis der Problemlage erfolgen sollte. Nur die Caritas konnte die Hilfe vor Ort sicherstellen, denn sie verfügte über die notwendigen lokalen Strukturen.

Der von der neuen AFDL-Bewegung im Stadion akklamierte Gouverneur Dr. Yagi Soteti, ein Arzt, brachte uns große Sympathie entgegen. Wir konnten uns in einem Haus einrichten und einige Projekte, vor allem im Gesundheitsbereich, durchführen. So gingen wir auf die andere Seite, nach Lubunga, um ein heruntergekommenes Hospital wieder instandzusetzen. Das geschah unter der verantwortlichen Leitung der allseits beliebten Krankenschwester Andrea Schulz; ihr zur Seite stand der Arzt Dr. Lothar Winkler. Um die Renovierungsarbeiten auszuführen, mußten ein Regenkanal und Gehwege um das Krankenhaus eingerichtet werden. Die elektrischen Leitungen und die Elektrik im OP wurden erneuert. Der Dusch- und Toilettenboden wurde ausgebessert, eine zusätzliche Dusche eingebaut. Die Wände wurden frisch verputzt, die Fenster neu verglast. Die Hauptzuflußrohre und die Rohrleitungen im Sanitär- und im Maternitätsbereich wurden erneuert. 76 Betten, mehrere Utensilien im Operationssaal sowie Rollstühle und Infusionsständer wurden repariert und Schutzgatter für die nötigen Lampeninstallationen gefertigt.

Am 20. November 1997 saßen wir gegen Abend am Ufer des Kongo. Wir hatten noch eine Stunde Zeit, denn ab 19 Uhr war es angeraten, sich in seine Hütte, sein Haus oder sein Hotel zurückzuziehen. Die herumstreunenden Zaire-Soldaten machten dann alles unsicher. An diesem Tag war der französische Staatssekretär für humanitäre Fragen, Xavier Emmanueli, früher in Paris Präsident der humanitären Organisation «Ärzte ohne Grenzen», nach Kisangani gekommen. Als erster westlicher Politiker hatte er die Katastrophe der Vertriebenen aus dem Kivu wahrgenommen. Er würde zwei Tage später dem Rat der Außenminister der Europäischen Union und Emma Bonino, der tapferen EU-Kommissarin für humanitäre Hilfe, darüber berichten. Die Zahl der aus dem Kivu vertriebenen Zairer war fast genauso hoch wie die der Hutu-Flüchtlinge aus Ruanda. Emmanueli war mit einem Flugzeug der französischen Entwicklungshilfe gekommen. Von der Regierung bekam er die Genehmigung, nach einer Zwischenlandung zum Auftanken in Entebbe, im Feindesland Uganda, direkt nach Kisangani zu fliegen. Vor Ort saßen nun das Internationale Komitee des Roten Kreuzes, «Ärzte ohne Grenzen», die lokale «Caritas» der katholischen Kirche, dazu eine lokale Organisation «SOS-Nutrition» zusammen. Gemeinsam brachten diese Organisationen am 20. November den zweiten Konvoi auf den Weg nach Lubutu und Walikale, vier Lkws, die rasch bis Lubutu fahren sollten, um dort die ersten 70 000 Vertriebenen zu erreichen, die in der Nähe der Missionsstation völlig erschöpft auf Hilfe warteten. Dann sollten zwei der Lkws weiter nach Walikale fahren, um dort weitere Flüchtlinge zu erreichen.

In diesen Tagen flog ich nach Kinshasa, um die Arbeitsgrundlage für unser Team noch einmal zu verbessern und mit der Deutschen Botschaft und dem Botschafter Klaus Bönnemann zu sprechen. Die Stimmung in Kinshasa war meilenweit von der in Kisangani entfernt. In Kinshasa gab es so etwas wie Endzeitstimmung. Die Mobutu-Ära ging unwiderruflich zu Ende. Der Autoritätsverfall der Armee war mit Händen zu greifen. In Kisangani hatte es zehn Tage vorher am Flughafen einen Zwischenfall mit um sich schießenden Soldaten gegeben. Ein belgischer Kameramann hatte einen Streifschuß abbekommen, aber nicht weil auf ihn geschossen worden war, sondern weil er sich im Flughafengebäude nicht schnell genug hatte verstecken können.

Am 2. Mai 1997 wurde ein Zug von Ubundu nach Kisangani in Bewegung gesetzt. Gegen 14.30 Uhr kam der Zug beim Camp von Biaro an. Am Tag war das Gerücht gestreut worden, es sei der letzte Zug und damit auch die letzte Chance, der Hölle des Todeslagers zu entkommen. Als der Zug an der Biaro-Station, knapp 3 km außerhalb des Camps, eintraf, brach unter den Flüchtlingen eine solche Panik aus, daß sie alles niedertrampelten, um den Zug zu erreichen. Am Ende saßen die kräftigen Ex-Milizionäre auf Bergen von Totgetrampelten.

Der Zug traf gegen 17.30 Uhr vor der Dämmerung ein. Als die Türen der Viehwaggons aufgerissen wurden, fielen Tote auf die Uferböschung. Die Rot-Kreuz-Helfer waren wie gelähmt. Ein holländischer Fotograf, Dr. Azzam Hanano, der deutsch-syrische Arzt von CAP ANAMUR, Andreas Völpel, der deutsche Techniker von CAP ANAMUR, und einige Oxfam-Leute machten sich daran, die Leichen aus den Eisenbahnwaggons zu zerren.

Damals hatten wir in Kisangani schon Gesundheits- und Ernährungsprogramme durchgeführt, denn neben dem Hunger gab es auch den Zusammenbruch der öffentlichen Hygiene. Der schlechte Ernährungszustand führte zudem zu erhöhter Krankheitsanfälligkeit. Im Frühjahr 1997 sollten wir Zeugen davon werden, wie in den Wäldern jenseits des Kongo Menschen bewußt in den Hungertod getrieben wurden – es sollte ihnen auch nicht wirklich geholfen werden. Jeden Tag durfte ein Konvoi von Hilfsorganisationen dorthin fahren und zwei bis zweieinhalb Stunden etwas tun. Dann mußten die Helfer wieder eskortiert bis zum

Ufer des Kongo zurückkehren, über den Fluß setzen und die Nacht in Kisangani verbringen. Jeden Morgen gab es eine ganze Serie von Schikanen und Hindernissen. Immer, wenn die Fähre über den Fluß voll besetzt war mit den Wagen der verschiedenen Hilfsorganisationen – Oxfam, Caritas, Care, MSF und CAP ANA-MUR –, klappte meistens irgend etwas nicht. Es dauerte dann oft bis 10 Uhr, bis die Fähre am anderen Ufer anlegen konnte. Dann mußten alle in einer Reihe parken und warten, bis die ruandische Armee geruhte, sich des Konvois anzunehmen und ihn die Straße über den Kilometerstein 26 bei Kisasse hinaus bis zum Kilometerstein 42 zu begleiten, wo das Lager Biaro mitten unter dem Dach des Regenwalds lag. In der Regel kam der Konvoi dann gegen 13 Uhr, oft aber später an. Er durfte jedoch nur bis 15 Uhr dort bleiben, dann jagte uns das Militär aus dem Camp und nach Kisangani zurück. Im Lager fanden wir Menschen vor, die kaum noch stehen konnten. Viele von ihnen lagen in ihren Ausscheidungen. Da die Mehrzahl der 30 000 Flüchtlinge Diarrhöe hatte, war der Boden voller Exkremente, denn den meisten fehlte sogar die Kraft, bis zum nächsten Baum zu gehen.

Viele dieser Menschen waren verwundet und starben unter entsetzlichen Schmerzen an ihren nicht behandelten Wunden. Wenn die aus vier Bambusstangen, je einer Plane als Dach und einer als Boden bestehenden drei Krankenstationen in Biaro in der Zeit zwischen 13 und 15 Uhr eingerichtet waren, kamen auf jede dieser Ambulanzen Hunderte von Menschen. Sie krochen über die Leichen, die zwischen ihnen und der rettenden Plane lagen, suchten sich einen Weg zwischen den Todkranken, um sich ihre Wunden behandeln zu lassen. Jeder zweite war verwundet; auffallend viele hatten Verletzungen an den Beinen. Um die Stationen herum wurde bei einer Art Triage ermittelt, wer unrettbar verloren war, wer noch gerettet werden konnte.

Selten ist mir das in letzter Minute Hilfreiche und zugleich Teuflische an dieser Triage deutlicher geworden als in diesen Tagen in Biaro. Hinter den Stationen wurden Tote buchstäblich gestapelt, immer eine Schicht Kalk dazwischen. Ein süßlicher Leichengeruch erfüllte die vor Hitze dampfende Luft in der Mittagsglut von Biaro.

Andreas Völpel, von Hause aus eigentlich Filmtechniker, aber sehr geschickt in der Krankenbehandlung, nahm sich einige der

Notleidenden vor, reinigte und desinfizierte die tropisch eitrigen Wunden mit dem Jodpräparat Betaisidona. Man mußte einfach handeln und durfte nicht zu viel Zeit mit bloßen Überlegungen verlieren, denn die Wunden waren oft schon voller Würmer.

Ein ausgemergeltes kleines, nacktes Mädchen – acht, zehn oder vielleicht auch zwölf Jahre alt – hatte eine schlimme Verletzung am Fuß, die ihr ganz sicher zugefügt wurde, damit sie nicht mehr weiterlaufen konnte. Das Kind schrie unentwegt, wahnsinnig vor Schmerzen. Jeder schrie, wenn die Würmer aus den blutenden Wunden entfernt wurden. Totes Fleisch wurde von den Körpern, den Beinen, Armen, Schultern einfach mit der Chirurgieschere weggeschnitten, dann wurden die Wunden desinfiziert. Einer Frau war mit der Machete die halbe Schulter weggehauen worden. Die Wunde an ihrer Körperhälfte ging bis zur Rippe. Einer anderen Frau war die Hand zur Hälfte abgehackt worden. An den Beinen eines Kindes hatten Machetenhiebe unzählige, inzwischen eiternde und wurminfizierte, tiefe Wunden verursacht.

Auf den kleinen Hügeln um das Lager lagen fast unbeweglich Hunderte von Menschen, meist auf dem nackten, schlammigen Boden. Ein Baby brüllte, schrie und biß in die schlaffe Brust seiner Mutter, die keine Milch mehr hergab. Wir verteilten Vitamintabletten, Chloroquin, hätten aber den ausgetrockneten Kindern intensive Zusatz- und Heilnahrung geben, Proteinnahrung, Milch und eine Salzlösung zur Stabilisierung des Wasserhaushalts geben müssen. Die Militärs hatten uns jedoch verboten, Nahrung ins Lager zu bringen. Viele, die wir an diesen Mittagen zwischen 14 und 16 Uhr sahen, würden in den nächsten zwölf Stunden sterben.

In der Nacht zum 6. Mai 1997 hatte es wieder sintflutartig gegossen. Die eine Hälfte der in Biaro versammelten Menschen hatte Diarrhöe, die andere Hälfte Malaria. Zwei Krankheiten, die unter den herrschenden Verhältnissen leicht zum Tod führen konnten. Der ganze Hügel verwandelte sich allmählich in einen seuchenträchtigen, wabernden, stinkenden Fäulnisbrei. An diesem Tag kamen 250 Menschen in totaler Erschöpfung aus dem 215 km entfernten Opale. Sie waren zu Fuß und ohne Versorgung durch den Regenwald marschiert. Einige waren am Flußufer zusammengebrochen.

Dr. Azzam Hanano mußte jeden Tag Triage machen, die therapiefähigen Kinder von denen trennen, die nicht mehr zu retten waren. In Aleppo geboren, war er vor 25 Jahren nach Berlin gekommen und dort geblieben. Nun war er seit zwei Wochen der einzige europäische Mediziner, der in Biaro Hilfe leistete. Niemand kann wirklich ermessen, was diese Arbeit einem Arzt abverlangt.

Zum erstenmal fragten wir die Patienten nach dem, was geschehen war. Einige erzählten uns zögernd, daß es einen richtigen Angriff der AFDC-Soldaten unter Anleitung einiger Tutsi-Offiziere, vielleicht sogar unterstützt von Zairern aus der Nachbarschaft, auf das Lager Kisasse am Kilometerstein 26 gegeben hatte. Einer sagte sogar, daß die Zairer für zwanzig ermordete Flüchtlinge 100 US-Dollar bekommen würden. War das Fabel oder Realität? Alles war möglich. Der Angriff hatte jedenfalls dazu geführt, daß 85 000 Flüchtlinge in wilder Panik weiter in den Urwald gerannt waren.

Drei bis vier Wochen später wurde die Lage allmählich besser, so daß einige Tausend mit dem Zug bis zur Anlegestelle am Kongo fahren konnten. Von dort sollte es dann weitergehen mit einem Flugzeug des UNHCR bis nach Kigali, Cyangugu, Gisenyi in Ruanda. Natürlich wurde eine so privilegierte Versorgung plus Transport (die Mehrzahl aller Afrikaner wird niemals in ihrem Leben in einem Flugzeug sitzen) von der Zivilbevölkerung Zaires mit Neid und manchmal auch mit blanker Wut beobachtet, denn die Bauern um Kisangani hatten in den letzten drei Jahrzehnten unter Mobutu so gerade eben überlebt.

In Lagern wie Biaro gab es aber auch Ecken, wo gut genährte junge Leute herumsaßen, denen es nicht so elend ging. Das waren meist ehemalige «Interahamwe»-Milizionäre, hauptverantwortlich für den Massenmord an 800 000 Tutsi in Ruanda im Jahre 1994. Diese Milizionäre hatten bis März 1997 noch im Lager Tingi Tingi ausgehalten, dann aber ihre Waffen weggeworfen. Tingi Tingi war ein Lager mit etwa 170 000 Hutu-Flüchtlingen aus Ruanda, das leicht erreichbar in der Nähe von Kisangani lag und auch nur so lange existierte, bis die uneinnehmbare Festung Kisangani in die Hände der Allianz und der Ruander fiel.

Die Truppen dieser Miliz waren zu diesem Zeitpunkt schon längst über alle Berge. Sie hatten auch keinen Kampfeswillen mehr. Dennoch konnte man nicht abstreiten, daß die westliche Hilfsgemeinschaft einen Teil des Elends mitverursacht hatte, denn vom August 1994 bis zum Januar 1997 hatte man große Teile der bewaffneten Milizen und die unbewaffneten Flüchtlinge in den Flüchtlingslagern zusammengelassen. Man hatte es den «Inter-ahamwe»-Milizen überlassen, 1,4 Millionen Hutu-Flüchtlinge aus Ruanda zu beherrschen und ihnen die Rückkehr zu verbieten. Das taten sie manchmal auf grausamste Weise, indem sie einfach die Fußsehnen der Flüchtlinge durchschnitten wie bei den beiden unglücklichen Männern, die uns an der Grenze zwischen Goma und Gisenyi im November 1994 begegnet waren – mehrere Monate nach dem Ende des Völkermords in Ruanda.

Der Westen ist in Ruanda den Weg des geringsten Widerstands gegangen und hat das Elend der Menschen nicht einmal ernsthaft verhindern wollen. Flugzeuge flogen über den Regenwäldern von Zaire/Kongo, und die Beobachter vermeldeten, sie hätten keine Flüchtlinge in den Wäldern sehen können

16

Bosnien
Ein Lehrstück über Mut und Feigheit

Erster Besuch in Sarajevo: 1. Januar 1993 – Beginn der ersten MEDE-VAC-AKTION mit Susanne Rastin: 10. Februar 1993 – Kai Schubert geht als zweiter Arzt nach Sarajevo: 1. April 1993 – CAP ANAMUR beginnt mit der mobilen Versorgung von Querschnittgelähmten: 1. August 1993 – Eröffnung einer eigenen Klinik in Novo Sarajevo: 1. November 1993 – Unterbrechung der Arbeit in Sarajevo: Mai 1994 – Wiederaufnahme der Arbeit in Sarajevo: November 1994 – Suppenküche in Dobrinja: 1. Februar 1995 – Neue Phase der CAP ANAMUR-Arbeit: Häuserbau und Dachdecken in Bosnien: ab 1996 – Neues Dachprojekt in Zvornik und Kuci Kula: ab 1999

Am 3. Januar 1993 kamen wir in Sarajevo an. Es war ein klirrend kalter Tag. Drüben auf dem Hügel blitzte es auf, Qualm, ein Haus brannte lichterloh. Dumpfe Einschläge vor und hinter uns. Zum erstenmal erlebte ich wieder einen Krieg in Europa. Ich hatte gar nicht verfolgen können, wo wir eingebogen waren. Drüben brannten zwei Häuser, da krachte es auch schon in der Innenstadt. Zwischendurch hörten wir Maschinengewehrfeuer. Gegen 10 Uhr morgens bogen wir in den Hof des PTT-Gebäudes ein. Dort befand sich das Hauptquartier der UNPROFOR und des UNHCR, der wichtigsten Hilfsorganisation der Vereinten Nationen. Der UNHCR war völlig überfordert, wie wir gehört hatten. Wir wollten uns in Sarajevo erkundigen, was wir tun sollten und könnten.

Wir hatten hohe Begleitung. Mit uns gekommen waren der Provinzial der bosnischen Franziskaner, Pater Petar Andjelovic OFM, und der Bischof der Diözese Limburg, Franz Kamphaus, mein ehemaliger Studienkommilitone aus Münster.

Schon wurden wir harsch angebrüllt, wir sollten uns gefälligst an die Mauer werfen, sie lägen hier unter Granatenfeuer. Wir gaben unsere Ausweise ab und liefen los, um rasch ins trügerisch sichere Gebäude zu gelangen. Da knallte es schon wieder auf der sonnenbeschienenen Seite des Hügels jenseits der Hauptstraße, die damals Snajperallee (Scharfschützenallee) genannt wurde. Wir erwischten jemanden, der uns die Lage in der eingeschlossenen Stadt erklärte, und erfuhren etwas über das «Peace-keeping»-Mandat der UNO. Das bedeutete: Die in Sarajevo eingeflogenen Blauhelmsoldaten waren hier, um Frieden zu bewahren. Sie hatten nur leichte Waffen und kleine Panzerfahrzeuge und waren mit Splitterschutzwesten ausgerüstet.

Doch es gab nicht einmal eine Ahnung von Frieden. Was wir in Sarajevo erlebten, war eine neue Form von Krieg: Es war Terror gegen die Zivilbevölkerung. In Sarajevo wurden etwa 330 000 Menschen in Geiselhaft gehalten von einer serbischen Armee, die diese Stadt eingeschlossen hatte – Terror, ausgeübt von den schwerbewaffneten Einheiten der serbisch-bosnischen Armee unter General Ratko Mladić, die gnadenlos von den Bergen um Sarajevo auf die Stadt einschossen. Die Stadt war wehrlos, denn auf einen Krieg war sie nicht vorbereitet. Der bosnische Präsident Izetbegović hatte sich nicht vorbereitet. Die Bosnier hatten keine Armee, die sie verteidigen konnte. Es war auch ein Krieg gegen die Muslime. Semeždin Mehmidenović hat einmal gefragt: «Warum müssen wir Muslime immer verfolgt und gehaßt werden? Was ist an uns, daß man uns nicht riechen kann? Warum müssen wir jetzt hinausgehen aus unserem Land – nur, weil wir die falsche Religion haben? Die Bosnier sind wie die Kroaten und die Serben eindeutig slawischer Herkunft. Aber diese Bosnier sind Muslime. In Bosnien wird ein Volk vergewaltigt dafür, daß es muslimisch ist. Tito hat sie so genannt, und die Serben halten sich wie die Kroaten weiter für die Verteidiger des christlichen Europa. *Antemurale christianum*, sagte man im Mittelalter, das ‹Vorwerk der Christenheit›, die wollen sie mit Schwert und Kanonen verteidigen und alle hinauswerfen, die nicht dazugehören.»

«Die drängende Frage, die sich nach der Lektüre stellt (nach der Lektüre eines Buches des Fernsehreporters Mladen Vuksanović aus Pale, R. N.): Wie war es 1992 möglich? Besonders aufrüttelnd ist der Beginn: Die Tochter des Mladen Vuksanović war auf einem Popkonzert in Sarajevo und kam nicht mehr nach Hause, weil Barrikaden errichtet wurden. Es ist ein Buch, das die Alltäglichkeit der Entstehung des Faschismus beschreibt. Durch Erfahren und Erleben. Nicht die grausamen Massaker und Metzeleien. All dieses nicht. Und doch durchzieht dieses Buch eine immer eisiger werdende Angst, die spürbar ist. In Pale sind nicht die großen Grausamkeiten passiert in der Zeit, von der dieses Tagebuch handelt. Die Transformation eines bürgerlichen Alltags in einem spätkommunistischen Land in einen Faschismus – das ist das eigentliche Thema. Ich wiederhole es – im Europa des Jahres 1992 f.»

Ich hörte damals zu, als einer, der dafür eigentlich nicht prädestiniert war, das in einem kleinen Kreis sagte. Es war Joschka Fischer, der soeben Fraktionschef der Grünen im Deutschen Bundestag geworden war. Die Szene spielte sich in der Hessischen Landesvertretung in Bonn ab. Dort wurde die deutsche Übersetzung dieses erschütternden Buches vorgestellt. Der serbisch-bosnische Autor Mladen Vuksanović war auch gekommen. *Pale im Herzen der Finsternis* war der Titel seines Buches. Wer konnte ahnen, daß Joschka Fischer als Bundesaußenminister einmal zur Entscheidung über das herausgefordert werden sollte, was er so eindrucksvoll vorgetragen hatte?

Nun war ich mitten im Kessel von Sarajevo, der von den Bergen ringsum beschossen wurde. Da steckte plötzlich ein spitzbübisch aussehender Mann den Kopf zur Tür hinein, auf dem Kopf einen Krempenhut, der sein persönliches Markenzeichen war: Der Franziskaner Mirko OFM betrat den Raum mit seiner braunen Kutte und dem obligaten Cowboyhut. Er begrüßte seinen Provinzial und den Bischof und sagte dann auf deutsch «Guten Tag». Ich wußte damals noch nicht, daß wir mit Pater Mirko noch viel zu tun haben würden.

Ich war Anfang des Jahres 1993 zum erstenmal in Sarajevo. CAP ANAMUR hatte sich das ganze Jahr 1992 über gewehrt, die Herausforderung des Bosnien-Kriegs anzunehmen. Wir waren zwar nicht untätig gewesen und mit einem Schiff mit über dreihundet schwer traumatisierten Flüchtlingen nach Bremerhaven gefahren, aber wir wollten nicht richtig einsteigen. Der Krieg schien fast zu Ende zu sein. Andererseits fehlte der Bevölkerung alles Lebensnotwendige.

Nun aber waren wir in Sarajevo. Bischof Kamphaus hatte nur drei Tage Zeit. Mirko war von seinem Provinzial gebeten worden, ein

Programm für die Besuchergruppe aufzustellen. In diesen Tagen sahen wir alle hochgestellten Leute, auch die, die nichts mehr zu sagen oder zu verwalten hatten, aber trotzdem wichtig waren im Hinblick auf den völkerrechtlichen Anspruch ihres Landes.

Wir trafen den Kardinal Vinco Pulić, sprachen mit Reiz ul Ulema, dem höchsten Würdenträger der bosnischen Muslime. Darauf hatte Bischof Kamphaus bestanden. Alle Religionsgemeinschaften sollten zusammenhalten, wenn es um die Existenz eines Volkes ging. Wir sprachen mit Jacob Finci von der jüdisch-bosnischen Organisation «La Benevolentiae», einem der letzten Juden, denn fast alle bosnischen Juden waren nach Israel ausgewandert. Der stellvertretende Präsident Ejup Ganić empfing uns in einem völlig ausgekühlten Präsidentenpalast. Schließlich hatte auch noch der Kommandeur der Blauhelme, General Philipp Morillon, für uns eine gute Stunde Zeit.

Beim Besuch des Krankenhauses Kosevo wurden uns die Einschüsse von Granaten gezeigt und die dahinvegetierenden Opfer. Wir sprachen mit den tapferen, Tag und Nacht operierenden Ärzten, die parallel an fünf Operationstischen arbeiteten, denen aber manchmal das Material für die Operationsnähte, die Narkose oder die Ketanest-Materialien ausgingen. Wir einigten uns darauf, achtzig bis hundert schwerverletzte, aber therapiefähige Patienten über eine UN-Luftbrücke nach Deutschland zu bringen. Bischof Kamphaus und ich würden uns in Deutschland um eine Gratisbehandlung kümmern.

Am 5. Januar 1993 fuhren wir zurück. Wir waren gerade am Flughafen von Sarajevo angekommen und standen dort außerhalb einer Sandsackbarriere, als eine Granate nur vierzig Meter von uns entfernt in den Rasen einschlug. Es rauchte aus dem gefrorenen Boden. Bis heute habe ich diesen Rauch vor Augen und höre den dumpfen Einschlag, wenn ich wieder in Sarajevo lande. Da es an diesem Tag keinen Flug gab, fuhren wir wieder die gefährliche Strecke zurück, machten unterwegs in einem Kloster in Prozor Rast und übernachteten dort. Am 6. Januar waren wir in Zagreb und flogen am gleichen Tag nach Deutschland zurück. In der Folgezeit bekamen wir in mühseliger Kleinarbeit über fünfzig Plätze in deutschen Krankenhäusern zusammen. Für viele Klinikdirektoren kam eine solche Hilfsaktion überhaupt nicht in Betracht. Ohne den Bischof hätten wir unsere Hilfstätigkeit nicht beginnen können, denn es gelang ihm, fünfundzwanzig kirchlich geleitete Krankenhäuser zur kostenlosen Behandlung zu verpflichten.

Im März 1993 kam zu unserem «Rekrutierungstreffen» ein junger bayerischer Arzt, Kai Schubert. Wir baten ihn, nach Sarajevo zu gehen. Dort arbeitete seit zwei Monaten die Ärztin Dr. Susanne Rastin, die für den Beginn des MEDEVAC-Programms verantwortlich war und dabei mit einer zermürbenden UN-Bürokratie zu tun hatte. Sie hatte die ersten beiden Transporte begleitet, denn inzwischen hatten wir fünfzig Krankenhäuser gefunden, die uns kostenlos Behandlungsplätze zur Verfügung gestellt hatten. Susanne Rastin hatte aber diese Arbeit nur für drei Monate angenommen, Ende April mußte sie wieder fort. Kai Schubert war also ihr Nachfolger. Sarajevo sollte sein Leben von Grund auf ändern. Er erinnerte sich später, wie sehr es ihn belastet hatte, ausgerechnet nach Sarajevo zu fliegen. Das Zauberwort hieß MEDEVAC. Die medizinische Evakuierung war kein Akt rührseliger Spontaneität. Sie durfte es auch nicht sein, denn wenn man einen Menschen in eine fremde Umgebung holt, dann muß man ihn auch behandeln können. Einige bürokratische Kontrollen waren darum zum Teil sinnvoll.

Alle Bewohner waren «die Eingeschlossenen von Sarajevo», es gab keinerlei Ausweg. Es gab auch keine Alleen mehr, denn die Bäume wurden gefällt, um zu heizen. Kai Schubert schrieb uns: «Ich fahre jetzt in gepanzerten Geländewagen oder sog. APCs durch die Stadt – wer hätte gedacht, daß ich mal froh sein würde, in einen Panzer einsteigen zu dürfen?» Er war erschüttert von den Bildern in den Kliniken: «Überfüllte Krankenzimmer, Patienten in einem erbärmlichen Zustand, Mangel an allem: Kein Strom und kein Wasser, kaum Verbandsmaterial und kaum Medikamente, zu wenig Personal und zu wenig zu essen. Ich ahne bereits die Probleme. Wer kann hier schon ausreichend behandelt werden? Wäre es nicht sinnvoller, die Kliniken in Sarajevo zu unterstützen, Medikamente und Personal zur Verfügung zu stellen?» Wir beschritten dann mit ihm beide Wege parallel. «Die Auswahl der Patienten stellt nicht das einzige Problem dar. Das größte Problem ist Sarajevo selber. Nicht nur die Krankenhäuser, sondern auch wir Mitarbeiter ausländischer Hilfsorganisationen genießen keinerlei ‹Immunität›. Wir sind von serbischem Beschuß ebenso bedroht wie jeder Einwohner in dieser Stadt, können uns nicht frei bewegen, sind auf Schutz angewiesen. Diesen Schutz bieten anfangs die militärischen und zivilen Mitarbeiter der UN. So fahre ich in gepanzerten Geländewagen durch die Stadt. Doch die Sache hat einen Haken: Die Verfügbarkeit gepanzerter Fahrzeuge ist begrenzt, und mein Vorhaben genießt niedrigste Priorität. So kommt es vor, daß ich mit Helm und sog. *flac jacket* (Splitterschutzweste) durch die Straßen laufe – schwitzend und mit einem ausgesprochen blöden Gefühl denjenigen gegenüber, die sich dort ungeschützt bewegen müssen.»

Nichts war einfach in Sarajevo. Dinge, die man sonst in Minuten erledigt, erforderten Tage. Zwei Wochen nach seiner Ankunft in Sarajevo hatte Schubert schon die erste Flugzeugladung mit Patienten organisiert. Nun saß er wieder in einem Flugzeug der UNPROFOR auf dem Weg nach Köln. Mit ihm an Bord war die Ärztin Mary Black, die Mitarbeiterin des UNHCR. Schubert schrieb uns: «Ohne den Einsatz von Mary Black, ihren ständigen Kampf um ein gepanzertes Fahrzeug, ihr gutes Verhältnis zum UN-Radio-Operator und ihre Überzeugung, an einer guten Sache zu arbeiten, hätte es diesen Flug ebensowenig gegeben wie die folgenden. Alles klappt, doch es bleibt keine Zeit, diesen Erfolg zu feiern. Noch am selben Tag sitzen wir mit einem Dutzend Plastiktüten voller Lebensmittel im Zug nach Frankfurt, von wo aus wir am folgenden Morgen nach Sarajevo zurückfliegen.» Nicht etwa mit einer Linienmaschine, sondern mit einem Flugzeug der US-Air Force, die von der Air Base in Frankfurt jeden Morgen direkt nach Sarajevo flog. Eine Woche später fand ein zweiter Flug statt.

Die internationale Presse lobte CAP ANAMUR für diese Aktion. Doch bald darauf geriet das Projekt unter massiven Druck: Die bosnischen Serben warfen CAP ANAMUR Einseitigkeit und mangelnde Neutralität vor. Sie diktierten uns Quoten, verlangten Einsicht in die Passagierlisten, drohten, das nächste Flugzeug abzuschießen. Wir flogen trotzdem – unter irrsinnigen Sicherheitsvorkehrungen und nach dem Start unter serbischem Feuer. Doch auch die bosnischen Behörden protestierten. Sie warfen uns «Fluchthilfe» vor, konterten mit einem Wust von Papieren, Genehmigungen, Stempeln und Kontrollen. Auch sie diktierten uns Quoten. Unsere Arbeit in Sarajevo wurde extrem schwierig. Bis Mitte Juli 1993 konnten dennoch über siebzig Patienten und ebensoviele Angehörige evakuiert und in Deutschland medizinisch versorgt werden.

Mit Kai Schubert hatten wir ausgemacht, daß er zwei Monate in Sarajevo bleiben würde. Er blieb insgesamt anderthalb Jahre. Er hatte diese Stadt ins Herz geschlossen wie wir alle, die wir diesem scheinbar aussichtslosen Kampf eines Volkes gegen eine eindeutige Übermacht der serbischen Armee zusehen mußten.

Wir hatten ein neues Hilfsprojekt, bei dem wir auch vom UNHCR unabhängig wurden. Denn das MEDEVAC-Programm konnten wir nur mit und gleichsam als Teil des UNHCR durchführen. Jetzt wurde ein Team gebildet. Kai lernte zwei Krankengymnasten kennen – Muamera Selimović, eine junge bosnische Muslimin, und den Physiotherapeuten Semir – und engagierte sie sofort für unsere Arbeit. Muamera Selimović war eine wahrhaftige Repräsentantin der Frauen von Sarajevo, die uns nicht zuletzt deshalb beeindruckten, weil sie sich niemals gehen ließen und selbst in den entbehrungsreichsten Kriegs- und Wintermonaten immer ein wenig Lippenstift und Rouge auftrugen – trotz des Elends ein kleiner Triumph des weiblichen Widerstands gegen die Besatzer auf den Bergen.

Wir begannen mit einem Programm für Querschnittgelähmte. Wir hatten erfahren, daß überall in der Stadt diese Ärmsten der Armen in kalten Zimmern hausten und keine sachkundige Pflege bekamen. Wir übernahmen ein ungepanzertes Fahrzeug einer anderen Hilfsorganisation und begannen, einen mobilen medizinischen Service aufzubauen. Dieser Dienst bestand darin, daß die beiden Krankengymnasten jeden Tag etwa zwanzig Patienten aufsuchten, um sie zu massieren und ihnen Nahrungspakete oder eine Decke mitzubringen – eine Erleichterung auch für die Familien der Betroffenen.

Bei einem dieser Einsätze, als unsere Mitarbeiter in unserem eigenen Toyota unterwegs waren, wurde der Wagen auf der «Heckenschützenallee» von Schüssen durchsiebt. Wir gaben aber nicht auf. Durch Raimund Meyer, den baumlangen Organisator und Techniker, erhielt Kai Schubert Verstärkung. Schubert und Meyer blieben ununterbrochen in Sarajevo. Sie zogen in eine Wohnung im Kosevo-Viertel hinter dem Krankenhaus um.

Doch die Versorgung der Querschnittgelähmten war uns zu wenig. In den Krankenhäusern lagen Patienten, die eigentlich keiner stationären Behandlung mehr bedurften, aber niemanden mehr hatten, der sich um sie kümmern konnte. Ihre Häuser waren entweder zerstört oder befanden sich in serbisch besetzten Gebieten. Krankenhausbetten waren knapp, in die Notaufnahme drängten die Opfer täglicher Massaker, die Kliniken platzten aus allen Nähten. Aus diesem Grund beschlossen wir, ein weiteres Krankenhaus aufzubauen. Nach langer Suche fanden wir im Dezember 1993 ein Gebäude, eine alte Schule in der Neustadt «Alipasno Polje». Es war kein optimales Haus, kein Betonbau, sondern ein Holzhaus in einer relativ freien Lage mit Bergblick, was in Sarajevo Gefahr bedeutete. Wir rüsteten dieses Haus aus. Trotz schlechten Gewissens gelang es Raimund Meyer, uns davon zu überzeugen, daß unser Team einen gepanzerten Wagen brauchte. Wir besorgten ihn.

Am 29. Januar 1994 geschah dann etwas Entsetzliches. Das Team hatte den letzten ambulanten Patienten besucht und fuhr ins CAP ANAMUR-Krankenhaus. Plötzlich dröhnte eine Granate, dann noch eine, ein singendes Pfeifen in der Luft, gefolgt von der Detonation. Die Druckwelle der nahen Explosion war so stark, daß die Folienfenster im Hospital eingedrückt wurden. Zuerst war es ganz still. Doch dann ertönten Kinderschreie. Kai Schubert berichtete uns in einem Brief: «Wir zwängen uns in die Splitterschutzweste und fahren los, viel zu schnell auf der glatten Straße, in uns eine grauenvolle Vorstellung, was passiert sein könnte, wenn es etwa 200 Meter nur versetzt in unser Hospital eingeschlagen wäre. Die Granaten sind mitten auf der Straße explodiert, im Abstand von 50 Metern. Ihr Ruß hat zwei schwarze Kreise in die Winterlandschaft gezogen – schaurige Arenen des Todes, die niemand zu betreten wagt. Überall sieht man Trümmer von Schlitten. Kinder kann man nicht einsperren, die müssen spielen, auch in so einem Krieg. Und tote Kinder. Das Team nimmt einen leichtverletzten Jungen mit. In den Nachrichten hören wir später: sechs tote und drei schwerverletzte Kinder. Der Tag endet mit einem dieser wirklich grausamen Massaker, zu denen unser Europa doch in der Lage ist. Am nächsten Morgen, dem 30. Januar 1994, steht auf einem dieser Rußflecken ein Schlitten, eingeklemmt zwischen die Bretter der Sitzfläche ein Strauß Strohblumen. Weiter oben auf der Straße rodeln Kinder. Es ist erneut ein klirrend kalter, ein trocken kalter, ja wir würden sagen, ein schöner Wintertag.»

In unserem Krankenhaus hatten wir hundertfünfzig Patienten untergebracht, dadurch wurden die städtischen Kliniken sehr entlastet. Wir hatten keine Notaufnahme eingerichtet, denn wir wären nicht in der Lage gewesen, sie zu betreiben. Für die Dauer von drei Monaten kam ein weiterer Arzt unserer Hilfsorganisation nach Sarajevo. CAP ANAMUR hatte sehr viel zu tun. Unser kleines Krankenhaus war sehr beliebt bei den Bewohnern.

In der Wohnung im Kosevo-Viertel hinter dem Krankenhaus lebten unsere Mitarbeiter mit einer Familie zusammen. Als eine Flüchtlingsfamilie vorbeikam, die nicht wußte, wo sie die Nacht verbringen sollte, wurde sie in der beengten Wohnung aufgenommen. CAP ANAMUR hatte drei Räume, die Flüchtlingsfamilie bekam einen Raum.

Wir hatten auch Kontakt mit der Organisation Dobrotvor für die serbischen Bosnier aufgenommen. Etwa 20 000 Serben lebten damals noch in Sarajevo, für sie würde es aber nie so furchtbar werden, wie es für die Kroaten und Bosnier in der serbisch beherrschten Zone von BiH und für die bosnischen Muslime in der kroatischen Separatzone von Herceg Bosna war. Im Juni 1994 beendeten Kai Schubert und Raimund Meyer ihre großartige Arbeit in Sarajevo.

Einmal ging ich mit dem Schriftsteller Zeljiko Ivanković in die Stadt. Zeljiko ist ein verschmitzter Bursche, der selbst im Krieg noch seinen sarkastischen Humor bewahrte. So erzählte er mir die Geschichte vom Postamt, das am Anfang des Krieges von serbischen Granaten zerstört worden war. Im April 1992 schrieb ein nationalistischer Narr in der Nacht in großen weißen Buchstaben auf das Postgebäude: «Ovo je Serbjia!» – «Hier ist Serbien.» Daraufhin strich das jemand in der folgenden Nacht durch und schrieb in ebensogroßen Buchstaben: «Ovo je Poszta Idiota!» – «Das ist die Post, Du Idiot.»

In Ermangelung eines warmen Raumes in unserer Unterkunft in Sarajevo verabredeten wir uns mit dem Ehepaar Semeždin Mehmidenovic in den provisorischen Räumen der Deutschen Botschaft, in der 4. Etage des UNIS-Tower-Gebäudes. Dieses Gebäude mußte man immer noch durch die Hintertür betreten, weil der Prachteingang zur «Heckenschützenallee» lag.

Der deutsche Botschafter, Dr. Johannes Preisinger, vollbrachte in dieser schwierigen Zeit eine bewundernswerte Leistung. Im halb zerschossenen UNIS-Tower gab es zwar Büros, aber keine Heizung; immerhin gab es Strom, wenn nicht durch die Stadtversorgung, so doch über einen Generator, und die beiden tapferen Sekretärinnen Leila und Mileka hatten den ganzen Tag ihre Heizöfchen an, so daß es in ihren Räumen wohlig warm war.

Wir trafen uns in der Botschaft und gingen dann über einige Schleichwege in die Redaktion der Monatszeitung *DANI*, die sich in der Nähe der Synagoge befand. Semezdin ist ein bedeutender Schriftsteller, der mit seiner Frau in einem verbarrikadierten Haus zwanzig Minuten vom Zentrum entfernt wohnte. Auch von ihrem Wohnhaus kam man nur auf Schleichwegen in die Stadt. Die Hausbesitzer hatten ganze Wände, Eisengitter und Eisenbeschläge vor die Türen und Fenster montiert, um gegen Granatensplitter oder direkten Beschuß gesichert zu sein. Die Redaktion von *DANI* war in einer verwinkelten Straße im Stadtviertel Skenderija untergebracht, wo die Franzosen ein großes Hauptquartier hatten. Das Büro war ein ehemaliges Café, in dem junge Leute saßen und Schreibmaschine schrieben. Schmale Gesichter sahen uns an. Viele rauchten, denn das Rauchen linderte ein wenig den Hunger. Wir gingen nebenan in ein «richtiges» Café. Es war gerade Redaktionsschluß für die nächste Ausgabe, man bot uns einen Saft an, und alle lachten, als ich um einen Kaffee bat: «Wie sollen wir ohne Strom den Kaffee kochen?»

Wir trafen eine junge Redakteurin. Vildana Selimbegović, eine unerschrockene Frau mit hübschem Gesicht, hellblauem Kleid und – ganz unislamisch – hochgestecktem Haar, machte für das Blatt die großen Reportagen. In der letzten Ausgabe hatte sie das Dossier über den Massenmord von Srebrenica geschrieben. Ihre jüngere Kollegin, Vedrana Bozinović, übersetzte. Stellte ich eine dumme Frage, zuckte sie mit den Augenbrauen und signalisierte auf diese Weise, daß sie sich gewünscht hätte, intelligentere Fragen zu hören. So hätte ich die Frage nach der inneren Zensur besser nicht gestellt, denn *DANI*, dieses auch im Layout vorzügliche Nachrichtenmagazin, bot nicht den geringsten Anlaß für diese Frage.

Vedrana Bozinović erzählte, daß sie sich zwei Monate in Deutschland beim Europäischen Jugendparlament in Berlin aufgehalten hatte. Sie wollte eigentlich auf die berühmte Schauspielschule in Birmingham, aber sie bekam kein Visum für Großbritannien und ging wieder nach Sarajevo zurück. «Ich bin zurückgekommen. Ich habe hier an der Schauspiel-Akademie angefangen zu studieren – unter Granatenbeschuß –, und ich bin hier bei *DANI* als freie Mitarbeiterin tätig. Und, übrigens, übermorgen, am 8. September 1994, haben wir Premiere – wir geben *Richard III.*» Während sie das sagte, blitzten ihre schwarzen Augen in einem Anflug von Stolz. «Meine erste Rolle, ganz klein», fügte sie hinzu.

Vildana Selimbegović hatte zwei Monate zuvor ihren Mann an der Front verloren. Sie brachte es erschöpft hervor, so wie alles, was sie sagte, voller Erschöpfung war. Sie habe keine Kraft mehr für Tränen, nur noch für Feststellungen, meinte sie.

In diesen Jahren wurde in Deutschland viel Unsinn über den Krieg im ehemaligen Jugoslawien geredet, auch von klugen Leuten. Kurz vor der Begegnung mit den Frauen von *DANI* hatte ich in der *Süddeutschen Zeitung* einen Essay des Psychoanalytikers Horst Eberhard Richter gelesen. Ich hatte ihn mir aus der Zeitung herausgerissen und trug ihn bei mir, aber nie hätte ich gewagt, diese Sätze den Opfern des Kriegsterrors und der Einschließung vorzulesen: «Im Bürgerkrieg auf dem Balkan sorgten die Serben beispielsweise mit den von ihnen begangenen Greueltaten dafür, daß in deren Schatten die Verbrechen der übrigen Bürgerkriegsparteien verblaßten. Die Medien halfen durch selektive Abbildung der serbischen Greuel nach. Kroaten und Bosnier, ihrerseits miteinander verfeindet und in Kämpfe verstrickt, standen als alleinige Leidtragende vor der Gewalt des Urbösen in Gestalt der Serben da!»

In Sarajevo hätte man als Antwort darauf entweder mit einem mitleidigen Achselzucken oder mit dem Vorwurf, den Terror zugelassen zu haben, reagiert. Wir hatten nicht einmal erlaubt, daß diese 330 000 Menschen mitten in Europa sich wehren konnten. Das Waffenembargo der Weltmächte und Europas galt sowohl für die Terroristen auf den Bergen als auch für die Eingeschlossenen von Sarajevo. Doch die Armeen des Ratko Mladić und des Radovan Karadžić sowie des Zeljiko Raznjatović (genannt Arkan) kamen leicht an Waffen. Sie konfiszierten auch die gesamten Armeebestände Titos für ihre eigenen Armeen.

In den Monaten und Jahren unserer Hilfstätigkeit in Sarajevo ist mein guter alter Pazifismus müde geworden. Ich konnte dem

Geschehen nicht mehr beobachtend-passiv zuschauen. Wenn ich mit den Vedranas und den Vildanas, den Semezdin und den Zeljikos in Sarajevo zusammen war, dachte ich oft, daß es besser gewesen wäre, vieles in deutschen Zeitungen wäre ungeschrieben geblieben, damit sich die Betreffenden später nicht dessen hätten schämen müssen.

Wir hatten die Klinik aufgeben müssen. Es gab zu viele Widerstände, und Kai Schubert und Raimund Meyer waren nach anderthalb Jahren ausgebrannt. Wir machten ein paar Monate Pause. Im November 1994 fuhr ich wieder nach Sarajevo. Die Preise wurden vom Schwarzmarkt und der Mafia bestimmt. Die Ukrainer organisierten die Flucht ins Ausland für 2000–4000 DM pro Person. Man sagte sogar, daß kein Ukrainer aus Sarajevo wegging, ohne 200 000 DM im Portemonnaie zu haben.

Ich kehrte zurück, weil wir die Arbeit wieder aufnehmen mußten. In Sarajevo wohnte ich die ersten Tage bei der Ärztin Dr. Diana Kapetanović in der Hajduk Velkovar-Straße in einem Zimmer, das immer verschlossen bleiben mußte, denn es kamen viele Zugereiste und Flüchtlinge, die sich gern eine Bleibe angeeignet hätten. Ich lebte mehrere Tage in diesem Viertel etwas oberhalb der Kathedrale. Ich konnte der Einsamkeit nicht entfliehen, abends gab es niemanden, mit dem ich die Zeit der Angst bei dem zunehmenden Granatenbeschuß hätte teilen können. Ich las beim Schein zweier Kerzen in einem Buch über das Warschauer Ghetto. Am frühen Morgen schaute ich auf die Straße hinunter, die zur Kathedrale führt: Da gingen noch vor 6 Uhr die Menschen mit ihren Behältern herunter über die Miljacka, die Flußbrücke, bis zur Bierfabrik. In dem Innenhof der Bierfabrik gab es immer sauberes Wasser.

So ähnlich stellte ich mir den frühen Morgen im Warschauer Ghetto vor. Menschen, die vor Erschöpfung wankten. Menschen ohne Hoffnung auf Hilfe von außen. Ausgezehrte Menschen, die nicht genug zu essen, nicht genügend Wasser, kein Gas, keinen Strom, keine Heizung hatten. Der einzige Unterschied war: das Warschauer Ghetto füllte sich jeden Tag mehr, so daß sich die polnischen Juden kaum noch regen konnten. In Sarajevo hingegen schrumpfte die Anzahl der Menschen immer mehr zusammen. Einige versuchten nachts über den Flughafen zu entkommen, weil sie am Tag von der UNPROFOR an der Flucht gehindert wurden.

Die Serben hatten der UNPROFOR als Verpflichtung auferlegt, der Flughafen dürfe nicht als Korridor benutzt werden. Und die UNPROFOR führte diesen Befehl rücksichtslos aus.

Ende Juli 1995 kam es wieder zu einem schrecklichen Massaker auf dem Marktplatz. Das erste hatte am 28. April 1994 stattgefunden. Es gab 74 Tote, eine Granate war auf den dicht begangenen Marktplatz eingeschlagen. Damals hatte der neue britische Oberkommandierende der UNPROFOR, Sir Michael Rose, den Serben ein Ultimatum gestellt. Bis zu einem bestimmten Tag mußte das schwere Gerät, Artillerie und Panzer, bis zu einer festgelegten Demarkationslinie zurückgenommen worden sein.

Das lief so ab, wie es immer wieder bei den mit Milošević ausgehandelten Verträgen geschehen war: Die ersten Tage oder Wochen wurde danach gehandelt, dann ging es wieder los, die Waffen waren wieder an ihrem alten Platz. Nach dem zweiten Angriff auf den Marktplatz ging alles sehr schnell. Die kroatische Armee setzte am 1. Mai 1995 zu einem ersten Angriff in Slawonien an, dann kam der zweite Angriff, darauf folgte der Angriff der Amerikaner auf Waffenbunker und Positionen der serbischen Armee sowie auf Kommunikations- und Kommandostrukturen. Das traf die serbische Armee des Ratko Mladić so nachhaltig, daß er zurückzuckte und bereit war, sich hinter eine Demarkationslinie zurückzuziehen. Es kam zur zweiten Phase. Die Angriffe sollten wieder aufgenommen werden.

Nun hatten wir ein größeres Materiallager in Sarajevo und konnten viele Menschen mit Medikamenten und Nahrungsmitteln versorgen. Wir weiteten das Projekt aus. Es wurde eine Suppenküche plus Restaurant im Souterrain eines Hauses in Dobrinja eingerichtet – mit der Berechtigung für mehr als 240 Personen, sich dort das Essen abzuholen oder vor Ort zu essen. Wir setzten die Arbeit mit den Querschnittgelähmten fort. Muamera Selimović war wie bisher unser Fels in der Brandung.

Kai Schubert kam leider nicht mehr zurück, im Gefolge des Krieges gab er seinen Arztberuf auf und wurde Fernsehjournalist beim Bayerischen Rundfunk. Sebastian Dietrich trat in seine Fußstapfen, ein ebenso mutiger und zu allem entschlossener Mann. Der Übergabetag für Grbavića war der 18. März 1996. Vorher hatte es schon die Vereinigung mit Ilidža, Hranići und Vogošća gegeben. Immer unter unsäglich schweren Bedingungen. Grbavića war der letzte Vorort von Sarajevo, der während des Krieges unter der Gewalt der serbischen Armee stand, nach dem Dayton-Abkommen aber an die Stadt und den Kanton Sarajevo zurückgegeben werden mußte. Vorher nahmen die Serben nicht nur ihre eigenen Besitztümer mit, sie gruben auch ihre Toten aus. In Vogošća demontierten sie ganze Fabrikanlagen wie das VW-Werk und zerstörten die Trafostationen. In manchen Orten brannten sie alles ab. Immer wieder wurden beim Abzug der Serben aus diesen Vierteln die Häuser zerstört. Vier Wochen vor der Übergabe begannen viele Serben, den Stadtteil zu verlassen. Tag und Nacht rollten die Lkws Richtung Pale, das früher neben Jahorina ein beliebter Wintersportort war. Dort hatte Radovan Karadžić seinen eigenen Hauptsitz eingerichtet, von dort kamen die Befehle für die Brandstiftungen. Fenster, Türen, Badewannen, Wasserleitungen, Stromzähler, Steckdosen, das Parkett, die Kacheln von den Wänden, die Straßenkioske, die Trafostationen – alles, was zur urbanen Zivilisation gehörte, wurde mitgenommen und auf Lkws verladen. Dann kamen noch Plündererbanden. Oft zerstörten sie mit Äxten alles und zündeten Wohnungen und Häuser an. Die internationale Friedensarmee IFOR und der UNHCR sahen zu. Die Polizei sei zuständig, hieß es.

In Grbavića gab es zwar auch eine Internationale Polizei, aber die Polizisten waren unbewaffnet und hatten nur Beobachterfunktion. Ihr Revier lag sehr versteckt in einer kleinen Gasse am Rande des Stadtbezirks. Man hatte den Eindruck, daß möglichst niemand dieses Revier finden und um Hilfe bitten sollte. Darüber hinaus hatten diese Polizisten ein großes Kommunikationsproblem untereinander: Sie konnten sich oft nicht verständigen, denn nicht alle sprachen Englisch.

Sebastian Dietrich hatte ein neues Projekt begonnen. Er hatte versprochen, mit der serbischen Krankenschwester Biljana täglich hundertfünfzig alte, kranke und vergessene Leute in den Ruinen der Häuser aufzusuchen, mit Nahrung, Holz, Öfen, Medikamenten zu versorgen und, wenn nötig, medizinisch zu behandeln. Biljana hatten wir am allerersten Tag, als wir nach Grbavića kommen durften, kennengelernt: Sie war klug, vernünftig und tatkräftig. «Dies war der irrsinnigste Krieg, den Menschen sich überhaupt nur ausdenken konnten!» sagte sie.

Viele Wohnungen waren nur auf markierten Pfaden durch verminte Gärten über Leitern oder durch Kellerfenster zu erreichen. Sebastian Dietrich hatte eine Eigenschaft, die alle CAP ANAMUR-Helfer auszeichnete: Er hatte keine Angst. Meine Frau und ich hatten unseren Sohn Marcel nach Sarajevo mitgenommen. Sebastian Dietrich war mit Marcel, der aber nach zwei Wochen streikte, der einzige, der nach Grbavića hinüberging und dort half. Ich begleitete ihn bei seinen Besuchen die letzten sieben Tage vor der Vereinigung. Wir wurden mit dem fürchterlichsten Elend konfrontiert. Zurückgeblieben waren Menschen, die nicht mehr laufen konnten, die querschnittgelähmt oder krank waren. In diesen Tagen passierte etwas Typisches: Unser Sohn und Sebastian Dietrich kamen eines Abends erschöpft von den brennenden Häusern zurück. Aufgebracht fuhren sie über die Brücke in den nur 500 m entfernten Büroturm des UNHCR: Alle Türen der beiden großen Büroetagen standen weit offen, jedes Büro war hellerleuchtet. Sie gingen von Büro zu Büro, es war niemand da. In der zweiten Etage dasselbe Bild. Schließlich fanden sie einen schlafenden Mann. Er nannte ihnen den Grund: Alle Mitarbeiter waren auf einer großen UNHCR-Party.

Ohnmächtig standen wir vor einem Haus, das zu brennen anfing. Sebastian Dietrich und ich rannten in das Treppenhaus, traten die Türen ein, holten die – meist alten – Menschen heraus auf den Hof, sonst wären sie elend erstickt. Die IFOR-Wagen und –Panzer fuhren vorbei. Es sei nicht ihre Aufgabe, sagten die Soldaten, Brände zu verhindern oder Brände zu löschen oder die Brandstifter festzunehmen.

Dies spiegelte sich auch in einem Bericht von Sebastian Dietrich wider: «Wir hatten eine Frau durch einen Keller aus einem brennenden Haus geholt, da brennt schon das nächste, also ab ins Auto und los. Ich komme nur schwer mit dem Auto hin, zu viele Menschen stehen im Weg. Ca. 50 IFOR-Soldaten, unzählige Journalisten, viele Schaulustige. Da schauen oben einige Frauen durchs Fenster und schreien um Hilfe. Sie haben Angst, im Hausflur zu ersticken. Niemand hilft! Wieder keine Zeit für Angst. Die Haustür ist abgeschlossen, doch die Frauen werfen den Schlüssel herunter. Die Tür ist auf, ich sehe nur Rauch. Also tief Luft holen, ich hoffe, im ersten Stock eine offene Wohnungstür zu finden, um dann am Fenster neue Luft zu bekommen. Um dann noch einmal

Luft zu bekommen. Ich taste mich die erste Treppe herauf. Alle Türen sind verschlossen. Aus anderen Häusern weiß ich, ich habe maximal zwei Versuche, eine Tür einzutreten, sonst reicht die Luft nicht mehr für den Rückweg.

Die Tür gibt nach, ich kann ans Fenster. Luft, Luft, Luft.

Im nächsten Stock ist die Wohnung mit der Munition. Also jetzt zwei Treppen auf einmal. Im Rauch ist schnelles Rennen nicht möglich. Ich bin kurz vor der brennenden Wohnung, diese Tür ist geschlossen, aber durchgebrannt. Es kracht. Da ist sie wieder, die Angst, doch Zögern kostet Luft. Zwei Treppen sind zu schaffen, also weiter. Oben warten sieben Frauen, zwei davon alt, eine kann nicht laufen. An den Rückweg kann ich mich kaum erinnern, ich trage die eine Frau. Endlich im Freien. Luft. Mehrere Journalisten laufen mir entgegen. Ich trage die Frau ins Auto, die Schwester spritzt ein Beruhigungsmittel. Jemand zupft mich am Ärmel und bittet mich um ein Interview. Wütend stoße ich ihn weg und sehe mich nach der zweiten alten Frau um. Da steht sie – bitterlich weinend und frierend im Nachthemd. Um sie herum ein enger Kreis von fotografierenden Journalisten. Niemand hilft!»

Bei der medizinischen Versorgung halfen Dietrich ein amerikanischer Arzt und eine Rettungsassistentin, beide bei den Johannitern angestellt. Das Internationale Rote Kreuz, das nur wenige hundert Meter entfernt auf der anderen Seite der Brücke sein Hauptquartier hatte, mit großen Büros und einem Fuhrpark von gepanzerten Ambulanzen und Fahrzeugen, ließ sich nicht blicken.

Sebastian Dietrich hielt mit einer bewundernswerten Disziplin durch, auch wenn der Terror der Brand- und Plünderbanden besonders heftig tobte. Dieser Arzt aus der ehemaligen DDR hat in Grbavića die unsichtbare Flagge der Menschlichkeit wehen lassen. In den letzten Tagen waren fünfzehn Patienten zu betreuen, bei jedem konnte es immer nur um einen Kaffee und eine Zigarette gehen, dann mußten wir weiter. Wir hatten eine Patientin im Keller, die wußte, daß Sebastian jeden Abend kommen würde. Das war die siebzigjährige Kroatin Antonia, die am 14. März 1996 ausgeraubt und geschlagen wurde. Wir saßen bei Kerzenlicht und redeten immer über dasselbe. Drei Tage waren noch durchzuhalten. Plötzlich war lautes Motorengeräusch zu hören. Vom Balkon sah ich drei italienische Panzer und mehrere Mannschaftswagen. Die Soldaten stiegen aus und patrouillierten auf den Straßen. Endlich, sagten wir uns und riefen Antonia, die ehemalige Chefkrankenschwester aus dem Hospital Kosevo. Die IFOR begann die Anarchie zu beenden. Zwei Soldaten mit Fernsehkameras tauchten auf, filmten alles und verschwanden wieder nach zehn Minuten. Der Spuk war vorbei, nichts war geschehen. Europa, so schien es uns, hatte in Sarajevo seinen Schneid und seine Ehre verloren.

So ging das noch die letzten drei Tage. In der letzten Nacht wurde es noch einmal besonders gefährlich, weil junge Schlägerbanden aus Pale die serbischen Familien terrorisieren wollten, die noch geblieben waren. Um Mitternacht vom 18. auf den 19. März 1996 war der Spuk des Terrors vorbei. Sebastian Dietrich war todmüde, erschöpft und glücklich. Am Morgen kam eine vornehme Wagenkolonne mit dem neuen Repräsentanten der EU, Carl Bildt, an der Spitze und feierte die Übergabe als eigenes Verdienst. Später schrieb Sebastian in seinem Bericht: «Ich bin zu müde, um mich darüber zu ärgern!»

Nun mußten in Bosnien Häuser gebaut und Dächer gedeckt werden. 1996 begann eine ganz neue Phase der Arbeit von CAP ANAMUR, wir wurden Dachexperten. Wir holten die ostdeutsche Bürgerrechtlerin Bärbel Bohley nach Sarajevo. Ich hatte sie im Museum am Checkpoint Charlie in Berlin am alten Grenzübergang getroffen. Sie war gebeutelt von alten Stasi-Auseinandersetzungen mit Gregor Gysi und anderen. Ich hatte ihr vorgeschlagen, für drei Monate nach Sarajevo zu kommen, unser Projekt dort zu leiten und diese Probleme einfach hinter sich zu lassen. Mit einem eigenen Bauteam fingen wir an, Dachdeckerarbeiten und Reparaturen an den Häusern in Otes, einem Vorort von Sarajevo, auszuführen.

Das Team richtete etwa neunzig Dächer im völlig zerstörten Otes wieder her. Zum Dank benannte die Stadtverwaltung eine Straße nach unserer Organisation: «Ulica CAP ANAMUR». Nach Ablauf der drei Monate bat mich Bärbel Bohley um eine Terminvermittlung beim damaligen Außenminister Klaus Kinkel. Kinkel hatte immer ein offenes Ohr für die humanitären Organisationen. Ich bekam den Termin. Bärbel brauchte ein Büro in der Verwaltung des Repräsentanten der EU. Klaus Kinkel ließ eine Telefonleitung zu Michael Steiner, dem damaligen stellvertretenden Leiter des Büros des EU-Repräsentanten, schalten. Binnen kurzer Zeit war die Sache geregelt.

Bärbel Bohley richtete eine der größten Bürgerinitiativen ein, die «Koalition für die Rückkehr». Am Ende gab es 220 kleine und größere Bürgerinitiativen, die bereit waren, für ein großes gemeinsames Bosnien und für die Rückkehr der Flüchtlinge in ihre Dörfer und Häuser einzutreten. Bärbel Bohley hatte geglaubt, daß ihr mühelos die Gelder für das Dachprojekt zufallen würden – aber weit gefehlt. Geld, das von der Europäischen Kommission bewilligt wurde, brauchte Monate, manchmal auch ein Jahr, um dort anzukommen, wo es benötigt wurde. Kurz nach der Gründung der «Koalition für die Rückkehr» war ich in Sarajevo auf dem Weg zum Flughafen. Da kam mir der Gedanke, Bärbel Bohley 1 Million DM aus CAP ANAMUR-Spendengeldern vorzuschießen. So begann das große Dachprojekt. Dachziegel, Dachscheitel, Kanthölzer und Latten wurden in Riesenmengen eingekauft. Dachziegel kamen aus Kikinda in Serbien von der Firma Toza Marković. In den nächsten 18 Monaten stellten wir das Geld für über 2000 Dächer zur Verfügung, etwa 7 Millionen DM.

Ein «Dachpaket» kostete 3000 DM. Jeder Nutznießer unterschrieb einen Vertrag, in dem er sich verpflichtete, mit der Arbeit in zwei Wochen zu beginnen und in vier Wochen fertig zu werden. Zugleich verpflichtete sich der Hausbesitzer, sein Haus, das mit Mitteln deutscher Spender aufgebaut wurde, für zwei Jahre nicht zu verkaufen. Andernfalls war er verpflichtet, an CAP ANAMUR 5000 DM zu zahlen. Das Projekt funktionierte auch deshalb so gut, weil es so einleuchtend war. Wenn jemand sein Material nicht brauchte, sondern bunkerte, wurde es abgeholt. In den 2000 Fällen geschah dies knapp hundertmal.

In dem kleinen Ort Ustikolina, der wegen seiner Moschee berühmt war, deckten die CAP ANAMUR-Mitarbeiter – Simon Schubert, ein Dachdeckergenie; Thomas Laue, ein Techniker mit Fähigkeiten im Baubereich; Klaus Winkenjohann, der Zimmermann; Ralf Büscher als Organisator; Peter Westermacher, der Maurer – alten und kranken Menschen weitere 53 Dächer.

Mit Bärbel Bohley habe ich viel Zeit in Bosnien verbracht. Sie war eine Freundin dieses Volkes, das keines sein wollte, aber von außen immer als solches erkennbar war. Als wir einmal an der Drina saßen und auf die schöne Flußlandschaft hinabschauten, sagte sie: «Es ist erst ein Jahr nach dem Krieg vergangen, man darf nicht zu viel erwarten. Aber man muß in der eigenen Haltung konsequent sein. Und diese Konsequenz vermißt man bei der Internationalen Gemeinschaft. Sie müßte im Grunde hier der Pfahl sein, an dem sich die Leute festhalten können.»

In den vorangegangenen Wochen waren wir einmal nach Goražde gefahren, auf der früher hochgefährlichen Straße über Pale und Rogatića und hatten die nach Sarajevo am schwersten geprüfte Stadt an der Drina erlebt. Kurz bevor es dunkel wurde, hatte uns jemand gesagt, wir sollten doch auf die andere Seite der Stadt, also noch 10 km südlich Richtung Foca fahren, dort gäbe es noch beklemmende Not – und niemand helfe dort. Also fuhren wir am nächsten Tag über die andere Strecke Richtung Foca aus Sarajevo heraus, erleichtert darüber, daß nun wieder alle Straßen befahrbar waren. Doch als wir nach einer halben Stunde auf dieser Straße keinen einzigen Menschen gesehen hatten, wurde Bärbel Bohley im Auto neben mir unsicher. Irgend etwas sei faul, sagte sie. Wir bekamen Angst. Aber es war ein Gebiet, das im Verlauf der Kämpfe in den letzten Jahren evakuiert worden war. Die muslimischen Bosnier trauten sich auch ein Jahr später noch nicht über dieses Stück der «Republika Srpska».

Bärbel Bohley hatte in Bosnien großen Erfolg. Es war ein wichtiges Projekt, das den Namen von CAP ANAMUR noch einmal in ganz Bosnien bekannt machte – jedenfalls in der Föderation, die in Sarajevo ihren Sitz hatte. Von uns Mitteleuropäern waren die Balkanvölker meist als Spiel- oder Manövriermasse behandelt worden. Wir wollten weder die Kroaten noch die Bosnier noch die Albaner je so behandeln.

Hans Koschnick hatte uns mit der Nase darauf gestoßen: «Warum seid ihr denn auch aus Bosnien weggelaufen? Müßt ihr alle den aktuellen Konjunkturen hinterher rennen?» – «Nein, das müssen wir nicht», hatte ich ihm am Telefon gesagt und war dann wieder nach Sarajevo gefahren. Es ging das Gerücht um, man könnte jetzt die ersten 2000 Rückkehrer – Muslime, Bosnier – in der Nähe der Drina erleben. Die serbischen Behörden würden wenig dagegen einwenden, wenn der Prozeß der Rückkehr nicht als politische Fanfare und nicht gleich in den großen Städten vorbereitet würde. Also fuhren wir die Strecke über Pale, Han Pjesak, das alte unterirdische Hauptquartier von Ratko Mladić und weiter über Vlasenica, Milići, westlich an Bratunać vorbei durch die Massengrab-felder von Nova Kasaba bis nach Zvornik.

Unser Entschluß, das «Dachprogramm» dort wieder aufzuneh-men, stand fest. 1999 arbeiteten wir wieder mit einem alten Afri-kahelfer, der in Äthiopien und im Niger gewesen war, Günter Wirth, zusammen. Wir hatten den sieben Kilometer von Zvornik gelegenen Ort Kući Kula besucht, dort war die kleine Runde der Dörfler bereit, einen Vertreter des Komitees CAP ANAMUR auf-zunehmen und ihm ein Zimmer mit Toilette zu geben. Bis Anfang 1999 vollzog sich dieser Prozeß noch heimlich. Die Bosnier kamen aus Tuzla, richteten etwas an ihren zerstörten Häusern und gin-gen abends wieder in ihr Kollektivzentrum nach Tuzla zurück. Ihre Kinder gingen weiterhin auf die bosnischen Schulen in Tuzla.

Im Laufe der nächsten 14 Monate wurden in vielen Dörfern um Zvornik herum über 590 Häuser errichtet: In Kuci Kula wurden 57 Häuser fertiggebaut, 5 sind im Bau; in Dulići (25 fertig; 5 im Bau), in Petkovići (30; 14), in Hajderevići (8; 10), Grbavići (9), in Krizevići (14; 10), in Kula Grad (10).

Aber auch in Ortschaften in der Nähe von Srebrenica, dem Ort der schlimmsten Massaker dieses Krieges, haben wir unsere Hilfe angeboten. In Potocani haben wir ermöglicht, daß 6 Familien wie-der ein Dach über dem Kopf haben, 13 Familien bauen noch. In Besići sind 6 Familien wieder untergekommen, 10 Häuser sind im Bau. An Milići vorbei fuhren wir über die nach Genozid riechende Straße bis nach Besići, das auf einem Berg liegt, von dem aus man Srebrenica erkennen kann. Dort oben haben wir mit der Familie Selimović Kaffee getrunken. Günter Wirth hatte Baumaterial nach oben gefahren, damit diese und andere Familien wieder in ihrem Bosnien, in ihrem Geburtsdorf ihr Haus, ihren Hof und ihre Arbeit haben konnten.

17

Tschetschenien

«Wenn auch nur ein Kind gerettet wird, dann wird die Welt gerettet.»

Demonstration vor der Russischen Botschaft: 5. Januar 1995 – Erster Hilfsgütertransport mit dem Flugzeug nach Mineralnyje Wody: Ende Januar 1995 – Arbeit in über dreißig kleinen Flüchtlingszentren im Nachbarland Inguschetien: März bis Dezember 1995 – Intensive Hilfstätigkeit in der Geisterstadt Grosny: 23.–25. Juni 1995 – Rehabilitation der Kinder-Poliklinik in Grosny: Januar–Juli 1996 – Operation «Wolfsjagd»: Februar 2000 – Waisenhaus in Karabulak: Juli–September 2000 – Flüchtlingshilfe in Inguschetien – 2001: Der Krieg geht weiter – Bilanz

Das Volk der Tschetschenen im Kaukasus hat sich seit Jahrhunderten gegen die Gewalt und Arroganz erst der zaristischen, dann der sowjetischen Fremdherrschaft aufgelehnt. Nach dem Zusammenbruch des Sowjetimperiums hat es erneut versucht, sich zu erheben. Die Tschetschenen hatten in den Jahren nach 1991 den Versprechungen des Präsidenten Boris Jelzin zu glauben versucht: Während des Wahlkampfs für das russische Präsidentenamt 1991 war Boris Jelzin durch das Land gezogen und hatte den Völkern empfohlen: «Nehmt Euch so viel Souveränität, wie ihr greifen und verdauen könnt!» Damals ging es ihm um die Schwächung Michail Gorbatschows. Im Herbst 1991 wählten die Tschetschenen Djofar Dudajew zu ihrem Präsidenten, der sofort die Unabhängigkeit erklärte. Dudajew war zwar gebürtiger Tschetschene, zugleich aber auch General der sowjetischen atomaren Streitkräfte. Im Herbst 1991 verließen die in Tschetschenien stationierten sowjetischen Streitkräfte die Region und ließen ihre Waffen in Tschetschenien zurück. Rußland ließ Tschetschenien gewähren, weil es mit sich selbst genug zu tun hatte.

Im Spätsommer 1994 traf ein kleiner Beraterkreis mit Jelzin die Entscheidung, daß ein schneller, siegreicher Krieg im Kaukasus die inzwischen beschädigte Popularität des Präsidenten aufbessern könnte. Nach alter sowjetischer Methode begann die Aktion mit einem «Hilferuf». Einer kleinen Oppositionsgruppe wurden Panzer aus Moskau gegen Dudajew geschickt. Der Geheimdienst hatte in russischen Garnisonen die Besatzungen für diesen Einsatz mit Geld geworben. Man versprach den Soldaten einen von der Bevölkerung umjubelten Einmarsch in Grosny. Das Unternehmen im November 1994 endete mit einem Debakel. Die Panzer wurden zerstört, die meisten russischen Soldaten gerieten in Gefangenschaft und konnten den Moskauer Plan vor den Kameras westlicher Fernsehstationen darlegen. Diese Schmach für Rußland wurde zum Auslöser für den ersten Krieg.

Lew Kopelew sah mich sehr verwundert an, als ich ihn bei einem Neujahrsbesuch 1995 nach Literatur über die Tschetschenen fragte. Er sagte nur: «Du mußt *Hadschi Murad* von Leo Tolstoj lesen!» Diese kleine Erzählung sei die beste Quelle.

So begann am 5. Januar 1995 unsere Initiative für die Tschetschenen; bis 2001 hat sie nicht aufgehört. Die rührige Elisabeth Weber von der Fraktion der Grünen hatte dazu aufgefordert: «Wir wollen uns versammeln, um unsere Trauer über die Toten auszudrücken, um unsere Empörung über das Vorgehen der russischen Armee auszudrücken; um unsere Solidarität mit Sergej Kowaljow und all den anderen demokratischen Menschen und Organisationen, die in Rußland gegen diesen Krieg protestieren, auszudrükken, um unsere Sorge über den Abbau der Demokratie in Rußland auszudrücken.»

Mit diesem Text lud die Rußlandexpertin zu einer Demonstration vor die Botschaft Rußlands in Bad Godesberg ein. Der alte kranke Lew Kopelew ließ sich nicht abhalten, wir fuhren zusammen dorthin. Es war ein klirrend kalter Wintertag. Kopelew hatte eine kleine Rede vorbereitet und sprach dann wie ein Revolutionär der Menschenrechte. Er stand da vor den vielen Mikrophongalgen und all den Kameras und erschien mir wie der jüngste von uns allen, der aktivste und unermüdlichste.

Lew Kopelew wurde nach Heinrich Böll der beste Berater von CAP ANAMUR. Für uns hatte er die Verbindungen in das Nachbarland Inguschetien hergestellt. Er stand da mit seiner verqueren Geschichte, die ihn mit seiner Heimat zugleich verband und von ihr trennte. «Einmischung erwünscht», zitierte er immer wieder seinen 1985 verstorbenen Freund Heinrich Böll. Zum Schluß sagte er, CAP ANAMUR stehe mit einem Flugzeug und einem russisch sprechenden Arzt bereit, um sofort aufzubrechen. Ich sagte den Demonstranten, daß wir mit 40 Tonnen Hilfsgütern nach Ingu- schetien fliegen wollten, um der Zivilbevölkerung zu helfen, die zu Hunderttausenden auf der Flucht sei. Es fehlte uns nur noch die Landegenehmigung. Mit einer kleinen Delegation von fünf Demonstranten gingen wir in die Russische Botschaft und trafen dort die Abgeordneten der Grünen, Helmut Lippelt, Gerd Poppe, Christa Nickels, Winni Nachtwei. Wir wurden vom Botschaftsrat Tarassow empfangen. Gerd Poppe übergab einen Brief der Frak- tion der Grünen an Boris Jelzin. Daraus ergab sich ein Dialog. Tarassow bat uns, doch die Komplexität der Situation in Tsche- tschenien zu verstehen. Das Regime des Djofar Dudajew sei un- gesetzlich. Wir sähen die Menschenrechtsverletzungen nur auf der russischen, nicht aber auf der anderen Seite.

Eine so beherzte öffentliche Demonstration aus dem Milieu des Bundestags haben wir im Jahre 2000 nicht mehr gehabt, als der zweite, noch gewalttätigere Krieg gegen die Tschetschenen aus- brach. Das lag auch daran, daß die Abgeordneten der Grünen offenbar durch die Koalition in der Regierung Schröder gebunden waren. Gerd Poppe war Mitarbeiter im Auswärtigen Amt, und Christa Nickels war Staatssekretärin im Gesundheitsministerium geworden. Das Auswärtige Amt sagte uns, es sei nichts zu ma- chen, außer man brächte die Hilfsgüter der russischen Seite nach Mozdok, dem Hauptquartier der russischen Armee im östlichen Nordkaukasus. Von hier aus wurden die Angriffe geleitet. Von hier aus stiegen täglich die Kampfflugzeuge und Hubschrauber zu ihren Einsätzen in Tschetschenien auf. Der Geist des Ortes ließ wenig Raum für Vertrauen auf humanitäre Hilfe.

Mit Lew Kopelews Hilfe hatten wir die Adresse und die Telefon- nummer des Vertreters der inguschetischen Regierung in Moskau herausbekommen. Herrn Parow, der eine deutschsprechende Tochter hat, verdankten wir ein Fax, mit dem man in Rußland schon sehr viel machen kann. Die Hilfe des Komitees CAP ANA- MUR in Inguschetien wäre willkommen, hieß es da. Seit dem 30. Dezember 1995 hatten wir zwar 45 Tonnen an Medikamenten, Heilnahrung, Zelten, Feldbetten zusammengebracht, aber wir brauchten noch die Zustimmung einer russischen Behörde. Es war uns aber erst nach der Demonstration vor der Russischen Botschaft gelungen, die Genehmigung der diplomatischen Vertretung von Inguschetien zu bekommen.

Wir charterten ein Flugzeug einer neuen privaten russischen Fluglinie, die sich einen so lukrativen Auftrag natürlich nicht entgehen lassen wollte. Es war eine Moskauer Linie mit einem russischen Piloten und russischem Bordpersonal. Mitte Januar 1995 war es so weit. Bis zum Schluß hatten wir den Flug in Deutschland geheimgehalten. Wir wollten kein großes Aufheben von unserer Hilfsaktion machen. Die Moskauer Linie hatte die Überflugrechte geregelt und die Anmeldungen erledigt. Wir konnten nicht in Nazran, der Hauptstadt Inguschetiens, landen, sondern mußten stattdessen nach Mineralnyje Wody fliegen, und zwar deshalb, weil nur Mineralnyje Wody einen russischen Zoll hat.

Wir hatten die Iljuschin 76 für 92 500 DM gechartert. Das war, gemessen am Weltmarktpreis, außerordentlich günstig. Das Visum hatten wir bei einem Bonner Reisebüro für 200 DM bekommen. Es wurde uns geraten, wir sollten als Beruf weder «Arzt» noch «Journalist» in die Visa-Anträge schreiben. Also trug ich «Geschäftsmann» ein. Wir brachten die Hilfsgüter zum Flughafen Maastricht, weil der holländische Flughafen wesentlich billiger ist als Köln. Wir waren zu viert: Jan Köhler, ein Kaukasusexperte, der sämtliche kaukasischen Dialekte zu kennen scheint, der CAP ANAMUR-Arzt Bernhard Puppe, ein Journalist und ich. Am Morgen unseres Abflugs, der für den Abend vorgesehen war, hatten wir die Behörden in Bonn und die Deutsche Botschaft in Moskau unterrichtet.

Botschaftsattaché Held von der Deutschen Botschaft in Moskau hatte uns noch den ganzen Tag mit verzweifelten Telefonaten davon abbringen wollen zu fliegen. Er hatte gedroht und den Teufel an die Wand gemalt, wir würden über Mineralnyje Wody abgeschossen. Wir konnten darüber nur milde lächeln. Wir hatten Mineralnyje Wody mit Bedacht ausgesucht. Es gab eine mündliche Vereinbarung mit Herrn Patow: Die «Respublica Ingushetia» würde sechs Lkws nach MinWody (so die auch von den Russen verwendete Abkürzung) schicken, damit die Hilfsgüter ihr Ziel erreichten. Die Russische Botschaft fragte nur noch nach, woher wir denn die Visa bekommen hätten. Wir antworteten: «Über Sie!» Die

Botschaft hatte offenbar unüberlegt einigen Reisebüros die Möglichkeit gegeben, die Visa kostenpflichtig für den Antragsteller zu besorgen. So kam man etwas leichter durch die Maschen des Moskauer Kontrollsystems.

Kurz vor 6 Uhr konnten wir landen, obwohl ein anderer Bedenkenträger uns erzählt hatte, der Flughafen von Mineralnyje Wody würde nach NATO-Informationen erst um 7 Uhr morgens geöffnet. Der Chef der Paßkontrolle kam an Bord unseres Flugzeugs, prüfte die Pässe und sagte, wir hätten ja alle nur ein Visum für Moskau. Wir grinsten und sagten: «Ja, genau da wollen wir danach ja auch hin.» Er lachte, bekam einen Wodka und führte uns in der Morgendämmerung ins Intourist-Quartier, wo alle Ausländer Platz zu nehmen oder zu schlafen haben. Unsere Einreisepapiere wurden abgefertigt, es war mittlerweile hell geworden; da kam jemand mit einer dicken weiß-grauen Pelzmütze herein und fragte nach Leuten des Komitees CAP ANAMUR. Es hatte geklappt: Die Maschine war am Boden, die Regierung von Inguschetien hatte die sechs Lkws geschickt. Wir hofften nun, es im Laufe des Tages zu schaffen, die Flugzeugladung durch den Zoll zu bringen.

In der Folgezeit verteilten wir die Medikamente an verschiedene Hospitäler. Wir haben über 150 Flüchtlingszentren mit Nahrung, Decken und Hygienezubehör unterstützt und zugleich den zuverlässigen Ärzten an den Kliniken in Nazran und Slepcowskaja die Medikamente übergeben. Manchmal wußten die Ärzte selbst nicht mehr, ob es mehr Patienten aus Inguschetien oder aus Tschetschenien waren, die diese Hilfe besonders dringlich brauchten.

Wenige Tage vor dem Abflug hatten wir in *Le Monde* am 10. Januar 1995 die Schlagzeile gelesen: «À Grosnyj il n'y a pas de haine contre les Russes!» – eine Einschätzung, die uns zu unserer Erleichterung bestätigt wurde. Am dritten Tag war ich mit Bernhard Puppe und Jan Köhler über die Grenze nach Grosny gefahren. Wir kamen durch verschiedene Orte. Überall sagten uns die Menschen, daß auch die einheimischen Russen in Tschetschenien voller Wut auf die Kriegstreiber in Moskau seien. In Urus Martan erlebten wir in einem kleinen Café, daß die Menschen für eine russische Mutter aus St. Petersburg sammelten, die ihren Sohn hier gesucht hatte, um ihn aus dieser Hölle herauszuholen. Sie hatte den Jungen gefunden. Er war tot, und nun mußte sie wieder zurück, hatte aber kein Geld mehr. Also sammelten die Menschen für ihren Rückflug nach St. Petersburg.

In Grosny wurde CAP ANAMUR intensiv tätig. Immerhin gab es beim ersten Krieg noch die OSZE-Vertretung in Grosny. Die Straße, in der sie ihr Quartier hatte, war abgesperrt. Im Juni 1995 wurde zwischen der russischen Regierung und den Rebellen unter General Maschadow verhandelt – in den Räumen der Vertretung der OSZE. Eine im Laufe des Tages immer größer werdende Traube von Menschen hatte sich hier eingefunden, meist schwarz gekleidete Frauen. Immer wieder hielt die eine oder andere Frau unter allgemeinem Beifall ein Poster mit dem Konterfei des Rebellenfüh rers Djofar Dudajew hoch. Vor dem OSZE-Gebäude lagerten in der heißen Mittagssonne ein versprengter Haufen russischer Journalisten und zwei Journalisten der Weltagenturen, die über ihre Satellitentelefone gern weitergeben und berichten wollten, was sie aus dem Gebäude hörten oder gehört zu haben meinten.

Als der polnische OSZE-Vertreter Zenon Kuchniak aus dem Gebäude herauskam, sagte er uns: «Sehen Sie, die Leute reden hier wieder miteinander, da sehen Sie die Dudajew-Kämpfer mit dem obligatorischen grünen islamischen Kopfband. Da vor dem anderen Haus sitzen die Omon-Truppen Rußlands in ihren eigenen Uniformen, diese Leute sprechen sogar miteinander.» Im Hintergrund fuhr ein Panzer mit russischen Soldaten auf, die für die Sicherheit von General Kulikow zuständig waren, der der russischen Verhandlungsdelegation angehörte. In diesem Augenblick öffneten sich die Türen, und die russischen Journalisten rannten nach vorn, um General Maschadow, die Nummer zwei in der Hierarchie der Dudajew-Bewegung, zu fotografieren. Maschadow schwieg, ging aber erhobenen Hauptes den kurzen Weg zu seinem Haus. Dort ließ er sich filmen. Dann erschienen der Industrieminister Arkadji Wolskji, Vorsitzender des russischen Unternehmerverbandes, sowie der Verhandlungsleiter der russischen Seite, Vizepremier für die Nationalitäten, Wjatscheslaw Michailow. Es war 14 Uhr, die Delegationen hatten zwei Stunden Mittagspause verabredet.

Solche Szenen gab es im zweiten Krieg nicht mehr: Es gab keine einzige internationale Organisation, an die sich die Menschen vor Ort wenden konnten. Es gab auch keine Straßen mehr mit noch intakten Häusern, die russische Armee war für die Bevölkerung zu einer Räuberbande geworden.

Wir gingen durch die Häuserzeilen um den Präsidentenpalast in Grosny zum Minutka Platz. Da stand kein Haus mehr, dessen Außenwände man nicht hätte abreißen müssen. Neben dem Präsidentenpalast stand ein Mann mit einem Notizblock und schüttelte immer nur mit dem Kopf. Wir sprachen mit ihm; er war Mitglied der Zivilregierung von Tschetschenien, der Regierung des von Moskau eingesetzten ehemaligen Erdölministers Salambek Hadzijew. Der Mann war der erste Vizepremier der neuen tschetschenischen Regierung, er war zuständig für Wasser, Strom und Wiederaufbau. Die Stadt so sagte er, sei zu 50 Prozent zerstört. Nur die Hälfte davon sei jetzt schon wieder mit Elektrizität versorgt. Während wir sprachen, krachte schon wieder eine Hauswand in sich zusammen. Nur 300 Meter vom Präsidentenpalast entfernt, der ein schauriges Monument der Zerstörungswut moderner Armeen ist, hatten sich die Einwohner in einigen Kellern der Gebäude eingerichtet. Wer hatte ahnen können, daß sich das Grauen der Verwüstung noch einmal steigern und nichts mehr von Grosny bleiben sollte? Vier Jahre nach dem ersten Tschetschenien-Krieg war Grosny nur noch ein Trümmerhaufen. Bilder, die an den Zweiten Weltkrieg erinnern, an die Schattenrisse von Dresden oder Stalingrad.

Mit welcher Verlogenheit der erste wie der zweite Krieg geführt wurden, bekamen wir mit, als wir uns am 25. Juni 1995 auf den Weg nach Bahmut machten. Am 24. Juni hatten beide Delegationen in Grosny noch einmal den Waffenstillstand bekräftigt. Am Abend saßen wir in unserem Haus in Slepcowskaja nahe der Grenze. Unüberhörbar waren die dumpfen Bomben- und Granateneinschläge. Waffenstillstand? Am nächsten Morgen machten wir uns auf einem langen Umweg auf den Weg nach Bahmut. Gegen 10 Uhr meldete die russische Nachrichtenagentur Itartass, der Waffenstillstand würde von der russischen Seite nur dort nicht eingehalten, wo die russischen Truppen von der Gegenseite provoziert würden – und dort, wo sie den Rebellenführer Bassajew verfolgten.

Gegen 12 Uhr kamen wir in Bahmut an, in einer Geisterstadt, eingeklemmt zwischen Bergen. Die Stadt war völlig leer, nicht einmal streunende Hunde und Katzen waren zu sehen. Hier brannten aber noch einige Häuser aus der letzten Nacht. Wir gingen bis zum höchsten Punkt, wo uns die zerschossene und noch qualmende russische Schule entgegengähnte. Wir hatten noch ein Küchenfeuer vermutet, aber dann standen wir neben dem Haus, in das eine Granate eingeschlagen war, es brannte lichterloh, die Balken sprühten, man hörte, wie niederstürzende glühende Balken auf Geschirr platzten.

Die Moschee des Ortes war wegrasiert. Der Turm war eingestürzt. Der Waffenstillstand wurde auch ohne Provokation von den russischen Truppen brutal gebrochen. Das kleine Fähnlein der Dudajew-Getreuen, das wir antrafen, sah wirklich nicht so aus, als wäre es noch zu irgendeiner Provokation in der Lage.

Als Anfang Februar 2000 die letzten tschetschenischen Freiheitskämpfer die Hauptstadt Grosny verließen, hatte General Schamanow ihnen eine tödliche Falle gestellt. Hunderte von Rebellen starben auf Minenfeldern, die genau dort plaziert waren, wo die Rebellen einen Korridor vermuteten. In der Operation «Wolfsjagd» ließ er die Dörfer bombardieren und einnehmen, in denen sich die Kämpfer versteckt hatten. In dem Ort Alachan Jurt soll er sogar Zivilisten erschossen haben. Ein Indiz dafür, daß diese Nachricht stimmt, ist die Tatsache, daß eine von Moskau widerwillig veranlaßte Untersuchung im Sande verlief. Viele erwarteten eine Maßregelung. Statt dessen wurde der General im Kreml als Held ausgezeichnet.

Im Gespräch mit Markus Wehner, dem Korrespondenten der FAZ in Moskau, hatte General Schamanow gesagt, er bewerbe sich für das Amt des Gouverneurs in Uljanowsk nicht wegen der Meinungsverschiedenheiten in der Armee. Auch nicht wegen des Verfahrens gegen seinen Freund, Oberst Budanow. Budanow hatte nach einem Trinkgelage am Tag der Präsidentschaftswahl eine tschetschenische Frau verhaftet, angeblich vergewaltigt und dann erwürgt. Als einziger Offizier der russischen Armee wurde er bisher wegen der vielen Kriegs- und Menschheitsverbrechen in Moskau an den Pranger gestellt. Der Oberst, so General Schamanow, der ja wohl dabei gewesen war, habe die Frau nicht vergewaltigt, er sei «nachgewiesenermaßen impotent, und Sperma habe man bei der Obduktion der Leiche auch nicht gefunden. Erwürgt habe Budanow die Tschetschenin allenfalls im Affekt.» Allenfalls.

Man kann sich die Existenz eines tschetschenischen Flüchtlings nicht trostlos genug vorstellen. Sie kommen als russische Staatsbürger aus Tschetschenien in ein Nachbarland, Inguschetien, haben aber keinerlei Fürsorge, keinen Ansprechpartner. Es gibt nichts, an dem sie sich festhalten können. In den Jahren des ersten und zweiten Krieges im Kaukasus hat CAP ANAMUR insgesamt 5 Millionen DM für Hilfsmaßnahmen ausgegeben, Gelder, die uns die Spender in Deutschland anvertraut haben.

Im Winter haben wir Nahrungsmittel und Decken verteilt, wenn es in diesen ungeheizten Höhlen und Katakomben unerträglich kalt wurde. Seit 1995 haben wir mit den Medikamenten und der medizinischen Ausrüstung eigentlich alle Krankenhäuser in Inguschetien und Tschetschenien versorgt. In Nasran, der Hauptstadt von Inguschetien, durften wir bei unserem ersten Nothilfeprogramm in einem Zimmer des Hospitals schlafen und uns aufhalten, wenn es draußen eisig kalt wurde.

Warum kann das neue Rußland nicht wenigstens die internationalen Standards der humanitären Hilfe erfüllen und Organisationen zulassen, die den Tschetschenen helfen, die Häuser wiederaufzubauen, die Wege und ein wenig Infrastruktur wieder herzurichten? Warum wird nicht zugelassen, daß die Helfer die Tschetschenen aus Inguschetien in ihr Heimatland begleiten – um ihnen die Angst zu nehmen, die unvermeidlich wäre, wenn sie allein gehen müßten? Denn humanitärer Beistand bedeutet immer auch ein wenig Schutz.

Die kleine Fahne mit dem grünen Baum – die Fahne von CAP ANAMUR – weht verdreckt im Wind. Sie hängt vor dem Waisenhaus an der Straße von Karabulak nach Grosny. Hier liegen hinter einer Mauer fünf neugebaute, einfache ebenerdige Häuser, dahinter noch ein landwirtschaftliches Gelände mit sieben Kühen, sechs Schweinen und Hühnern. Auf dem Gelände toben 58 Kinder. Die Sonne erwärmt an diesem kalten Januarvormittag die Landschaft, die in ein glitzerndes, im Schnee reflektierendes Licht getaucht ist.

Das Waisenhaus von CAP ANAMUR wirkt fast wie eine Oase. Es wurde in den Monaten Juli, August, September 2000 eingerichtet. Ahmet Auschef hatte die organisatorische, sein Bruder Magomet Auschef die architektonische Leitung, ausgeführt wurden die Arbeiten von inguschenischen Maurern und Zimmerleuten.

Ahmet kennen wir schon seit dem ersten Tschetschenien-Krieg, er und sein Bruder haben uns in alle Geheimnisse ihrer korrupten Gesellschaft eingeführt und uns gezeigt, wie man dennoch ohne Verlust und Schmiergelder sein Ziel erreichen kann. Ziel der humanitären Aktion ist es, den Armen, Kranken, Behinderten, Waisenkindern und Alten in dieser geschundenen Region zu helfen. Unser Waisenhaus behauptet sich hier wie eine Insel in einer Welt, in welcher der Staat jeden Sinn für soziale Verantwortung verloren hat. Es steht unter der Leitung des Ehepaars Chadischat und Malik Gataev.

Schon im ersten Tschetschenien-Krieg (1995–1996) hatten die beiden in zerstörten Dörfern und den Trümmern Grosnys Kinder aufgelesen, deren Eltern im Krieg umgekommen waren. Im Zentrum Grosnys, in einem der wenigen unversehrten Häuser, hatten sie damals diesen Waisen in einer Etagenwohnung eine Bleibe gegeben. Eine Großfamilie mit über dreißig Kindern.

Als der Krieg zum zweitenmal über Grosny kam, war die Gefahr, in der sie lebten, unübersehbar. Die russische Armee beschoß die Stadt mit großkalibrigen Raketen. Auf dem Markt waren bei einem Raketenangriff dreihundert Menschen umgekommen. Die Kinder waren besonders gefährdet, weil in einem Nebenhaus der Feldkommandeur Bassajew sein Stadtquartier hatte. In jenen Tagen fand ein Kamerateam des ZDF mit Dirk Sager, das sich heimlich zu Dreharbeiten in Grosny aufhielt, bei den Gataevs und den Waisenkindern Unterkunft. Man kannte sich noch aus den Zeiten des ersten Kriegs. Dirk Sager drang auf eine schnelle Abreise der Kinder, und noch während des Aufenthalts des ZDF-Teams in Grosny brachte ein Bus die Kinder ins benachbarte Inguschetien.

Chadischat Gataev ist selber eine Waise. Sie weiß deshalb, was Kindern zustößt, denen von Geburt an oder – schlimmer noch – durch einen Krieg die Eltern genommen werden. Als der zweite Tschetschenien-Krieg begann, versuchte sie, einige ihrer Schützlinge außer Landes zu bringen. Sie fand Hilfe durch den ZDF-Reporter Dirk Sager, der sich durch besonders wagemutige Aktionen hervorgetan hatte. Während der Kämpfe war er weit nach Grosny vorgedrungen, wo er auf Chadischat traf, den «Engel von Grosny», wie er sie nannte.

Chadischat hatte wieder Waisenkinder aufgelesen. Das ZDF drehte einen Film darüber und fragte, ob CAP ANAMUR bereit sei, seine Kontonummer für die Waisenkinder zur Verfügung zu stellen. Seit diesem Zeitpunkt ist es unser Projekt geworden. Wir haben dann unser einheimisches Team, Magomet und seinen Bruder Ahmet Auschef, gebeten, mit dem Geld, das wir immer nach Rußland gebracht hatten, diese Häuser zu bauen. Als wir auf dem Gelände standen, sagte mir Magomet: «Alles konnten wir hier in Nazran einkaufen. Nur die Armaturen nicht, da mußten wir bis Pjatigorsk fahren.»

Das Land roch nach Dreck, Tränen, Trauer, nach feuchtkalten Räumen, in denen Menschen ihr Überleben fristeten. Wir waren vorher nur vier Kilometer entfernt in der Fabrikruine einer Wurstfabrik von Nesterowskaja gewesen. Dort hausten im Untergeschoß mit zwei kleinen Fensteröffnungen 120 Menschen, allein im Keller 78, die in 19 «Kabinen» mittels einer Leine und einiger Decken in einzelne Wohn-Schlaf-Einheiten abgetrennt waren. Der Geruch hing wie eine Wolke in diesem feuchten, dunklen Gewölbe. Man hatte das Gefühl, Bakterien und Keime von Krankheitserregern einzuatmen. Eine Frau war dabei, Blini zu braten, russische Pfannkuchen. Die Heizung bestand aus einer Art Rohrleitung, die oben außerhalb der Fabrik an die Gasleitung angeschlossen war. Der Anschluß war so primitiv, daß man auch in dieser Hinsicht um das Leben dieser Menschen fürchten mußte. Die hygienischen Verhältnisse waren unbeschreiblich. Die Kinder wußten nicht mehr, was Unbeschwertheit war. Alle wollten fort.

Die Flagge von CAP ANAMUR, die da an einem kleinen Mast gleich beim Haupteingang zum Waisenhaus hängt, ist schwarz von Schmutz: «Die Luft», sagt Ahmet, «ist nach Ausbruch des Tschetschenien-Kriegs durch die brennenden Ölquellen und Förderanlagen unheimlich verdreckt. Schau mal da rüber!» Er zeigt nach Osten, ins benachbarte Tschetschenien: Über den Bergen hängt eine dichte Wolke, die jeden Tag gespeist wird durch die über zwanzig Ölquellen, die angesteckt wurden und immer noch lichterloh brennen. «Das ist wie damals in Kuwait», sagt Ahmet. Das Schild am Tor aber blitzt: «Rodnaja Zemja», «Unsere eigene Familie». Diese 58 Kinder haben «ihre» Familie und wunderbare Eltern. Wo auf der Welt schaffen es Menschen wie Chadischat und Malik Gataev, Eltern für 58 Kinder zu sein?

Wir setzen unsere Mützen auf. Malik aber gibt mir die seine: die typische Fellmütze der Inguschen und Tschetschenen, die sie im ganzen russischen Reich als Kaukasier erkennen läßt. Nun stehen wir da, mit uns die fünf ältesten Waisenkinder und neben uns der Tschetschene Said, der unserem Mitarbeiter Boris Wiechmann einmal das Leben gerettet hat. Er ist immer fröhlich, nie deprimiert. Er lacht viel. Jetzt, in Inguschetien, hat er sich einen neuen Job zugelegt, der dafür spricht, wie pragmatisch die Tschetschenen sind: Er arbeitet im Ingenieurscorps der Russischen Armee, muß junge Rekruten beim Chauffieren der Kamar- und Kraz-Lkws ausbilden. Und gewitzt wie er ist, läßt er die älteren Waisenkinder auch schon fahren. So steigen wir mit einem siebzehnjährigen Waisenkind aus Grosny auf den hohen Bock des Kamar-Lkws und machen eine große Runde um das Waisenhaus.

Es fängt an zu schneien, wir gehen in den Küchen- und Speiseraum, in dem dreimal täglich die 58 Waisenkinder eine gute Mahlzeit an sauberen Tischen in einem geheizten Raum bekommen. Hier ist eine richtige Warmwasserheizung eingerichtet, die über eine Leitung vom Heizungskessel alle fünf Gebäude erreicht.

Einige Schicksale: Garbulatovna Toita Baudjinovna, geboren am 22. Dezember 1988 – der Vater ist verschollen, die Mutter schon im ersten Krieg getötet worden; sie kam 1997 in dieses Waisenhaus. Wallowski Denis Jurjevic, geboren am 8. August 1988 – die Eltern sind im Krieg gefallen, die ältere Schwester hat selbst Kinder und kann ihn nicht miternähren. Dauthanova Sjeda Salamovna, geboren am 25. April 1987 – ihre Eltern verschwanden, als sie im ersten Tschetschenien-Krieg auf dem Korridor aus Grosny fliehen wollten, und sind nie wieder aufgetaucht. Chadischat fand 1996 Sjeda auf der Straße, sie bettelte um etwas Essen.

Über die Straße dröhnt ein schwerer Militärkonvoi. Naiv wie ich wohl immer noch bin, vermute ich, daß der von Präsident Putin Ende Januar angekündigte Abzug der Russischen Armee beginnt. «Aber nein», sagt Ahmet nüchtern, «die ziehen in Richtung Grosny.»

In Karabulak wissen Zehntausende von Tschetschenen nicht, wohin sie sich wenden können, wenn sie ärztliche Hilfe brauchen. Es gibt zum Glück eine Ärztin, eine Tschetschenin, die äußerste

Hilfsbereitschaft beweist. Sie verläßt tagsüber so gut wie nie das Zelt, das mit einer Fahne des Roten Kreuzes auf sich aufmerksam macht. Sie versucht, allen zu helfen, die zu ihr kommen. Allerdings sagt sie immer wieder erschöpft: «Manchmal habe ich für diese armen Patienten nur gute Worte.» Chambsbanou Atajeva hat wohl an die 120 bis 130 ambulante Patienten täglich. Für fünf Monate Arbeit hat sie nur 170 Rubel vom Gesundheitsministerium bekommen, obwohl ihr ganz andere Versprechungen gemacht und andere Vereinbarungen von ihr unterzeichnet wurden.

Chambsbanou versichert uns, daß alle Flüchtlinge an traumatischen Erinnerungen leiden. Allein in dem kleinen Lager mit dem Namen «Bart», wo sich dieser kleine medizinische Gesundheitsposten befindet, hat sie mit ihren geringen Hilfsmitteln 80 Invaliden, ein Dutzend zum Teil schwer Krebskranke und elf Tuberkulosekranke zu behandeln. Letztere befinden sich in einem kritischen Stadium ihrer Krankheit und müßten sofort in ein Krankenhaus eingewiesen werden. Aber das Gesundheitsministerium hat auf ihre Anfragen immer nur die gleiche Antwort: Es gibt keine freien Betten in den Krankenhäusern.

Die Flüchtlinge leiden unter Vitaminmangel. Die Nahrung ist auf ein Minimum reduziert. Die Versorgung ist katastrophal. Seit Wochen leben sie von Brot, Reis und Kartoffeln. Fleisch und Gemüse haben viele seit Kriegsbeginn nicht mehr gesehen. Immer wieder klagt die inguschetische Regierung vergeblich, daß Moskau seinen Verpflichtungen gegenüber den Flüchtlingen nicht nachkomme. Die Menschen sind von dieser Lage gezeichnet: fahle Gesichter, die Körper geschwächt. Jede Zuversicht ist gewichen. Sie ahnen, daß sie verloren und ohne Zukunft sind. Rußland, das auf diese Menschen als Staatsbürger Anspruch erhebt, kann oder will seine Aufgabe nicht wahrnehmen. Diese Menschen sind «refugees on orbit», wie das Flüchtlingsrecht sagt: Menschen, die ihr eigener Staat einmal ausgespuckt hat und die er nicht mehr zurückhaben will. Sie sind in gewisser Weise vogelfrei. Ihr eigener Staat hat sie aufgegeben, er hat auch die mindeste Sorge für sie fallengelassen.

Ein junger Mann, der immer wieder epileptische Anfälle hat, haust in einer Kellerhöhle mit 25 anderen Personen. Der Stress und die Tatsache, daß er seine Medikamente nicht mehr bekommt, versetzen ihn in Erregungszustände, in denen seine Anfälle an Heftigkeit zunehmen, er wird regelrecht gewalttätig und gefährlich für seine Mitbewohner. Angesichts einer solchen riskanten Situation, die jeden Moment eskalieren kann, hat sein Vater einen Käfig mit Eisenbarren gebaut, den er nicht aufbrechen kann. Seit fünf Monaten sei der junge Mann schon im Käfig. Am Anfang, so erzählt mir die Ärztin, habe er noch an den Eisenstäben gerüttelt, habe sich dann aber, wie man das von Menschen in der Zwangsjacke so sagt, «beruhigt». Man gibt ihm Nahrung, und so vegetiert er dahin.

Man kann sich die Verlassenheit dieser Menschen nicht vorstellen. Sie sind aufgegeben. Von Zeit zu Zeit gibt es polit-touristische Reisen zu den Opfern dieses Vernichtungskriegs. Delegationen des Europarats oder der OSZE werden dorthin geführt. Doch diese Delegationen nehmen es einfach hin, daß ihnen nicht viel Zeit gelassen wird zum Gespräch mit den Opfern des Kriegs. Im Eiltempo werden sie durch das Lager geführt – allerdings nur dorthin, wo die russische Generalität es zuläßt.

Bis heute hat sich die Lage in Tschetschenien und die Vogelfreiheit der Menschen in den kaukasischen Bergen nicht verändert. Für uns gibt es keinen Zugang in tschetschenisches Gebiet. Im April 2000 hatten wir ähnliche Probleme; alles ist jetzt noch schwieriger geworden, seit Putin und der Geheimdienst an der Macht sind. Boris Dieckow, unser unermüdlicher Tschetschenien-Beauftragter, hatte in Karabulak ein Vorratslager gefunden, unsere beiden Mitarbeiter haben in insgesamt 23 kleinen Flüchtlingslagern in und um Karabulak Hilfe geleistet – Hilfe, die wirklich angekommen ist.

Mit Boris, Ahmet und Said ging ich an einem Morgen durch all die Notlager. Die Flüchtlinge hatten sich in alten Schweineställen, Kuhställen, Ex-Kolchosen, zerfallenen Häusern eingerichtet. Ein kleiner Ofen erwärmte notdürftig die eiskalten Ställe. Wir kamen immer wieder in Räume, in denen zehn, zwanzig, dreißig Menschen zusammengepfercht fast aufeinander saßen. Dazwischen viele kleine Kinder. Unvorstellbare hygienische Bedingungen. Während es zu schneien anfing, schrie uns der Sprecher der Flüchtlinge in einer baufälligen und im Dachgestühl angefaulten Schweinekolchose zu: «Für die Schweine hatte man in dieser Kolchose eine Heizung», und er haut auf den Heizkörper, der natürlich ausgefallen ist. «Für uns gibt es keine Heizung!»

In einem anderen Flüchtlingslager wurde offenbar gemeinschaftlich gekocht. Auch dort führte mich Ahmet zu Menschen, die auf unsere Hilfe angewiesen waren. Dort gab es einen Querschnittgelähmten, der sich kaum noch bewegen konnte. Er hatte seine Frau und eines seiner Kinder verloren. Ahmet ging aus dem Raum und ließ mich mit einem anderen Dolmetscher der Siedlung allein. Dieser Mann hatte nur noch die Energie, die russische Armee anzuklagen. Er werde «nie mehr», so betonte er, «nie mehr mit den Russen zusammenleben können.»

In *Hadschi Murad* ist zu lesen: «Doch von ihrem Haß gegen Russen sprach keiner. Das Gefühl, das alle diese Tschetschenen, vom jüngsten bis zum ältesten, gegen die Russen empfanden, war stärker als Haß. Es war kein Haß, sondern sie hielten die russischen Hunde einfach nicht für Menschen und empfanden einen solchen Abscheu und Ekel und ein solches verständnisloses Staunen vor der sinnlosen Grausamkeit dieser Kreaturen, daß der Wunsch, sie zu vernichten, wie man Ratten, giftige Spinnen und Wölfe vernichtet, ein ebenso natürliches Gefühl für sie war wie der Selbsterhaltungstrieb. Die Dorfbewohner hatten nun die Wahl, entweder am Platz zu bleiben und unter furchtbaren Anstrengungen all das, was sie sich mit soviel Mühe und Arbeit erbaut hatten, wieder aufzurichten, wobei sie gewärtig sein mußten, daß dasselbe Elend jeden Augenblick wieder über sie hereinbrechen konnte, oder ihrem religiösen Gesetz und dem Gefühl des Abscheus und der Verachtung zum Trotz sich den Russen zu unterwerfen.»

Trotz aller Hindernisse und Blockaden haben wir 84 Waisenkinder aus Grosny herausbringen können. Chadischat Gataev hat diese 84 Kinder eines nach dem anderen unter Lebensgefahr, mit heldenhaftem Mut aus den brennenden und verkohlten Kellern von Grosny herausgeholt. Wie alt sie wohl ist, frage ich mich, während ich sie beobachte, als sie uns in dem Waisenhaus einen Tee kocht und uns mit ihren strahlenden Augen ansieht. In diesem kaukasischen Jammertal hat sie ihre Menschlichkeit auch durch ihre Fröhlichkeit gezeigt.

CAP ANAMUR hat Land in Inguschetien gekauft, auf dem im Mai 2000 unter Aufsicht des Mitarbeiters unserer Organisation vier Häuser gebaut werden konnten, die mit Heizung und Sanitäranlagen ausgestattet wurden. Zusätzlich wird mit einheimischen Handwerkern ein fünftes Haus gebaut. Durch diese Arbeit konnten wir wenigstens einem kleinen Teil der Bevölkerung helfen, diesmal «nur» 84 Waisenkindern. Aber man könnte mit dem Talmud sagen: «Wenn auch nur ein Kind gerettet wird, dann wird die Welt gerettet.»

CAP ANAMUR hat mit Ahmet, Said und Magomet einen weiteren Neubau verabredet, für den noch das Grundstück gefunden oder gekauft werden muß, damit alte Menschen wieder einigermaßen menschenwürdig leben können. Wir sahen zwei Schwestern, die in einem Loch des Schweinestalls der alten Karabulak-Kolchose überwinterten. Sie schauten mich an, als käme ich vom Mond. In dem Raum war es eisig kalt, sie hatten nur ein paar Decken, in die sie sich gehüllt hatten. Unter Stalin waren sie nach Kasachstan verbannt worden, dann zurückgekommen und hatten sich ein schönes Häuschen in Grosny gebaut: die eine war Musikprofessorin, die andere Ingenieurin. Jetzt ist ihr Haus völlig zerstört. Wie können wir diesen alten Menschen bei unserem nächsten Besuch unter die Augen treten? Nur dann, wenn wir ihnen und anderen alten Tschetschenen eine Unterkunft bauen.

«Alle Menschen, die zu diesem Hort der Ruhe, der Wärme, der zureichenden Nahrung mit ihren Spenden beitragen, mögen gesegnet sein», sagte Chadischat Gataev einmal im Waisenhaus in Karabulak.

18
Kosovo
Die letzte Herausforderung
des 20. Jahrhunderts

Erster Informationsbesuch im Kosovo: Ende Februar 1998 – Erster Koso-
vo-Krieg: März–September 1998 – Arbeitsbeginn zusammen mit der Or-
ganisation «Mutter Teresa»: Anfang September 1998 – 50 000 Flüchtlinge
in den Wäldern: 24. September 1998 – «Dachprogramm» in Dobratin –
Neue Evakuierungswelle: Oktober 1998 – Massaker von Racak: 15. Januar
1999 – Beginn der NATO-Luftangriffe: 24. März 1999, 18.30 Uhr –
Lager in Blace: Versorgung von 90 000 Flüchtlingen in Tetova, Gostivar
und Struga – Kukes in Albanien, Auffangstation der Vertriebenen: Mitte
April 1999 – Große Spendenbereitschaft in Deutschland: 58,1 Millionen
DM – Abwehr der Vertreibung ins Landesinnere – Rückführung der
Vertriebenen in das Kosovo: ab 13. Juni 1999

Ende Februar 1998 fuhr ich mit dem Botschaftsrat der Deutschen
Botschaft, Peric, auf der großen Straße von Nis nach Priština. Die
Straße war auf der Höhe von Podujevo wieder einmal abgeriegelt.
Serbische Militärs sperrten den Weg mit Panzern und Maschinen-
gewehren. Peric klärte mich auf: Das sei die Spezialpolizei, eigent-
lich eine paramilitärische Einheit.

Skender, unser Mitarbeiter und Dolmetscher, geboren in Podujevo, Jahrgang 1968, erzählte später, daß sie damals als Schulkin-
der auf dieser Straße gestanden hatten, als Josip Broz Tito 1979
das Kosovo besuchen kam und dort sehr gefeiert wurde. Das war
die Zeit, als es noch Jugoslawien gab, ein anerkanntes Mitglied
der Völkergemeinschaft.

Wir fuhren durch ärmliche Dörfer und Flecken. Kosovo war
immer ein Stiefkind Europas – und Jugoslawiens. Hier ist vieles
im Sumpf der Armut des Landlebens stecken geblieben. Milliarden sind sinnlos in den Sand gesetzt worden oder in Prestigeob-
jekten versackt. Die Infrastruktur ist bis heute so miserabel wie in
keinem anderen Teil des ehemaligen Jugoslawien.

Kosovo hat seine karge Schönheit. Sie ist durch die vielen Zerstörungen, Brandstiftungen und die Landminen erheblich beschädigt. Hinzu kommt der überall ausgebreitete Müll, auf Straßen und Plätzen, an den Waldrändern und Bächen. Ausgebrannte Autokarosserien, angekohlte Dachbalken und Kanthölzer – das waren schon die Rückstände des ersten Krieges von März bis Oktober 1998, von dem wir in Deutschland nur wenig wußten. Der zweite Krieg hat all das noch verschlimmert, denn die serbischen Eroberer haben alle Müllentsorgungsfahrzeuge nach Serbien gebracht.

Das Land ist durch seine Bergformationen klar gegliedert. Schneebedeckte Bergmassive trennen die Kosovo-Ebene von Montenegro, so als habe da jemand geopolitisch schon eine regelrechte Wand errichtet. Das gleiche gilt vom Bergmassiv bei Brezovica, das mit seinen das ganze Jahr über schneebedeckten Höhen die Grenze zu Mazedonien bildet.

In der Mitte des Kosovo breiten sich hügelige und sanfte Ebenen aus – reich für eine starke Landwirtschaft, mit vielen Bodenschätzen, die den Menschen die Möglichkeit geben, sich selbst mit Kohle zu versorgen. Historisch, politisch und kirchengeschichtlich ist es eine im Wortsinn anachronistische Landschaft. Politisch beansprucht Serbien das Land. Im Kosovo gibt es hinreißend schöne serbische Klöster und Kirchen. Die Kirche in Gracanica in der Nähe von Priština zählt genauso wie das Kloster Decani zu den schönsten Kirchen Europas.

Deshalb hat mich ein gebrochenes «Versprechen» besonders getroffen. Mir hatten viele Exil-Kosovaren während des ersten Krieges immer wieder beteuert, daß die Kosovo-Albaner keine Kirche und kein orthodoxes Kloster zerstören würden. Doch genau das taten sie dann nach dem Einmarsch der KFOR-Truppen in den Monaten Juli, August, September 1999 in ungebändigter Zerstörungswut. Ein Volk ist auch für das mitverantwortlich, was einige Extremisten in seinem Namen tun. Alles, was im Namen der Kosovaren geschehen und vom Volk nicht durch tatkräftigen Widerstand verhindert worden war, ging auf das Konto der Kosovo-Albaner, auch die schändliche Zerstörung der Kirchen von Mushtisht, Suhareka und vieler anderer Plätze.

Vielleicht drückte sich der Zorn der Kosovo-Albaner am heftigsten in der Wut aus, mit der sie – teils bewußt, teils unbewußt – die serbische Sprache verbannen wollten, als sie nach ihrem dreimonatigen Exil in den Flüchtlingslagern in Albanien, Mazedonien und Montenegro zurückkehrten. Da wurde es selbst für unseren Teamchef Nedim Goletic gefährlich, der unverhofft gebeten wurde, mit seinem bosnisch-serbokroatischen Slang vorsichtig zu sein.

1998 kam CAP ANAMUR das erste Mal ins Kosovo. Noch ahnte niemand, daß hier einmal deutsche und arabische, amerikanische und marokkanische, französische und türkische, britische und polnische, italienische und ukrainische, ungarische und portugiesische Soldaten einer internationalen Streitmacht auftauchen und das ganze Land besetzen würden. Ich wollte zu Berisha Aishe, der Ärztin von «Nena Tereze», der großen Kosovo-Organisation mit dem Namen der größten Albanerin, Mutter Teresa. Sie war in Skopje im benachbarten Mazedonien geboren und hatte in den Slums von Kalkutta helfend gewirkt und einen Orden gegründet. Den Schwestern dieses Ordens geht es nur um Hilfe für die Allerärmsten und Ausgestoßenen, und die 1,8 Millionen Kosovo-Albaner waren nun in einer verzweifelten Lage, wie genügend Fälle dokumentierten. Gani Bajrami zum Beispiel arbeitete in der Bank von Priština, wurde aber 1990 – wie Tausende von Albanern – entlassen. Aus der Mine in Trepca, dem größten Arbeitgeber im Kosovo, wurden 1300 Arbeiter entlassen. Albanische Ärzte wurden aus den Krankenhäusern entlassen, Professoren aus der Universität. Die albanische Sprache galt nicht mehr als offizielle und Verwaltungssprache.

Was konnte CAP ANAMUR im Kosovo tun? Die Organisationen, die dort arbeiteten, hatten sich in Belgrad registrieren lassen und arbeiteten daher unter widrigen Kompromissen, die uns mißfielen: Sie mußten die Hälfte von dem, was sie an Medikamenten und an Ausrüstung ins Land brachten, in Belgrad abgeben. Einen solchen Kompromiß wollte CAP ANAMUR nicht eingehen.

Kaum war ich in den ersten Märztagen wieder aus dem Kosovo zurück, begannen dort die massiven Verfolgungen. Das sollte bis zum Ende des NATO-Luftkriegs nicht mehr aufhören. Im Mai 1998 kam eine große Flüchtlingswelle. Niemand konnte die Menschen zählen, denn an der Grenze auf dem Berg Pastrik von Nord-Albanien in das Kosovo gab es nicht genügend Organisationen und Beobachter.

Mit einem Geländewagen der «Botschaft der Republik Kosova» fuhren wir von Tirana, von dem geschützten, durch Betonmauern abgesperrten Diplomatenviertel aus, in den Nordosten des Landes nach Bajram Curri. Natürlich gab es die «Republik Kosova» nicht, sie war eine Erfindung der Kosovaren. Das albanische Parlament, nicht die Regierung des Staates Albanien hatte dieses Kunstgebilde anerkannt. Dort fanden die Mitarbeiter von CAP ANAMUR für die ersten Tage Unterkunft und bekamen sogar die Möglichkeit zu telefonieren. Der Chef der Exilregierung, der Arzt Dr. Bujar Bukoshi, stellte uns auch den Geländewagen der «Botschaft» samt Fahrer zur Verfügung.

Ich fuhr mit der Krankenschwester Andrea Schulz nach Bajram Curri. In der Abenddämmerung kletterten wir auf den Berg Pastrik. Ein UCK-Kämpfer, dem die Puste ausging, führte uns eine Weile; dann mußten wir ihn einfach stehen lassen. Er hieß Adem Jashari und stammte aus Drenica, dem Hauptquartier der UCK. Seine Familie hatte die erste bewaffnete Bewegung im Kosovo seit der Aufhebung der Autonomie ins Leben gerufen. Anfang 1998 ermordeten die serbischen Milizen ihn mitsamt seiner Sippe. Die Polizei gab später die Leichen frei, die Beerdigung wurde zu einer der eindrucksvollsten Demonstrationen im gebeutelten Kosovo. Oberhalb des Dorfes Prekaz hatten die Milizen damals 23 Erdlöcher ausheben lassen. Doch diese Gräber trugen nur Nummern, keiner wußte später, welches Opfer an welcher Stelle lag. Anschließend mußten die 23 Toten wieder ausgegraben und umgebettet werden, weil sie nicht die religiös korrekte Lage hatten.

Damals ahnte ich noch nicht, daß das Kosovo für CAP ANAMUR in den nächsten zwei Jahren zum Schicksal werden würde. Wir fingen an, die Menschen in Krume und in Bajram Curri mit Medikamenten und Nahrung zu unterstützen und die Krankenhäuser wieder auszurüsten. Doch bereits im August 1998 war uns klar, daß dies nicht unser alleiniges Betätigungsfeld bleiben konnte. Im Kosovo brannte es unentwegt. Als ich am 30. Juli 1998 auf den Pastrik hinaufgeklettert war, hatte ich in der Ebene Junik ganze Flecken und Gehöfte brennen sehen. Man konnte erkennen, wie sich die serbische Militärwalze die Straße von Decani bis kurz vor Junik hinzog. Junik selbst wurde nicht mehr angezündet, denn die UCK hatte ihre Hochburg im August 1998 aufgegeben. Alle anderen Dörfer der Region brannten.

Am Abend des folgenden Tages fuhr ich zurück nach Tirana und sprach mit Bukoshi, den ich schätzte und der ein klares Urteil auch über seine Mitkämpfer hatte. Seine UCK-Mitverhandler in Rambouillet, wo im Februar 1999 verhandelt wurde, um den NATO-Luftkrieg noch in letzter Minute abzuwenden, kritisierte er damals heftig. Er empfahl uns nun, ins Kosovo zu gehen. Die vergleichsweise «kleine Sache in Albanien» würden sie selbst regeln. Wir ahnten noch nichts von der Massenvertreibung.

Anfang September 1998 gingen wir ins Kosovo und begannen sofort mit der Arbeit. Am 24. September 1998 gaben wir im Kosovo und in Deutschland bekannt: «50 000 FLÜCHTLINGE IN DEN WÄLDERN UNTER FREIEM HIMMEL BEDROHT VON DER WINTERKÄLTE.»

Für die Binnenflüchtlinge im Kosovo, besonders für die etwa 6000 Flüchtlinge in den Waldtälern von Sedlare, Magura und Bajnc, leistete CAP ANAMUR sofortige humanitäre Hilfe durch die Lieferung von Nahrungsmitteln und Medikamenten, Decken und Heizöfchen. Das Hauptziel unserer Hilfsaktion mußte aber sein, diese Menschen in ihre Dörfer Lapusnik, Komorane und Malisevo zurückzuführen. Das würde nur gegen den Widerstand der serbischen Armee geschehen können.

Bislang gab es keinen Rückkehrplan für die Flüchtlinge. Jeden Tag gab es neue «Verbrannte Erde-Aktionen» der serbischen Spezialpolizei, die das Ziel verfolgte, möglichst viele Häuser abzubrennen, damit die Menschen nicht zurückkehren konnten. Wir versprachen, das Dorf Dobratin (10 km von Podujevo entfernt, am 15. September 1998 zerstört) in unser Wiederaufbauprogramm aufzunehmen. In Dobratin waren alle 1600 Bewohner von Panzern der serbischen Armee vertrieben und zwanzig Häuser abgefackelt worden, darunter eines, in dem eine Bibliothek mit 3700 Büchern untergebracht war.

Die serbischen Armeeposten waren nur Hindernisse für die Rückkehr der Flüchtlinge. Die Menschen hatten eine panische Angst vor den Soldaten, die durch nichts gehindert wurden, die Kosovo-Albaner als Bürger letzter Wahl zusammenzuschlagen. Keine humanitäre Organisation konnte den 50 000 Waldflüchtlingen im Kosovo das geben, worauf sie Anspruch hatten: Sicherheit und Schutz.

CAP ANAMUR hatte Helfer vor Ort, die Baumaterial in Serbien einkauften, wie wir das bereits bei unserem bosnischen

«Dachprogramm» getan hatten. Anfang September 1998 schlossen wir uns mit den Mitarbeitern der Organisation «Mutter Teresa» zusammen, einer gut strukturierten Hilfsorganisation mit klugen, erfahrenen Mitarbeitern und einem großen Potential an ansprechbaren Leuten unter den Albanern. Das bedeutete vor allem: Jeder Mensch, unabhängig von Sprache, Namen und Religionszugehörigkeit, bekam Hilfe. Auch Serben und Roma wurden mitversorgt.

In den folgenden Wochen arbeiteten wir, ohne uns eine Pause zu gönnen. Das Holz und die Ziegel sollten möglichst rasch ins Kosovo gebracht werden, weil die Dorffamilien wegen des bevorstehenden Winters umgehend mit dem Bau der Dachstühle und dem Decken der Häuser beginnen mußten. Mit Zeki Ceku, dem Koordinator der «Mutter-Teresa-Organisation», gingen wir immer wieder in die Dörfer, schauten uns die Lage an, ob wir dort arbeiten und ob die Menschen selbst Hand anlegen konnten, um mit dem von CAP ANAMUR mitgebrachten Material sofort mit der Arbeit zu beginnen.

Da verstörte uns die Nachricht von der Verhaftung unseres Technikers François Large. Er war bei einer Kontrolle verhaftet worden, weil er seinen Paß nicht dabei hatte. Large mußte das Land nach einer vierzehntägigen Haft in Lipjan verlassen. In seinem Paß stand, er dürfe nunmehr zwei Jahre lang serbischen Boden nicht mehr betreten. Sein Nachfolger, Nedim Goletic, war Bosnier, hatte aber einen deutschen Paß. Die Lkws rollten, und wir fanden einen Ort nach dem anderen, der auf CAP ANAMURs Hilfsmethode des Dach- und Häuserbaus in Eigenhilfe einging. Wir hatten einen Architekten, der vor Ort die Häuser abmaß und die Menge der Baumaterialien festlegte, die in die Dörfer geschickt werden sollten. Für ein normales Wohnhaus planten wir etwa 1800 Dachziegel, dann 5 Kubikmeter Kantholz und Latten, dazu noch Dachscheitel. Mit diesem Verfahren gelang es uns, 386 Häuser und Dächer bis Ende des Jahres 1998 fertigzustellen. Harte Witterungsbedingungen und vor allem Schneefall behinderten unsere Arbeit. Manchmal wurde es so kalt, daß kein Lkw über die vereisten und verschneiten Wege unsere Dörfer erreichte. Aber es gab immer wieder schöne, klare Sonnentage, an denen es wenigstens tagsüber so trocken war, daß die Leute an ihren Häusern weiterarbeiten konnten.

CAP ANAMUR hatte sich einen besonderen Ruf erworben, weil unsere Organisation das Land nicht verlassen hatte. Wir hatten uns geweigert, auf den üblichen Kompromiß mit Belgrad einzugehen, und nicht einmal den Versuch unternommen, uns registrieren zu lassen. Unter den Fittichen der Kosovo-albanischen, jedoch nicht nationalistischen Organisation «Mutter Teresa» war das möglich gewesen.

Im Januar eskalierte die Lage. Am 15. Januar 1999 kam es zu dem Massaker von Racak. Natürlich war das für uns, die wir vor Ort waren, die Fortsetzung der serbischen Apartheid mit den Mitteln des Terrors. In Racak wurden 43 Menschen, darunter ein zwölfjähriges Kind, grausam ermordet. Das war aber nur ein Ereignis unter vielen anderen. Überall im Kosovo wurden Dörfer beschossen und eingeäschert, und die Einwohner wurden wieder einmal auf ihren Pferden oder Traktoren aus ihren Dörfern gejagt. Ende Januar 1999 wurde der Ort Jeschkove eingeäschert, wo sich wohl eine UCK-Einheit festgesetzt hatte. CAP ANAMUR hatte dort etwa 16 Dächer und Häuser gerichtet, die erneut zusammengeschossen wurden. Als wir davon hörten, fuhren wir am nächsten Tag in das noch rauchende Dorf und betrachteten bedrückt die Verwüstung. Während Nedim Goletic übersetzte, was die beiden Leute sagten, die sich noch in dem Ort aufhielten, mußte er so weinen, daß er nicht mehr fortfahren konnte. Schluchzend verschwand er in den ausgebrannten Hausruinen.

In Priština gaben wir eine Erklärung ab und kündigten an, wir würden der Belgrader Regierung eine Rechnung schicken und uns die ausgegebenen Spendengelder für die 16 Dächer in Jeschkove zurückerstatten lassen – das waren insgesamt 16 mal 3100 DM. In dieser Situation machte das durchaus Sinn. Da wir spürten, daß noch mehr Gewalttätigkeit in der Luft lag, mußten wir das Programm ein wenig herunterfahren. Die serbische Armee verlegte eine Einheit nach der anderen in das Kosovo. Doch was sollten wir tun, wenn es mit den Bombenangriffen losging?

Der ARD-Hörfunk hatte Elias Bierdel in das Kosovo geschickt. Ich kannte ihn persönlich vom Deutschlandfunk. Er war mit dabei, als es zur Schlußvereinbarung kam, und sehnte genauso wie ich das Ende der Leiden dieses Volkes herbei. Wir wußten nicht, was uns die nächsten Tage und Wochen bringen würden. Wir wußten nur, daß es so nicht weitergehen konnte.

Wir hatten es in Skenderai/Srbica selbst erlebt, als wir diesen Ort am 21. März erreichen wollten, ihn aber schon von weitem hatten brennen sehen. Von Mitrovica aus wollten wir wieder die andere Straße südwestlich nach Skenderai fahren und konnten über drei Kilometer den riesigen Aufmarsch der serbischen Armee beobachten. An der Steigung der Straße nach Skenderai, etwa fünf Kilometer südlich von Mitrovica, wurden wir angehalten und wieder zurückgeschickt. Mit uns waren Palloka und Zeki Ceku, die beiden Chefs unserer Partnerorganisation «Mutter Teresa», über deren Tische alle Zoll- und sonstige Abwicklungen gelaufen waren. Was tun?

Das Herumreisen im Kosovo wurde unglaublich behindert. Es gab Straßenkreuzungen, die unsere einheimischen Mitarbeiter nicht überqueren durften, weil sie Gefahr liefen, dort festgenommen und verprügelt zu werden. Das war zum Beispiel immer in Komorane der Fall, einer Straßenkreuzung, die man nicht umgehen kann, wenn man nach Peja/Pec will. An der Straße nach Pec, die sich dort mit der nach Glogovc kreuzt, stand eine martialische Armee-Kontrolle mit Panzern und hünenhaften Spezialpolizisten in blauen Uniformen.

In Prizren suchten wir auch ein Zwischenlager, um die Baumaterialien zu den südlich gelegenen Bergdörfern Ljubusheve und Jeshkove zu transportieren. Der kleine, von Regen und Schnee schlüpfrige Pfad nach Ljubusheve konnte nie und nimmer von einem Lkw befahren werden. Darum mußten wir ein zuverlässiges Zwischenlager finden, wohin die Bewohner des Ortes Ljubusheve auch mit ihren Traktoren und Fuhrwerken fahren und das für sie bestimmte Material abholen konnten.

Dörfer wie Ljubusheve und Jeshkove waren zur Hälfte zerstört oder abgebrannt, so daß die Bewohner noch vor dem Winter die Dächer ihrer Häuser zimmern wollten. Wir gingen in die Dörfer. Ali, unser Architekt, war immer dabei. Er überprüfte die Häuser und die Mauerringe, nahm die Maße und berechnete entsprechend das Baumaterial. Der Serpentinenweg von Ljubusheve nach Prizren barg Schwierigkeiten in sich, denn die Dorfbewohner mußten durch den albanischen Vorort Tusus, an dessen Ein- und Ausgang die serbische Spezialpolizei ein hartes Kontrollregiment eingerichtet hatte. Dort konnte jemandem das ganze Paket Baumaterial wieder abgenommen werden.

Am 21. März 1999 – drei Tage vor dem Beginn der Nato-Luftangriffe – hatten wir zusammen mit dem Mercy Corps und «Mutter Teresa» noch zwei Lkws nach Glogovc bringen können. Was aber würde am nächsten Tag sein? Am 23. März 1999 mußte ich wieder zurückfliegen. Unsere beiden Mitarbeiter Klaus Winkenjohann und Nedim Goletic, zu denen sich noch der ARD-Radioreporter Elias Bierdel gesellte, kamen gut zurecht. Elias Bierdel sagte uns, er werde jetzt im DEA Hotel auschecken und so tun, als ob er das Land verlasse. In Wirklichkeit wollte er bei einer Familie privat unterkommen, um vom Beginn der Nato-Luftschläge zu berichten. Wir versprachen uns, Kontakt zu halten. In ganz besonders schwierigen und riskanten Situationen ist es für beide Seiten gut, wenn humanitäre Helfer und Journalisten zusammenarbeiten. Elias Bierdel bekam an diesem Abend noch die grüne Identity Card, unseren Komitee-Ausweis. Ich unterschrieb ihn, Nedim stempelte ihn ab, und wir lachten: Wir hatten Elias Bierdel zu unserem «CAP ANAMUR-Country Logistics Officer» befördert. Damals ahnten wir noch nicht, wie wichtig dieser Ausweis für Elias werden sollte. Am 5. April, als er das Land verlassen mußte, konnte er bei einem vierstündigen Verhör wenigstens den Ausweis des Komitees CAP ANAMUR zeigen. Nach seiner eigenen Überzeugung hat ihm der Ausweis damals das Leben gerettet.

Unsere CAP ANAMUR-Parole lautete: «Wir bleiben im Kosovo, solange wir etwas tun und helfen können.» Die Menschen von Pjeterstice und Sedlare hatten uns um Nahrungsmittel gebeten. Nedim und Klaus wollten am nächsten Tag im «Mutter Teresa»-Lagerhaus, wo wir noch Mehl, Reis, Öl und Zucker liegen hatten, eine Lieferung zusammenstellen – nicht ahnend, was am nächsten und übernächsten Tag passieren würde.

Am 24. März 1999 um 18.30 Uhr begannen die ersten Einschläge in der Nähe von Slatina, dem Flughafen von Priština, der ein reiner Militärflughafen und Lagerplatz geworden war. Es war für mich zugleich auch eine befreiende Erfahrung. Wir konnten den Terror der brutalen Unterdrückung, der permanenten Verachtung und der Vernichtung von Menschen anderer Nationalität nicht mehr ertragen. Am 26. März 1999 gaben wir unseren CAP ANA-

MUR-Mitarbeitern, Nedim Goletic und Klaus Winkenjohann, die Order: Nichts wie raus! Klaus hatte sich zu Elias Bierdel in die Geheimwohnung begeben, Nedim war noch zweimal für längere Zeit nach Priština gegangen. Es gab nichts mehr zu tun. Die Bewegungsfreiheit war eingeschränkt. Kein Lkw konnte beladen, kein Chauffeur aufgetrieben werden. Nedim belud unseren Toyota und nahm die Familie von Burim Gashi mit, einem Geschäftsmann aus Podujevo, der in seinem Auto folgte. Sie konnten gerade noch die Grenze passieren.

Zwei Tage später kehrte ich nach Skopje zurück. Die Nato-Flugbewegungen zwangen zu großen Umwegen und Verzögerungen im zivilen Flugverkehr; der normale Linienverkehr war in diesen Tagen ganz eingestellt worden, man mußte auf die wenigen Charterflugzeuge ausweichen. Ich bekam einen Platz in einer Maschine der Charterlinie Avioimpex nach Skopje. Nedim Goletic holte mich ab, und wir machten uns sofort auf den Weg nach Blace an die Grenze, wo sich im Niemandsland ein riesiges Lager mit Flüchtlingen zu füllen begann. An diesem Morgen hatten wir uns in einem albanischen Brotladen direkt in Grenznähe mit großen Mengen Brot, Milch und Wasser eingedeckt und alles in unseren Bus und unseren Toyota verladen. Ohne zu fragen waren wir dann, an der mazedonischen Polizei vorbei, zu den Flüchtlingen auf der Grenzwiese gefahren. Die Szenerie war erschütternd. Für den nächsten Tag hatten wir wieder Brot, süße Brötchen, Saft für die Kinder, Wasser und Milch bestellt. Früh machten wir uns auf den sieben Kilometer weiten Weg bis zur Grenze; die Polizei wollte uns abdrängen, aber Nedim sagte in seiner herrlichen Unverfrorenheit, er habe mit dem Obersten Nacalnik gesprochen, das gehe in Ordnung, man bringe nur Brote und etwas zu trinken zu den Hungernden in Blace.

Die Intensität der Vertreibung wurde heftiger. Die Züge von Priština an die Grenze wurden reaktiviert, obwohl in den letzten Jahren kaum Züge gefahren waren. Am 1. April fuhren vier, tags darauf fünf Züge, deren menschlicher Inhalt auf diese schlammige, von Exkrementen stinkende Wiese an dem kleinen Grenzfluß ausgespien wurde. Den Albanern wollte man zeigen, daß sie Abschaum sind. Am 3. April kamen wir wieder, den Wagen prall gefüllt, und merkten, daß die Frauen und Mütter an diesem bitterkalten, regennassen Morgen gern ein Zelt, eine Plane oder eine Decke gehabt hätten. Ehe wir Zeltplanen und Plastikfolien in großen Mengen nach Blace geholt hätten, wären aber Tage vergangen. Wir waren nicht genügend vorbereitet. Und dennoch – wir gehörten zu den ganz wenigen Helfern. Es gab nur noch die islamische Hilfsbewegung «El Hillal» und eine französische Ärzte-Organisation, die oberhalb des Camps arbeiteten, das sich in diesen Tagen mit 55 000 Menschen gefüllt hatte.

Für diese Flüchtlinge wurde nicht einmal eine Ecke zur Verrichtung ihrer Notdurft eingerichtet. Sie mußten sich alle unter die wenigen Weiden setzen, die es am Grenzfluß gab – eine Beleidigung ihrer Würde, besonders für die älteren Frauen, die vor Scham vergingen. Eine noch viel grausamere Realität: Die mazedonischen Behörden machten Druck auf die westlichen Regierungen. Sie sollten Aufnahmequoten ermitteln, damit die Vertriebenen abziehen könnten. Dabei waren fast alle Albaner im Westteil des Landes spontan bereit, ihren Landsleuten aus dem Kosovo Unterschlupf zu geben. Das wäre ein Leichtes gewesen, aber die Regierung Mazedoniens war nicht bereit, diese Hilfsbereitschaft ihrer albanischen Minderheit zu nutzen, weil sie Angst vor der Störung der empfindlichen ethnischen Balance im eigenen Lande hatte.

Als das Lager in Blace nach einer Woche aufgelöst wurde, zogen wir mit den Flüchtlingen nach Tetova. Mit unseren Mitteln, die zum Teil mit der Bundeswehr nach Skopje geflogen wurden, versorgten wir 90 000 Menschen in Tetova, Gostivar und Struga. Zunächst arbeiteten wir mit dem mazedonischen Roten Kreuz zusammen, dann gingen wir mit unseren Ärzten in die Ambulanzen der Bergdörfer Vesalla und Bosovce. Dort kam es zu einer denkwürdigen Begebenheit: Wir hatten einen Lkw die Bergpiste hinaufgefahren und waren auf dem Rückweg von dem Gipfelort Bosovce in das Dorf Vesalla, wo wir von aufgeregten Albanern aufgehalten wurden. Sie zeigten auf den Berggipfel, der in der Dämmerung schneebehangen glänzte – dort halte die mazedonische Grenzpolizei eine Schar von 200 Flüchtlingen fest. Wir machten sofort kehrt und fuhren auf den Berg zurück. Uns begleiteten an diesem Tag Reporter des deutschen Fernsehsenders n-tv, die wir überreden konnten, einfach mitzukommen. Wir kamen in meterhohen Schnee und erlebten eine erschütternde Szene: Frauen und Kinder, die in diesen eisigen Temperaturen schon blau gefroren waren, durften den Platz nicht verlassen. Aus welchem Grund dies geschah, interessierte uns nicht. Wir beschwerten uns über dieses unmenschliche Verfahren. Der Zugführer dieser zehn Soldaten war derart peinlich berührt, daß er unter dem Vorwand zur Seite ging, er müsse telefonieren. Es war wohl ein mazedonischer Albaner, der sich für diese Polizeiaktion an der Grenze schämte. Nach einer Weile kam er in seiner weißen wattierten Skiuniform zurück und erklärte, die 200 Flüchtlinge könnten alle nach Vesalla, müßten sich dort aber registrieren lassen.

Damals führten wir eine der größten Hilfsoperationen durch, die CAP ANAMUR je unternommen hatte. In der Umgebung von Tetova hatten wir 35 488 Flüchtlinge mit Nahrungsmitteln und Hygienemitteln zu versorgen und wurden gebeten, in Kumanovo auch die Versorgung von 18 000 Flüchtlingen aus dem Kosovo und von weiteren 30 000 in den umliegenden Orten zu sichern. Für Struma, Gostivar und andere Orte kamen noch einmal etwa 55 000 Menschen dazu, am Ende hatten wir 167 000 Flüchtlinge aus dem Kosovo registriert und versorgt. Wir konnten uns dabei wieder auf unsere Partnerorganisation «Mutter Teresa» verlassen, die in Struma und Skopje eine gute Vertretung hatte.

Asam Luma, der Verantwortliche der Stadt Tetova, hatte uns inständig gebeten, die Lieferungen aufrechtzuerhalten, «da wir die einzig zuverlässige Organisation» seien. Das war keine Hexerei, denn da uns deutsche Spender viel Geld zur Verfügung gestellt hatten, konnten wir die Nahrungsmittel und die Kindernahrung sofort über den griechischen und bulgarischen Markt einkaufen und über entsprechende mazedonische Speditionen diese Riesenhilfsoperation bewerkstelligen.

Mitte April zogen wir nach Kukes in Albanien, dem größten Ort in der Nähe des Kosovo. Die Vertriebenen hatten sich beim Nadelöhr von Morina aus Prizren die letzten Kilometer mit Traktoren, zu Pferd, in Leiterwagen und Autos oder zu Fuß auf den mühsamen Weg nach Kukes und Albanien gemacht.

Was sich uns in Kukes bot, läßt sich kaum beschreiben. Die Straßen der 80 000 Einwohner-Stadt waren vollgestopft mit Menschen, drei- bis viermal so viel wie in normalen Zeiten. Am Abend noch hatten wir eine Idee. Wir gingen zum Sender «Radio Kukes» und baten die Kollegen um einen Aufruf: Alle «Mutter Teresa»-Mitarbeiter in Kukes sollten sich am nächsten Morgen um 9 Uhr auf dem Rasen vor dem Gebäude des Senders einfinden. Tatsächlich hatten wohl viele Flüchtlinge den Aufruf gehört. Es kamen dreißig, vierzig, vielleicht sogar fünfzig Mitarbeiter zusammen. Palloka, der Organisator und Logistik-Chef von «Mutter Teresa» in Priština, machte mit, und wir schlichen uns in die «Bar Amerika», die wegen der vielen dort anwesenden Journalisten berühmt war. Dort bekamen wir sogar einen Raum. Palloka hielt eine aufmunternde Rede. Im Grunde war es eine sehr deprimierende Situation. Ich weiß nicht mehr genau, was ich gesagt habe, aber ich habe an unsere Solidarität im Kosovo erinnert, die sich jetzt in der Stunde einer fast potentiellen Vernichtung und gezielten Vertreibung der Albaner bewähren müßte. Auf der gegenüberliegenden Tischseite fing ein hochgewachsener Mann an zu weinen. Es war Zeka. Er wurde unser Mitarbeiter und arbeitete bis 2001, bis zum Ende des Kosovo-Projekts, mit seinen Söhnen und seiner Frau mit ungebrochener Kraft für CAP ANAMUR zugunsten seiner Landsleute.

Am selben Tag mieteten wir ein großes Lagerhaus und ein Areal zur Aufstellung von Zelten und zum Aufbau eines Flüchtlingslagers. Wir hatten nicht im Traum mit einer so habgierigen Bevölkerung in Albanien gerechnet. Sie nahm die Flüchtlinge, ihre eigenen Landsleute, regelrecht aus. Aber am Ende gelang es uns doch, das Lagerhaus zu einem annehmbaren Preis zu bekommen. Der Besitzer war zugleich mit dem Polizeichef verbunden und konnte somit für das riesige Lagergebäude doch eine gewisse Sicherheit bieten.

Das Gelände für die Errichtung eines Lagers konnten wir hingegen nicht so rasch finden. Am Nachmittag standen wir endlich auf einem Gelände, das zwei Kilometer außerhalb von Kukes im Vorort Gostil auf einer Hochebene lag. Der Boden war nicht bebaut, es gab nur die Ruine einer Sporthalle. Die Besitzer waren drei mafiöse Brüder, die uns 2000 US-Dollar für den Quadratkilometer Grund monatlich abnehmen wollten – und das auch taten: Da es in Kukes keinerlei Grund gab, mußten wir nach stundenlanger Verhandlung auf diese Erpressung eingehen.

Nun konnte die Errichtung des Lagers beginnen. Täglich trafen fünf Lkws mit Nahrungsmitteln, Zelten, Hygienika, Seife usw. in

Kukes ein. In Tirana, der Hauptstadt Albaniens, hatten wir einen erfahrenen kaufmännischen Mitarbeiter, Claus Ruff, der uns versprach, daß die Lkws nicht mehr aufhören würden zu rollen. Ihm bin ich bis heute dankbar; ohne seine Tag- und Nachtarbeit wäre die gute Versorgung der Flüchtlinge im Lager sowie der 130 000 Menschen im Umkreis von Kukes nicht möglich gewesen.

Es war eine organisatorische Meisterleistung, die Lkws jeden Tag auf einer der unmöglichsten Straßen der Welt im Einsatz zu haben. Wir verdankten es auch den Spendern in Deutschland, daß alles so schnell getan werden konnte. Damals, in meinem Schlafzelt in Kukes, wenn der Himmel sich in der Ferne von den Raketen und Marschflugkörpern rötete, die jenseits der Grenze bei Dragash oder bei Djakovice einschlugen, empfand ich eine tiefe Genugtuung darüber, daß auch in finstersten Zeiten eine solche Aktion ohne störende Bürokratie immer Erfolg haben kann.

In Deutschland gab es eine große Bereitschaft, sich für die Menschen im Kosovo einzusetzen. Allein CAP ANAMUR bekam von den privaten Spendern in Deutschland 58,1 Millionen DM. Wir versorgten mit Grundnahrungsmitteln die 7500 Flüchtlinge im großen Camp in Gostil, etwa 2000 in einem kleineren Camp, dazu noch 130 000 Vertriebene in den Dörfern um Kukes. Wir lebten mitten in den Flüchtlingslagern in unseren drei Zelten, die durch eine Schnur als Zelte unserer Hilfsorganisation kenntlich gemacht worden waren. Im Nachbarzelt gab es einen kleinen Holzherd, wo wir morgens heißes Wasser bekamen. Es gab auch genügend Toiletten und Waschgelegenheiten. Abends blieben wir wie die Albaner lange vor den Zelten sitzen, weil dann die NATO-Flugzeuge röhrten, die unsere Nerven strapazierten. In solchen und anderen Situationen mußten wir die Flüchtlinge oft auch psychologisch betreuen. Das erreichten wir, indem wir mit ihnen lebten und ihnen die feste Zuversicht gaben: «Ihr werdet schon sehr bald wieder auf dem Weg in eure Heimat sein.»

Wir hatten gute Freunde. Einer von ihnen war Friedhelm Brebeck, der schon in Bosnien Fernsehkorrespondent gewesen war; hinzu kam sein Kameramann Armin, dessen Familiennamen ich mir nie habe merken können. Friedhelm Brebeck ist ein Reporter, der alle Tugenden des großen Journalisten und zugleich viel Mitgefühl für die Flüchtlinge, die Habenichtse der Lager und die

Schmuddelkinder der Weltgemeinschaft besitzt. Auch er erkannte, daß der vom UNHCR, vom Flüchtlingskommissar, ausgeübte Druck auf die Flüchtlinge, möglichst aus Kukes und den umliegenden Lagern weiter ins Landesinnere zu ziehen, für diese Menschen unerträglich war. Die Kosovaren fieberten statt dessen seit Wochen dem Tag entgegen, an dem sie wieder in ihr Land zurückkommen durften.

Friedhelm Brebeck hat uns auch bei unseren Kämpfen mit dem UNHCR unterstützt. Ihm habe ich für die «Tagesthemen» vor laufender Kamera gesagt, daß alle drei Gründe, die der UNHCR für den Evakuierungszwang angab, falsch seien. Erstens: Hätte es in Kukes eine wirkliche Bedrohung durch die serbischen Geschütze gegeben, dann wären der UNHCR und seine UN-Beamten die ersten gewesen, die sich hätten evakuieren lassen, zumal sie am gefährdetsten Punkt im Touristenhotel in Kukes saßen. Zweitens: Wenn die albanische Regierung das angeordnet hätte, so könnte niemand etwas gegen die souveräne Entscheidung der Territorialregierung unternehmen. Dies stimmte aber nicht, wie wir bei eigenen Gesprächen mit der albanischen Regierung erfahren hatten. Drittens: Noch falscher sei es zu behaupten, die Evakuierung erfolge auf eigenen Wunsch der Flüchtlinge, denn wir hatten eine Unterschriftenaktion im Lager durchgeführt, deren Ergebnis genau das Gegenteil bewies: Die Flüchtlinge hatten dem deutschen Bundeskanzler geschrieben, daß sie entweder in Kukes bleiben wollten, bis sie ins Kosovo zurückkehren konnten, oder gern von Deutschland aufgenommen werden wollten. Niemand wollte weiter ins Innere Albaniens.

Ende Mai 1999 kam Norbert Blüm, mit dem CAP ANAMUR ein gutes Verhältnis verbindet. Er kam allein, ohne Bodyguards. Blüm hat damals die Ehre der Politik gerettet. Wie selbstverständlich schlief er mit uns in einem der drei Organisationszelte mitten in Camp Gostil. Am Abend zogen wir von Zelt zu Zelt, und Blüm fragte die Flüchtlinge Löcher in den Bauch. Am nächsten Tag veranstalteten wir eine Kundgebung. Die Kcamerateams von ARD und ZDF waren anwesend. Der Besuch eines bei den Kosovaren bekannten Politikers war für die im Stich gelassenen Menschen ermutigend. Daß Blüm für die Kinder später noch einen Kopfstand vorführte, sorgte in unserem Lager für eine fast schon heitere Stimmung.

Auf den verstopften Straßen zogen 850 000 Kosovaren in das Kosovo zurück. Sie packten ihre Siebensachen zusammen; die Traktoren, die auf unserem Gelände standen, wurden betankt, manche mußten repariert werden. Nie zuvor habe ich in meinem Leben einen so fröhlichen kilometerlangen Dauerstau erlebt wie in diesen Stunden und den darauffolgenden Tagen. In unserem Camp war Aufbruchstimmung. Wir hatten den Flüchtlingen am Abend vorher gesagt, daß sie das Zelt, die Decken, die Schlafsäcke, alles mitnehmen durften, was sie von uns im Lager in den letzten drei Monaten bekommen hatten. Die ersten waren am Morgen des 13. Juni 1999 mit dem Packen schon fertig und hatten ihr weißes Zelt fein säuberlich zusammengelegt. Ich war darüber ein wenig beunruhigt, denn wir wußten nicht, ob wir überhaupt über die ersten Dörfer hinaus und bis nach Prizren kommen würden.

Am 14. Juni 1999 waren wir gleichsam zur Probe nach Prizren gefahren. An der Grenze hatte uns ein Bundeswehrsoldat angehalten. Man wartete an diesem Morgen noch auf die Bestätigung der ersten Bundeswehr-Patrouille. Sie sollte nur durchsagen: Der Weg ist frei, keine besonderen Vorkommnisse. Dann durften wir los. Ich beobachtete unseren Lagermeister Zeka, der den Wagen fuhr und sich die ersten Freudentränen aus dem Gesicht wischte. Zeka ist Vater von fünf erwachsenen Kindern und auch schon Großvater. Er war so voller Freude, daß er bei Zhur vor lauter Tränen das Steuer Agim überlassen mußte. In die Freude mischten sich bald das Entsetzen und die Trauer über das Ausmaß der Zerstörung. Alle Dörfer auf der Straße nach Prizren – Zhur, Vraneq, Hodza, Jeshokove – waren ausgebrannt, fast alle Häuser zerstört. Wir gingen zu unserem ersten Kontaktmann, dem Vater von Dr. Bujar Bukoshi, einem ehrwürdig wirkenden Arzt in Prizren. Es war wohltuend, von ihm zu hören, daß er nichts dagegen habe, wenn die Serben dort blieben. Aber sie machten sich bereits auf den Weg. Es bildete sich ein großer Zug, der sich unter Bewachung der noch verbliebenen serbischen Polizei am Ausgang der Straße nach Norden sammelte. Die Bundeswehr hatte Geleitschutz zugesagt.

Wie gefährlich diese Tage noch waren, zeigte uns die Nachricht von dem Mord an zwei *stern*-Journalisten. Sie wurden einen Tag zu früh auf der Straße von Priština nach Prizren erwischt. Am 13. Juni wurde mitten in Prizren ein serbischer Spezialpolizist in

Notwehr von einem Bundeswehrsoldaten erschossen, weil er wild in der Gegend herumschoß.

Nedim Goletic war bemüht, die ersten Kontakte nach Mazedonien herzustellen, damit unser Team aus Tetova mit dem Arzt Gerd Heimann und dem Albaner Florent in das Kosovo zurückkäme. Ekrem löste noch das Lager in Tetova auf. Nedim hatte nun Kontakt mit den Geschäftsleuten aus Mazedonien und Bulgarien. Er feilschte wie auf dem Basar um die Preise für Kanthölzer, Latten, Dachziegel und Dachscheitel. In den nächsten Tagen bekamen wir die ersten Lkws aus Mazedonien. Wir wollten uns rasch an die Arbeit machen.

Klaus Winkenjohann war zu unserer Freude wieder zu uns gestoßen. Er hatte bei dem ersten «Dachprogramm» als Zimmermann mitgeholfen und stand bei den Albanern in einem guten Ruf. Andreas Herr gab seinen Betrieb in Deutschland auf und half dann ein ganzes Jahr lang in Brod und von Brod aus in den Bergen des Lybetinen bei der Instandsetzung von mehr als 500 Dächern und Häusern. Josef Grundner bezog sein Quartier in Slatina an der Ausfallstraße nach Tetova und konnte sich der Not in den Bergdörfern bald nicht mehr erwehren, die bisher noch nicht entdeckt worden war, weil die meisten UNMIK- und NGO-Organisationen um die großen Städte herumlagen. Für Grundner war die humanitäre Arbeit die beste Erfüllung des Auftrags im Evangelium: «Geh hin und tue desgleichen.»

Die Ortschaften waren in der Regel bis zu drei Viertel zerstört. Es gab fünf Kategorien der Zerstörung. Erste und zweite Kategorie bedeutete, daß die Fensterscheiben zersprungen waren. Bei der dritten und vierten Kategorie waren das Dach abgebrannt und der Dachstuhl zerschmolzen; im Innern des Gemäuers war ebenfalls alles verkohlt, aber das Fundament und die Außenmauern des Hauses waren noch stabil, so daß man auf diesen Hausrumpf ein neues Dach setzen konnte. Häuser der fünften Kategorie waren durch Granaten oder Dynamit bis auf die Fundamente zerstört.

Wir haben uns immer vor zu vielen deutschen Experten vor Ort gewehrt, denn das hätte unsere Arbeit erfahrungsgemäß nur erschwert. Das Team bestand jeweils aus einem aus Deutschland entsandten Mitarbeiter der Organisation sowie einem kosovarischen Mitarbeiter, der idealerweise zugleich Übersetzer und

Hausbauorganisator sein sollte. Wir waren besonders froh, daß wir im gesamten Kosovo keinen einzigen deutschen Statikexperten in unmittelbarer Nähe hatten. Er hätte gemäß der deutschen Bauordnung verkündet, daß man die Hälfte der Dörfer im Kosovo erst einmal dem Erdboden gleichmachen und dann völlig neu aufbauen sollte.

Unsere Arbeit hat die Heimkehrer gestärkt und ermutigt. Sie waren nicht nur zu Hunderttausenden geflohen, die meisten von ihnen hatten bei ihrer Rückkehr keine Unterkunft mehr und mußten die Häuser erneut aufbauen, die sie in mühseliger Kleinarbeit mit dem Geld, das sie in Deutschland, der Schweiz, Österreich und anderswo verdient hatten, selbst gebaut hatten.

19

Nordkorea
Die letzte Schlacht des Kalten Krieges

Erster Besuch in Nordkorea: November 1997 – Erste Hilfsaktion in der Provinz Süd-Hwanghae: Februar–August 1998 – Zum zweitenmal in Pyongyang: Ende Februar/Anfang März 1998 – Ankunft des Reis-, Maistransports auf dem Schiff «Hu Bung» in Haeju: 2. April 1998 – Krankenhausprojekte

Im Februar 2001 beherrschte die BSE-Krise die europäische Medienlandschaft: Mit unserer Agrarpolitik waren wir in eine Sackgasse geraten, 400 000 Rinder sollten vernichtet werden. Als dann davon die Rede war, das Fleisch könne nicht in Dritte Weltländer exportiert werden, denn damit mache man deren Märkte kaputt, schrieb Ingeborg Schäuble, die Vorsitzende der Welthungerhilfe, in der ZEIT vom 8. Februar: «Nehmen wir einmal an, das deutsche Rindfleisch käme auf wundersamen Wegen durch zu den hungernden Menschen, zum Beispiel im Norden Mosambiks. Mit sehr hoher Wahrscheinlichkeit haben die Menschen dort gar keine Möglichkeit, das Fleisch zuzubereiten. Denn in den meisten Hungergebieten gibt es nach unseren Erfahrungen einen eklatanten Brennholzmangel.»

Da fiel mir das Land ein, das diese Hilfe dringend brauchen könnte: Nordkorea. Denn seine Bevölkerung ist so geschwächt, daß so rasch wie möglich protein- und eiweißhaltige Nahrung ins Land gebracht werden müßte. Die Regierung könnte doch CAP ANAMUR – so dachte ich – um eine solche humanitäre Spende bitten. Ich schrieb an Herrn Pak Hyon Bo, den Leiter der diplomatischen Mission Nordkoreas in Berlin, der mir am 11. Februar 2001 antwortete. Mir wurde wieder klar, daß die Nordkoreaner unsere Organisation fälschlicherweise für eine Regierungsagentur hielten. In dem Brief hieß es: «Hiermit teile ich Ihnen mit, daß die Seite der Koreanischen Demokratischen Volksrepublik bereit ist, das obengenannte Fleisch zu akzeptieren, wenn es uns die Regierung der Bundesrepublik Deutschland zur Verfügung stellt. Ich bitte Sie, unseren Standpunkt in dieser Frage offiziell an die Regierung der Bundesrepublik Deutschland weiterzuleiten »

Dieser Brief wurde von den Koreanern am nächsten Tag umgeschrieben und an Renate Künast, Bundesministerin für Verbraucherschutz, Ernährung und Landwirtschaft, geschickt. Man gratulierte der Ministerin und erbat das Fleisch von 200 000 Rindern. Das sind 40 000 Tonnen Fleisch. Für die Tötung der Tiere mußte man 80 Millionen DM veranschlagen. Das Fleisch entweder gekühlt oder in Dosen nach Nordkorea zu schicken und dort an die Bevölkerung zu verteilen, würde weitere 105 Millionen DM kosten.

In den nächsten Tagen waren wir im Nordkorea-Fieber. CAP ANAMUR übernahm die Rolle des Anwalts für die Aktion. Renate Künast widersprach, zur Grundernährung brauche man Getreide und Reis, nicht Fleisch. Den Brief und die offizielle Anfrage ließ sie fünf Tage lang unbeachtet. Doch dann änderte sich plötzlich die Lage. Keiner wollte mehr dagegen sein. Alle witterten Chancen, Gelder zu bekommen – und zu verdienen, so beispielsweise der Verband der Fleischer- oder die Dosenindustrie. Der Ministerpräsident des Landes Baden-Württemberg schrieb an CAP ANAMUR: «Wenn Sie eine Transportmöglichkeit sehen, würde ich mich darum bemühen, daß wir Fleisch für Nordkorea zur Verfügung stellen. Die in Nordkorea weitverbreitete Mangelernährung könnte so wenigstens teilweise wirksam bekämpft werden. Im Gegensatz zu anderen Entwicklungsländern würde mit einer solchen Hilfslieferung der örtliche Markt nicht zerstört, da dort kein Rindfleischmarkt vorhanden ist. Wichtig erschiene mir allerdings, daß das Rindfleisch auch tatsächlich bei den Bedürftigen ankommt. Deshalb müßte die Verteilung des Fleisches überwacht werden.»

Im November 1997 war ich zum erstenmal nach Nordkorea gefahren, um die Bedingungen zu erkunden, unter denen humanitäre Hilfe geleistet werden konnte, und um zu ermitteln, inwieweit man humanitäre Organisationen, die nicht der Regierung unterstanden, gewähren ließ.

Der Kampf um Visum und Reiseerlaubnis hatte von August bis Oktober 1997 gedauert. Herr Kang Jong Mo, der Vertreter des

Büros zum «Schutz der Interessen der Koreanischen Volksrepublik» in Berlin, hatte sich als ziemlich hartnäckig erwiesen. Ich sollte nämlich bei meiner Einreise eine – wie Kang Jong Mo etwas drollig meinte – «Hand-Hilfe von 30 000 US-Dollar» mitbringen; von dem Geld würde die nordkoreanische Behörde dann die benötigten Nahrungsmittel kaufen. Es sei ja schließlich gleichgültig, ob das die bei uns vorrätigen Nahrungsmittel oder andere, bereits verteilte seien.

Ich kannte diesen Ton und diese Methode von meinen Vietnam-Erfahrungen aus dem Jahr 1981. Damals hatten wir eine Reislieferung vereinbart und nachdrücklich verlangt, daß ein Vertreter des Komitees CAP ANAMUR die Verteilung kontrollieren und begleiten dürfe. Doch auch die Vertreter des kommunistischen Regimes in Hanoi waren der Meinung, daß der Vertreter getrost später kommen könne, nach Ankunft des Schiffes und Verteilung der Güter. Ob er bei der Verteilung die eigenen Säcke sähe oder fremde, sei doch gleichgültig

Uns paßte das natürlich nicht, denn wir wollten nicht dem Staatsapparat zu Devisen verhelfen. Also verständigten wir uns nach hartnäckigem Feilschen über den Ankauf von Mais und Reis bei der chinesischen Firma Liaoning Dandong Import Export Company, deren Managerin Zheng Quan Hong war. Es klappte – obwohl es natürlich schon zeigte, daß den Nordkoreanern das Wasser bis zum Hals stand. Sie mußten sogar «Eintrittspreise» in ihr Land verlangen, 30 000 US-Dollar in Ware oder cash. Die schwierige Frage für die Hilfsorganisation war stets, an welcher Stelle man strikt nein sagen mußte und wie viele Kompromisse man einzugehen bereit war.

Jedenfalls hatte es bei dem ersten Besuch am Ende geklappt. Wir hatten uns auf eine Alternative geeinigt: Ich hatte darauf bestanden, selbst am Bahnhof in Sinuju anwesend zu sein, um zu sehen, wann und wo unsere Lieferung ankommen würde. Meinem Gesuch wurde stattgegeben. Ich fuhr direkt mit den obligatorischen drei Begleitern bis Sinuju: mit dem Fahrer, den man eigentlich nicht braucht, der aber auch verhindern soll, daß einer der Nordkoreaner allein mit jemandem aus dem feindlichen Ausland Kontakt hat; mit dem Dolmetscher, den man in der Tat braucht, und mit einem «Koordinator», den man mit Sicherheit nicht braucht. Drei konnten sich gegenseitig gut überwachen, bei zweien wäre das schon schwieriger gewesen. Der «Koordinator» war der überflüssigste, dafür aber höchstrangige Mann der Gruppe. Er war der Hauptaufpasser und allein Zuständige für die Überwachung der Deutschen der Hilfsorganisation CAP ANA-MUR: Wenn bei uns etwas zum Schaden des Regimes passierte, war er der Verantwortliche.

Es folgten Tage unter strengster Protokolldisziplin, ohne meine Begleiter hätte ich das Hotel nicht verlassen dürfen. Wir einigten uns dennoch: CAP ANAMUR würde ein Büro in Pyongyang einrichten und eine medizinische Hilfsaktion in der Südprovinz Hwanghae beginnen. Am zweiten Tag meines Aufenthalts war ich mit einem alten Chevrolet auf der Autobahn nach Süden unterwegs, gähnende Leere auf den Straßen, viele Menschen saßen oder dämmerten am Straßenrand vor sich hin, völlig erschöpft und freudlos, im Zustand des «stunting», der chronischen Mangelernährung. Die Freude soll ihnen kollektiv ausgesaugt werden – sie gilt dem großen Vorsitzenden Kim Il Sung. Diesem Idol und Gott sowie seinem Sohn Kim Jong Il gelten schon die im Gleichklang geschmetterten und getanzten martialischen Lieder im Kindergarten, die Feiern zum Jahrestag der Partei und des Geburtstags von Kim Il Sung sowie zahlreiche weitere kollektive Festtage.

In Haeju besichtigte ich drei Krankenhäuser und zwei Waisenhäuser, eine Fabrik, in der Kunstnahrung produziert wurde, ein viertes Krankenhaus in Chaeryong und ein fünftes in Sinwon. Schon im ersten Krankenhaus wurde mir klar, daß man einiges verbergen wollte: Ich durfte weder die Küche noch die Betten, weder die Kinderstation noch den Operationssaal sehen. Doch dadurch, daß ich mich dumm stellte, gelang es mir doch noch, wenigstens in den OP-Saal vorzudringen. Ich folgte einem schrecklichen Schrei, den ich gehört hatte. Wir zogen uns die Schuhe aus und Pantoffeln an und kamen in einen total ausgekühlten Operationssaal, wo gerade einer Frau ohne Narkose eine Sectio gemacht wurde. Die Frau brüllte entsetzlich und schien mich auch durch ihre Schreie anzuflehen: Können Sie denn nicht etwas für mich tun? Den Anblick ihrer hilfesuchenden, blutunterlaufenen Augen habe ich bis heute nicht vergessen. Damals habe ich mich moralisch verpflichtet gefühlt, in Nordkorea zu arbeiten.

Wenn ich durch die Dörfer fuhr, habe ich mich immer aufmerksam umgeschaut, eigentlich auf der Suche nach Toten, die ja herumliegen müßten. Wenn es wirklich 2 bis 5 Millionen Hungertote in Nordkorea gab, dann hätte man sie auch sehen müssen. Aber ich sah sie nicht. Und das hatte auch Gründe.

Das Welternährungsprogramm hatte nämlich für die Bevölkerung in Nordkorea seit Ende 1996 sehr viel getan und eine große Hungersnot mit Millionen von Toten verhindert. In ihrer bisher größten Operation hatte die UNO über einen Zeitraum von zehn Monaten 500 000 Tonnen Reis und andere Nahrungsmittel ins Land gebracht. Diese internationale Hilfe mußte unbedingt fortgesetzt werden.

Was den eigenen Anteil an der Misere angeht, so zeigte sich das Regime völlig uneinsichtig. Schuld an den Entbehrungen und den Engpässen hätten ausschließlich die «Überschwemmungen» der Jahre 1995 und 1996. In Wahrheit war es ein Strukturproblem. Pro Jahr fehlten 1,2 Millionen Tonnen Reis. Die Regierung erklärte aber, sie könne höchstens 500 000 Tonnen Reis einkaufen. Statt die Not zuzugeben, lebte sie jahrelang auf Pump und fälschte erbarmungslos die Statistiken. Nordkorea war in der Nahrungsmittelerzeugung nie autark und wird es wohl auch nie mehr werden.

Der Gesundheitszustand der Bevölkerung war katastrophal. Unsere CAP ANAMUR-Ärzte fragten immer wieder nach psychiatrischen Fällen, nach behinderten Kindern und Erwachsenen. Beide Patientenkategorien konnte man nicht sehen. Keines der zehn Krankenhäuser, die CAP ANAMUR neu einrichtete, hatte eine psychiatrische Abteilung oder Station. Als unser Arzt Oliver Mohr danach fragte, bekam er 1999 die Antwort: «In unserem Land gibt es nur wenige Erkrankungen dieser Art, die Patienten werden in anderen Häusern untergebracht.» Es gab sie wahrscheinlich nicht. Denn in einer so totalitär organisierten Gesellschaft wie der Nordkoreas haben geisteskranke Menschen nichts zu suchen. In diesem Land darf niemand verrückt sein oder von der Norm abweichen, jeder muß in der disziplinierten Maschinerie von Partei und Volk wie ein Rädchen funktionieren.

Oliver Mohr hatte erfahren, was der Geheimdienst im Süden Koreas herausbekommen hatte: Das Regime dulde weder geistig noch körperlich behinderte Menschen. Die Betroffenen ließe man daher in Sammellagern dahinvegetieren. Was es auch nicht gab, waren alte Patienten – wobei unsere Ärzte nüchtern darauf hinwiesen, daß die Chance, in Nordkorea das 65. Lebensjahr zu erreichen, sehr gering sein dürfte.

Der hygienische Standard ist, jedenfalls in den Bereichen, zu denen wir in den beiden Provinzen Zugang hatten, so niedrig, daß sehr viele Menschen an Tuberkulose erkrankt sind. Neben HIV und Malaria zählte die Schwindsucht zu den Infektionskrankheiten mit den höchsten Ansteckungsraten. Hinter der mit Mühe aufrechterhaltenen Fassade ist Nordkorea in den letzten Jahren auf das Niveau eines Dritte-Welt-Landes zurückgefallen. Um Tuberkulose zu behandeln, sind Zeit und Geduld erforderlich. Eine vernünftige, wirksame Therapie erfordert sechs Monate und die konsequente Einnahme der entsprechenden Medikamente Streptomycin oder Rivampicin. Diese Medikamente standen der Allgemeinheit in Nordkorea nicht zur Verfügung. In allen zehn Krankenhäusern, die wir betreuten, gab es erbärmlich hustende, ausgezehrte Patienten mit dem typischen Blick der Schwindsüchtigen.

Oliver Mohr und sein Nachfolger Norbert Vollertsen fragten immer wieder: «Könnte dieser Patient an TB erkrankt sein?» – «Ist schon möglich.» – «Haben Sie es bisher überprüft?» Um Tuberkulose zu diagnostizieren, waren Röntgenaufnahmen erforderlich – die aber wegen der mangelnden technischen Ausrüstung nicht möglich waren. Mit unserer Hilfstätigkeit konnten wir das ändern. Und da es nun auch Medikamente gab, war eine Behandlung möglich, allerdings zunächst nur in fünf Krankenhäusern der Provinz Süd-Hwanghae, noch nicht in den fünf Krankenhäusern der Provinz Süd-Pyongan, die anschließend an die Reihe kam.

Nach meiner Rückkehr in die Bundesrepublik mußte ich zwei unzutreffende Behauptungen zurückweisen. Es wurden immer wieder neue Greuelmeldungen über die Zahl der Hungertoten verbreitet. Allerdings stammten sie meist von Korrespondenten deutscher Zeitungen und Sender in Peking, die alle nicht nach Nordkorea einreisen durften, sich für zwei Tage an der Grenze Nordkoreas zu China einmieteten und nordkoreanische Dissidenten befragten. Diese bestätigten gern, daß es nun sechs statt fünf Millionen Hungertote gab. Am 28. November 1997 schrieb ich in der ZEIT: «Die Gemeinschaft der humanitären Hilfsorganisationen (zumal die der UNO) ist in den letzten Jahren von Krisen und Mißerfolgen gebeutelt worden. Was aber drei Töchtern der UN Familie – dem Entwicklungshilfeprogramm UNDP, dem Welternährungsprogramm und dem Kinderhilfswerk UNICEF – in Nordkorea gelungen ist, ist eine einzigartige Leistung.»

Die Temperaturen lagen Mitte November in Sinuju an der Grenze zu China schon bei minus 15 Grad. Im Januar und Februar fallen sie auf minus 30 Grad. Die meisten Menschen in dieser Region haben ein entbehrungsreiches Leben. Den Rücken gegen den scharfen Mandschureiwind gekrümmt, radeln sie kilometerweit, um ein paar Ackerfrüchte auf den kleinen halblegalen Bauernmärkten zu tauschen oder zu verkaufen. Ich wünschte diesen fleißigen Menschen schon in den nächsten Jahren ein würdigeres Leben.

Wir bereiteten alles für unseren Start im kommenden Februar 1998 vor. Dr. Frauke Knittelmeyer wurde angeheuert, um ihren ersten Härtetest für CAP ANAMUR zu bestehen. Wir starteten am letzten Februarartag und kamen pünktlich in Pyongyang an. Es war bitterkalt, aber das, was mir meine nordkoreanischen Gesprächspartner dann sagten, hatte ebenfalls eine eisige Temperatur. Kaum saßen wir im Auto, da übergab mir der große Herr Kim ein zweiseitiges Papier mit dem Programm. Dort stand für den nächsten Tag: Übergabe der Medikamentenlieferung (wir waren mit 4 Tonnen Medikamenten und medizinischen Gerätschaften am Flughafen angekommen!) als Spende an die Medizinische Universitäts-Fakultät in Pyongyang. Herr Kim, der «Koordinator» – wir nannten ihn den «großen» im Unterschied zu dem «kleinen» Herrn Kim, dem Dolmetscher – bestätigte mir das und fragte, ob ich mit dem Programm einverstanden sei. Ich war außer mir: Keine unserer Vereinbarungen wurde offenbar eingehalten. Keine Fahrt mehr in die Provinz Süd-Hwanghae, keine Fahrt mehr nach Haeju in die Krankenhäuser. Lauter Termine in und um Pyongyang. Schon auf dem Weg zum Denkmal des «großen und unsterblichen Führers» Kim Il Sung erklärte ich den Herren, wenn ich nicht am nächsten Morgen mit unserer deutschen Ärztin nach Haeju fahren könne, um sie dort den Ärzten der drei Krankenhäuser vorzustellen, würde ich abreisen und CAP ANAMUR würde in Nordkorea keine Hilfe leisten.

Am Abend gab es im Gästehaus Kobangsan ein Abendessen zu Ehren der beiden Mitglieder von CAP ANAMUR mit dem Abteilungsleiter Europa des Außenministeriums. Dieser beschwor mich, auch noch Nahrungsmittel zu schicken. Man werde mit dem Mangel nicht mehr fertig. Ich hörte mir das in Ruhe an, während wir mit Stäbchen in den nordkoreanischen Spezialitäten herumfuhrwerkten, dann erwiderte ich: «Wir können über vieles hier sprechen, auch über eine Nahrungsmittelhilfe. Aber erst muß ich morgen früh mit der deutschen Ärztin nach Haeju!»

In der Zwischenzeit hatte uns Herr Kim aufgeklärt. Nach Süd-Hwanghae hatte man in den zwei Monaten zwischen meinem ersten und dem zweiten Besuch schon die italienische Organisation CESVI geschickt, die mit Mitteln der EU dort ein Gesundheitsprogramm aufstellen wollte. Dennoch bestand ich auf der Einhaltung der ursprünglichen Abmachung. Es war mir vollkommen gleichgültig, wie die Behörden das regelten. Mein Verständnis für diesen harten Kern eines totalitären Systems hielt sich sehr in Grenzen.

In der Nacht gab es strengen Frost, unsere Unterkunft – für die wir immerhin pro Person 90 US-Dollar hatten bezahlen müssen – war eiskalt, und Frauke Knittelmeyer hatte Angst zu erfrieren. Am nächsten Morgen beschlossen wir darum, ins Koryo Hotel umzuziehen.

Wichtiger aber war die Vereinbarung, daß wir in die Provinz Süd-Hwanghae fahren durften. Das Projekt zur Instandsetzung und Versorgung der Krankenhäuser kam in Gang. CAP ANAMUR organisierte einen großen Schiffstransport mit Reis für 2,5 Millionen DM. Damit konnten wir bei der Behörde Punkte sammeln. Wir hatten zugesagt, daß in fünf Wochen die Nahrungsmittel im Hafen von Haeju eintreffen und gelöscht werden würden.

Am 2. April 1998 kam das M/V «Hu Bung» unter nordkoreanischer Flagge im Hafen von Haeju an. In Bangkok hatten wir den Thai White Rice für 315 US-Dollar die Tonne und Thai-Mais für 200 US-Dollar die Tonne eingekauft, dann alles auf das von uns gecharterte nordkoreanische Schiff verladen und die Ladung unter unserer Aufsicht im Hafen von Haeju gelöscht. Mit den Nahrungsmitteln wurden vor allem die Krankenhäuser, Kinder- und Waisenheime bedacht. Die ganze Aktion – Ankauf der Nahrungsmittel, Schiffscharter und Bezahlung der Lademannschaft – hat die deutschen Spender 2,5 Millionen DM gekostet.

Auf den Feldern zwischen Pyongyang, Chaeryong, Sinwon und Hwaeju, an denen unser Team immer wieder vorbeifuhr, wurde noch mit dem Pflug, selten mit alten Traktoren gearbeitet. Bauern standen barfuß im Morast und setzten mit der Hand die Schößlinge. Die Erntelasten wurden auf dem Rücken zu einem privaten Markt getragen. Die Natur gedieh, die Arbeitsmoral war gut, wie die Gesichter der Bauern und Kinder verrieten, die uns mittlerweile auf unseren Fahrten zuwinkten.

Seit dem Jahreswechsel 1999/2000 scheint die Regierung das Mißtrauen gegenüber ausländischen Helfern zwar nicht aufgegeben, aber doch abgeschwächt zu haben. Die medizinische Versorgung aus dem übrigen sozialistischen Ostblock ist längst zusammengebrochen. Der Rückgriff auf Akupunktur und traditionelle Heilkräuterpräparate kann bei schlimmen Krankheiten nicht helfen. Erschreckend ist der allgemeine Zustand der Gebäude: zerbrochene Fenster, veraltete, unbrauchbare Geräte, verrostete OP-Instrumente. Noch im Winter 2000 saßen an Diarrhöe erkrankte Kinder apathisch in unbeheizten Krankenhäusern. Die Spitäler können seit den westlichen Medikamentenlieferungen normal arbeiten, und das Ausmaß der Unterernährung bleibt beschränkt.

Man müßte jetzt, so schreibt unser Arzt Dr. Norbert Vollertsen, einen Zugang zu den Familien haben. Die akute Not an «bulk food», an sättigender Nahrung, wird durch die Unterstützung des Welternährungsprogramms und der EU mit Weizen- und Reis-Lieferungen zwar verhindert, aber die Rationen bleiben in ihrem Nährwert unausgeglichen, so daß von CAP ANAMUR gelieferte Zusatznahrung wie Zucker, Öl, Milchpulver und Proteinkekse sehr geschätzt wird. Während der knappen Frühlingsmonate, bis die ersten Gemüsesorten geerntet werden können, wurden auch Vitamintabletten an alle Kinder in den Krankenhäusern ausgegeben. Mit dem Bau von Gewächshäusern soll Gemüse auch im nächsten Winter geerntet werden können. Bis dahin ist viel zu tun, um der Ohnmacht in der klirrenden Kälte entgegenzuwirken. CAP ANAMUR hat wie andere Organisationen gezögert, Heizkohle von koreanischen Firmen, also staatlichen Unternehmen, zu kaufen. Denn das hätte bedeuten können, dem sozialistischen

Staat die Verantwortung für die Propagierung einer kostenlosen Gesundheitsversorgung abzunehmen und ihm gleichzeitig Dollars in bar zu übergeben – die er dann in sein Raketenprogramm, seine Atomenergie oder sein hypertrophes Weltraumprogramm gesteckt hätte.

Das religiöse Leben hat in Nordkorea aufgehört; inwieweit der Konfuzianismus das ersetzen kann, ist für uns Westeuropäer nicht zu erkennen. Der Respekt vor den Älteren – der Schüler vor dem Lehrer, der Kinder vor den Eltern – scheint zerschlagen durch die gewaltige Kollektivreligion, die sich mit dem «Großen Führer», dem Vater aller Nordkoreaner, verbindet. Das ganze Land ist voller Weihetempel, Votivtafeln und Gebetsecken, um es in der Sprache des Katholiken zu sagen. Fährt man von Pyongyang nach Haeju, stehen immer wieder auf Hügeln, an Plätzen, an kleinen Weihern diese großen Gemälde, die dort mächtig in die ärmliche Kulturlandschaft hineingebaut sind.

Politik ist durch eine staatstragende Theokratie ersetzt worden. Die grellen, kitschigen Riesengemälde, die dem Besucher in jedem Ministerium, in jeder Hotelhalle, in jedem ausgekühlten Krankenhaus, auf allen Straßen und Plätzen entgegenstarren, folgen nach dem Tod Kim Il Sungs einem neuen Bildprogramm: Sie stellen Kim Il Sung und seinen Sohn und Nachfolger Kim Jong Il in gleicher Größe, gleich pausbäckig, gleichrangig dar.

Sinuju, an der Grenze zu China. Immer noch bin ich auf der Suche nach den Hungertoten. Das Deutsche Rote Kreuz hatte nach einer Reise durch Nordkorea erklärt, daß in Nordkorea jeden Monat 10000 Menschen an Hunger sterben würden. Das wären 330 Menschen pro Tag, die doch irgendwo zu sehen sein müßten. «Rubbish», sagt mir der Vertreter des Welternährungsprogramms vor Ort in Sinuju, in dem einzigen Hotel, wo wir uns abends treffen und uns nach dem Stromabschalten bei Kerzenlicht unterhalten können. Es gebe viele, die nicht genug zu essen hätten, aber Hunger und «starvation», wie nach 1984 in Äthiopien oder nach 1990 in Somalia, gebe es hier nicht. Dharmadasa Seraghe weiß, wovon er spricht. Er kommt aus Colombo. Er sagt, daß die Regierung ein gutes staatliches Verteilungssystem habe. Aber eigentlich braucht die gesamte Stadtbevölkerung Nahrungsmittellieferungen. In Sinuju ist halblegal so etwas wie ein kleiner Bauernmarkt entstanden. Wir sehen das von der Hauptstraße aus, dürfen aber nicht dorthin.

In den nächsten Jahren werden – unabhängig davon, ob Dürre herrscht oder nicht – pro Jahr 1,3 Millionen Tonnen Nahrung fehlen, selbst wenn die Regierung eine halbe Million Tonnen kaufen könnte. Jedes Jahr hängt das Land mit 700 000 Tonnen Reis am Tropf der internationalen Hilfe. Die Fahrt von Pyongyang durch das ganze Land bis Sinuju erinnert mich an eine andere Hungerprovinz der achtziger Jahre: Tigray in Äthiopien. Auf den Hügeln und Bergen von Nordkorea hat man mit den Wäldern und Bäumen einen ähnlichen Raubbau getrieben wie in Tigray. Und man tut es noch weiter, so daß die nächsten Überschwemmungs- und Dürrekatastrophen schon vorhersehbar sind.

20
Apothekeneröffnung im sibirischen Kusbass-Revier

Erster Besuch im Kohlerevier Kusbass, um Bedarf zu erkunden: Anfang November 1989 – Fall der Berliner Mauer: 9. November 1989 – Erster Hilfsgüterkonvoi mit zehn Lkws: Anfang April 1990 – Zweiter Konvoi mit fünfzehn Lkws mit Arzneimitteln und medizinisch-technischen Geräten: Ankunft 6. Januar 1991 – Eröffnung der CAP ANAMUR-Apotheke in Prokopjewsk: 26. April 1991

Der kleine VW-Bus fuhr plötzlich an die Seite der Straße und hielt. Der Fahrer drehte sich um und sagte auf russisch, was mir die Dolmetscherin Tamara dann übersetzte: «Das hier ist die Grenze zu Sibirien. Und es ist ein ungeschriebenes Gesetz, daß jeder Fremde nur dann über die Grenze Sibiriens darf, wenn er sich ein ganzes Glas Wodka hinter die Binde gießt. Und zwar ex!»

Nun schauten mich auch Tamara und der deutsche Begleiter Michael Walter so treuherzig an, daß ich mich gezwungen sah, auch in diesem besonderen Fall Respekt vor den Sitten und Gewohnheiten des jeweiligen Landes zu zeigen. Die Wodka-Flasche hielten sie schon bereit, vom Armaturenbrett nahmen sie ein großes Wasserglas, füllten es mit Wodka und reichten es mir. In dieser Zeit fuhren die 14 Lkws von Sowtransawto an uns vorbei in Richtung Kusbass. Ich nahm einen Anlauf und trank mit einem riesigen Schluck die Hälfte des Wodkas – als Zeichen guten Willens. Aber es reichte nicht, ich mußte alles austrinken.

Dann fuhren wir weiter, ich merkte aber, daß irgend etwas nicht stimmte. Man hatte mich hereingelegt. Mit dem Konvoi waren wir schon zwölf Tage unterwegs. Ich war in Nowosibirsk zugestiegen. Wir hatten hier Station gemacht und uns dann auf die Lkws verteilt. Es war gut, daß wir uns Richtung Kusbass auf den Weg gemacht hatten, denn dort hatten sich die Bergleute in sogenannten Bergarbeiterkomitees neu organisiert. Besonders heftig

299

hatten sich die Kumpel im Kusbass-Becken zu Wort gemeldet. Im Juli 1989 platzte ihnen der Kragen. Am 12. Juli 1989 startete dort die bisher größte Streikwelle in einem Land, das Streiks so gut wie nicht gekannt hatte. Das Parteikomitee der 100 000 Einwohner-Stadt Meschduretscheusk hatte am 12. Juli den örtlichen Arbeiterausschuß als «gesellschaftliche Institution» anerkannt. Damit bekamen die monopolisierten Gewerkschaften zum erstenmal in der Geschichte der Sowjetunion Konkurrenz.

Ich war nach Sibirien geflogen, um eine humanitäre Aktion in Nowokuznezk im Kohlerevier Kusbass vorzubereiten. Hier war noch gar nichts geschehen, wir waren die ersten, die kamen und etwas brachten. Es war das Urerlebnis jedes humanitären Helfers: Man mußte von Grund auf anfangen, die Menschen hatten an der Zivilisation nur genippt.

Der Bergwerksingenieur Awaliani hatte mir gesagt, daß man im Protokoll von Prokopjewsk, datiert vom 17. Juli 1989, allen Forderungen der Bergleute stattgegeben hatte. Wir waren auf dem Weg in das richtige Gebiet, wurden allerdings überrascht. Denn der Entschluß, Hilfe in ein Gebiet Rußlands zu bringen, war uns durch einen Bericht im ARD-Weltspiegel nahegelegt worden. In diesem Filmbericht wurden die Lebensbedingungen der Bergarbeiter unter Tage sehr eindrucksvoll dargestellt – in den Gruben von Kemerowo, Prokopjewsk und Nowokuznezk. Die ökologischen und sozialen Bedingungen waren katastrophal. In Erinnerung ist mir noch ein aus Holz gefertigtes sibirisches Haus nahe Prokopjewsk geblieben. Auf dem Schild über der Haustür war in großen kyrillischen Buchstaben zu lesen: «Willkommen in der Steinzeit!»

Für immer wird Sibirien in meiner Erinnerung das Land der Kälte, der Fronarbeit, der Trauer und Tränen bleiben. Man wachte auf, und es war eisig kalt; man lief den ganzen Tag herum und wurde nie richtig warm. Dabei trug ich sogar lange Unterhosen und eine Pelzmütze, die mir ein russischer Bekannter mitgegeben hatte, eine Inguschen-Mütze. Erst viel später erfuhr ich, daß die Inguschen Nachbarn der Tschetschenen sind und wie diese von Stalin wegen vermeintlicher Kollaboration mit Hitler-Deutschland nach Kasachstan deportiert worden waren. Sibirien ist tränengetränkte Erde.

1891 begann hier der Bau der berühmten Transsibirischen Bahn, der Transsib, die sich über rund 8000 Schienenkilometer vom Ural zum Pazifischen Ozean, von Tscheljabinsk über Omsk, Nowosibirsk, Krasnojarsk, Irkutsk, Tschita, Chabarowsk nach Wladiwostock windet. Durch den Einsatz von 90 000 Bauern, Soldaten, Kosaken und Sträflingen schritt der Eisenbahnbau jährlich um 600 km voran. Die Brücken der Transsibirischen Eisenbahn ergeben allein eine Gesamtlänge von 48 km. Die beiden größten sind die 895 m lange über den Fluß Jenissej und die über den Irtytsch bei Omsk. Der Granit für die Omsker Brücke mußte aus einer Entfernung von 800 km herbeigeschafft werden, wie wir aus Berichten einiger russischer Schriftsteller wissen. Aber die physische Realität von Kälte und Eis vermochte keiner von ihnen darzustellen, geschweige denn das Menschenelend, das in Sibirien tägliche Realität ist.

Drei Tage waren wir noch in Sibirien unterwegs, das bedeutete zwei Nächte im Lkw. Zu meinem größten Erstaunen hatte ich erfahren, daß man in dieser Kälte die Motoren der Lkws nachts laufen lassen mußte, damit sie nicht einfroren. Michael Walter, ein junger Bauingenieur, der die Teamleitung übernommen hatte, und sein Kollege und Freund Johannes Oswald, ebenfalls Bauingenieur, waren in den Lkws mitgefahren; später stieß noch der Arzt Bernhard Puppe hinzu. Wir hatten uns die Wagen ausgesucht, in denen es eine zweite Pritsche hinter der Fahrerkabine gab, so daß wir uns in Decken einwickeln konnten. Ich weiß nur noch, daß ich trotz des Geräuschs der leise vor sich hintuckernden Lkw-Motoren wie ein Murmeltier geschlafen habe – und daß es in der geheizten Fahrerkabine wunderbar warm war.

Die Reise und der Konvoi waren gut vorbereitet. Wir hatten einige Abgeordnete der Duma eingeschaltet, die dafür sorgten, daß der Konvoi in Moskau rasch abgefertigt wurde. Mit dem Arbeiterkomitee hatten wir vereinbart, daß die Hilfsgüter für die Verbesserung der Lebensverhältnisse der Arbeiter und ihrer Familien bestimmt waren. Nahrungsmittel wollten wir in den Krankenhäusern verteilen. Medikamente hatten wir, nach Abstimmung mit unserem Partner vor Ort, einstweilen noch nicht mitgenommen. Das wurde aber nun zum Hauptangriffspunkt für die zahlreichen Journalisten, vor allem für die vom Sender Freies Berlin. Nach deren Einschätzung hatten wir genau das Verkehrte mitgebracht. So hieß es später noch, die Nahrungsmittel seien eine Beleidigung für die Bevölkerung des Kusbass-Gebiets gewesen.

Das städtische Arbeiterkomitee beteiligte sich an der Verteilung der Lebensmittel. Die Freude bei den armen Empfängern war riesengroß. Als uns nach Beendigung der Aktion nochmals gedankt wurde, erklärte man uns gleichwohl, in Zukunft sei medizinische Hilfe wichtiger als Nahrungsmittelspenden. Bei den Nahrungsdefiziten, so der Chef des Arbeiterkomitees des Kusbass, würde man sich zu helfen wissen, kaum aber bei fehlenden Medikamenten.

Trotzdem gab es auch 1991 wieder Nachrichten von einer drohenden Hungersnot in der Sowjetunion. Wir akzeptierten die Bitte des Arbeiterkomitees, auch wenn es für unsere CAP ANAMUR-Mitarbeiter immer noch unfaßbar war, mit was für schlechten Nahrungsmitteln sich die Menschen in Rußland ernähren mußten. Tee und Kaffee westlicher Qualität waren ausgesprochene Delikatessen. Als Bernhard Puppe einmal zur Weihnachtszeit in Prokopjewsk «Väterchen Frost», eine Variante unseres Weihnachtsmanns, spielte, beschenkte er russische Kinder mit westlicher Schokolade. Noch Jahre später erzählte er begeistert, was für glückliche Kinderaugen ihm entgegengestrahlt hätten. In Rußland ging es also nicht mehr um die nackte Existenz, sondern um die Lebensqualität.

Blickt man von einem Flugzeug aus Moskau kommend auf Sibirien hinab, auf die nicht enden wollenden Äcker, Wiesen, Felder, Birkenhaine, dann könnte man leicht zu der Annahme neigen, daß dieses Land imstande wäre, die Hälfte der Menschheit zu ernähren. Aber es verhält sich durchaus nicht so. Unter Breschnew gab es beispielsweise eine große Ernährungskrise: Rußland mußte damals Millionen Tonnen Weizen pro Jahr importieren. Die chronische Krise der russischen Landwirtschaft ging weiter, vor allem weil der Kolchosbetrieb 1990 und selbst im Hungerwinter 1990/1991 nicht aufgegeben worden war. Da aber die staatliche Landwirtschaft unattraktiv wurde, wanderten viele Kolchosniki ab, und folglich fehlten immer mehr Arbeitskräfte.

Der Staat blockierte die private Produktion, weil er die Kolchosprodukte subventionierte. So kostete damals, als CAP ANAMUR in Prokopjewsk war, ein Liter «Staatsmilch» 0,50 Rubel, Milch auf dem privaten «Basar» 1,50 bis 2 Rubel. Gekauft wurde die «Privatmilch» nur in Ausnahmefällen, wenn zum Beispiel den staatlichen Geschäften die Milch ausging oder die Warteschlange zu lang war. Die Bauern allerdings waren auf den Verkauf der Nahrungsmittel dringend angewiesen. Dazu kam noch, daß der Rubel zu kränkeln anfing. Selbst die Moskauer konnten nicht mehr nur mit Rubel bezahlen. Bei Nahrungsmitteleinkäufen auf dem Lande zahlten sie mit Kassettenrecordern und ähnlichen Luxusgütern.

Bei meinem ersten Besuch im November 1989 hatte ich bei der Familie von Tamara Dolganova Konstantinowna gewohnt. Sie war eine deutschsprechende Rußlanddeutsche und hatte einen russischen Hubschrauberpiloten geheiratet. Im Unterschied zu Hunderttausenden von ihren Landsleuten verspürte sie nicht das Bedürfnis, nach Deutschland umzusiedeln. Sie wohnte in einer Plattenbausiedlung, in einem jener Häuser, die einem die abgrundtiefe Häßlichkeit des gesamten sozialistischen Weltblocks von Ost-Berlin über Minsk, Moskau, Nowosibirsk bis Ulan Bator und Pyongyang vor Augen führten. So saß ich denn auch am 9. November 1989 morgens in der Küche der Konstantinows. Genrich, Tamaras Mann, hatte das Radio eingeschaltet. Ich verstand kein Wort von dem, was der Nachrichtensprecher sagte, aber Genrich rief plötzlich: «Die Leute gehen über die Mauer!» – über die Mauer von Ost- nach West-Berlin. Er sagte es ziemlich ungerührt, denn persönlich betraf es ihn kaum. Ich aber hatte wegen der Zeitverschiebung – sechs Stunden Zeitunterschied zwischen dem Kusbass und Deutschland – die Maueröffnung buchstäblich verschlafen.

Es war der 7. Januar, das russische Weihnachtsfest. Wir fuhren aus dem häßlichen Prokopjewsk heraus und kamen in ein schönes Dorf, das Jasnaja Poljana hieß. Dort sollte noch eine deutsche Kolonie mit den typischen deutschen Häuschen und den schmückenden blauen Fensterläden leben. Auch eine deutsche Baptistengemeinde hatte man uns angekündigt. Einer der Komitee-Arbeiter, der sich beim Ausladen in den letzten Tagen besonders eingesetzt hatte, führte uns in die Welt der Sibiriendeutschen ein. Hier, so spürten wir, hat sich eine einzigartige ethnisch-gesellschaftliche Bindekraft erhalten. In einem dieser Häuser trafen wir die Familie des Woldemar Herz: Vater, Sohn, Kinder, Enkelkinder. Woldemar Herz sprach als 69-jähriger noch ein hervorragendes Deutsch. Er kam aus Odessa, wurde als Volksdeutscher 1941 nach Deutschland geholt und dann mit seiner Familie von den einrückenden Sowjettruppen nach Sibirien, ins Prokopjewsk-Gebiet, deportiert. Die Zeit nach 1945, so erzählte er uns ernst, war für Deutsche schwierig. Verhöre und nächtliches Abholen waren ebenso an der Tagesordnung wie die Diskriminierung als Deutscher. Voller Stolz fügte er hinzu, er habe sich seine deutsche Sprache und Kultur bewahrt, und jeder im Raum spürte, daß er sich damit selbst gerettet hatte. Seine Kinder sprachen allerdings nicht mehr deutsch. Wir saßen da in einem heimeligen Raum, natürlich in der Küche, die Familie plünderte für die Gäste die letzten Vorräte, kochte sibirische Fleischknödel, erzählte uns von dem Leben, von der eigenen, für die Bundesrepublik so fremden Gläubigkeit der Volksdeutschen. Als ich Woldemar Herz fragte, wo er denn wirklich zu Hause sei, sagte er ohne einen Augenblick zu zögern: Sie seien natürlich erst «beim Vater im Himmel» zu Hause. Sie wüßten, daß sie auf Erden immer «nur auf Wanderschaft seien». Darum spiele es keine Rolle, ob sie in Jasnaja Poljana, in Odessa oder in Nürtingen seien.

Auf dem Konvoi-Weg in Omsk trafen wir den völlig gebrochenen deutschrussischen Pfarrer Nikolaus Schneider mit seiner Frau. Für ihn hatten sich in den letzten Monaten alle Verhältnisse radikal gewandelt. Er erzählte, daß in der Stadt selbst ca. 30 000 und in ihrem Umkreis ca. 102 000 Deutsche lebten, die nun fast alle im Begriff waren, in die Bundesrepublik auszureisen. Auf unsere Frage, ob denn eine große Hilfsaktion die Sibiriendeutschen hier noch festhalten würde, schüttelte er energisch den Kopf. «Die Leute sind einem Sog verfallen, niemand will mehr bleiben!»

Als die 15 Lkws des CAP ANAMUR-Konvois für Sibirien am 6. Januar 1991 in der westsibirischen Stadt Prokopjewsk bei klirrender Kälte ankamen und entladen wurden, wurde uns deutlich, daß der KGB in Rußland immer noch große Macht hatte und bestimmte demokratische Standards einfach überrollen konnte. Im Wagen Nr. 16 entdeckten die KGB-Fahnder etwas Verbotenes. Nr. 16 kam in der Zählung deshalb vor, weil am 20. Dezember 1990 von St. Augustin bei Bonn insgesamt 24 LKWs abgefahren waren. Neun wurden in Moskau, im Stadtbezirk Gagarin, unter der Aufsicht des Botschafters a. D. Viktor Nikolayewitsch Beletski ausgeladen. Man entdeckte eine Plastiktüte mit «staatsgefährdender Literatur» – mit russischen Bibeln für die baptistische Gemeinde in Sibirien. Wer immer diese Tüte auch in den Konvoi gepackt hatte, es war mir völlig unerklärlich, warum die russische Bibelübersetzung «staatsgefährdend» sein sollte. Daß wir im Griff des KGB waren, ergab sich aus den vielen Anrufen beim Arbeiterkomitee in Prokopjewsk: Man wolle die Pässe der vielen «fremdländischen Elemente» sehen, die mit CAP ANAMUR eingereist seien.

Wjatscheslaw Karpow gab dem KGB lächelnd zu verstehen, daß man sich um diese Sache selbst bemühen müßte, er werde dem KGB keine Amtshilfe leisten. Für den Geheimdienst mußte das schwierig sein, die Journalisten waren ja nicht zu kontrollieren. In Omsk hatten sie es nicht mehr in dem langsamen Konvoi ausgehalten, sie fuhren am 2. Januar mit der Transsib bis Nowosibirsk und waren einen Tag vor Ankunft des Konvois in Prokopjewsk. Der KGB wird außer sich gewesen sein, zumal auch noch der Reporter des Senders Freies Berlin mit einem von der Deutschen Bundespost ausgeliehenen Satellitentelefon anreiste und das Telefon dann vor dem Hotel in Prokopjewsk mit seiner Empfangs- und Sendeschüssel in aller Seelenruhe auf offener Straße aufbaute. Kaum war das geschehen, parkte ein Kleinbus in der Hauseinfahrt, zwei unverdächtig aussehende Leute stellten sich in den Hauseingang und hörten dem Reporter bei seiner ersten Radiosendung zu. Einer der Beamten verstand und sprach deutsch.

In Sibirien haben wir etwas getan, was wir sonst nicht so gern machen. CAP ANAMUR hat Nahrungsmittel, Kleidung, Schuhe und hygienische Bedarfsartikel für die Bedürftigsten in den Kusbass gebracht. Vom ersten Besuch an war es unser Ziel gewesen, das Gesundheitswesen zu unterstützen. Das aber ließ sich nicht einfach mit Lieferungen nach Bedarfslisten bewerkstelligen.

Bei Medikamenten konnten wir auch unwirsch reagieren, denn es bestand die Gefahr, daß jemand sie zur Seite schaffte und mit Profit verkaufte. In diesem Segment humanitärer Hilfe ist Kontrolle besonders wichtig. Darum beschlossen wir, erst dann das Kusbass-Gebiet mit Medikamenten zu versorgen, wenn wir dort einen verläßlichen Partner gefunden hatten. Im Januar 1991 hatten wir Leute gefunden und die Bedingungen geklärt. Zwei deutsche Ärzte würden in den Kusbass fahren und dort für sechs Monate arbeiten. Sie würden zum einen eine Apotheke in dem Haus einrichten, das uns vom Arbeiterkomitee zur Verfügung gestellt wurde. Zum anderen sollten sie die sechs Krankenhäuser, die es nach sowjetischem Vorbild in Prokopjewsk und Umgebung gab, mit medizinischen Geräten versorgen, die in allen diesen Krankenhäusern fehlten. Die beiden Ärzte waren Dr. Bernhard Puppe aus Mainz und Dr. Werner Höfner aus München. Höfner hatte schon hinreichend Erfahrungen in der Dritten Welt gesammelt; für CAP ANAMUR war er im Tschad, in Somalia und in Afghanistan gewesen. Puppe kannte sich besonders gut in Gesundheitssystemen aus, denn er arbeitete im Gesundheitsministerium von Rheinland-Pfalz. Außerdem beherrschte er die russische Sprache. Zu Bernhard Puppe und Werner Höfner stieß noch der Münchener Apotheker Siegfried Hähnel.

Anfangs wohnte unser Team in einem von deutschen Kriegsgefangenen gebauten Hotel in der Nähe des Gagarin-Platzes, fünf Minuten von der Straßenbahnhaltestelle entfernt. Die Wohnqualität war bis auf die Wasserversorgung gut. Siegfried Hähnel mußte zunächst in einem Dienstzimmer des Infektionshospitals, das ziemlich weit entfernt lag, wohnen. Die Stadtverwaltung hatte sich verpflichtet, uns diese Unterkünfte kostenlos zur Verfügung zu stellen. Danach zogen die CAP ANAMUR-Mitarbeiter in ein Apartment um.

Wir hatten auch vor, die allgemeine Privatisierungstendenz in Prokopjewsk zu unterstützen, indem wir zwölf Lkws, die in Berlin unserem Komitee zu einem günstigen Preis überlassen worden waren, im Kusbass zurückließen, weil sie ab Ende 1991 nicht mehr der EG-Norm entsprachen.

Aus dieser Hilfsaktion entwickelte sich in den nächsten drei Jahren unsere humanitäre Arbeit für die Bevölkerung des Kusbass. 1990 hatten wir ihnen Lebensmittel gebracht, 1991 versorgten wir sie in erster Linie mit Arzneimitteln und medizinisch-technischen Geräten und schränkten die Lebensmittelverteilung ein. Bernhard Puppe schlug vor, die Medikamente über eine Apotheke zu verteilen, die anfangs von den deutschen Not-Ärzten von CAP ANAMUR geleitet werden würde, sich aber später selbst tragen sollte. Diese Idee fand großen Anklang. Die Apotheke sollte bald eröffnet werden, fast alle Medikamente hatten bereits russische Beipackzettel. Das Projekt war auf drei Jahre angelegt. In dieser Zeit sollten russische Apotheker von uns ausgebildet werden.

Nach drei Jahren sollte die Apotheke dann ohne Unterstützung von CAP ANAMUR in private Hände übergehen.

Wir machten uns auf die Suche nach einem passenden Gebäude und wurden bald fündig. Im Prokopjewsker Neubauviertel Tirgana an der riesigen Schneise, die den Namen «Boulevard der Bauarbeiter» trug, wirkte der Apothekenbau eher unscheinbar. Nach der Schnee- und Eisschmelze kam auf der einen Seite ein Parkplatz zum Vorschein, auf der anderen Seite eine Schotterstraße. Wir eröffneten die Apotheke am 26. April 1991 – die Menschen kamen in Scharen. Sogar in der Moskauer Presse wurde die Einrichtung unserer Apotheke beachtet. Lediglich einige, nur unter stationären Bedingungen sinnvolle Medikamente gaben wir an die Krankenhäuser ab.

Da Prokopjewsk kein medizinisches Notstandsgebiet war, konnten wir die medizinische Lage der Bevölkerung durch die Lieferung verschiedener ausgelaufener Medikamente und medizinisch-technischer Geräte verbessern. Darum hatten wir uns auf bestimmte Krankheiten spezialisiert. Schwerpunkt der Apotheke war die Asthma-Behandlung im Kusbass-Gebiet. Mehr hätten wir mit unseren Spendeneinnahmen und mit der Arbeitskapazität unserer Fachkräfte nicht leisten können.

Zuständig für unser Projekt in Prokopjewsk war das Arbeiterkomitee. In zwei kleinen schmalen Zimmern agierten zehn bis zwanzig Menschen so basisdemokratisch, daß ein antiautoritärer Grüner seine wahre Freude daran gehabt hätte. An Arbeitsmitteln standen den Mitgliedern des Komitees eine Schreibmaschine und zwei Telefone zur Verfügung, deren Benutzung wegen des ständig hohen Geräuschpegels äußerste Konzentration verlangte. Täglich kamen zahlreiche Bittsteller, denen das Arbeiterkomitee auf Kosten seiner organisatorischen Aufgaben gerecht zu werden versuchte.

Unsere Verbindungen zum Komitee liefen hauptsächlich über Nadejda Viktorowna, eine Frau, die sich mit unermüdlichem Einsatz um alle sozialen Belange kümmerte. Sie organisierte auch die Verteilung der Lebensmittel – immerhin fast 400 Tonnen. In nächtelanger Arbeit, an der sich ihre ganze Familie beteiligte, erstellte sie eine Liste mit 15 000 Hilfsbedürftigen (Rentner, Behinderte, Arbeitsunfähige) und verschickte an alle 15 000 Berechtigungskarten mit der Nachricht, an einem bestimmten Tag könnte in einem zentral gelegenen Gebäude ein Karton mit Lebensmitteln abgeholt werden. Die Lebensmittel wurden von Bernhard Puppe und dem Team in standardisierten Paketen zusammengestellt.

Bei seinen Besuchen in Schulen, Kinderheimen und Kindergärten verteilte ein Mitglied des Arbeiterkomitees an jedes Kind eine Tafel Schokolade. Auch Kleidung wurde an die Bedürftigen ausgegeben. Das Vorhaben der Politischen Fraktion, mit den Stiefeln und Schuhen ausschließlich die streikenden Arbeiter zu belohnen, scheiterte an Bernhard Puppes Widerstand.

Das medizinische Material hatte Bernhard Puppe an die sechs großen Krankenhäuser verteilt: das Zentrale Krankenhaus, das Unfallhospital, das Infektionshospital, das TBC- und Lungenhospital und das Kinder- und Psychiatriehospital. Die Hauptverteilung fand am 5. April 1991 statt, als die Fahrzeuge der verschiedenen Hospitäler am Hauptdepot vorbeikamen und die Medikamente sowie die Lebensmittel und die Kleidung für die Patienten der Hospitäler einsammelten. Am 18. April verteilten wir das Labormaterial auf vier spezialisierte Hospital-Laboratorien.

Man hätte natürlich eine solche Hilfsaktion auch anderswo in Rußland organisieren können. Überall gab es solche Engpässe und Probleme. Aber wir hatten eine Kombination gewählt, die vernünftig erschien. Es waren zunächst die beiden Konvois, die hier ankamen und für die betroffenen Bedürftigen wirklich eine große Entlastung bedeuteten. Durch die Ausbildung der russischen Apotheker und die Unterstützung der Apotheke durch CAP ANAMUR-Mitarbeiter für die nächsten drei Jahre war es uns gelungen, die Gesundheitsversorgung in dieser Region in und um Prokopjewsk spürbar zu verbessern.

21

Epilog
Noch einmal Afghanistan oder:
die Arbeit geht weiter

Wieder sind wir in ein Land gezogen, in das wir eigentlich – wenn es nur nach unseren Gefühlen gegangen wäre – nicht mehr gehen wollten. Afghanistan hatten wir abgeschlossen. Wir waren enttäuscht von den Afghanen. Nach dem Sieg über die Sowjetunion, der ihnen den legendären Ruf eines zweiten Vietnams eintrug, konnten sie sich nicht einigen, sondern führten mit aller Heftigkeit und Ausdauer weitere Kriege untereinander.

Doch als wir von den bevorstehenden Hungersnöten im Süden und im Nordosten des Landes hörten, hervorgerufen durch die Dürre und die zerfallenden staatlichen Strukturen, da war unser Entschluß gefaßt. Dann kam der 11. September. Es zeichnete sich ein Krieg in Afghanistan ab, das die USA als Brutstätte des Terrorismus ausgemacht hatten. Für uns war klar: Wenn wir wieder etwas in Afghanistan tun würden, dann sollte es möglichst auch in Afghanistan beginnen, und nicht außerhalb vor den Grenzen des Landes. Deshalb entschlossen wir uns, in Tadschikistan unser Zelt aufzuschlagen und uns von dort, dem nördlichen Nachbarland, direkt nach Nordafghanistan zu begeben, in das Gebiet der Nordallianz, die zu den einzigen noch ernstzunehmenden Gegnern der Taliban-Regierung und -Armee gehörte.

Das einzige, was ich von dieser Nordallianz noch aus der Zeit des Krieges der Afghanen gegen die Sowjetunion wußte: Sie hatten den besten Afghanen als ihren Oberbefehlshaber und Führer. Einen gebildeten, politisch versierten, bescheidenen, charismatischen Führer – Shah Ahmed Massoud. Ich hatte ihn im ersten Krieg einmal im Pajnshir Tal getroffen. Er hatte mich durch seine unendliche Geduld mit seinen schwierigen Landsleuten, den Clans, den Stämmen, den Familien, den Besitzenden wirklich beeindruckt und aufgemuntert. Dann aber hörte ich wenige Tage nach dem Angriff auf das World Trade Center in New York eine weitere schreckliche Nachricht. Ich wollte sie anfangs nicht glauben. Im Sudan erzählte mir ein amerikanischer Freund, Shah Ahmed Massoud sei von zwei arabischen Journalisten, die sich den Zugang zu ihm über ein Interview erschlichen hatten, ermordet worden.

Am 2. Oktober waren wir unterwegs – zum erstenmal in die Hauptstadt von Tadschikistan, der bettelarmen ehemaligen Sowjetrepublik. Die einzige Fluggesellschaft, die vernünftig dorthin fliegt, ist die Tadschikistan Airlines, einmal die Woche würde sie von München über Istanbul nach Duchanbe fliegen. Gesagt getan. Wir waren zu dritt. Für die erste Reise in das Gebiet von Nordafghanistan, also das Gebiet der Tadschiken und der Uzbeken, wollte ich einen erfahrenen Afghanen mitnehmen. Unsere Wahl fiel auf den Historiker und Archäologen Dr. Djelani Davary aus Wiesbaden. Außerdem war ein älterer, pensionierter deutscher Arzt, Dr. Gerd Heimann, mit uns gekommen, der für CAP ANAMUR schon in Mazedonien und im Kosovo gearbeitet hatte.

Über die Grenze nach Afghanistan hineinzukommen war unerhört schwierig. Staatsrechtlich ist die Grenze von Tadschikistan nach Afghanistan ein Sonderfall. Die Russische Armee steht mit 18 000 Mann an der Grenze und bewacht die Republik Tadschikistan, um sie gegen die Fundamentalisten, die aus Afghanistan einsickern, aber auch gegen die Heroinschmuggler zu schützen.

Aber wir fanden einen Weg und legten zwei Plätze in Flüchtlingslagern fest. Ich ging zurück nach Deutschland, weil ich die große Frachtmaschine – eine russisch-iranische Iljuschin 76 – mit 40 Tonnen Hilfsgütern begleiten wollte. Am 19. Oktober war es soweit. Dr. Werner Höfner, ein erfahrener Tropenarzt aus München, der junge Bautechniker und Organisator Josef Grunder und ich fahren mit dem Flugzeug von Haan in der Eifel über Teheran nach Kuljab, dem zweiten Flughafen in Tadschikistan. Dieser Flughafen war uns angewiesen worden, denn er liegt näher an der Grenze zu Afghanistan.

Unser Flug wurde in Teheran noch einmal um 24 Stunden unterbrochen, das Nachbarland Turkmenistan hatte kurzfristig die Überflugrechte für die Chartermaschine zurückgezogen. Am 20. Oktober brauchten wir den ganzen Tag, um eine Umwegroute auszugucken und auch flugrechtlich in trockene Tücher zu bekommen. So landeten wir nach einem Flug über das kaspische Meer, Kasachstan, Uzbekistan, Tadschikistan in Kuljab.

Wir bekamen alles nach Afghanistan durch, aber wir mußten uns gegen die totale und direkte Korruption an der Grenze wehren. Hilfsorganisationen sollen auch nicht einen kleinen Finger geben bei der Zumutung der Bestechung, sie müssen sich notfalls Zeit nehmen und lieber warten. Journalisten zahlen immer gleich, wir aber wollen und dürfen nicht für den Transfer der uns von den Spendern anvertrauten Hilfsgüter zahlen. Unsere Ladung kam schließlich an unserem Basis-Platz Zolm. Wir brauchten vier ganze Tage, um an dieser Flußgrenze, der merkwürdigsten der Welt, nach Afghanistan herüberzukommen.

Mir fiel es auf: Zum ersten Mal seit zwanzig Jahren waren wir gegenüber den Journalisten in der Minderheit. Hunderte von Journalisten aus aller Herren Ländern wälzten sich in einem nicht endenden Strom nach Chacha Bahuddin und anderen Plätzen der afghanischen Provinz Takhar. Am Ende waren es auf einem Fleck in der Provinz Takhar – 950!

Wir hatten ehrgeizige Ziele. Wir wollten uns nicht von den äußeren Umständen ablenken lassen und keinen Gedanken mehr verschwenden an die Mühen, ein Ende des unsinnigen Bombardierens auf Afghanistan zu erreichen – wir wollten helfen. Wir wollten die große Zahl von Erfrierenden und Verhungernden während des Winters soweit wie möglich senken. Deshalb brachten wir sofort einen Schienentransport mit 440 Tonnen Hilfsgütern für drei Wochen auf den Weg, der Ende November/Anfang Dezember 2001 in Duchanbe ankommen und dann auf LKWs umgeladen werden mußte.

Manchmal hatte ich während dieser Reise das Gefühl: Warum tun wir uns das an? Ich kenne solche Momente, in denen man am liebsten alles hinwerfen und sich davonmachen möchte. Aber ich mußte diesmal an einen Kriegsbrief unseres Mitgründers Heinrich Böll denken, in dem er im November 1940 geschrieben hatte: «Eben war jemand hier bei uns, ein Hinkender mit einem unbeschreiblich edlen und jammervollen Gesicht; der stotterte, sobald man ihn ansah, hielt hilflos und völlig unsinnig seinen Wehrpaß in der Hand und stotterte   Sie lachten alle und fraßen sich satt an seiner völligen Verlassenheit, der Mann wäre fast gestorben vor Qual und Not, und er schwitzte vor Leid; oh Gott, er hing oben am Kreuz; ich konnte zum Glück den Mann verstehen und ihn aufklären und ihm sagen, an wen er sich zu wenden habe. Es ist unglaublich traurig, daß immer und überall Christus gekreuzigt wird. Ist es nicht unsagbar erschütternd, daß man ihm, der wirklich unser Bruder ist, so begegnen kann und daß man seiner Kreuzigung beiwohnen kann, ich bin ganz außer mir   Wir wollen nie an seiner Kreuzigung teilnehmen, wir wollen immer versuchen, sein unermeßliches Leid zu vermindern.»

Die Arbeit geht weiter. Jeder Mitarbeiter von CAP ANAMUR hat andere Quellen und Motive für diese Arbeit. Jeder hat seine eigene Lebensgeschichte. Bei mir selbst war es immer die Erinnerung an das eigene Elend und Leiden, das wir Deutschen uns selbst eingebrockt hatten. Am Ende des Krieges – in den Jahren 1945 bis 1948 – ist uns Deutschen geholfen worden, obwohl die Welt wenig Anlaß hatte, ausgerechnet den Deutschen zu helfen, die so unendlich großes Elend über die ganze damals bekannte Welt gebracht hatten.

Und dann kommt die bezwingende Kraft des Evangeliums hinzu. Man muß seine frömmsten Stunden nicht in der Kirche zugebracht haben, um nicht diese Worte für sich selbst als einen Tritt in den Bauch und eine Aufforderung zur Tat zu verstehen:

«Ein Mann ging von Jerusalem nach Jericho hinab und fiel
unter die Räuber. Sie zogen ihn aus, schlugen ihn
wund, ließen ihn halbtot liegen und gingen davon. Zufällig
zog ein Priester jenen Weg hinab – sah ihn und ging vorüber.
Ebenso kam ein Levit an den Ort, sah ihn und ging vorüber.
Ein Samariter aber, der des Weges zog, kam hin, und als er ihn sah,
hatte er Mitleid mit ihm.
Er trat hinzu, verband seine Wunden und goß Öl und Wein darauf.
Dann hob er ihn auf das eigene Reittier, führte ihn in eine Herberge
und kümmerte sich um ihn.
Am anderen Tage nahm er zwei Denare heraus, gab sie dem
Wirt und sprach: Sorge für ihn und was du darüber aufwendest,
will ich bei meinem Wiederkommen bezahlen –.»

Ja, diese Geschichte ist uns Europäern vertraut. Sie gilt auf dem Wege von Duchanbe nach Chacha Bahuddin, von Nasran nach Grozny, von Nairobi nach Kauda, von Kigali nach Ndera. Die humanitäre Bewegung kommt nicht ohne Grund aus Europa und hat ihre größte Strahlkraft in unseren Ländern und Gesellschaften.

Ich habe überall auf der Welt immer wieder gesagt: Es gibt für meine Mitbürgerin oder meinen Mitbürger in Deutschland nicht die geringste Verpflichtung, schon gar keine juristische, irgend etwas für Menschen in Not im Südsudan, in Nordkorea, in Tschetschenien, im Kosovo, in Ruanda, im Kongo oder in Afghanistan zu geben. Aber meine Mitbürger tun das, sie sind einfach großzügig. Ich nenne das so, denn dieses Geld, das aus Millionen von kleinen Einzelspenden zusammenkommt, ist – erschrecken Sie nicht – wertvolleres Geld als eine Budgetgabe durch den Federstrich eines Haushaltsministers oder eine Spende großer Firmen.

Mit dem Geld unserer Spender können wir sofort anfangen – sofort ist das Geld für unsere Arbeit und für die Habenichtse und die zerlumpten Kinder in den Flüchtlingslagern von Lala Gozar, von Zolm, von Deshte Qala zur Verfügung. Und dieses Geld verpflichtet auch zu größerer Treuhandschaft, zur größtmöglichen Pfleglichkeit, mit diesen Geldern so umzugehen, daß die Hungrigen und die Frierenden das Geld und das bekommen, was wir für dieses Geld kaufen können.

CAP ANAMUR war und ist ein Abenteuer der humanitären Hilfe, ausgedacht und möglich gemacht von Millionen meiner deutschen Mitbürger. Wir hoffen auf weitere Aktionen und Rettungsarbeiten – zu Wasser, zu Lande und in der Luft.

DANKE allen, die mitgewirkt haben. Die Arbeit geht weiter.

CAP ANAMUR

Unsere aktuellen Projekte:

AFGHANISTAN

Wir arbeiten im Norden: in Zolm, Hazar Bagh und Khwaja Ghar (dt. Hodschagar). Der erste Transport erfolgte wegen der Dringlichkeit per Luft der zweite von 450 Tonnen preisgünstiger per Bahn. Vor Weihnachten wird ein dritter Transport per Bahn organisiert. Zu den acht Mitarbeitern aus Deutschland gehören vier Ärzte, zwei Techniker und zwei deutsche Afghanen.

BOSNIEN

Großes Bauprogramm bei Zvornik für die Rückkehrer Förderation

SERBIEN

Rehabilitation eines großen Heimes für fast 600 behinderte Menschen in Kulina

SÜDSUDAN

Medizinprojekt in den Nuba-Bergen unter sehr schwierigen Bedingungen mit großem Impfprogramm

RUANDA

Drei Grundschulen und ein Gymnasium in der Nähe von Gisenyi

KONGO

Hilfe für etwa 14 000 Rückkehrer aus Ruanda in Mushaki, Kililorwe und Burunga

NORD-KOREA

Rehabilitation von zehn Krankenhäusern, große Hilfslieferungen; in diesem Jahr zusätzlich drei Waisen- und vier Krankenhäuser, Bekleidungsprojekt

TSCHETSCHENIEN

Waisenhaus für 65 tschetschenische Waisenkinder in Inguschetien, kleines Krankenhaus in Tschetschenien

KOMITEE CAP ANAMUR
Deutsche Not-Ärzte e. V.
Klingelpütz 25-27
D-50670 Köln
Internet: http://www.cap-anamur.org

SPENDENKONTO
Stadtsparkasse Köln Kto.-Nr. 2 222 222
BLZ 370 501 98

Aus dem
Verlagsprogramm

Isabel Hilton
Die Suche nach dem Panchen Lama
Auf den Spuren eines verschwundenen Kindes
Aus dem Englischen von Sigrid Langhaeuser
2002. 413 Seiten mit 2 Karten. Gebunden

Rudi Assuntino/Wlodek Goldkorn
Der Hüter. Marek Edelmann erzählt
Der letzte noch lebende Anführer
des Aufstandes im Warschauer Ghetto erzählt
Übersetzt aus dem Italienischen und Polnischen
von Friedrich Griese
2002. Etwa 190 Seiten. Gebunden

Frank Huyler
Notaufnahme
Geschichten zwischen Leben und Tod
Aus dem Englischen von Sigrid Langhaeuser.
2001. 174 Seiten. Gebunden

Herrad Schenk
Glück und Schicksal
Wie planbar ist unser Leben?
2000. 248 Seiten. Broschiert

Ruth Gay
Das Undenkbare tun
Juden in Deutschland nach 1945
Aus dem Englischen von Georgia Hanenberg
2001. 310 Seiten. Gebunden

Jan T. Gross
Nachbarn
Der Mord an den Juden von Jedwabne
Aus dem Englischen von Friedrich Griese
2001. 196 Seiten mit 29 Abbildungen und 2 Karten.
Gebunden

Verlag C.H. Beck München

Jan Philipp Reemtsma
„Wie hätte ich mich verhalten?"
und andere nicht nur deutsche Fragen
2001. 217 Seiten. Gebunden

Ralf Dahrendorf
Liberal und unabhängig
Gerd Bucerius und seine Zeit
2. Auflage 2000. 304 Seiten mit 47 Abbildungen.
Leinen

SAID
Der lange Arm der Mullahs
Notizen aus meinem Exil
3. Auflage 2001. 138 Seiten. Broschiert

Bernard Wasserstein
Jerusalem
Der Kampf um die heilige Stadt
Aus dem Englischen von H. Jochen Bußman
2002. Etwa 380 Seiten mit etwa 18 Abbildungen
und 12 Karten. Gebunden

Franz Josef Görtz/Hans Sarkowicz
Heinz Rühmann
Der Schauspieler und sein Jahrhundert
2001. 434 Seiten mit 115 Abbildungen. Leinen

Geistliches Wunderhorn
Große deutsche Kirchenlieder
Herausgegeben und erläutert von
Hansjakob Becker, Ansgar Franz, Jürgen Henkys,
Hermann Kurzke, Christa Reich, Alex Stock.
Unter Mitwirkung von Markus Rathey
2001. 568 Seiten mit 120 Abbildungen
und 1 CD des Windsbacher Knabenchores.
Leinen

Verlag C.H. Beck München